教海问津

—— 苏州市李建邡劳模创新工作室
教育教学研究成果荟萃

袁兵等 ◎ 著

图书在版编目(CIP)数据

教海问津:苏州市李建邡劳模创新工作室教育教学研究成果荟萃/袁兵等著. —苏州:苏州大学出版社,2017.9
 ISBN 978-7-5672-2222-9

Ⅰ.①教… Ⅱ.①袁… Ⅲ.①中学-教学经验-文集 Ⅳ.①G632-53

中国版本图书馆CIP数据核字(2017)第219408号

教海问津
——苏州市李建邡劳模创新工作室教育教学研究成果荟萃
袁 兵 等著
责任编辑 金莉莉 徐 来 李 娟

苏州大学出版社出版发行
(地址:苏州市十梓街1号 邮编:215006)
苏州恒久印务有限公司印装
(地址:苏州市友新路28号东侧 邮编:215128)

开本 787 mm×1 092 mm 1/16 印张 19.75 字数 469 千
2017年9月第1版 2017年9月第1次印刷
ISBN 978-7-5672-2222-9 定价:48.00元

苏州大学版图书若有印装错误,本社负责调换
苏州大学出版社营销部 电话:0512-65225020
苏州大学出版社网址 http://www.sudapress.com

改革、发展之道(代序)

江苏省木渎高级中学有一个劳模创新工作室,是由全国先进工作者、语文特级教师李建邡主持的。2014年成立至今已近四年时间,取得了多方面的成果。最近,李建邡老师将成果做了个梳理,形成荟萃。我从头到尾翻阅了,很感动,也深受鼓舞。

工作室、工作坊,几近成了名师培养、发展的重要载体和方式,将来有可能载入教育史册。实事求是地评判,真正做得好的工作室、工作坊并不多,形成鲜明特色、取得丰硕成果的更不多。而李建邡工作室却不同,在诸多工作室中是很突出的。做一个粗略的分析,它至少有以下特点:其一,所有成员都在工作室里积极探索,每个人都是工作室的主人,每个人在工作室都有自己的地位。这才是真正的共同体。其二,所有成员都能从自己所任教学科的性质、任务、特点出发,进行教育教学改革研究。工作室是一个专业发展的平台,充满着创造的活力。其三,所有成员的教育教学改革研究都有自己的代表作,代表作折射出研究的方向、重点,可以看出教师的教育教学的见解和主张。其四,因为这一工作室成员,几乎涉及学校的所有学科,可见所有学科都在开展教育教学改革研究,可以这样说:李建邡工作室带动了学校的教育教学改革,起了带头、示范、辐射作用。我认为,本书是木渎中学教师专业发展的人物谱,是木渎中学的青春风采录,形成了木渎中学校园里一道独特的最美的风景线。

如果较为深入地阅读这本成果荟萃,可以发现,李建邡工作室最有创新之处的是工作室成员的教改理念和发展机制。李建邡老师有一篇重要的论文《我的语文教育探索之路》,他对自己的探索之路概括为四个要义:尚文以达人、循路以识真、执本以求原、推陈以出新。虽说的是语文探索之道,我倒以为是教学改革之道,是名师发展之道。

尚文以达人。所有学科教学都应是学科教育,其宗旨是达人,是育人。语文教学的"达人"途径和方法是:崇尚文化学习,注重文化的涵育,以使学生丰富文化积淀,提升文化品格,丰盈他们的精神家园。何止是语文呢?所有学科都应如此,都是如此。聚焦学生,聚焦达人,让教学永远充满生命活力。在这过程中,以文化人,又以人化文,师生成为文化的享用者、体验者、创造者,核心素养的培育、发展就自然在其中了。

循路以识真。识真,是"在实施教学过程中,应该自觉探寻和遵循它的基本规律"。识真之过程,应有基本路径,"教学才能真正实现从必然王国到自由王国的飞跃"。李老师认为语文教学要抓住"阅读和写作"两翼。语文教学的重要启示,便是各学科教学都要循路,寻找攻克难关的"金钥匙"。金钥匙或是开放的教学,或是思维的训练,或是生活教育,或是情感的培养……而循路识真,不只是教师一个人的任务,而是在教师的带领下,师生共同探索的基本路径。

执本以求原。本者，本体也。课改以来，我们逐步确立了课程意识，在课程的背景下展开教学，这是进步。但与此同时，还不能忘"本"——学科本身的专业发展。只有基于学科专业，又超越学科专业，才能求其原，求其源，求其之"大本"。这大概是所有学科都应执着追求不应丢弃的。放开来说，教学之求原就在执着坚守与创造之间。

推陈以出新。语文中古典诗歌教学是这样，中华优秀传统文化的教学是这样，其他学科的教学都应这样。教学原本是创新性的教学，唯此，人类文明才能不断发展。工作室的发展也是在推陈中出新，假若死守陈规，被一些陈旧的传统规范所束缚，就只能在原地徘徊，而且会向后倒退。推陈以出新的提出，让创新素养成为工作室的活力因子，只有创新才能走向诗与远方。

以上四条，我以为是李建郆创新工作室的经验。这是十分可贵的探索。教海问津，问到的就是这样的津果。

谈了以上感想、体会，是为序。

成尚荣

作者系国家督学、教育部基础教育课程改革专家工作委员会委员、教育部中小学教材审查委员会专家(学科组长)。江苏省教育科学研究所原所长，兼任江苏省教育管理研究会副理事长，中国教育学会素质教育实验区指导专家，中国现代教育专家

2017 年 6 月 5 日书于南京

李建邡

我的语文教育探索之路 / 2
古诗词主体情感的审美把握 / 8
唤醒学生语文学习的"自觉"意识 / 12
审美想象：文学教学的一条重要路径
　　——以古典诗歌教学为例 / 17
建构多维开放的语文教学空间 / 21
强化作文教学的三大意识
　　——以孙艳老师的作文指导课为例 / 26

潘　珍

例谈语文学科生命教育的渗透 / 31
语文阅读教学中的问题设置
　　——以林清玄的《木鱼馄饨》的教学为例 / 34
谈谈高中语文教学中小说的深度阅读 / 38

黄桂平

在语文阅读教学中关注学生的自能发展 / 44
校园文学活动中参与欲与成功欲激发的有效措施 / 49

王军荣

让班级文化在温馨日记中开出花朵 / 54
只要班主任不在，比赛总拿第一 / 57

李耀辉

少一点浮夸　多一点朴素 / 62
找寻解读细节描写的钥匙
　　——以《礼拜二午睡时刻》为例 / 65
本色写作课堂的"草蛇灰线"艺术 / 68

潘振嵘

数学课堂教学应追求知识自然呈现 / 72

如何提高高三数学复习中例题教学的有效性 / 76

撷谈对教材例、习题功能的深层挖掘 / 80

朱晓祥

新教育形势下对打造数学高效课堂的几点思考 / 87

培养学生提问能力的有效途径 / 91

浅谈数学教学中情感、态度与价值观的培养 / 94

袁　兵

"信息沟"理论与中学外语教学 / 99

英语测试的语境化与中学英语教学的语境化 / 103

将节奏教学引入中学英语课堂 / 107

琚　珍

中学英语自主探究学习探析 / 111

高中英语阅读教学的优化策略 / 115

提升英语教学实效性的几点做法 / 119

高中英语课文阅读教学探究 / 124

周春敏

如何在完成任务中学习英语
　　——以《牛津初中英语》7B Unit 5 的 Reading Ⅰ 为例 / 130

走进新课程　转变学习方式 / 137

加强听说训练　适应人机对话 / 141

查雪娟

点到情而感乎情　触及情而动于情
　　——物理有效教学的策略 / 147

"链接"激活物理复习思路 / 150

环环相扣——物理高效教学之法宝 / 154

沈祖荣

基于高考要求谈基本仪器的读数规则
　　——以 2015 年高考物理题为例 / 159

试论高中物理名师共性及成长途径 / 164

高中物理学困生成因探讨与转化策略 / 168

郁建石

PCK 理论指导下电场强度的教学设计及反思 / 173

试谈 3B 教育理念下的物理复习教学策略 / 178

从学情调查谈高一物理入门教学 / 183

杨 茵

"任务驱动的生活化课堂"教学模式的建构与实践 / 189

以"盐类水解"为例谈基于"观念建构"的化学教学 / 192

浅谈对比实验在高中化学中的应用 / 197

张 瑾

比较教学法在化学教学中的应用 / 201

化学教学,为思维而教
——读《为思维而教》有感 / 206

远离告诉,走进过程,活化思维 / 210

牛 波

遗传病概率推断的四步曲 / 216

美国纽约州和中国台湾地区高中生物学学业水平测试评述 / 221

联合国教科文组织与国际生物学联合会合作开发的青少年科技活动 / 227

史菊芳

精神生命发展视阈下小组合作方式在高中政治课教学中的运用 / 234

高中思想政治课自能教育初探 / 239

中学政治课堂评价标准重构中情感标准及其运用策略 / 243

俞晓萍

优化课堂教学,推进自能学习 / 248

高中历史课堂效率的提高 / 251

"让学"使历史教学更有效 / 254

师奇铭

支架理论在高中地理复习课中的实例应用 / 258

搭建支架培养学生的地理空间思维能力
——以人教版必修 1"气压带和风带"为例 / 261

新课程人教版"问题研究"教学示例 / 265

马莉莉

PBL 在高中地理翻转课堂中的实施策略 / 269

微课程教学法"倒逼"我再次成长／274
探触高中地理翻转课堂中"任务单"的设计
　　　——以"交通运输方式和布局"为例／279
"微课程教学法"地理翻转课堂的设计、过程与反思
　　　——以"城市化"为例／283

钱家荣
超半数中学生认为生命教育见效甚微
　　　——针对1069名中学生的生命意识状况调查／288
四位一体的中小学生命教育的建构及其实施／298
普通高中课桌椅使用的现状调查及改进建议／302

李建邡,江苏省苏州人。江苏省中学语文特级教师、江苏省首批教授级中学高级教师、苏州市名教师、苏州市优秀专业技术拔尖人才。教坛执鞭近四十载,现任江苏省木渎高级中学副校长,兼任苏州大学硕士生导师、苏州市中语会副会长、苏州市语言学会副会长。先后被评为全国先进工作者、全国模范教师、全国师德先进个人、江苏省劳动模范、江苏省"五一劳动奖章"、江苏省先进教育工作者等。多年来,他积极从事教育教学研究工作,已发表教育教学论文100余篇,其中获省级以上奖项有10余项。先后出版了《语文教学散论》《教苑漫录》《学海津逮》《古典诗歌的鉴赏和教学》《语文教学论笺》等语文教学专著。同时,他参加了《中学语文教案》《名卷导航》《双向通高考精练》等20余种教学研究和教学参考资料的编写工作。作为特约编委,他参与了《中国语文教师优秀论文集成》《名师导学 ABC》《中国当代语文教学研究文库》的编辑工作。

李建邡

近年来教育科研成果目录:

我的语文教育探索之路,《语文教学通讯》,2015 年第 12 期;

感悟散文的哲思之美,《语文教学通讯》,2014 年第 5 期;

建构多维开放的语文教学空间,《语文知识》,2015 年第 12 期;

教育人生的价值追求,《中学语文教学参考》,2014 年第 2 期;

古诗词主体情感的审美把握,《中学语文教学参考》,2014 年第 8 期;

审美语文课堂的建构,《江苏研究与评论》,2014 年第 9 期;

审美的语文课堂应这样建构,《中学语文教学参考》,2015 年第 5 期;

审美想象:文学教学的一条重要路径——以古典诗歌教学为例,《语文知识》,2014 年第 6 期;

强化作文教学的三大意识——以孙艳老师的作文指导课为例,《语文知识》,2016 年第 2 期;

一首空灵淡远、充满禅意的田园诗,《语文知识》,2014 年第 8 期;

古代山水诗意境中的人生哲思,《语文知识》,2015 年第 3 期;

唤醒学生语文学习的"自觉"意识,《语文教学通讯》,2015 年第 10 期;

沿波讨源探诗情,《语文知识》,2015 年第 7 期;

情景交融 形神兼备,《语文知识》,2015 年第 1 期;

一首悲楚激越的现实主义"史诗",《语文知识》,2016 年第 4 期。

我的语文教育探索之路

我从事语文教育工作已有三十余载。回首这漫长而又短暂的语文教育生涯,我感慨万千。语文是我生命中不可或缺的重要元素,语文教学使我领略到了人生道路上让我愉悦、使我感奋的美好风光。多少年来,我静心教书,潜心育人,用心耕耘,依凭自己对语文的一片挚爱之情,收获着成功和快乐。在语文教育的视界中,我感受到了学生生命成长给我带来的幸福,也体味到了学生语文素养提升给我带来的喜悦。

今天,我在不断的实践和反思中一路行走,一路探索,我逐渐意识到,语文教育是一种融合师生双方智慧的精神活动。对一位语文教育工作者而言,首先必须具有触摸脉搏的人文关怀、感悟人生的深刻思想、洞晓事理的聪明头脑、飞扬跳荡的炽热情感和润泽生命的教育智慧。而其中的润泽生命的教育智慧又主要集中表现在对语文课程意义的叩问、对语文教育规律的探求、对语文教育方法的创新、对教师自身价值的追求诸方面。在语文教育中,这种润泽生命的教育智慧更多地体现在合乎规律的自由创造的生命活动之中。因为思想,创造才富有活力;因为智慧,生命才得以润泽。教育思想,是我们教师不可或缺的重要的施教之法宝。因此,多少年来,我一直期盼自己能成为"一支有思想的芦苇",自觉地就语文教学的诸多问题进行比较深入的思考和探索,并由此而获得了一种幸福的味况和令自己欣慰的探求成果。

尚文以达人

"尚文"是我语文教学的一贯主张。其核心要义或曰基本思想,就是强调语文教学要崇尚文化学习,注重文化的涵育,以使学生丰富文化积淀,提升文化品格,丰富他们的精神文化家园,实现"达人"的教学目标。我一直认为:语文是人类最重要的交际工具,又是人类文化的重要组成部分,语言文字有着非常深厚的文化历史积淀,有着鲜明而又多元的文化心理特征,它是认识世界、阐释世界的意义载体和价值体系,语文应该构建人的文化精神世界。语文教学不仅是"语言"和"技能"的训练,而且承担着人类文化传承和建构的重大使命。因此,语文教学必须超越功利性的局限,从精神和文化的拓展、从人的发展高度加以实施。

我的《语文教学论笺》(2014年中国文联出版社出版)就非常集中地体现了这一语文教学的文化观。知名语文特级教师周永沛先生在《李建邡语文教学体系的基本课堂形态》一文中明确指出:"30余年来,建邡先生就是高擎着'尚文语文'的大旗,本着'语文教学文化观'的教学理念,从事语文教学实践,开展语文教学研究,寻觅生趣盎然的理想课堂,逐步地建构起了自己'尚文'的语文教学体系。"周先生在综合分析的基础之上,对本人在"尚文"语文教学体系摄下的六类语文课堂形态做了详尽的阐发,即道德课堂、审美课堂、自主课堂、民主课堂、体悟课堂和探究课堂。这些课堂教学的形态都在一定程度上体现了我的"尚文"思想。

在语文教学领域里,我认为"尚文"的语文课堂绝对不能让道德教育缺席,要特别重视道德课堂的建构,因为它是我"尚文"语文体系中的重要课堂形态,是重铸人文精神以"立德""立人"的主要路径。正是基于这种认识,我本着教师之善,充分地挖掘文本材料和生活元素中隐藏着的审美道德因素,自觉地担负起对学生进行道德价值引领的重任,加强对学生的审美道德教育,使语文课堂教学臻于道德境界。

在具体的道德课堂的建构过程中,我一般采用以下策略。

首先,我能充分发掘和利用文本所体现的道德价值的教育元素。就苏教版高中语文教材必修三为例,该教材第三单元"号角,为你长鸣"所选录的文章,都具有丰富的道德教育元素。文天祥的《指南录后序》抒写了"壮心欲填海,苦胆为忧天"(《赴阙》)的爱国情志和道德操守;张溥的《五人墓碑记》彰显了五烈士义薄云天的刚烈之气和伸张正义的道德之光;而《品质》《老王》则反映了不同国度中普通的下层民众的道德风范。靴匠格斯拉和三轮车夫老王这两个艺术形象,都有着极为可贵的诚实、坚韧的道德力量。我有意识地引导学生认真分析揣摩,通过具体的语言情景,加深对艺术形象的感受,使学生获得一定的审美意趣,并形成道德价值的正确评价。

其次,我能想方设法设置丰富的道德教育情境:或主题演讲,或问题讨论,或合作探究,或师生对话,或短剧表演,或深情诵读,或图片展示,音乐渲染。这些形式不同的情境设置、不同教学手段的使用,主要是通过视觉、听觉、触觉等途经让学生感知,这既可以激发学生的学习兴趣,又可以让学生自觉地进入文本所体现的道德境界中去,从而增强学生对不同道德观和各种文化现象的感受能力和审视能力。比如,在教学《廉颇蔺相如列传》一文时,我要求学生在认真阅读、把握人物形象特征的基础上,将课文情节、内容重新整合,把文中涉及的三个故事编成课本剧。蔺相如顾全大局、不计个人恩怨的可贵品质和廉颇知错能改的实事求是的精神,通过"负荆请罪"的故事情节和同学们惟妙惟肖的表演,得到了充分而又形象的展示。这样的情境设置,既加深了对人物形象的感知,又很好地起到了道德引领的作用。

最后,我又能引导学生强化内省的个性习得功能。我认为:学生的自我反省、个性习得是道德价值认同的一种常见方法。所谓个性习得,乃是从学生个体的思想情感、性格以及生活经历等具体情况出发,以文本所塑造的完满的理想道德人格为依据,对学生的道德人格逐渐加以影响和引领。在语文课堂教学中,学生与文本进行对话,思想产生碰撞,就自然会产生个人的独特体验,这种独特体验往往是形成道德价值取向的关键。比如,我执教《渔父》一课,就巧妙地抓住了文本中关于生和死的人生选择问题,并通过司马迁、屈原和渔父三个人不同的人生选择的比较,让学生在充分思考的基础上,发表自己对三个人物的独特之见。有的学生充分肯定了司马迁忍辱负重、隐忍求生以图大业的积极人生选择;也有的同学高度褒扬了屈原固守大义、不甘蒙受世俗尘埃而宁为玉碎、不为瓦全的伟大人格;也有的同学肯定了渔夫吟啸烟霞、高蹈遁世以待时机的智慧之举。这样的思维碰撞,都是学生自己领悟的颇具价值的个性习得,它有助于学生确立积极向上的生活态度和通达乐观的人生态度。

总之,只有采用多元的道德课堂建构的策略,才能使学生产生道德价值的认同感,并将之内化为自己的道德价值观念,从而促使他们自我文化品格的提升,实现学生生命主体的健康发展。

循路以识真

语文教育具有自身的规律。我们在实施教学过程中,应该自觉探寻和遵循它的基本规律。这样,语文教学才能彰显其本真的特征,语文教学也才能真正实现从必然王国到自由王国的飞跃。在具体的实践和研究中,我始终把着眼点放在语文教学——阅读和写作的两翼上。

在阅读教学方面,我发现学生的阅读能力不够理想,花时颇多而收效甚微。面对这一现状,我决意要在阅读教学的研究上下一番功夫,我首先对中学生阅读现状做了一番个案调查。找不同类型、不同层面的中学生进行交谈,请他们说说自己的阅读方法,讲讲自己在阅读中的最大困惑,了解他们对攻克阅读难题的各种需求。

于是,我开始查阅各种资料,尤其是阅读各种阅读学理论的著作,专门研究阅读教学的方法,试图从理论层面上切入,寻找攻克阅读实践中种种难关的"金钥匙"。同时,我开始自觉地投入阅读实践,找各种文学作品进行欣赏,找难易度不同的文章进行阅读,进而归纳总结出一个个容易操作的具体方法。在课堂教学时,或者引领学生一起进行研究和思考,"循路识斯真",步步推进,自得结论;或者将自己的研究过程展示给学生,让学生触类旁通,学会自己去开辟解决阅读问题的通衢大道。

在摸着阅读教学的"石头"过河的过程中,我发现了"少、慢、差、费"的根子在讲风太盛,学生根本没有自我思考、比较、感悟、鉴别的时间,更没有沿波溯源、见仁见智这一自由联想和想象的空间。为此我在一次江苏省语文骨干教师培训班上明确提出:阅读教学必须发挥学生的主体作用,变讲堂为学堂;必须明确具体的目标教学,变无序为有序;必须实行多元开放的教学,变死水为活水;必须优化课堂教学的方法,变低效为高效。我的这些观点得到了同仁普遍的认同。为了提高阅读教学的效率,我将阅读能力进行不同层级的分解,和同事共同撰写了实践性和操作性较强的系列性资料。在此基础上,又结合个人的教学实践和高考阅读能力的要求,对阅读技巧做了有益的探讨,和同仁合作撰写有关提高阅读能力方面的专著——《学海津逮——中学生阅读技巧便览》。在这部专著中,我们对25种阅读技巧做了具体而又详尽的分析和阐发,比如,品味意境、逆向求异、含英咀华、探求意蕴、捕捉文眼、参证求解等,这对中学语文教师从事阅读教学具有一定的启发作用,对解决语文教学中长期存在的阅读教学效益低下、中学生阅读能力较差等问题无疑产生了一定的影响。同时,我把自己多年来对阅读教学的研究的一些成果形诸文字,写就了《语文教学中"体悟"阅读的原则和方法》《文学作品意境的透析》《中学生创造性阅读漫谈》等有关阅读教学的专题论文。这对探求阅读教学之路径、领悟阅读教学真谛无疑是有积极的效应的。

在作文教学方面,我也做过比较深入的探究。我深切地体会到:学生写作能力的提升,关键是他们要有写作的自我意识,即在学生自身支配之下发挥自我的能动作用。因此,我想方设法让学生在整个写作思维过程之中,充分发挥自己的主观能动性,并由此产生自身的写作心理动机、内在情感的表达需求、写作情感激发和提升的愿望。而在这过程中,学生对生活的观察和体验是至关重要的。因此,我在作文教学中,有意识地引导学生做生活的有心人,使他们从更深层次、更新的角度去观察生活、认识生活,并将获得的有价值的写作材料进行去粗取精、去伪存真的艺术处理:写观察日记,写生活片段,写内心体验。个性鲜明的人物、丰富多彩的生活情景、五彩纷呈的自然景观、层出不穷的社会万象,都可以成为学生观察、体验的客观对象。在这种自我意识的驱使下,学生的观察就更加细致,体验便更为深入,写作能力提升也就非常显著。

同时,学生写作情感的培养也是十分重要的。因为它是学生整个写作思维活动的中心环节和动力系统。写作情感,就是由写作动机、写作需求形成的写作激情,它作用于学生的整个写作活动。如果说,确立观察和体验的自我意识是学生写作的基础性环节,那么,激发写作情感是学生开启写作思维的关键性环节。因此,我着意强化学生的写作情感的培养,激发他们作文的浓厚兴趣,使他们产生强烈的写作欲望和冲动。在作文教学过程中,我经常改变常规作文教学的形式和程序,采用体现"自我意识"的开放型作文训练形式:或改变命题形式,给学生写作以更大的空间和更多发挥的自由;或采用各种活动方式,诱导学生进行多元思维,激发学生强烈的表达欲望;或设计特定的教学情景,引领学生变"无意注意"为"有意注意",引发学生写作的冲动。这些举措,能有效地引发学生产生"笼大地于形内,挫万物于笔端"的写作冲动,大大提升了写作教学的效率,学生的作文水平都得到了很大的提升。在这过程中,我也初步摸索出了一条符合写作教学规律的作文教学的有效路径。

推陈以出新

我国的语文教学源远流长,有着丰富的语文教学优秀的文化遗产。我一直这样认为:我们的今天是昨天的延续,因此我们当下进行语文教学离不开语文教学优秀传统的承继,我们应该在教学实际中,不断地弘扬优秀的语文教学传统,使之在我们新一代语文人身上继续传承。同时,我还意识到,时代在不断地发展,社会在不断地进化,我们面对的教育环境、教育目标和教育对象都在不断地发生变化,这就要求我们的语文教学必须与时俱进,随时而化,要在吸纳语文教育的优秀文化传统精粹的基础之上,推陈出新,以走出一条适合现代社会需求的语文教育之路。

以古典诗歌的教学为例。古典诗歌的教学是语文教学的重要内容,千百年来,前人在古典诗歌的阅读和鉴赏方面积累了丰富经验:如熟读成诵、咬文嚼字、沿波讨源及刘勰的"玩味"说、"披文以入情"说、曾国藩的"涵咏"说等。这些经验对于古典诗歌的学习是行之有效的。对中学生来说,学习古典诗歌是很重要的功课,然而,由于学生的生活经验、认知经验和生活图式存在着差异,他们在阅读同一首诗时感受就会有所不同,从中所窥见的艺术世界也不尽相同。因此,我们指导学生学习古典诗歌,形成基本的鉴赏能力,有较大的难度。这就形成了一个两难的问题。如何破解这个难题,成为我多年以来进行探究和实践的一个重要课题。我在具体的教学过程中,注意根据当代中学生这一特殊的阅读主体学习发展需求的特点,从认识论及其方法论着眼,结合前人有益的学习经验,从创设有效的鉴赏和教学的样式入手,梳理古典诗歌学习的基本要素,构建古典诗歌鉴赏和教学之间的通道。这种努力凝聚着对传统文化的经验守成和现代教学的创新,体现了本人对古典诗歌学习鉴赏和实践路径的一种有益的探求。

前几年,我根据自己的教学实践,撰写并出版了《古代诗歌的鉴赏和教学》一书。在这本书中,本人将传统的诗歌教学方法和现代阅读教学理念有机结合起来,不断引领学生在古典诗歌的艺术天地里披花拂柳,进入令人愉悦的古典诗歌鉴赏和教学的审美境界。我认识到,有效的学习活动通常包含着许多复杂的样式,这些样式是由多种要素构成的复合体。它既是一种求知的方法,又是一种思考和选择的方法。比较案例,其样式应更具有结构性和常态性;比较模式,其样式应更具有灵活性和生成性。在古典诗歌鉴赏和教学活动中,适宜的样式是不可或缺的。我根据对学生的兴趣、态度、学习动机及情感、智力需求的了解,综合了相关的教学理论、内容、方法,创设了多种鉴赏活动和教学活动的样式。我统整古典诗歌的内容和形式的要素，进行了比较合理的分类：写景抒情、山水田园、托物寓意、写人叙事、咏史怀古、送别怀思、边塞征战、浪漫游仙等。其特点是既符合诗情，也符合学情，大致有序，基本可依，眉清目秀，不枝不蔓。就具体的鉴赏样式而言，能从具象形式（语言、意象、表现手法等）入手，综合使用驱遣想象、沿波讨源、细研技巧等鉴赏方法，使学生逐步进入到了鉴赏文本的艺术境界。就古典诗歌的教学样式而言，它具有一定的常态性和可操作性。本人根据教学中常见的教学形态，经过精心选择后梳理为诵读体味式、系统讲授式、合作探究式、比较阅读式和活动体验式等教学样式。每一样式重点突出，集中用力，展现了教学的具体过程、主要环节。有专家指出："前二者是以传统教学经验的传承为主，后者则是在新课程背景下对古典诗歌教学的拓展和探求，体现了守成和创新这两种视界的融合。"应该说，推陈出新，融合古今语文教学的理念和方法，这对培养和提升中学生古典诗歌的阅读和鉴赏能力是有积极意义的，同时对学生语文素养的整体提升也具有不可小觑的作用。

执本以求原

陈钟梁先生认为："文本的阅读，永远是语文教学的本质和主流。"此话诚然。古往今来，文本是进行语文教学不可替代的重要载体。而在文本的解读方面，古人给我们留下了非常宝贵的经验。其中一个重要的方面，就是执本以求原，披文以入情。

当代著名散文家刘亮程的代表之作《寒风吹彻》是一篇表达人生体验的具有浓厚哲学意味的散文佳作。其中有这样的议论："每个人都在自己的生命中，孤独地过冬。我们帮不了谁。我的一小炉火，对这个贫寒一生的人来说，显然杯水车薪。他的寒冷太巨大。"从表面意思来看，作者的表述似乎过于绝对，有以偏概全之嫌。但是，我在教学中注意引导学生联系具体的语境加以揣摩，让学生体味到作者固有的生活体验和独特的内心感悟。父亲不通人情的对"我"的严词责备，母亲由于困窘的生活以致对年老多病的姑妈采取"漠视"的态度，都表明这样的客观事实：在当时极度恶劣的社会环境中，每一个极为渺小的生命个体必然是孤独无助的，因此"我们帮不了谁"的现状也必然是很难改变的。也就是说，我们每一个人的一生都要经受寒风吹彻，无法逃避。我有意识地引导学生据此做深入的思考，学生便能更深层地理解作者的深刻内蕴：在现实社会中没有任何的"救世主"，人们要走出生活的窘境，唯有依凭自己坚忍不拔的意志，主动地去寻找自救的方法和路途，进而改变悲苦的人生命运。这样执本求原，披文入情，学生才能真切地感悟到作者对生活和人生的哲学思考。

从语文教师的角度来看，执本以求原，还有一层特殊的涵义：所谓"本"就是语文学本身。综观语文学科体系，凌驾于教师、学生和课本之上的，还有语文学这个本体。但是透视当下的语文教学界的现状，语文教师忽视语文本体的现象非常严重，这就必然给语文教学带来不利的影响。因此，我认为，作为一名语文教师，对语文专业知识的研究是必不可少的，我曾就文章写作、语言运用、诗文鉴赏、古代汉语等做过一些专门的研究，在各类报纸杂志上发表了近百篇有关语文专业知识的文章。我早期发表的有关语言学方面的小文，如《说"孚"》《〈国觞〉质疑录一》等，在语意的推求和词义的考订方面提出了新的见解，而这些见解又是依托足够的材料，分析比较以后做出的，非单文孤证、师心自用。同时，我根据自己的兴趣，曾就古代汉语做过系统的研究，特别就"六书"做了论说，中学语文教材中只讲"象形、会意、指事、形声"四种造字方法，而把"转注"置而不说，"假借"与"通假"混为一谈，"六书"成了"四书"，我便引用现代学人的研究成果，做出了推求，找出了规律性的东西，指出转借"是汉字孳乳而产生的,这种造字法大大地增殖了汉字字符的数量,而假借这种造字法,节制了汉字无限制地发展",还了这两种造字法的名分。我的这些看法,得到了语文界专家学者的高度评价。专家指出:"对这种语文知识的研究,是一种'执本求原'的努力,它似乎与中学语文教学没有直接的关联。其实,执本求原占据了语文教学研究的制高点,取得了高屋建瓴之势。"

在语文教育的路途中,我仅仅是一位且行且思的跋涉者。近几年来,我并没有满足于业已取得的微小的成绩,在实践和理论方面进一步探索语文教育的智慧,出版了几部语文教学方面的专著,撰写了一些研究论文,这些都体现了本人在语文教育中对教育智慧的探索。如今,我一路探索,也一路感受,一路耕耘,也一路收获。我以为,只有自己真正用心地沿着既定的语文教育探索之路走下去,使自己真正成为"一支有思想的芦苇",你才有可能不断地积聚教育智慧,你才有可能欣赏到语文教育道路上令人愉悦的璀璨风景。

(本文发表在《语文教学通讯》2015 年第 12 期)

古诗词主体情感的审美把握

英国美学学会主席赫伯特·里德在其《寓教育于艺术》指出:"美育不仅成为当今教育中的重要组成部分,而且将有成为整个教育的基础和整个教育改革的突破口。"当下我们正在进行的语文新课改,其核心精神和语文美育的内涵是血脉相连的。因此,语文教学必须激发、满足学生的认识需要、审美需要,实现美学教育。古典诗词作为教材中文质兼美的一种特殊形式,能唤起学生的审美体验和审美情感,因此,在古典诗歌的教学中,教师应该充分利用古典诗歌中的美学因素,通过多元而又有效的教学手段,借助各种媒体作为激发学生审美情感的触发点,引导他们进行审美感受和体验,共同挖掘和鉴赏古典诗词内在的情感之美,进而获取感悟和把握审美情感的愉悦。

一、虚化艺术空间的合理想象

艺术的"虚化"本是中国画创作中广泛使用的一种传统技法,清方薰论画时说:"古人用笔,妙有虚实,所谓画法,即在虚实之间,虚实使笔生动有机,机趣所之,生发不穷。"诗歌也一样,有实有虚,虚实结合,它成为诗词的重要的表现手法和艺术生成的一条重要法则,杨小清教授把它视为艺术构造的"核心"要素。诗词中的"虚"指客观的实体形象所明示或暗示出来的空白形象(意中的景物),或指诗人自己的主观的无形活动,它在诗中往往表现为一种虚幻的形象和空灵的境界。在古典诗词中,"虚"往往是和"实"相辅相成的。柳永脍炙人口的名作《雨霖铃》上阕主要写眼前的实景实事,极力渲染离别时无法言说的凄凉气氛和浓重的离愁别恨;下阕则写对别后情景的设想,为虚写,着意描绘词人离别后孤独、寂寞的内心感受。"今宵酒醒何处,杨柳岸晓风残月",这是设想离别后的景物:孤舟离岸,诗人酒醒梦回,已是拂晓时分,但见微微晓风吹拂着江边的萧萧垂柳,弯弯残月高挂在摇曳着的青青柳梢。这样的虚笔描写,把读者带到一个亦真亦幻、迷离朦胧的艺术境界中去,寄寓了诗人难以言说的离愁别恨。此诗虚化的表现手法,开拓了诗词的艺术意境,强化了作者的思想情感,为我们读者提供了极为广阔的令人味之不尽的审美空间。因此,探究诗词的"虚化",是探究艺术生成和艺术本质,正确解读诗词艺术的视角。

"虚化"的艺术意境往往是借助比喻、象征、暗示以及艺术空白来表现的,这种意境具有灵动而又缥缈的虚化特征,它是一种空灵的"象外之象,景外之景",这就为我们提供了多维的审美空间和艺术意境。我们要领悟艺术美的真谛,就必须展开想象的翅膀,进行审美体验和审美创造,这样才能真正领悟、把握古诗词的主体情感。

白居易的《忆江南·江南好》:"江南好,风景旧曾谙。日出江花红胜火,春来江水绿如蓝,能不忆江南?"这首诗赞叹"江南好",但江南好在何处,自然是一言难尽。而这首诗的篇幅很小,无法具体地加以描写。白居易则巧妙地选择了"江花"和"春水"这两个主要物象做简笔的勾勒,并以日出和春天的背景作为衬托。整个画面从大处着笔,其他的江南之景都被"虚化"了,这就给读者留下了极大的审美想象的空间。我们在教学此诗时可以引领学生在此基础上进行扩展想象,进一步体味诗人对江南寄予的喜爱和赞美之情。请看一位同学进行扩展想象的精彩文字：

老屋子间镶嵌几弯溪流，潺潺而隽永，穿梭回旋，把小镇都浇了个遍。柔软如丝绸，却更像是血液，贯穿江南的灵魂，水与江南便是一对相见恨晚的爱侣，他们相拥热烈，融入生命般成了一体。细流最终汇聚成一泓江水，一改它纤弱掩面之色，浩浩荡荡地奔涌而来，像是一匹帝王的战马，驰骋向远方。有时袅娜的斜丝悄悄飘落，雨洒江郊，暮雨入画。清澈的水似是一颗绿宝石沉淀在底，绿得透净，绿得明媚。初春翩至，那江水绿而蓝莹，蓝出于绿却胜于绿，滔滔连绵，洋洋洒洒。

这里的描写，融入了小作者的主观想象，填补了丰富的审美内容，使画面更为具体、生动，显得十分鲜艳奇丽。江南春意盎然的美好景象给人以鲜活的感受，而诗人对江南如痴如醉的喜爱之情也通过学生的再造想象更具感染力。

二、含蓄艺术意境的立体探究

中国古代许多诗人和诗论家都非常重视含蓄之境。刘勰在《文心雕龙·隐秀》篇着意将"隐"和"秀"两种境界加以区别："文之英蕤，有隐有秀。隐者也，文外之重旨也"，"情在词外曰隐，状溢目前曰秀"。刘勰所说的"情在词外"和"文外重旨"就是一种含蓄之美。而在古典诗词中，这种含蓄往往呈现出"内隐外露"的特点：其内在的意蕴是温婉深曲、内敛隐深的，而外部形象则是清晰豁朗的。这就要求我们在阅读教学过程中，对含蓄的艺术意境进行立体的探究。我们或可整体观照，或可知人论世，或可披文入情，以求得对古诗词主体情感的审美把握。

黄庭坚有一首《鄂州南楼书事》诗："四顾山光接水光，凭栏十里芰荷香。清风明月无人管，并作南楼一味凉。"此诗的外部形象则是清晰豁朗的。如果单从诗人给我们描绘的清风明月、十里荷香的美丽景色着眼，我们不难体味到诗人自己置身于自然美景中的惬意、喜悦的心情。但是，如果我们仅仅这样理解，那显然没有真正领悟作者的主体情感。我们不妨联系诗人的创作背景，就不难体察到其深曲、内敛的情感涟漪。诗人长期置身官场，在宋哲宗绍圣二年，曾因修《神宗实录》不实的罪名，被贬官至涪州，后虽一度起用，但终不能见容于权贵，再度被贬。官场的沉浮、为宦的失意，使诗人对仕途产生了强烈的厌倦之情，而诗人登临南楼所见的眼前客观之景和诗人的主观之情又是多么的契合啊！这徐来的风，这皎洁的月，无拘无束，自由自在，岂不是自己多年来追求的理想境界？由此看来，此诗表面上显示的主体情感是喜悦的，但隐藏在诗中的情感则是极为沉郁的，既有对自己现实处境的强烈的不满，又有对自由无羁生活的热切向往。这样，抓住颇具创造性的含蓄之境作立体的探究，就能达成对诗人情感的正确把握和心灵的超悟。

在古典诗词中，为增强"内敛隐深"的美学情趣，诗人们往往采用"典故"来表情达意。诗人恰如"用米酿酒"，经过对"典故"艺术的加工改造，或改变原意，或另发新意。我们要体察诗作的思想情感，就必须从"典故"入手，进而披文以入情。韩琮的《骆谷晚望》诗："秦川如画渭如丝，去国还家一望时。公子王孙莫来好，岭花多是断肠枝。"后两句化用《楚辞·招隐士》中"王孙游兮不归，春草生兮萋萋"的诗句。原句的意思是说王孙出游在外，以致乐而忘返，辜负了家乡的韶华美景。但韩琮此处则反其意而用之，借"公子王孙"来指代宦游之人，实则暗指自己。诗人遭逐沦落，面对如画如丝的秦川渭水，心里只觉得"岭花多是断肠枝"，所以说自己这次"去国还乡"还不如"莫来好"。诗人这里化用典故，表达了遭逐沦落后内心极度的悲凉和绝望,从而产生了回肠荡气、凄婉动人的艺术效果。

三、抒情艺术方式的视角分析

对古诗词主体情感的审美把握,有时离不开对诗歌的抒情艺术方式的透析。一般而言,抒情艺术方式可以从借景抒情、寓情于景、托物言志、象征、联想、想象等角度切入。

在古典诗词中,间接抒情是一种最为常见的抒情方式,它往往用藏锋不露的含蓄之笔。刘熙载在《艺概》中说:"诗之妙莫妙以不言言之,非不言也,寄言也。"此处刘氏所谓的"寄言"包括寄情于景、寄情于物、寄情于事三种情况。

寄情于景,即诗人把自己所要抒发的感情、表达的思想寄寓在特定的自然景物之中,通过景物的描写来抒发自己的思想感情。明代谢榛在《四溟诗话》中说:"作诗本乎情,形于景……景乃诗之媒,情乃诗之胚,合而为诗。"说的就是寄情于景。在我国古代诗歌中,有丰富的用于表现诗人情感的各种景物:松竹兰梅、山石溪水、芭蕉梧桐、浮萍孤篷、青草杨柳、落叶残荷、细雨轻雾、柳莺寒蝉、落日雄关、古道大漠等。这些景物便成为诗人表达情感的一种媒介。如杜甫的《登高》:"风急天高猿啸哀,渚清沙白鸟飞回。无边落木萧萧下,不尽长江滚滚来。万里悲秋常作客,百年多病独登台。艰难苦恨繁霜鬓,潦倒新停浊酒杯。"全诗通过登高所见秋江景色,倾诉了诗人长年漂泊异乡、老病孤愁的孤寂之情。首句着重刻画眼前具体景物:急风、高天、哀猿、渚清、白沙、飞鸟,使全诗笼罩在悲凉的氛围之中。次句摄取"萧萧落木"和"不尽长江"两个意象作艺术表现。这样,情和景构成了空阔冷寂而又悲凉沉郁的艺术境界,让人感到一种宁静的凄凉、空旷的惆怅和孤独的忧伤。

寄情于物,即诗人把自己所要抒发的感情、表达的思想寄寓在特定的事物之中,这种诗实际上就是古人所说的咏物诗。诗人常常在咏物中寄情寓兴,通过特定的容易引起联想的具体之"物",委婉地表现与之相似的思想或情感。例如,明代于谦《石灰吟》:"千锤万凿出深山,烈火焚烧若等闲。粉骨碎身浑不怕,要留清白在人间。"这首七绝吟咏的对象是石灰。从诗歌整体上来看,诗人描述了石灰形成的过程。先写石灰石源于深山中,再写石灰是经过"烈火焚烧"而成,继而说明经过烧制的石灰已是"粉身碎骨",最后表现出"要留清白在人间"的品质。诗人用"若等闲""全不怕""要留清白"等语词,把本无生命的石灰人格化了,赋予石灰以人的情感思想。这种拟人手法拉近了人与物(石灰)的距离,从石灰的品质中,我们不难感受到诗人那坚强不屈、洁身自好的品质以及不同流合污、坚决与恶势力斗争到底的思想感情。

寄情于事,是指诗人对某事或某人充满激情的时候,便情不自禁地将自己的感情融化于对具体事件的叙述中,借叙述来抒发自己难以遏止的感情。如鉴赏李白的《早发白帝城》一诗:"朝辞白帝彩云间,千里江陵一日还。两岸猿声啼不住,轻舟已过万重山。"此诗以叙事为主,高度概括了诗人从白帝到江陵的长江三峡的行程,诗人以神奇的时空压缩方法,将千里行程压缩在一日行程之内,叙写曲折有致,绘声绘色、绘影绘形,在叙事过程中,诗人抑制不住的豪情和内心的快意表现得酣畅淋漓。

四、动态艺术语言的深层解读

诗歌是语言的艺术,而古典诗词的语言,诚如艾青《诗论》所说,是艺术语言中"最崇高的语言,最纯粹的语言"。因此,对古诗词情感的正确把握,必须借助诗歌语言这一媒体,做到如韩军所说的"在语言的丛林和字里行间穿行"。

从语言学的角度而言,诗歌语言具有表层语义和深层语义之分。表层语义具有一定的明确性,而深层语义是动态的、潜在的,具有不确定性。它有时是表层语义的派生义、近似义,有时是表层语义的象征义、比喻义。因此,把握古诗词情感,就应该抓住蕴含于语汇的动态语言进行深层的解读,进而感受语言的精妙,体会诗人承载于语言媒介的思想感情。比如,唐朝裴迪的有诗《华子岗》云:"日落松风起,还家草露晞。云光侵履迹,山翠拂人衣。"其中的"拂"本为"撩拨"之意,初看似乎很平常,但细细品味却大有意蕴。诗人运用拟人手法,化静为动,增强了景物的动感,读者据此可以想见山色是多么的青翠宜人、温婉可爱、柔和多姿。这个动词十分恰当地传达出了青山对诗人的眷恋不舍之情,从而折射出诗人对华子岗的无比喜爱与深深留恋。

黑格尔在《美学》中曾经说:"适合于诗的对象是精神的无限领域,它所用的语言这种弹性最大的材料(媒介)也是直接属于精神的,是最有能力掌握精神的志趣与活动,并且显现出它们的内心中那种生动鲜明模样的。"这说明了诗歌语言具有"弹性"之美的特性。要正确地把握诗歌主体情感,在很大程度上取决于对诗歌"弹性"语言的深层参悟。林逋《山园小梅》中"疏影横斜水清浅,暗香浮动月黄昏"的诗句,成为流传千古的名句,这和诗人精选富有"弹性"的语言是分不开的。"横斜"描写梅的姿态,极为准确地传达出了疏条相映、横柯上蔽、体态各异的梅花之独特;"浮动"表现梅的香气,以有形之物态状无形之香气,给人一种梅花馨香扑鼻、沁人心脾的惬意之感。这两句从水边之影和月下之香描写梅花的独特形态特征和独特神韵,突出梅花清幽高洁的特征和超凡脱俗的品性,从而表现了诗人对梅花无比喜爱之情。宋朝林景熙的《溪亭》的颈联"独行穿落叶,闲坐数流萤"中的语言表达也很有"弹性":在清秋日暮时分,诗人独自一人穿行于落叶飘零的树林中,但见月上树梢,周围一片冷清、幽寂。一个"穿"字,形象地表达出诗人孤独、寂寞的内心世界。一个"数"字,摹写了诗人独坐林中百无聊赖,以至数起流萤的情状,传神地表现出诗人苦闷无聊的心境。因此,我们阅读者透过表层语义向深层开掘,就能感受到涵咏不尽的意趣和情味,进而把握古诗词的主体情感。

(本文发表在《中学语文教学参考》2014 年第 8 期)

唤醒学生语文学习的"自觉"意识

毋庸讳言,就目前情况而言,我们的语文教学现状实在是不能令人满意的。主要表现在:语文教学只是以追求应考成绩作为终极目标,学生只是为"考"而学,教师只是为"分"而教,因而,理应富有诗意的语文教学便染上了浓重的功利主义色彩,呈现出千篇一律的程式化倾向,学生完全处于"被支配""被灌输"的地位,他们学习语文的兴趣、激情和灵性因此丧失殆尽。诚如后现代课程的代表人物多尔所指出的那样:"因视科学为唯一途径,我们失去许多宝贵的东西,我们失去了或至少忽视了故事(我们的文化)与精神(我们作为人的意识)。"[1]

基于语文教学的现状,笔者认为,在语文教学过程中,关键在于唤醒学生语文学习的"自觉"意识。"觉,从见,学省声。悟也,醒悟、觉悟的意思。"有的论者指出:"后现代课程的功能在于带领学生离开机械、单调的、预先设定的、清晰可见的路线,或者说坦道,而进入'迷途',转向自己身份的改造。"[2]学生的这种自觉意识一旦得到有效的激发,他们的主体作用才能得到彰显和提升,语文课堂才能真正成为学生主动学习的充溢智慧和趣味的乐园。

那么,在实际的教学中,我们老师应该从哪几个方面唤醒学生的"自觉"意识呢?

一、自觉进行自我建构

当代建构主义者主张,学生是知识意义的主动建构者,因为现实世界是客观存在的,但每个人对世界的理解和赋予的意义是不尽相同的。我们的学生同样是以自己的经验为基础来建构现实的,由于他们的经验或者说是生活的"图式"不同,于是他们对社会生活的理解也就必然有差异。所以,在语文教学中,我们教师绝对不能简单地将知识"灌输"给学生,而应该由学生自己主动根据自己的生活"图式"来建构知识意义。这样看来,学生知识意义的建构,完全应该是学生的一种自觉的学习行为。

学生进行自我建构一般包含两方面:一是对新信息的意义建构,二是对原有经验和信息的改造和重组。对中学生群体而言,后一种建构显得更为重要。在语文学习中,教师应该有意识地引导学生自觉地根据自己原有的认知结构、自身经验,对外部信息进行主动的选择、加工和处理,从而理解和建构新的知识和信息。而这在阅读教学中显得尤其重要。因为"语文教材中的各类文本,其本身是一种特殊的文化形态。当每一个具体作品从作者的笔端流淌出来时,它是一种静态的、客观实体的存在。这时,文本对作者而言,具有相对的独立性"[3]。但当它作为一种精神文化产品呈现在我们读者面前时,文本对阅读主体而言,便是一个开放的"生产性"过程,它就脱离了作家的主观意图,具有了多元意义解读的可能性。当我们指导学生阅读语文课程文本时,也就是将学生引入了一个创造性解读、多元意义求解的过程之中。这样,阅读主体对文本的阅读,也就成了一个富有创造性的自我建构的动态过程。比如,在教学郁达夫先生《江南的冬景》一文中,有的学生巧妙地抓住了文本中"散步"一词,做深层次的意义建构。请鉴赏下面一段教学对话:

生1:老师,我们觉得文中的"说起了寒郊的散步,实在是江南的冬日,所给予江南居住者的一种特异的恩惠"一句话,似乎有比较深层次的内涵,是吧?

师:好的,那你说说看。

生1:在江南的寒郊散步,可以感受冬日阳光的温暖,可以领略冬日特有的景观,可以闻到冬日清新自然的空气。在这里有无限的乐趣。所以作者说"是江南的冬日,所给予江南居住者的一种特异的恩惠"!

师:好的,还有同学有不同的理解吗?

生2:作者在这里表达了对大自然的感恩,散步仅仅是一种外在的形式,更多的则是萦绕在作者心头的无法排解的一种热爱自然的情怀。

师:说得很好,还有同学要补充吗?

生3:这里,我们应该和上文的"蛰居"相对照着看,"散步"时可以游目骋怀,心情极度放松,也极为自由。这里表达的是作者对自由自在生活境界的留恋和向往。

在这里,"散步"这样一种生活情景,在不同的学生心目中,被赋予了不同的意义和不同的情感色彩。学生们正是根据自己固有的生活"图式"进行了自己的悟解,从而完成了知识意义的自我建构。

有的时候,学生个体在自我建构知识的过程中,由于自身的生活经验、认知结构的局限性,不可避免地会产生一些障碍,不利于学生主动建构知识意义。这时,老师可以发挥学生团队的"聚合"作用,让他们充分地进行小组合作讨论,实现知识和经验的互补,在和谐、热烈的课堂教学氛围中,有效地促进学生的自我建构和自我发展。

二、自觉展开思维活动

"语言毕竟是人们进行思维的最重要的工具,尤其是语文科的思维,它本身就是以语言为工具的思维;学生的语文思维水平和语言的水平紧密地联系着的。"[4]因此,语文学科要发展学生的语言能力,就必须发展他的思维能力。

既然语文学科的核心是发展学生的思维能力,那么,教师无论是在阅读教学还是在作文教学中,都应该引导学生自觉展开多元的思维活动。就阅读教学而言,教师要不断地引发学生的阅读兴趣,点燃他们思维的火花,使之产生强烈的阅读和思考的心理诉求,在这方面,一些著名的语文教学大家,为我们提供了非常丰富的可供学习的宝贵教学经验。如李镇西老师的语文课堂的基本结构一般都采用"读—问—答—结"的基本结构,即学生阅读—学生质疑—师生释疑—教师总结。而钱梦龙老师的自读式的基本阅读流程为"初步感知—辨体析题—定向回答—深思质疑—复述整理"。这里,两位语文教学的大家尽管具体的教学结构不完全相同,但都十分强调学生要展开积极的思维活动——质疑和深思。这里"质疑"是手段,同时也是思维的过程,它能有效地促进学生深思。而"深思"则是学生语文学习的中心任务,是考量课堂教学质量的重要指标。一堂语文课,如果学生只是处于被动的"听讲"状态,他们的深度思维严重"缺位",那么,这样的语文课就不可能产生良好的教学效能。

学生自觉地展开思维活动的路径是多元的。他们或可在文本空白处让思维放飞,使自己的创造性思维得到有效的训练;或可在文本看似矛盾处让思维碰撞,使自己的求异思维能力得到加强;也可以在文本看似平常处让思维深度展开,使自己的见微知著的思维品质得到提升。这样,学生就有可能不断产生跨越思维障碍的愉悦感,从而使他们萌生出进行思维活动的高度自觉性。

比如,有一位老师执教《最后的常青藤》一课,在分析课文结尾时,布置了一个作业:"本文结尾出乎意料,戛然而然,当琼珊知道叶子是贝尔曼所画,她会怎样?试续写。"一位学生的作业是这样写的:

琼珊红润的脸上又浮现出病时的苍白,神情有些呆滞,深蓝色的披肩和织针掉在了地上,发出了让人心碎的声音。"琼珊,你没事吧?"苏艾关切地摇了摇如同泥人雕塑的琼珊,琼珊却在这时"哇"的一声哭了出来。她抱着双膝,蜷缩成一团,身体不住地颤抖着,如同在凄风苦雨中挣扎的藤叶,随时都有可能随风而逝。那哭声不甚响亮,却如泣血的荆棘鸟声声悲戚。

"琼珊,你才大病初愈,万一你再病倒了,岂不对不起贝尔曼先生的良苦用心……"苏艾轻抚琼珊的后背说道。"呜呜呜,我知道,贝尔曼先生是那么善良的一个人,他经常说画了杰作带我们一起离开这儿,当时我只当是玩笑话,没想到他做了这么多。"琼珊哽咽道。哭声渐渐停了,琼珊抬起脸恳切地望向苏艾:"我的好苏艾,我不会想不开了,你现在带我去见一下贝尔曼先生好吗?"苏艾吃了一惊,"现在?""就现在。"琼珊斩钉截铁地说道。苏艾无奈地叹了口气,点了点头说道:"好,小东西,就依你了,等你换好衣服,咱们就出发。"琼珊再次望了望窗外那最后一片常春藤叶,起身下了床。

作者想象到了周边环境、人物的心理,这种想象性思维表现得都非常成功。作者根据文本固有的情节丰富了人物形象,点化了作品的主题。在内容和表达方面收到了"一箭双雕"的艺术效果。同时,这样的想象思维训练,能有效地提升学生的创造性思维能力和水平,让学生加速由再造想象向创造想象转化。

三、自觉释放表达欲望

现代教育高度重视学生的学习创造力。应该知道,每个年轻的生命个体,都蕴含着求知的激情、创新的思维、丰盈的智慧和超乎寻常的想象力等精神能量,而这些精神能量所产生的强烈的表达欲望,如果在语文课堂教学的多元互动的过程中自觉地得到最大化释放,学生们自主地选择、自由地想象、自在地表达,那么,这就能使语文课堂改变固有的指令性课程范式中的过于"同质化"的倾向,呈现出生机盎然、"百舸争流"的动人的美好境界。因此,教师应该想方设法激发学生的学习创造力,让学生自觉地、尽情地释放自己的表达欲望。

"课堂气氛是教学成败的晴雨表。"要让学生自觉释放表达欲望,教师首先必须营造一种让学生自觉释放表达欲望的课堂教学气氛,要想方设法使课堂教学的过程成为师生互动的学习过程、共度的情感历程,这样,学生才能在多元互动的教学过程中产生强烈的情感共鸣,从而使整个课堂教学像点燃的火把一样,学生的联想、感悟、灵感和各种创意一下子迸发出来,学生的表达欲望才能得到最大限度的释放。

笔者在教学实践中真切地体会到:设计新颖独特的课堂教学过程,采用适切灵动的课堂教学方法,开展丰富多彩的课堂教学活动,这是师生互动共鸣的必然选择,也是学生尽情地释放自己的表达欲望的前提条件。比如,笔者曾经设计了一堂语文活动课型,要求学生以评说"山寨文化"为中心,从正反两方面展开辩论。学生在课前认真地搜寻材料,整合信息,比较鉴别,在课堂上他们则自主调控整个课堂的教学环节,尽情地表达自己的见解,他们侃侃而谈,或正面立论,或反向说理,或引经据典,或严词诘问。同学们踊跃参与,完全进入了一种"一吐为快"、争相论辩的高度投入境界,他们尽情地释放自己的表达欲望。课后有的同学似乎言犹未尽,围绕"山寨文化"的中心话题,主动撰写论辩之文。或褒扬,或贬斥,涌现出理性和感性相映生辉的佳作。如《"山寨文化"可以休矣》《不能全盘否定"山寨文化"》《"山寨文化"有存在的价值》。这种将课上的表达欲望延伸到课外的行为,完全是学生在高度自觉的意识支配下进行的,这对发挥学生的自主能动作用是大有裨益的。

在语文课堂教学中,有时为了让学生尽情地释放自己的表达欲望,老师可以根据课堂教学的实际情况,随时变换预设的教学方案。李镇西老师曾经说过:"当学生的思想正在熊熊燃烧时,教师不能为了表达自己的思想而扑灭学生的思想火焰。"[5]老师完全可以让学生围绕教学目标,充分地发表自己对问题的见解,在时间和空间上使他们的表达欲望得到最大限度的满足。尽管有的表达内容和老师的理解不太一致,但只要言之有理,持之有故,同样也应该充分地加以肯定。这样,学生表达的积极性才能得到有效的保护,他们的表达欲望就能更为自觉地释放出来。

四、自觉反思学习行为

学生的语文学习实践行为具有自己固有的特性,这些特性便构成了学生学习主体的活动方式。这种学习活动行为和方式,对每一个学习个体而言,具有相对的稳定性和一定的重复性。这就使得学生的学习行为呈现出强大的惯性。这种惯性往往会使学习主体的学习行为因循规蹈矩而缺乏必要的创新。因此,要不断创新和优化学习主体的学习行为,教师就有必要唤醒学生的"自觉"意识,引导他们对自己的学习行为进行经常性的积极的反思,使之认识到自身学习行为的某些缺憾,从而通过自为的方式对不良行为加以矫正,最终实现语文学习实践行为的自我优化。

自觉地反思学习行为,并自觉地对学习行为加以调控,这是提高学生语文素养,获取语文能力的一条重要路径。但是,在实际的教学过程中,我们的老师似乎并没有充分地意识到这一点。学生一般很少对自己的语文学习实践行为做出必要的反思,更遑论"自觉"两字。这样,学生的学习行为就很难超越日常语文学习的惯性,进行自觉的并且是高效的学习实践活动,语文学习也就很有可能陷入"高耗低效"的泥淖。

笔者在自己的语文教学实践中,十分注重引导学生自觉反思自身的学习行为。从反思的内容看,有对学习态度的反思,有对学习习惯的反思,有对学习方法的反思等;从反思的时间看,有课后的反思,有对某一特定时段的反思,也有一个学期或一学年的反思。这里不妨摘录两位学生的反思笔记:

反思之一: 这次期中考试我的语文成绩很不理想。我对这学期的语文学习做了深刻的反思。其原因是很多的。主要原因是自己平时不注意及时复习巩固,很多基础知识和基本技能没有很好地掌握。根据德国心理学家艾宾浩斯的记忆遗忘曲线,我认识到:遗忘在学习之后立即开始,而且遗忘的进程并不是均匀的。最初遗忘速度很快,以后逐渐缓慢。我在语文学习过程中没有进行及时而又必要的复习,导致形成了许多知识的"盲点"。因此,我要以这次考试作为一面"镜子",及时调整自己的学习方法,对知识要点和能力要点必须及时并且反复地加以复习。

反思之二: 我对作文一向抱有消极的心理,主要是在为文之时,感到力不从心。常常搜肠刮肚、抓头挠腮仍难以完篇,即便勉强成篇,也是"嘴尖皮厚腹中空",材料贫乏,内容单薄。我在老师的启发下逐步认识到,造成这种情况的根本原因是平时生活的积淀和写作材料的积累太少了。要提高自己的写作能力,应该从作文的"本源"入手,采用多种方法"找米"下锅,不断地积储写作素材,并根据表达文章主旨的需要合理地选用写作素材,从而写出内容充实、新颖独到的优秀作文。

  这两则反思笔记,前者是作者对自己某一个学期的语文学习行为的反思,后者是对自己作文实践的反思。他们都客观而又准确地分析了自己学习行为存在的问题,在此基础上,他们都提出了改变学习行为的基本思路和策略。这样自觉的反思,无疑会对他们的语文学习产生积极的效能。当然,反思以后的学习思路和策略的调整,必须体现和落实在具体的学习行为之中,如果仅仅是"纸上谈兵",那反思充其量只是一种"应景"的文字而已。

参考文献

[1] [美]小威廉姆 E. 多尔. 王宇红译. 后现代课程观[M]. 北京:北京教育科学出版社,1996.

[2] 汪霞. 布洛克的后现代课程观探析[J]. 比较教学研究,2003(3).

[3] 李建邡. 语文新课程亟待强化四种意识[J]. 陕西教育,2006,(1—2).

[4] 卫金灿. 语文思维培育学[M]. 北京:语文出版社,1994.

[5] 程红兵. 新语文课程论[M]. 上海:上海三联书店,2008.

(本文发表在《语文教学通讯》2015 年第 10 期)

审美想象：文学教学的一条重要路径

——以古典诗歌教学为例

别林斯基曾经说过："在艺术中起着最积极和主导作用的是想象。"[1]文学作品的艺术之美，正是文学作者驰骋想象的产物。在文学创作过程中，作者"精鹜八极，心游万仞"，他们的思绪不受时空的限制而驰骋无边。这就使文学作品具有一种多层次性、未定性的特征，其思想内蕴往往隐蔽在艺术形象所给我们留下的深广、多层的审美空间里，蕴含在生动逼真的艺术意境中。因此，文学的审美教学是绝对不能离开审美想象的。"审美想象是审美活动中的一种创造性的思维活动，是通过对审美表象的分析综合在头脑中创造新形象的心理过程，实际上是对于客观世界的主观的形象思维过程。"[2]"在一切心理要素中，惟有想象才是推动审美过程中的美感沿着不断深入的航线迸发的实在力量。"[3]由此看来，审美想象是一种自由把握和创造形式的审美能力，它是审美欣赏和审美创造的关键因素。我们在进行文学作品特别是古典诗歌教学过程中，必须引导学生展开想象的双翅，唤起学生的审美体验和审美情感，使他们获取丰富的审美经验和充分的审美愉悦。这应该是文学教学的一条重要路径。下面仅以古典诗歌教学为例，简要论述进行审美想象的基本方法。

一、审美想象必须依凭固有的生活图式

著名哲学家康德认为：在人们的知性活动中，起主要作用的就是我们固有的"图式"。所谓"图式"，是指个体已有的知识结构。康德指出："我们称限制知性概念使用的感性之这种形式和纯粹的条件，为概念的图式。我们将称在这些图式中的知性进程为纯粹知性的图式论。"[4]现代认知心理学家鲁默哈特认为，在人的认知过程中，图式的主要作用是用来表明人的理解过程，这种过程需要个体已有的图式中的相关知识的参与，这样才能达到生活体验和知识积累的沟通。而文学教学的过程，就其本质而言，是阅读者通过想象，积极地与作者共同参与创造的活动。由于读者的生活经验、知识水平、文学修养、审美趣味等方面的不同（即每个人的心理图式的不同），对作品的想象和感受自然也会千差万别，诚如前人所说："古人之言，包含不尽，后人读之，随其性情高下，各有心会。"[5]因此，在古典诗词的教学过程中，我们教师要想方设法引导学生根据自己的心理"图式"展开丰富的想象，这一方面体现了对审美主体的尊重，另一方面也体现了文学鉴赏的基本规律。

白居易有一首《忆江南·江南好》："江南好，风景旧曾谙。日出江花红胜火，春来江水绿如蓝。能不忆江南？"这首诗赞叹"江南好"，但诗人仅是从大处着眼，简笔勾勒。这就给我们读者留下了极大的审美想象的空间，我们可以引领学生根据自己的心理"图式"进行扩展想象，进一步体味诗人给我们描绘的江南春天的美丽画面。请看两位同学展示的扩展想象的精彩文字：

转瞬后在眼中妖冶着的，只有那温柔了江南岁月的花朵。像是樱唇，在光中，在风里，它连抖动都宛如是吟哦，划过的曲线化作絮语撩乱人心。像是丹珠，缀在少女的发簪间，却不小心掉落，拨动一池春水，搁浅在心间。若是一朵花孤芳自赏，终究只是美丽；但这里，是千

万朵花的互相依持,便成就了如火的灿烂。一岸的火焰燃烧得如此浪漫,却又剧烈而动荡、蔓延、扩张,是多情染上了躁动,是矜持落入了狂野。它们像火,却又因异常的华丽,胜过火红。(姚创绮)

那淡青色的天空,像蚕妇手中的丝织品,没有多余的一针,没有翘起的一角,丝滑、柔顺。似乎还在蚕妇纺棉织裳时残留的体香和体温。渐渐地,暖阳张开了那双惺忪的大眼,夺彩而出。如同上天滴了一滴丹砂,肆意地蔓延开来。看那满世界的扉红:大红的阳,赤红的天,火红的花,连瞳孔、心脏乃至身体的每一寸肌肤跟着一起燃烧。漫山遍野的红花,蠢蠢欲动,接受霞光的洗礼,吮吸日光的滋润。眼前是一大块光焰夺目的玛瑙盘,娇艳欲滴,撼动着这个世界。这可怕的尤物,一触即发,就如那似火年华般激情四射。没有人可以阻止他,浑身都是力量,可以听到低沉中不乏强劲的生命拔节的声响。(沈阳)

这里颇有诗味的精彩描写,融入了小作者固有的生活经验和丰富的主观想象,整幅画面因此而更为具体、生动,显得十分鲜艳奇丽。江南春意盎然的美好景象给人以鲜活的感受,而诗人对江南如痴如醉的喜爱之情都得到了充分的体现。姚创绮和沈阳两位同学,面对同一个阅读客体,却具有不尽相同的想象,这是因为他们各自具有自己的生活"图式",他们不同的生活体验使他们的审美想象具有自己的鲜明特点,而这又很难也不必去分出优劣高低。

由此看来,在指导学生进行审美想象的过程中,注意激活学生的生活经验是非常重要的,没有一定的生活经验的触发,学生想象的翅膀就飞不起来。因此,教师要让学生把生活中的一点一点的体验积累起来,使之具有对生活的敏锐的感受能力。这样,审美主体和阅读对象之间才能建立起一种能够触发的审美联系,学生便能自然地开辟出想象的通道来。当教师在指导学生进行阅读鉴赏的时候,学生激活了自己的审美经验、情感,便能主动深入诗歌构筑的内部世界,领悟到诗歌的艺术真谛。

二、审美想象必须融入一定的情感色彩

在所有的审美想象活动中,阅读者通过想象而进行的形象和意境的建构,自始至终都离不开情感的媒介。阅读者正是在情感的作用下,依据自己的情感逻辑进行审美想象活动的。因此,我们在古诗词的教学过程中,理所当然应该将审美情感渗入想象活动之中。这样,审美主体和审美客体才能相互作用,达到主客相融、物我双会的美好境界,进而使审美想象活动体现阅读者的审美理想和审美趣味。如阅读柳永脍炙人口的名作《雨霖铃》,此词上阕主要写眼前的实景实事,极力渲染离别时无法言说的凄凉的气氛和浓重的离愁别恨。下阕则写对别后情景的设想,为虚写。这里的表达语简约而情深,具有浓重的情感色彩。我们不妨让学生感受词人离别后的孤独、寂寞的思想情感,并根据这种情感进行审美想象:孤舟离岸,诗人酒醒梦回,已是拂晓时分,但见微微晓风吹拂着江边的萧萧垂柳,弯弯残月高挂在摇曳着的青青柳梢,形单影只的诗人内心是多么的伤感和凄凉。在这样的情景想象之中,由于融入了阅读者自己的情感色彩,包孕在"今宵酒醒何处,杨柳岸晓风残月"这种特定的景物中的审美情感便能具有更大的艺术张力,给读者的艺术感染力特别强烈。

白居易有一首《邯郸冬至夜思家》诗:"邯郸驿里逢冬至,抱膝灯前影伴身。想得家中夜深坐,还应说着远行人。"笔者在具体的教学过程中,先引导学生从整体着眼,体味其中的思乡怀人之情。然后启发学生结合自己相应的情感体验,展开审美想象。请看一位同学的想象文字:

墙上影子朦朦胧胧，看不清轮廓。诗人抱住膝盖，企图获得一点温暖。莫名的寒冷像遁地的毒蛇一样从脚底突然袭来，将他的心绞成一团。他举起酒杯，希望能借此获得一些温暖。对面墙上的影子也客气地举起酒杯一饮而尽。

诗人想到了小时候冬至，母亲总是自己慢慢地端过一碗稀得像水一样的粥蹲在一边看兄弟姐妹和自己碗中汤圆的阵阵热气。也许现在母亲日益浑浊的眼睛正闪着些许异样的光彩，倚着门框看着门外，就像是自己会突然缓缓走来一样。时而兄弟姐妹们也不知道现在他们是不是围着火炉继续调侃自己小时候偷吃被打的事情，也许最小的弟弟会在梦中喃喃地念着哥哥的名字。这一切就像是近在眼前，可伸出手去，触碰的只是虚无与黑暗。（张梓妤）

张梓妤同学展开的想象，赋予了知觉经验以新意，其中最为重要的就是在想象活动过程中将主体情感加以渗透。可以这样认为：诗中的主人公内心"心绞成一团"的痛苦、母亲关注孩子的目光和对自己对虚幻情景的期盼，都是阅读主体情感渗入审美想象的产物，是主观和客观的有机统一。这样对诗歌的解读，就能使诗歌的审美情味更为浓烈，从而使诗歌产生悠然不尽的韵味和至为动人的艺术效果。

三、审美想象必须具有相应的创新内容

审美想象活动是按照阅读者自己的审美理想进行的一种"美感享受"活动，它的主要特征是追新趋异。在阅读者主体情感的驱使下，由艺术客体的新鲜刺激而产生创造性想象。这种创造性想象跨越时空的限制，读者可以依凭文本的表现内容，将各种表象加以分割、粘连、填补和组合，虚构出与之相关的各种意象，进而形成新的意象世界和生活情景，或者说创造出意识化的新形象，这是审美想象的主要特征，也是艺术鉴赏的一条基本的法则。读者"那不羁的创造性，应当说都来不羁的创造性自于想象"[6]。如果失去了这种创造性的审美想象，文学作品的阅读和鉴赏也就根本不可能有效地进行。因此，在古典诗词的教学过程中，我们要引导学生形成创造性想象的意识和能力，这样文学教学才能使学生获取更多的审美趣味和审美愉悦。同样是阅读白居易的《邯郸冬至夜思家》诗，有的同学做了如此的创造性想象：

是冬至，本应万家灯火，花团锦簇，缘何异处相思，两两相望，一双闲愁，我不知道，千年前的那个夜晚，是怎样的一番场景。

窗前，游子伴着凉如水的月色自斟自饮，一杯接着一杯的玉液琼浆从口中饮下，又似即刻化成泪水蜿蜒而下，红了的眼眶与唇相映。他想起了家乡的月亮，昔日他与妻子在开满月光的山坡上看着满世界的星光月影，可是如今的境况，又是怎样？

镜中，女子剪下一段烛光，和着夜色不知疲倦地一针一针地绣着手中的布帛。多年的孤单使她在如此的灯光中苍白得不可名状，可是，谁又看见了她嘴角那一抹似有若无的笑意。冬至已悄然而至，不知她手上的长褂布衣，何时能为他披上，如瀑的黑发，何时再为他梳理。

一切都凝结成了一幅青灰的画面，忧伤与寂寞。（周含笑）

周含笑同学通过诗歌内容的解读，对表象进行合理的改造加工，带有明显的创造性成分。游子的自斟自饮，游子的泪水蜿蜒，游子的美好回忆，游子对妻子的想象——妻子的手绣布帛、妻子的苍白脸容、妻子的内心渴求，这些都是小作者通过创造性想象而虚构的具有浓郁生活气息的特定情景，它大大地丰富了诗歌的内容和意蕴，这就将诗歌教学引入了一个

多元情景感受的创造性解读的过程之中。这样的审美想象,也就成了一个意义生成的动态过程,使诗歌教学具有丰富的审美趣味和开放多元的审美空间。

当然必须指出的是,创造性想象要追新趋异,并不意味着审美想象可以不受对象内在规律的限制。著名美学家王朝闻先生曾说,虽然有的理论家说"有一千个读者就有一千个哈姆雷特",然而读者总不至于把哈姆雷特当成堂吉诃德。这说明对于审美主体而言,其审美想象还必须受审美客体和内在规律的制约,因此,我们在进行审美想象时,切不可作所谓的自由自在、天马行空式的玄幻之想。

参考文献

[1] 别林斯基.别林斯基文学论文选[M].满涛,辛未艾译.上海:上海译文出版社,2000.

[2] 康德.纯粹理性批判[M].韦卓民译.武汉:华中师范大学出版社,2000.

[3] 修俊雅,王世民,李韬.《美育教程》[M].北京:民族出版社,2001.

[4] 庄志明.审美心理的奥秘[M].上海:上海人民出版社,1983.

[5] 沈德潜.唐诗别裁集·凡例[M].北京:中华书局,1975.

[6] 蒋孔阳,朱立元.美学原理[M].上海:华东师范大学出版社,1999.

(本文发表在《语文学习》2014年第6期)

建构多维开放的语文教学空间

高中语文新课程标准明确指出："高中语文课程,应注重应用,加强与社会发展、科技进步的联系,加强与其他课程的沟通,以适应现实生活和学生自我发展的需要。"[1]语文课程标准给我们语文教学提出了新的课题,那就是语文课程的实施,要加强与社会发展、科技进步的联系,加强与其他课程的沟通,让学生在更为广阔的天地里学语文、用语文,提高语文的运用能力,以适应现实社会生活和学生自我发展的需要。

要实施新课程提出的语文教学新标准,我们语文教师就应该在教学实践中不断地构建开放、有序的语文课程。具体地说,包括以下四个方面。

一、发掘开放的新课程内容

在语文教学中,教师和学生进行教学的重要载体当然是教材,但是,我们不可回避这样的事实:现行的语文教材,不管是什么版本,在文本的选择方面往往都不可避免地存在一些缺憾,不可能做到非常的完美。同时,受时空的限制,某些鲜活的课程内容也不可能收录到语文教材之中。因此,对教材自行进行增删处理,并及时开发具有时代特色的拓展性校本语文课程,就显得非常必要。洪宗礼先生曾经说过:"如果我们把教材编活、教活,让学生学活,就必然能点燃学生创造性思维的火花。"[2]这是颇为中肯之论。

大家知道,语文课程是对经验世界的不断展开和不断完善的一个过程,它具有人文性、时代性、民族性和实践性的特点。因此,我们选取语文校本课程的内容,既可以大量引进文学的、哲学的、艺术的经典作品,让学生阅读经典、感受经典、涵咏经典;还可以引进大量的诸如天文、地理、生物、医学等关涉现代科学的作品,使语文课程与其他学科课程相沟通;还可以与时俱进,适时引进体现现实社会生活和时代风尚的鲜活的文本材料,把时代"活水"源源不断地引进课堂,努力打通课堂与社会、课本与生活的通道。这样,开辟学习、运用语文的空间,能使学生感受到语文课程内容的丰富性,拓展语文学习的视野和空间,并有效地激发学生语文学习的兴趣。

笔者曾跟随江苏省语文特级教师考察团赴我国台湾地区进行语文教学的考察。我们发现台湾在语文课程内容的开发方面有许多值得我们借鉴的地方。比如,在台湾的中山女高,我们看到了一份有关该校课程的简介。

自编延伸教材:古典语文基础:韵文选、古典小说选

文学欣赏能力:现代散文选、新诗选、现代小说选

艺术涵养品味:文物欣赏

这一份简介,涉及语文校本课程的基本模块,语文活动开展所依托的基本教材、延伸教材和活动课程设计,我们可以从中窥见该校语文教学的大致框架。

他山之石,可以攻玉,台湾地区开放的语文课程内容对我们的语文教学有一定的借鉴意义。如果我们在语文课程内容的拓展方面动一些脑筋,下一些功夫,那么,一定会对我们的语文教学产生积极的效能。近几年,我们学校曾经编写了语文校本教材,如《中华古诗文阅读》《时文选萃》等。《中华古诗文阅读》主要收录的是语文教材没有采用的脍炙人口的古典诗文,如文天祥的《正气歌》、归有光的《沧浪亭记》等;《时文选萃》主要选取的是各类报纸杂志上的新鲜的精彩美文,如詹克明的《说"异"》、余秋雨的《都江堰》等。我们在课内外有意识地引导学生进行阅读和鉴赏,并经常开设课外阅读的专题讲座,召开读书心得交流会。这样,大大拓展了学生语文学习的课程内容,为真正有效地提升学生的语文综合素养奠定了坚实的基础。

二、采用灵活多元的教学方法

开放的语文教学和传统的语文教学在教学方式方面具有很大的区别,传统的语文教学所使用的教学方式比较单一,一般以教师的课堂讲授为主。而开放的语文教学所使用的教学方式比较灵活。在语文课堂教学过程中,教师要有意识地采用多种多样的教学方式:或朗读课文,或讨论思辨,或拓展延伸,或能力迁移,通过听、说、读写等多种训练途径,将识记、理解、分析、综合、运用等有机地融合在一起。这样,语文课堂教学就能因语文教学方式的多样性而呈现出生动活泼的美好境界。

当下,新课程特别强调合作探究式教学,注重学生群体参与性和互动性。这种教学方式是"一群人为达到教学目标而分配不同角色,经由说、听和观摩的过程,彼此沟通意见"[3]的过程。这是颇为灵动又是行之有效的教学方法。笔者在语文教学的实践中,想方设法让学生真正做到群体参与和互动。笔者根据国内外的许多成功的经验,结合施教对象的实际情况,尝试采取小组讨论、群体参与的合作学习方式。在讨论和交流过程中,学生有思想的交锋、有观点的碰撞,而这正是最为灵动的、最具价值的开放教学境界。

比如,对李商隐《锦瑟》一诗的解读,人们往往莫衷一是,教学时有一定的难度。本人在执教这首诗时,首先引导学生初读文本,在此基础上,要求学生参见课文注解就教材中预设的"文本研习"之四进行小组讨论,组长做好记录。然后各小组推荐同学进行交流,气氛颇为活跃,同学们的解读也非常精彩。

学生1:《锦瑟》运用丰富而又奇幻的联想与想象,借用庄生梦蝶、杜鹃啼血、沧海珠泪、良田生烟等典故,进行片段意象的组合,并运用通感手法,把听觉与视觉进行沟通,创造了一种朦胧、幽约的诗歌情调,委婉地表达了诗人因时间流逝、青春不再而产生的迷茫而又惆怅的情思。

学生2:李商隐在诗的结尾感叹"此情可待成追忆,只是当时已惘然",这是诗人回首自己的人生路途而产生的独特的情感体验。如果联系诗人的生平、思想,我们可以知道,深悟佛教真谛的他感到现实的无助和可悲,他真的是有求皆苦,内心无比痛苦、纠结。尽管诗人跳不出世俗的牢笼,但对理想、爱情依然是无比眷恋、执着沉迷的。故这首诗展示给我们的是一颗炽热而又感伤的心。

各位同学见仁见智,各抒己见,展示了一种开放的、互动的生动境界,无疑能使合作探究收到群体参与、智慧共融的良好效果。

在语文教学中,学生善于发现问题和提出疑问是非常重要的。疑问往往是学生一系列思维活动的发端。因此我们教师应该有意识地、不断地引导和鼓励学生进行质疑,让他们在自学的基础上生成一些有价值的问题来。这也正是开放型教学的一个基本方法。比如,笔者执教曹禺的《雷雨》(节选),要求学生在课前充分预习的基础上,大胆质疑,他们提出了许多问题。于是,我引导学生根据教学目标对问题加以选择。这个选择的过程实际上也是对文本的感知过程。最终由师生共同确定探究的重点问题。如,节选部分的戏剧冲突主要表现在哪些方面?戏剧冲突的本质是什么?作者笔下的主要人物的性格特征是什么?作者塑造的艺术形象有什么典型意义?然后由学生对这些问题逐步展开探究。这样以学定教,尊重学生的意愿,也是对学生主体地位的尊重,体现了课堂教学民主、开放而又灵动的特征。

三、开展丰富多彩的课程活动

众所周知,语文学科是实践性很强的学科,学生语感的养成、语用能力的提升,必须借助于大量的、丰富的语文实践活动。从另一个角度而言,要使学生真正成为语文教学活动和自身发展的主体,学生仅仅具有主体意识是远远不够的,还必须依靠学生主体能动地参与学习的实践活动,使之在大量的语文实践活动中,提高与自身发展相谐和的各种能力。因此开展丰富多彩的课程活动是由语文学科性质决定的,它应该是语文教学的一项不可缺的重要任务。

进行语文实践活动,我们首先应该在课堂教学过程中精心设计各种教学实践活动,并对各种活动加以规范、组织和引导。在组织学生参与各类实践活动的过程中,我们要不断激发学生的积极性和自觉性,使之完成自觉接受—主动投入—同学互动—能动创造的自觉的参与过程,从而对学生的语文素养的提升发挥主导作用。

一般而言,语文活动的形式可以是丰富多彩的。笔者在施教过程中,逐步形成并经常采用以下五大类的活动形式:

(1) 诵读类,如朗诵、演讲、讲故事、口头作文、课本剧表演等;
(2) 讨论类,如辩论赛、人物采访、学习经验交流、热点问题讨论等;
(3) 阅读类,如读书活动、读书心得交流、读书演讲、新书推介、专题讲座等;
(4) 写作类,如写日记、出版报、编刊物、写对联等;
(5) 欣赏类,如观赏影视节目、欣赏音乐艺术、鉴赏文学作品等。

这些语文活动,能为学生的语文学习创设情境,提供知识和经验,最终获取语文能力,提高语文素养。如在教学苏教版第一册第一单元"向青春举杯"时,笔者就设计了多维的语文活动,其中有诵读、仿写、讨论、写书信和心得交流等活动形式。这些开放式的活动均围绕"青春"的话题,有利于学生加深对文本的理解,同时体验到青春的情怀和对青春的追求。

进行语文实践活动,我们不应该只是把眼光局限于小小的课堂,而应该把视野拓展到课堂以外的广阔的天地。我们可引领学生走向自然,在大自然的怀抱中,让学生去观察、去体悟、去倾听小溪流水的淙淙声、天空云雀的歌唱声、白日里飘雪的水滴声,进而让学生去领悟天人合一、崇尚自然的思想。在这方面,笔者做过许多有意义的实践和探索,学生们因此感受到了语文学习的兴味和乐趣。我曾经让学生参观本地的著名景点——寿桃湖,并让他们写观察日记。有一位学生这样写道:

初升的太阳散发出缕缕夕阳,照在湖面上折射出五彩斑斓的光,似乎想要冲透那弥漫湖上的晨雾。似乎在迷茫中听到了呐喊,那深入灵魂的呐喊,我已经能深切地感受到这湖水的灵魂。它撞击着我的心,共鸣之中我听到了它对山水的依傍,对光明的向往。我忍不住想去拥抱它,亲吻它。湖水围绕在身边,潺潺对我说出它的秘密,阴影云雾低垂在丛树的绿线上,像你眉上的浓发。丛树旁冒出了一朵朵的小花,一枝枝,一串串,在风里咯咯地笑,让人不禁想起"墙里秋千墙外道,墙外行人,墙里佳人笑"的诗句来。湖水在花朵的注视下,仿佛是害羞了,平静的湖面泛起了涟漪,让人痴想,这湖下是不是藏着一个小姑娘的灵魂。

在观察、体悟大自然的同时,我们还可以引导学生关注社会生活,将他们封闭式的思维向开放式发展,扩大他们生活的视野,引发他们的多元思维。曾在江苏省作文大赛获奖的戴一舟同学在参加一次语文活动后,写了一篇《姑苏风情》的随笔,笔下有这样描写苏州风土人情的生动片段:

"天阴哉,回去吧!""回吧,回吧,明朝再来乘风凉!"老人们一面搬凳子,一面念叨着。"扑!"有人敲碎了一个咸鸭蛋——风凉笃笃,螺蛳嗦嗦,咸鸭蛋剥剥,一个夏天就这样慢慢地剥过去了。

乌篷摇梦,桨声欸乃。小船穿梭于星网密布的河道上,那些老妪们头包方巾,耳别上那么几朵花,披上一件青衣上袂,姑娘们身着旗袍,婀娜地缓步于青石桥边,多么令人怀旧啊!古朴的人操着吴侬软语,守着粉墙黛瓦,品着遗风古韵,饮着古井甘泉。

这些清新别致的语言,借着我们吴地民俗风韵,显得如此灵动、如此传神。这是开展语文课程活动结出的美丽之花。

必须指出的是,语文课程活动的方式要收到预期的效果,关键在于学生必须自觉地经历和参与,并要求学生开展积极思维的活动,充分调动多种感觉器官,做到耳听、眼看、口说、手动,实现主体式渗透,"多功能"协调。这样,语文课程活动才能呈现出多元、开放的理想境界,收到预期的良好效果。

四、构建开放的语文评价体系

开展语文开放型教学,同样必须有一套比较完备的与之相适应的评价体系。在语文教学过程中,开放的、科学的评价体系的建构是十分必要的,但这项工作难度是相当大的。事实上,我们的不少语文教师在这方面做了许多有益的探索,但是总体而言,这种开放的语文评价体系的建构还缺乏完备的理论架构和必要的实际研究,我们的评价体系的建构还只是处在摸索之中。从我们的实践情况来看,我们认为建构开放的评价体系必须特别注意以下三点:

一是采用多方参与的评价方法。开放的评价必须由老师、同学、学生自我共同完成。但必须指出的是,学生是语文学习的主体,自然也应该是评价的主体,因此,语文教师要自觉地把评价权还给学生。这里,要特别强调的是必须建构学生自主的学习评价模式。教师要有开拓创新意识,帮助学生设置自我评价的具体方案。方案的设计须根据不同年级的具体情况设定多维的评价指标。如高一年级,设定了听、说、读、写四项评价指标,然后,确定了评价A、B、C、D四个评价等级,让学生进行自评和伙伴互评,以充分彰显学生的主体评价作用。这样的教学评价对调动学生语文学习的积极性,准确地监测和调控学生的语文学习状态,具有积极的作用,它有利于学生对自己语文学习的反思和调控。

二是注重发展性评价。发展性评价是一种动态的评价,教师要合理地确定具有个性特色的评价内容,然后从学生语文学习的实际出发,选择恰当的评价方法和评价工具。一方面,教师应当分析各种具体评价方式的基本特点和要求,按照不同类型学生的具体学业状况,制定不同的语文学习的评价标准,从学生个体发展的纵向角度对学生做出客观的评价;另一方面,教师又必须编制合理的评价题目,并组合成比较全面的、有针对性的试卷或评价工具,然后,根据不同的评价要求,认真地组织测试。在此基础上,既要对学生的成绩进行量化统计处理,又要根据学生的测试成绩,按照科学的方法对学生的学业状况做出合乎事实的评价。既要看分数,又不能唯分数论。教师要将评价结果及时向学生、家长反馈。这样,既重视评价过程中的量化信息,又注重评价过程中的质性分析,这种开放型的评价才能做到客观科学,收到应有的积极效能。

  三是关注过程评价。过程在某种程度上决定结果,科学的评价不但要关注学生语文学习结果,而且还要更多地关注学生语文学习的过程,对学生的学习过程进行评价,有利于激发学生学习语文的积极性,同时,又可以使他们及时发现自身学习语文过程中出现的问题,以有效地矫正自己的学习行为。笔者曾经设计了一份学生语文学习的《自我评价表》,里面涉及学习态度、学习习惯、学习时间、听说读写的能力层级(分 A、B、C、D 四个评价等级)、课外阅读、听课情况、作业情况以及自我综合评价等。每一个项目下面又有若干子项目,这样的评价可以比较全方位地反映学生语文学习的客观情况。而且,笔者每个学期让学生自我填写一次,前后对比分析,可以清晰地掌握学生语文学习的动态发展过程。这样的评价,对学生而言,能够促使学生不断地反思自己的学习行为,找出语文学习中存在的主要问题,以有利于寻求解决问题的有效方法和探究。对教师而言,可以更好地实施因材施教的方略,及时调控、优化自己的教学行为,进而提高教学效率。这种过程性评价,在学生的语文学习过程中具有重大意义。

参考文献

[1] 高中语文新课程标准[M].北京:人民教育科学出版社,2004.

[2] 张蕾,林雨风.中国语文人[M].北京:首都师范大学出版社,2010.

[3] 转引自黄光荣.教学理论[M].台湾:台湾复文图书出版社,1990.

(本文发表在《语文知识》2015 年第 12 期)

强化作文教学的三大意识
——以孙艳老师的作文指导课为例

当下的作文教学有许多让我们感到困惑的问题,作文教学费时颇多且收效甚微,这一直是我们语文教师面临的突出问题。如何有效地进行作文指导,提高作文教学的效能,这是我们语文教师普遍关心并且不懈进行探索的一大课题。在这方面,知名语文特级教师孙艳有自己的理性思考和实践探索。最近,笔者慕名前往孙艳老师的学校,比较系统地观摩了她的四堂作文指导课,受益匪浅。兹不简陋,将自己由听课引发的思考形诸文字,以就教于方家。

一、整体意识:系统设置多重训练阶梯

在具体的作文教学过程中,我们的一些语文教师缺乏整体意识。没有阶段性的训练计划、学期的训练计划,更遑论整个三年的作文训练的整体计划。这样的作文教学,就不可能具有系统性和整体性,平时的训练往往盲目无序,毫无章法可言,这就难以避免陷入"高耗低效"的泥淖。客观地说,这已经成为我们提高作文教学效能的一个"顽疾"、一大"瓶颈"。要改变作文教学"高耗低效"的现状,破解作文教学的难题,就必须强化作文教学的整体意识,想方设法设置作文训练的阶梯,使作文教学达成系统而又科学的客观要求。而孙艳老师在作文教学的系统性和整体性方面做了比较深入的研究,她根据初中语文课程目标和教学对象的实际情况,努力谋划初中三年作文教学的整体方案,做到阶梯分明、前后关联、重点突出。而阶段性的作文教学也紧紧围绕教学重点,更是做到自成系列,精致关联。她四堂作文指导课是这样设计的:

第一课时以《听雨》为例升格指导,写出文章的画面感。
第二课时以《听雨》为例升格指导,试着让画面之间"意连气通"。
第三课时以《听雨》为例升格指导,画面要有情有意,情意与画面要有黏合度。
第四课时以《听雨》为例升格指导,让聆听的内容有不同的层次感。

这里,孙艳老师的教学设计是颇有用心的。写出文章的画面感,这是写景状物最为基础的要求。画面之间"意连气通",这是在基础要求之上的一大提升。至于情意与画面要有黏合度,这是写景状物的最为重要的训练目标,但这必须建立在前两节课的训练的基础上。而最后的写出内容不同的层次感,这对初中学生而言,具有一定的难度,而且必须有一定的写景状物能力的积累。所以,孙老师把它作为系统训练中的最后一个训练重点。不难理解,这样的整体设计,做到了环环相扣,精致关联,完全符合学生的认知规律和作文教学系统化的要求。按照这样的教学设计实施教学,定会收到良好的效果。从听课反馈的情况来看,也恰好证明了这一点。

应该指出,教师阶段性的作文教学必须有系统的考量,而每一堂作文课也应该有系统的设计。笔者非常高兴地看到,孙老师在具体的某一堂课的作文教学中,也精心设置多重训练阶梯,训练做到由浅入深、由易到难,有序展开。且看第一课时以《听雨》为例升格指导。执教者先让学生用运用铺陈和通感的方法写出画面感。然后,引导学生抓住"雨"特点,细写

"听雨"感受和过程,细写"雨"的色彩、个性和声响特质。这样具体而又明确的阶梯性训练,使作文教学具有浓厚的趣味性和极大的实效性。

二、务本意识:充分开展写作实践活动

笔者曾经对作文指导的课堂进行过观察,发现一个普遍存在的问题,就是老师在课堂上不厌其烦、喋喋不休地讲授为文之道,整个作文指导课变成老师展示自己作文素养的"独角戏",学生只是被动的听众,这样的作文指导课本末倒置,也就不可能有实际的效果。

美国作家娜塔莉·戈德堡在其《再活一次》中说:"别担心自己的才华和能力不足,持之以恒地练习,才华就会有所增长。""只管不断地练习写作,一旦你学会信任自己的心音。在写作过程中,你将会学会如何写作。"因此,作文课堂教学的本质就是写的活动,学生的写作能力是通过写作实践活动写出来的。作文姓"写",这是我们进行作文教学必须遵循的基本规律。所以,我们在指导学生作文过程中,必须有强烈的"务本"意识,要让学生在教师的引导下,自觉地开展各种各样的写作实践活动。孙老师的课堂教学实践就很好地体现了这一点,她的作文教学活动的设计是完全符合写作教学规律的,值得我们学习和借鉴。

笔者以为,孙老师的这作文指导活动,主要是让学生在老师的引导下,进行作文的升格训练,主要是设计了针对性极强的作文修改活动,应该说,这是四堂课最为显著的作文实践活动。我们不妨鉴赏一下第一课的教学片段:

师:我们可以用的方法一:可以借鉴课文《老山界》的方式,运用铺陈,对《听雨》的感受展开写作。(老师巡视修改的片段,推荐学生交流)

生(张春莲):看着水滴落下,我不由得想起了这个画面,我听见好像铅笔在纸上沙沙声音的水声,像洪水在冲击着土地的水声,像老鼠在撕咬着衣服的水声,像是两只手摩擦的声音的水声……

师:我们还可以借鉴朱自清《荷塘月色》运用的通感的方式,把听觉转换为视觉,化无形于有形。

生:(葛琳静)雨滴随之"啪嗒"一声溅落,淅淅沥沥,伴着风的演奏与气势随之旋转,跳跃,翩然起舞……一位位舞者随风交接,交织,跳出生命之舞,舞动出生命的节奏!雨"润物细无声",雨滴滴落在树叶上,草芽上,展现出自己最美的舞姿,奉献给初来的生命。

这里,老师引导学生就作文进行自我修改,然后教学交流活动。这就避免了教师空对空的一味的技能传授。这些写作实践活动,一方面可以让学生进行有效的作文训练,掌握写景状物的表达技巧;另一方面,又可以让学生相互借鉴学习,以求取长补短,同时获取作文修改的初步能力。

孙老师善于设计多样化的作文教学活动。正如她自己所说的,在不同课时之中教师设计了不同的教学活动,调动学生参与其中。她就像一位出色的导游,引导学生在作文天地里尽情地游历和体验。在她的课堂教学中,同样又有学生优秀作品的展示。特别是第四课时,她展示了顾雨静同学的《听昆曲》、马佳妮同学的《听词深处一番画景》等,这些佳作都是同学们在老师引导下,通过自己的实践创造出来的散文佳作,它是学生写作活动结出的美丽花朵,是学生写作才情的一次喷发。

三、求活意识：巧妙采用多元指导策略

语文课堂教学必须追求一个"活"字。营造"活化"的语文课堂氛围，有利于充分发挥学生的想象力和创造力。吕叔湘先生曾经明确指出：如果说一种教学法是一把钥匙，那么，在各种教学法上还有一把钥匙，它的名字叫作"活"。他又指出：成功的教师之所以成功，就是因为他把课教活了。由此可见，"活"是语文课堂教学的精髓。当然，我们进行作文教学，同样必须追求一个"活"字。只有改变呆板、僵化的模式化的作文教学现状，达到高度"活化"的美好境界，作文教学才有生机和出路。

孙老师在作文课堂教学方面，积极探寻"活化"之路径。她没有一味地干涩地分析学生作文、评讲学生习作，而是采用各种方法，努力营造灵动"活化"的作文教学氛围。具体地说，主要表现在以下三个方面。

（一）设置情境，引导体验

作文教学离不开体验，而情境体验是作文教学最为关键的环节，它在一定程度上决定着教学的效率。因此，我们在实施作文教学的过程中，必须有意识地根据作文教学的具体目标和相应的教学内容，想方设法创设丰富多彩的教学情境：或可采用图片资料，或可提供视音频、视频材料，或可让学生诵读交流，或可由老师深情描摹。这样的教学情境，可以有效地引发学生的情感体验，进而获得情感的愉悦和审美的享受。

孙老师在也非常注重情境的设置和学生的体验。如第四课时以《听雨》为例的升格指导，为了让同学们写出聆听内容的不同的层次感，她让学生欣赏了一首名为《夜莺》的曲子，然后请大家听后交流一下自己的感受。许多学生谈了体验后的感受：

刘涵予：这首曲调没有歌词，但旋律非常优美，在曲子的高潮部分，高亢激昂也带有一丝柔情，让我有种《与朱元思书》"望峰息心"之感。

周倩：清晨的寂静，鸟儿的欢快声，一天结束了，又回到了静谧的夜晚，传来夜莺的声音。

吴艳艳：舒缓的节奏，笛声的流畅，就像江湖侠客剑走远方。高亢低沉，高山流水，嵇康手下的《广陵散》也是如此。到高潮时，心底会莫名地涌现出一幅幅画面，平淡而又温馨。时而轻快，时而舒缓。配上大提琴的低音，让心灵都为之颤动。

姚朱文：像是在高原的地方吟笛奏乐，还有美好的钢琴声、铜管声由高到低，由快到慢，缘起缘灭，歌唱者是在表达感情，由惆怅到悲凉到虚无，再将这些融合在一起，形成一首欢快之乐，使人放松，放下一切俗事，抛弃一切杂念。

张文毫：沧桑、悲凉，给人一种伤心的感觉。

在学生充分体验和表达的基础上，老师做了归纳总结。然后，就文章组构的层次感提出三条建议，真是水到渠成，灵动而又非常有效。

（二）读写结合，适度点拨

所谓"读写结合"，就是阅读与写作的有机结合。《语文课程标准》明确指出："在作文教学中，要引导学生把从阅读中学到的基本功，运用到自己的作文中去。"在这方面，一些语文教学大家都有过非常精辟的论述。语文教学大师叶圣陶先生指出："阅读是吸收，写作是倾吐。"他又说："阅读与写作是一贯的，阅读得其法，阅读程度提高了，写作程度没有不提高的。"著名语文教育家刘国正说："阅读是写作的基础之一，是学生获得写作范例的唯一途

径。"这些都是至理之论。阅读是作文的基础,阅读好像蜜蜂采花,作文就好比蜜蜂酿蜜,读和写互为促进、相得益彰。如果在作文教学中,有意识地巧妙地将两者结合起来,就能有效地促进学生的写作能力的提升。

不难发现,现行的语文教材蕴藏着极其丰富的读写结合的资源,这是我们进行作文教学的重要载体。我们可以利用这些资源进行写作训练。如,模仿课文、借鉴技法、拓展练笔等。

孙艳老师在他的作文指导过程中,一直非常注重采用"读写结合"的策略。她对学生的作文实践活动不断地加以点拨引导:或要求学生借鉴课文《老山界》的方式,运用铺陈,展开叙写《听雨》的感受;或引导学生借鉴朱自清《荷塘月色》,运用通感的方式,把听觉转换为视觉,化无形于有形。这样,学生可以做到有章可循、有法可依。应该说,这对活化课堂教学、提高训练效能产生了积极的效能。

(三)教师下水,示范引领

在教师写下水作文这一点上,叶圣陶先生也有过精辟的论述。他说:"语文老师教学生作文,要是老师经常动动笔,或是做跟学生相同的题目,或者另外写些什么,就能更有效地帮助学生,加快学生的进步。"由此可见,叶圣陶先生也强调老师要写下水作文。因为教师的下水作文,对学生写作有一定的示范引领作用。

孙老师在自己的作文教学实践中,一直自觉地撰写下水作文,并以此作为写作教学的鲜活的资源。比如,第二课时以《听雨》为例升格指导课,为了达成让画面之间"意连气通"的教学目标,她用投影的方式,展示了她的下水作文《摄行天下之古村行》,并用简洁的文字显示了自己组构文章的思路:

> 读过"天街小雨润如酥"的诗句
> ……这需要怎样的宏伟的梦想和建造的气魄。
> ……这是怎样生活的智慧呀!
> ……这是怎样生活的精致呀!
> 读过"夜来南风起,小麦覆陇黄"的诗句
> ……自然的味道
> ……难忘的味道
> ……难忘的野味
> (投影)摄行天下之古村行
> 味道……难忘……难忘……幸运
> ……幸运一见
> ……幸运一遇
> (投影)摄行天下之古村行
> ……幸运一脚

这样的下水作文,一方面,能够激活课堂教学的气氛,使作文教学呈现"活化"的状态;另一方面,能激发学生的写作兴趣,对学生写作能力的提升具有非常显著的效果。

行文至此,笔者特别应该指出的是,作文训练的路径是多条的。本文仅就孙老师的作文课堂教学实践做一些思考。有关作文教学的另外一些问题没有提及,比如学生人文思想的积累、观察意识和能力的培养等,这并不意味着对这些问题可以掉以轻心。

(本文发表在《语文知识》2016年第2期)

潘珍,女,中学高级教师,苏州市语文学科带头人、吴中区名教师。曾获市把握学科能力竞赛一等奖、市评优课一等奖、区课堂大比武一等奖。作为市、区学科带头人,充分发挥带头作用,在做好本职工作的同时,多次在市、区、校承担开设公开课的任务,并获得好评。指导学生分别在国家、省、市级作文竞赛中获一、二、三等奖和在报纸杂志上发表作文。

平时致力于语文课堂教学的研究和探索,发表了20余篇教育教学论文。同时努力研究教材教法,虚心求教,勇于实践。在教学上,形成了"读写结合,知能并重,激思启智,注重自主"的语文课堂教学特色。课堂教学中注重贯穿人文精神,努力打造高效课堂,突出教材的整体教学,注重师生双边活动,注重培养学生的语文实践能力。

潘　珍

近年来教育科研成果目录:

例谈语文学科生命教育的渗透,《中学语文》,2014年第3期;

语文阅读教学中的问题设置——以林清玄的《木鱼馄饨》的教学为例,《中学语文》,2015年第3期;

谈谈高中语文教学中小说的深度阅读,《语文知识》,2016年10月上;

整体把握文章　理清答题思路,《现代写作》,2014年第9期;

理清情节线索　联系主旨做题,《现代写作》,2014年第11期;

用智慧建构高效语文课堂,《现代写作》,2015年第3期;

语句衔接题错例解析,《现代写作》,2015年第4期;

抓住意象　学会比较——诗歌鉴赏比较题错例分析,《现代写作》,2015年第5期;

把握小说意象　感受无尽韵味,《现代写作》,2015年第5期;

"吴太伯世家"翻译题例说,《现代写作》,2015年第10期;

把握文章主旨　体会丰富情感,《现代写作》,2015年第11期;

整体把握文章　整合转化信息,《现代写作》,2016年第9期;

积累文言知识　强化推断意识,《现代写作》,2016年第10期;

立足文本　把握主旨,《现代写作》,2016年第11期。

例谈语文学科生命教育的渗透

《语文课程新标准》突出强调语文教学要有"丰富的人文内涵",而丰富的人文内涵就包括对生命意识的重视,与一切生存状态、生存环境、生命价值的思考和教育。关注生命,培养生命意识是语文教育的要求,也是人文内涵的体现。在语文教学中,我们教师要讲究策略,把握合适的机会,适时对学生渗透正确的人生观和价值观,让他们学会尊重生命、热爱生命、珍惜生命。

语文学科集社会性、工具性和人文性为一体,在生命教育方面具有不能比拟的优势。我们的中学语文教材中许多文章都不同程度地含有对生命意识的体验和思考,处处蕴含着"生命情感"的信息。那么如何在中学语文教学中渗透生命教育呢?作为语文教师,当我们将教材中一些现有材料中的积极向上的"感性材料"细水长流源源不断地输入学生的心田,必然会对他们的情操志趣起到滋润感化的教育作用。教师在语文学科中渗透生命教育的途径也有很多,如在研读文本中挖掘生命教育点,在阅读感悟中体会生命的珍贵,在语文活动体验中感悟生命教育的价值。下面我结合自己的教学实践谈谈自己的看法。

一、在研读文本中挖掘生命教育点,珍爱宝贵生命

中学语文教材中有很多的关于生命教育的课文,对蕴含生命哲理的课文,我们要善于挖掘文章的内涵,联系生活实际,创设生动真实的情境,充分调动学生情感。如苏教版必修二"珍爱生命"专题,就很值得对文本中生命教育内容的挖掘。史铁生《我与地坛》一文中,可以充分挖掘作者对生命的思考。史铁生作为一位残疾作家,"活到最狂妄的年龄上忽地残废了双腿",他剖析自己当时的心路历程,"想关于死的事":我的身体残疾了,我的生命是不是该就此结束,一死了之?又想"我为什么要出生"?想通了这两个问题后,又继续想了"怎样活的问题"。这些不都是教育学生珍爱生命的最好的素材吗?地坛风雨沧桑而生命更为精彩更为炽烈,如,落日映出的最后的灿烂,雨燕高歌生命的力量,古柏坦然面对一切,落叶"化作春泥更护花"的这些景象,正暗示史铁生虽然残疾但还是要坚强地活下去,甚至是更为坚定地活下去。而读者也很容易得到精神鼓舞,获得对生命意义的认识。

更重要的是,史铁生瘫痪后,在十五年的漫长岁月中,除了地坛成为他精神的支柱,给了作者生命的启迪外,还有他的母亲一直陪伴他进行着艰难的跋涉。史铁生从母亲身上读懂了她对待苦难的命运所表现出的坚强意志以及她奉献给儿子的毫不张扬的母爱。这些又是很好的感恩素材。独生子女,自然有很多优点,但其不足之处也令人担忧,他们不了解别人为自己的付出,自然也很难尊重、关怀、欣赏他人的生命。而教育学生学会感恩,从感谢父母开始,感谢一切给予过自己帮助的人,才会更加热爱生命,关爱他人,收获平和与快乐。

作为语文教师,在研读文本的过程中,要用心体会课文中的生命教育因素,让学生在学习技能、知识的同时,也学习到如何做一个懂得生命、珍爱生命,进而去关爱生命的大写的"人"。

二、在阅读中感悟生命教育的真谛,理解生命价值

在挖掘到生命教育点之后,怎样让学生接受,让它随文本潜入学生心田,达到"润物细无声"的教育效果呢?我觉得手段很多,朗读感悟、小组探讨等都是有效的手段,关键是在课堂教学中教师要有意识进行渗透,引导学生自然而然地感悟生命真谛。如果把它上成思想品德课,一味地说教,结果只会适得其反。

《唐宋八大家散文》上的韩愈的《祭十二郎文》就是一篇对学生进行生命教育的好文章。《祭十二郎文》"字字是血、字字是泪",体现了中华传统文化及作者的亲情观念和人伦观念。韩愈以满腔悲情,悲老成,悲兄嫂,悲整个韩氏家族,因侄儿之死十分悲痛,所以他在文中悲叹"吾其无意于人世矣"。然而作者想到今后的责任,即使如此悲痛欲绝,即使感到对人世没有什么留恋,但韩愈还是坚强地面对生活,承担起抚养并教育十二郎子女的责任。"教吾子与汝子,幸其成;长吾女与汝女,待其嫁。"对此通过阅读教学引导学生反复朗读,感悟作品中真挚的情感,让学生认识到"亲情"的可贵,认识到个人在家庭、亲人、朋友中的重要性,增强自身生命的责任感、使命感,从而理解生命的宝贵价值。

再如,必修二上的美国小说家欧·亨利的《最后一片叶子》中,老画家贝尔曼为了让病重的年轻画家琼西有坚强的意志力生存下去,在雨夜为常春藤树画上最后一片叶子,自己却因此而患上肺病死去。这种人与人之间的温情挽救了琼西年轻的生命,更温暖了每一个读者的心。欧·亨利笔下这片小小的常春藤叶,沐浴着人性的光辉,创造了挽救生命的奇迹。在狰狞的死神面前,生命的信念往往比名药更有效。信念是生命赖以延续的坚强支柱。琼西因有生的信念、对自己生命的珍爱而活了下来;老贝尔曼因对他人生命的珍爱,虽然死去,但精神至今感动人心,他的生命通过那片永恒的叶子在琼西的身上得到延续,他活在了人们的心里。他们共同谱写了一曲生命与希望的赞歌!通过对人物形象的赏析,也让我们学生更理解了生命的价值所在。

三、在语文活动体验中感悟生命教育的价值,释放生命张力

在语文教学中,除了可以通过研读文本、朗读感悟等渗透生命教育外,还可以通过开展有价值的实践活动,使学生在语文活动中潜移默化地感悟生命的真谛。语文活动的形式是丰富多样的:可以组织学生对现实生活中的有关生命问题进行探讨和思考,如我们教授了必修五"直面人生"专题后,开展了"直面挫折"的语文活动体验课,让学生围绕"怎样战胜挫折"进行小组讨论,在活动体验中,学生懂得了要正视人生的苦乐顺逆的道理,懂得了拥有积极向上的生活态度和通达乐观的健康人格的重要性。还可以指导学生阅读有关生命教育的课外读物,摘抄有关生命教育的名言警句,促使学生思考与了解,并指导学生写读书笔记。也可以围绕生命专题进行写作。叶圣陶先生曾说:写文章不是生活的点缀和装饰,而是生活本身。在作文教学中引入生命问题的题材,可以促使学生思考生命问题,从中体会生命的伟大、生命的可贵,体会生命的价值、生命的意义。在教学中,要抓住有利于学生表达自我,对生活的认识的感受,引导学生在写作中升华对生命的认识;引导学生通过写作,自由地抒写自己的生活,倾诉生命情感,表达生命意志,释放生命张力。

必修一"像山那样思考"这个专题,意在引导学生谛听天籁,感悟自然,我在教授了这个专题后,布置了一篇以"大自然的启迪"为题的作文,我们年级里印发的四篇佳作,都可以作

为"生命教育"的典例。如我们班的陆紫兰从校园里的马樱花的开放中获得这样的启示：马樱花不因我的悲伤而留恋冬天，也不因我的喜悦而延长花期。你乐或者不乐，它都在那里静静地绽放、凋零。所以我们要善于调整好自己的心情，做到"不以物喜，不以己悲"。我在评讲这篇作文时，除了从结构、语言、写法等方面肯定其优点，引导学生借鉴外，更从文章的立意层面做拓展延伸——我们在遇到挫折的时候，该怎么做，同时请两位同学即兴发言。通过作文评讲，学生既学到了由物及人的写法，懂得了文章的立意要积极向上，同时思想上受到了洗礼——人不管遇到什么样的困境，都要学会努力绽放自己，证明自己。

再如，我们写了一篇以"容貌"为题的作文，我们年级里印发的三篇佳作，同样也都可以作为"生命教育"的典例。如我们班张妮的作文，以现实生活中的同班同学为原型，写了一个长着小小的眼睛，扁扁的嘴巴，脸上布满了一颗颗雀斑的同学，不佳的容貌使她十分自卑，脸上的雀斑时刻提醒她与别人保持距离。每天中午，她都会独自一人躲在阅览室里，徜徉于文字的海洋中，无法自拔。广泛的阅读使她觉得她手下的笔也变得跟藤蔓一样，牵绕延伸，在纸间开出一朵朵花来。更让这个同学惊喜的是，她发表在报刊上的文字使她得到了同学们的认可。丰富的阅读使她充满自信，同学们的认可使她充满了力量，终于，笑容开始在她脸上绽放，那一颗颗雀斑在阳光下显得越发生动可爱。对于这篇作文，我们班很多同学都觉得文笔优美，描写细腻生动。同时也让我们同学相信：一个人有文化有品位之后会变得越来越美丽。我于是因势利导，激励同学奋发向上，努力从阅读中汲取营养，增加我们生命的厚度。

总之，语文是文化的载体，同时其自身也是人类文化的重要组成部分，它肩负着传承文明、塑造灵魂的使命。新课程认为："教学成功的关键是在于教师从生命的高度，以动态、生成的观点看待课堂教学。"课堂里的每一个学生都有着鲜明的个性，不同的生命阅历，学生的复杂性决定了课堂教学的"不确定性"，而这些"不确定性"恰恰是我们应该加以利用的"生成性"教学资源。因此，在"生成性"的课堂教学中，关注生命内涵是生命教育在语文教学中渗透的关键。作为语文教师，在语文教学中要有意识地加强生命教育，按照语文新课标的要求，从课文实际内容出发，注意对文本中生命教育内容的挖掘，运用形式多样的各种方法来挖掘出文章中包含的生活技能和精神食粮，充分利用语文教材优势培养身心健康的学生，帮助他们树立正确的生命观。

（本文发表在《中学语文》2014年第3期）

语文阅读教学中的问题设置

——以林清玄的《木鱼馄饨》的教学为例

《语文课程标准》指出:"阅读是搜集处理信息、认识世界、发展思维、获得审美体验的重要途径。"而语文阅读教学中,从新信息的形成与确立、新知识的巩固与应用到思维方式的训练与提高,无不从"问题"开始,并在思考问题、解决问题的过程中得以实现。德国教育家赫尔巴特说过:"如果教师的提问能引起学生的注意,就能使学生在每个阶段都连贯地表现为等待、探索和行动。"

阅读教学中问题设置水平的高低,将直接影响着阅读教学的效果。高效的课堂应是有声有色、令学生入情入境的。要达到这样的教学效果,精彩的提问艺术不可或缺。那么,如何才能运用好提问这个教学手段来促进语文阅读教学的发展?在语文阅读教学的实施过程中,问题设置有什么重要意义,还应讲究哪些方法原则,从而努力达到艺术课堂的境界呢?本人就这些问题,以林清玄的《木鱼馄饨》的教学为例,谈一点粗浅的认识。

一、阅读教学中问题设置的意义

阅读教学过程是教师的教与学生的学相结合的双边互动过程。要实现师生互动的方法很多,其中行之有效的方法就是恰当地进行课堂提问。它往往贯穿于阅读教学的全过程,既是教师发挥主导作用、引导学生理解运用知识的重要途径,也是体现学生主动思考、自主学习的主要形式。

为什么"问题设置"对阅读教学如此重要呢?因为如果没有问题,就没有富有价值的思考,就没有真正意义上的教学。所以问题是阅读教学最有价值的资源,问题的质量决定了我们的课堂能站多高、走多远。语文教学的实践表明,问题是开启学生思维之门的钥匙,是教师引导学生思考方向的重要手段;问题是激发学生思维火花的打火机,能激发学生的探究欲望;问题是激发学生学习兴趣的催化剂,能培养学生的开拓创新能力。

1. 引导方向,体现教师的主导作用

在阅读教学中,教师要善于做引导者,确立学生的主体地位,营造一种生动活泼的学习氛围,让学生能够主动地学习起来。学生在学习过程中,对知识进行理解、分析、概括时,有时抓不住重点,有时偏离目标,这就需要教师引导方向,而提问就是最好的引导方式。因此,教师可以设置一些能促进学生多向思维、个性思考的引导性问题,学生通过这些问题就有了明确的思考方向和目标,他们的思路就会沿着正确的方向发展。

"问题设置"体现了教师在教学中的主导作用。恰当的问题,是教学目标的具体化,凝聚着教师对教材的深刻理解,它能有序地引导学生进行学习活动。以问题为导向的课堂教学不只是"师讲生听"的课堂,而是在教师引导下,让学生尝试着解决一个又一个新问题的探究学习的过程。我们虽然应注意课堂问题的生成性,有时也把提问的权利交给学生,甚至把培养学生提出问题的能力作为教学的重要任务,但这只是调动学生的一种手段,决不能学生提出什么问题就只去解决什么问题,而教师忽略了课堂教学的目标任务。因此,教师在课堂之前要充分备课,做好问题的预设,创造合适的情境激发学生的学习智慧,以充分发挥课堂提问的导向作用,并真正体现教师的主导作用。

2. 激发兴趣,培养学生的探究能力

学起于思,思源于疑。有疑才能启发学生的求知欲望,才能使学生的思维处于积极主动获取知识的状态,从而培养起他们浓厚的学习兴趣。因此,阅读教学首先要点燃学生心中对知识的好奇心之火。当学生有了好奇心,他们就会有求知欲。若激发了学生的好奇心、求知欲,学生学习自主性就会大大增强,就会积极思考、主动探究问题。因此,在教学过程中,教师应根据教学内容和学生的实际,善于设置富有启发性的问题,激发学生的兴趣,点燃学生灵感的火花,开拓他们的思维空间。让学生经常感受到所提问题蕴含的疑问和趣味,才能充分调动学生思考问题和回答问题的积极性,以达到培养学生探究能力的目的。

宋代著名教育家朱熹说:"读书无疑者,须教有疑。"问题能点亮学生的思想,能激发学生的思考、探究。因此,在阅读教学中,教师应精心设置问题,以此来激发学生的求知欲望,并为他们发现疑难问题、解决疑难问题提供阶梯,引导他们一步步迈进知识的殿堂。教学实践证明:当教师提出问题时,往往会使学生注意力处于高度集中的状态,或独立思考,或讨论探究。因此,有效的问题设置能保证教学活动的顺利进展。

3. 启发思维,发展学生的创新能力

心理学表明:思维是认识活动的核心,问题是思维的表现形式,学生的思维活动是在发现、分析和解决问题的过程中进行的。特级教师钱梦龙认为,提问是语文教学的"常规武器"。在阅读教学活动中,促进思维最好的办法就是精心设置好问题,教师应以提出问题为出发点,并以解决问题为归宿。因此,教师要重视并讲究问题设置的艺术,设置的问题要能够打开教学的突破口,开启学生思维的大门,优化学生的思维过程,从而使学生的思维能力提高。

著名教育家叶圣陶说:"教就是为了不教。"在阅读教学中设置问题,其目的不是把这个问题的答案告诉学生,而是通过设置一系列有针对性、启发性的问题作为铺垫,鼓励学生大胆提问,并充分渗透创新能力的培养。同时要有意识引导学生不要拘泥于通常的认知方法,敢于用新思路进行思考;要有意识引导学生在运用知识的过程中相互交流,使学生在和谐的氛围中激起创新的意识。如果能这样诱导,就为启发学生的思维方式、发展学生的创新能力提供了可能,学生真正能够做到自能学习,以达到"不教"的目的。

二、阅读教学中问题设置的原则

问题设置在阅读教学中有着重要的意义和作用,但并不是所有的提问都能达到教学目的。著名教育家陶行知说过:发明千千万,起点在一问,禽兽不如人,过在不会问,智者问得巧,愚者问得笨。这里的"问得巧"指的就是要讲究提问的方法。如果课堂上随心所欲地不讲方法、不讲原则地问,不但起不到积极作用,反而影响教学效果,影响学生思维能力的发展。因此,问题的设置应讲究一定的原则,问题设置的目标要明确,具有整体性,问题有新颖性,值得探究品味,循序渐进,这样才能发挥提问的真正作用。

1. 问题设置的目标性

在阅读教学中,问题设置必须有一个明确的目标,扣住重点,抓住难点,这样也就抓准了方向,重点解决了,教学的任务也基本落实了,抓住重点引导点拨,可谓事半功倍。而难点主要是指学生学习过程中不易理解而教学上又必须落实的地方。它是教学过程中的拦路虎，也是教师解疑的一个靶心。因此，应抓住课文的重难点，有的放矢地设置问题，以防所提的问题过难或过于简单，要做到问而生思，答有所得，这样才能开拓学生的思路，达到理想的教学效果。

一般来说，问题设置的目标应与专题教学目标和重点结合起来，或者说相一致，并善于把它们转换成问题，简化教学的头绪。本人在教《木鱼馄饨》时，就是根据散文的特点来设计问题的。如要求"用简洁的语言梳理文章的脉络"，设计这一问题的目的是让学生熟悉文章内容以及倒叙的写作手法。再如根据文章第13段"木鱼总是木鱼，不管从什么角度来看它，它仍旧有它的可爱处，即使用在一个馄饨摊子上"，我设置了这样一个问题："作者体会到了木鱼的哪些可爱之处？"设置这两个问题的目标在于引导学生准确把握行文内容，进而体会寄寓于木鱼声中的深刻道理。所设计的这些问题，都是紧扣住林清玄这篇散文的特点的。

2. 问题设置的整体性

在阅读教学中，问题设置要紧扣教材内容，将问题集中在那些牵一发而动全身的关键点上，以利于突出重点、攻克难点。同时，设置的问题应具有较大的容量，能体现教师教学的思路，能打通学生学习的思路，从而让学生从整体上形成理解概念网络。若没有整体性原则，所设置的问题往往零碎而杂乱，课堂环节也显得不清晰。而零碎的课堂提问，使学生成了回答这些杂乱问题的机器，到最后，学生回答了问题，却不知道这篇课文的整体内容和思想意蕴；明白了行文思路，却不考虑这样构思的妙处。

然而当前语文课堂似乎更注重为应付考试来设置问题，却忽略了整体的教学。我们的语文课堂的问题设置应力求整体性、连贯性，要让学生真正地提高语文能力，而不是机械地解决一个个问题。本人在教学《木鱼馄饨》时，就注意到了对文章的整体把握的原则。首先请学生在课前自主阅读文章，并思考：这篇文章写了什么内容？学生只要认真预习过文章，这个问题比较容易回答——开头写深夜访友，偶遇旧识卖馄饨老人，然后回忆四年前与老人的相遇、相识，最后卒章显志，作者由此引发的人生感悟。当学生讲到文章最后一段"卒章显志"的作用时，那就抓住最后一段"木鱼在馄饨摊子里真是美，充满了生活的美"这关键句，问学生："美"体现在什么地方？然后由此来引导学生研读内容，并具体感受文章的主旨。

3. 问题设置的新颖性

学生是学习的主体，充分激发学生学习的求知欲和调动学生的积极性是教师课堂教学的目标之一，显然问题设置应紧扣住这个目标。好奇心人皆有之，满足好奇心是人与生俱来的一种无止境的本能欲望。同样一个问题老是旧调重弹，将会使学生缺乏兴趣，如果变换一下角度，让设置的问题角度新颖，激起感情上的波澜，那么学生就会兴趣盎然。兴趣乃是学生学习的强大动力，是培养能力的重要因素，是提高教学质量的要素，因为有兴趣，学生就会产生积极的情绪，为满足好奇心，学生就要认真听，思维也随之被激活。

要使学生活跃起来，教学中问题设置就要注意新颖性、趣味性。兴趣不是生来就有的，是靠教学中创造良好的情境诱发出来的。因此，教师要精心设置激发学生学习兴趣的问题，使学生在成功的体验中，兴趣得到保持。教学实践表明，同一个问题，由于问的角度不同，效果也往往不一样，因此教师要从教材中选择能引起学生兴趣的热点，力求提问形式新颖别致、富有新意,使学生喜闻乐答。如我在设置《木鱼馄饨》的问题时,力求创新突破,以更好地调动学生的积极性。我在引领学生整体把握了文章的内容后,向学生提出了这样两个问题:"第4自然段写'我'认真阅读《金刚经》,文末却又说'有时读不读经都是无关紧要的事'。你怎样认识这前后的变化?""如果删去木鱼与佛教的关系的文字以及自己读经的内容,只写老人卖馄饨,文章会怎么样?"这样的"问题"使学生兴趣盎然,从而调动学生的学习积极性,为后续探究问题、解决问题奠定了基础。

4. 问题设置的层次性

语文的阅读教学是在学生与文本对话的基础上进行的,而学生的理解是以他们原有的知识经验为前提的,需要教师站在高处,从整节课、整篇课文来设计出一组有计划、有步骤的系统化的问题。《礼记·学记》中说:"善问者以攻坚木,先其易者,后其节目。"它告诉我们,所设计的问题应由易到难,循序渐进,层层深入。对有一定深度和难度的问题进行分层次由浅入深地设置问题。通过一层进一层的提问,引导学生的思维向知识的深度和广度发展。通过层层剖析、循序推进,最终到达解决问题的目的和释疑明理的高峰。教师如不能用适当的问题有序地层层深入地把学生的学习活动组织起来并引向深入,其结果可能会导致课堂混乱,学生的思维也得不到训练。

本人在执教《木鱼馄饨》一文时,就采用循序渐进设置问题的方式进行教学。在引导学生整体把握文章内容后,设置了这样一个问题:"僧侣手里端着木鱼滴滴笃笃地敲出低量雄长的声音,用意是什么呢?"这个问题的答案在原文中,学生只要稍加概括,就容易回答出来——省睡惜时,催人读经,布施化缘。然后问:"作者是学佛之人,当他正读着一册印刷极为精美的金刚经,木鱼声恰好从远处的巷口处传来,感觉格外使人觉得昊天无极,为什么?"这个问题稍有难度,但学生还是能结合佛门中的木鱼声的用意来思考——苍天无边无际,与心中的澄澈的境界是一致。接着,顺势利导,提出一个有一定难度的问题:文章写作者读《金刚经》,并引用其中的"一切有为法,如梦幻泡影,如露亦如电,应作如是观"一段话,如何理解呢?然后,引导学生由木鱼在佛门中的作用,过渡到木鱼在世俗生活中的作用。这样的问题从易到难,环环相扣,使学生能更易于把握本文的重点、难点。

总而言之,在阅读教学中,问题设置是一门激趣、引思的综合性艺术,是语文教学中的一个重要环节,是启发学生思维、进行课堂反馈的一个重要手段。它贯穿于课堂教学的始终,直接影响着课堂教学的成败。在实际教学活动中,由恰当的问题引导的阅读才是高效的、实在的。我们要精心设置有利于启迪学生思考的问题,唯有如此,学生的生命潜能才能在课堂上得到最大限度的释放,才会使课堂充满生命的活力和人文的魅力。

参考文献

[1] 蔡慧琴,饶玲,叶存洪.有效课堂教学策略[M].重庆:重庆大学出版社,2008.
[2] 孙菊如.课堂教学艺术[M].北京:北京大学出版社,2006.

(本文发表在《中学语文》2015年第3期)

谈谈高中语文教学中小说的深度阅读

目前,苏教版高中语文课本中选修教材有《短篇小说选读》,必修教材中也有多篇小说出现,高考中的文学类文本阅读板块也常出现小说,这充分显示了小说在当前语文阅读教学中有着重要的地位。小说三要素中最核心的要素是人物形象,无论是故事情节,还是环境描写,都是为塑造人物形象服务的。而在平时的小说阅读中,多数学生仅仅被其中生动的故事情节吸引,却忽略了作者精心刻画的一个个血肉丰满的人物形象,这其实是一种"浅阅读"的体现。

那么如何带领学生对小说进行深度阅读呢?《高中语文课程标准》指出:"注重个性化的阅读,充分调动自己的生活经验和知识积累,在主动积极的思维和情感活动中加深理解和体验,有所感悟和思考。"在小说教学中,教师首先要引导学生抓住小说的核心要素——人物形象进行个性化解读。其次要引导学生透过小说的形象、语言等细读文本,让学生从文本表面进入文本内层,从而深挖小说的丰富意蕴。然后要出乎其外,引导学生拓展迁移,拓宽阅读的广度,获取丰厚的知识与学养,最终达到深度阅读的目的。

一、把握形象,揣摩个性

小说中的人物是作家经过典型化处理的人,是现实生活中某类人的典型缩影。阅读小说的时候要把握这类典型人物的共性,更要有意识地引导学生深入文本,赏析细节,体验角色,把握人物的独特个性。

1. 深思:深度对话,深入文本

《高中语文课程标准》指出,"阅读教学是学生、教师、教科书编者、文本之间的多重对话,是思想碰撞和心灵交流的动态过程"。笔者认为,对话是语文阅读教学中常见的形式,小说的深度教学尤需对话。作为教师,首先要关注生本对话,课前课后都要作好引导,设置一些问题,让学生有目的地走进文本,课后再深入思考文本,这样的生本对话就达到深层次的境界了。比如,在教学《最后的常春藤叶》时,我课前布置了这样一个预习思考题:小说写了多个人物,你最喜欢哪个人物呢?说说你喜欢的理由。课后布置学生深入思考这样一个问题:本文结尾出人意料,戛然而止,当琼珊知道叶子是贝尔曼所画,她会怎么样想呢?请尝试续写。学生在试图解决这些问题的同时,已经在深入文本,与文本进行深度对话了。

其次要关注师生对话、生生对话。课堂上师生之间的对话要有一个主话题及问题串作引导,问题的设置既要关照文本,有一定深度,更要考虑到多数学生的实际情况,有一定吸引力。仍以教学《最后的常春藤叶》为例,我围绕小说人物形象这个中心话题,设置了这样一个问题串:A. 小说主要写了三个人物,他们各有什么特点? B. 三个人物,谁是小说的主人公呢? C. 琼珊的遭遇可以给人怎样的启示?课堂上这样的深度对话,激发了学生的阅读兴趣,唤醒了学生的主体意识,学生对小说人物形象也就有了深度的了解。

2. 揣摩:赏析细节,揣摩个性

把握小说形象时,教师应引导学生根据人物的具体描写进行赏析。小说刻画人物性格的描写手法多种多样,有肖像、语言、动作、神态、心理等描写,有正面描写、侧面描写等。因此赏析人物形象时,要让学生明确作者是通过哪些描写手法刻画人物的。比如,在教学高尔斯华绥的小说《品质》,概括格斯拉形象特点时,引导同学们从对靴匠格斯拉的肖像、动作、语言、神态描写中找出最能反映人物形象的句段,并结合关键词语来概括人物的性格特征。学生还通过生生合作对格斯拉兄弟的精彩描写进行赏析,进而概括人物的形象特征。比如,通过其"皮革"一般的肖像描写总结出他的老实、执着的性格;通过其与"我"关于一双有响声的靴子的语言描写,突出他对顾客诚实、认真负责的态度;通过其"像刚从靴子梦中惊醒过来"的神态描写,表现了格斯拉对制靴投入了全部的热情和心血;通过其"把我的脚放在一张纸上,用铅笔在外沿上描上两三次,跟着用他敏感的手指来回地摸我的脚趾,想摸出我要求的要点"可以看出格斯拉的认真细致。当然,揣摩人物个性除了要关注细节外,还应重视小说中人物的身份、地位、经历等,还应将典型人物置于典型环境中去理解,这样才能真正深入把握人物个性特点。

3. 体验：体验角色,感悟形象

受高考指挥棒的影响,现在很多教师认为小说的精讲与略讲,多讲与少讲差别不大,因此不够重视小说教学。教师即使花力气去讲了,也大多就题讲题,重视教给学生获得结论的终南捷径,却忽略了学生在阅读过程中的情感体验。小说是由作家对人生和社会的独特体验,并以巧妙的手法用文字将之凝练而成的一种审美形式。这就要求我们在引领学生阅读小说时,要引导学生用生命体验的审美眼光去阅读作品,要充分利用学生已有的知识与经验,通过多种形式来调动学生的情感体验。《高中语文课程标准》指出：欣赏文学作品,"对作品中感人的情境和形象,能说出自己的体验"。在教学小说时,教师应引导学生认真品读小说,将自己置身于小说的情境之中,用生命体验的审美眼光去感受作品,体验小说中的角色,这样才能更好把握人物形象。笔者在执教《猫婆》时,就让学生联系社会上以及本文中爱猫、恨猫、虐猫的众生相,设身处地地想一想,能不能像猫婆那样,在自己还没有吃食的情况下去善待并收养流浪猫。通过以自己的生命感受去体验角色,学生对猫婆爱猫如命的形象就有了更深刻的体会。

二、细读文本,挖掘意蕴

把握了小说的形象后,还要引导学生细读文本,紧抓文本语言探索作品丰富意蕴;并引导学生设身处地发挥想象,以加深对小说意蕴的理解;同时在必要时要引导学生相互合作,探究文字背后的深层意蕴。

1. 品味：揣摩语言,咬文嚼字

深度阅读小说,应读出文字深层的东西,读出文字以外的东西,教师须引导学生静心品味语言。对语言的涵泳品味,须走进文字,慢慢去悟;须走进心灵,细细去品。叶圣陶先生曾明确指出："还要领会那话中之话,字里行间的话——也就是言外之意,不能读得太快,得仔细吟咏,这就更需要咬文嚼字的功夫。""咬文嚼字"是学生由浅层次的状态转入对文本深层次阅读的最佳方式,但是,不少学生在阅读小说的过程中,往往囫囵吞枣,这是很难达到深度阅读境界的。因此,教师在指导学生阅读小说时,必须引导学生反复揣摩,静心品味,逐渐养成咬文嚼字的习惯,以提高他们深度阅读的能力。比如,《林黛玉进贾府》这篇小说的人物语言描写极其形象,王熙凤的语言尤为传神。在教学的过程中,引导学生边品味语言边明确："天下真有这样标致的人物"可见王熙凤邀宠的本领；"这通身的气派，竟不像老祖宗的外孙女儿，竟是个嫡亲的孙女"，不仅贾母听了高兴，邢、王二位夫人高兴，迎春姐妹也高兴，可见其八面玲珑；"只可怜我这妹妹这么命苦"，说着还"用帕拭泪"，但后面"忙转悲为喜"，可见其出色的表演，只为取悦贾母。而后一连串的问话，则为了体现她的泼辣能干，体现她在贾府的独特权力。细细品味了王熙凤的语言后，学生就能明白王熙凤为何在贾府有这么高的地位了。

2. 想象：设身处地，发挥想象

要真正把握一篇小说的意蕴，除了要引导学生品味语言外，还需要学生设身处地，大胆发挥想象。想象是指在原有感性形象的基础上创出新形象的心理过程。叶圣陶先生说过："我们鉴赏文艺，最大目的无非是接受美感的经验，得到人生的受用。要达到这个目的，不能够拘泥于文字。必须驱遣我们的想象，才能够通过文字，达到这个目的。"由此可见，培养并发展学生的想象能力是培养学生创造性思维能力的一个关键，也是语文深度阅读的保障。

《最后的常春藤叶》有一个艺术的"空白"：这篇小说中老贝尔曼是如何在雨夜把最后一片常春藤叶画上去的？小说并没有做介绍。我在课上要求学生展开想象，描写贝尔曼那天夜里画常春藤的场景。学生们基本能根据上下文去填补"空白"，有一位同学是这样写的："狂风卷着雨滴，劈头盖脸地打在他身上、脸上。贝尔曼艰难地扶着梯子，拿着画笔与调色板。终于他来到墙边，架起梯子，左手托着画笔与调色板，把灯笼横置于前，用嘴咬住把手，右手抓住梯子，此时，贝尔曼才发现，那最后的常春藤叶已经凋落，他暗自高兴自己今晚出来的决定，否则明天早晨一个鲜活的生命就从这世界上消失了。他抓紧起画笔，一勾一抹没有丝毫的犹豫。最终，在暗淡的灯光的照耀下，贝尔曼完成了这幅用他生命换得的伟大的杰作。"像这样从作者角度设身处地地展开想象，对贝尔曼舍己为人，以自己的生命创作出毕生"最后的杰作"的老画家的形象就有了生动的诠释；对穷苦艺术家之间互相帮助、相濡以沫的友谊的赞美就有了深层的理解，从而达到深层把握小说意蕴的目的。

3. 探究：合作探究，把握意蕴

叶圣陶先生说："语文教师不是只给学生讲书的。语文老师是引导学生看书读书的。一篇文章，学生也能粗略的看懂，可是深奥些的地方，隐藏在字面背后的意义，他们就未必能够领会。"对这类"深奥些的地方"，教师要善于引导，给学生提供可以深度探究的角度，并引导学生合作探究字面背后的"深奥"。例如，笔者在执教《善人》这篇小说时，学生们基本能通过对穆女士的细节描写把握其伪善自私、冷漠无情、精于算计的性格特点，但也有一些学生对穆女士洗澡的时候看着自己的大白腿，"心中也更渺茫"而感到不解。这一段的确是理解小说一个重难点、一个深奥处。既然学生在课上发现了这个问题，于是我就顺势组织学生合作探究穆女士"茫然"的原因。经过合作讨论，学生概括出三个原因：一是穆女士洗澡时看到自己的白胖腿，感到人到中年身体发福，与普通的阔太太并无二致；二是暗示她青春流逝，一直标榜独立、自由、民主的她发现自身独立女性的社会价值并未实现；三是她希望自己能救世，但发现自己的忙忙碌碌对社会并没有补救作用。通过分析，我们发现穆女士的形象是复杂立体的，她学了一点西洋文化的皮毛，希望实现救世的理想，不过对社会并无什么实质性的贡献。如此善于发现字面背后的"深奥"，就能挖掘出小说的深层意蕴。

三、出乎其外,拓展迁移

要真正深度阅读小说,需超越文本,出乎其外,拓展迁移,引导升华感悟;需比较玩味,提升思维;还需读写结合,以写促读。

1. 拓展:补充迁移,升华感悟

学生阅读能力的提高最终必须超越课堂,作拓展延伸。拓展可以在课内,也可以在课外。就拓展的类型而言,可以补充性拓展,也可以迁移性拓展。苏教版高中语文必修教材中编选的小说只是大量文学作品中有代表性的范例,而学生要真正深度阅读小说,需要拓展阅读相关作品。有些小说只是选了整篇小说的部分,那么在教学完节选部分的小说后,可以引导学生阅读小说的全篇。比如,在阅读了列夫·托尔斯泰《安娜之死》后,可以布置学生拓展阅读长篇《安娜·卡列尼娜》。有时可以从课文拓展到作者的其他作品,比如,阅读了欧·亨利的《最后的常春藤叶》后,课后布置学生阅读欧·亨利的《警察与赞美诗》《麦琪的礼物》等作品,以让学生更好地把握"欧·亨利式结尾"的手法及含泪的笑的创作风格。有时可以拓展到同一时代或风格相似的作家的作品。比如,阅读了阿城的《溜索》《棋王》之后,可以引导学生阅读汪曾祺的作品,从而感受它们悠远淡然的特有韵味。

2. 比较:比较玩味,提升思维

比较玩味,是将内容或写法上有一定联系的两篇或多篇小说放在一起进行比较阅读,以明辨其相同点或不同点的阅读方法。这种比较阅读的方法,不仅可以激发学生的阅读兴趣,培养学生从多角度研究问题的习惯;而且还可以提高学生深度解读小说的能力。选择何种角度进行比较,这是小说比较阅读能否取得成效的关键所在。可以同中辨异,即通过对同一题材或同一类结构形式的小说比较分析,辨别出它们的差异来。例如,笔者在执教老舍的《善人》时,就让学生与老舍的另外一篇小说《马裤先生》进行比较阅读。《善人》与《马裤先生》这两篇小说都妙趣横生,都采用了讽刺的手法来突出人物形象。《善人》巧用对比映衬,借穆女士自身言与行的种种矛盾达到讽刺效果。她一方面想以"穆女士"的称谓证明自己是独立女性,一方面又不客气地花着丈夫的钱,做着名副其实的"太太";一方面她给丫鬟起名"自由""博爱",一方面又百般役使她们,不给她们以尊重。她一方面标榜自己仁慈,一方面却在方先生丧妻的时候冷酷无情地辞掉了他。她的真实内心与外在言行的矛盾对比鲜明,将其虚伪冷漠的形象刻画得淋漓尽致,达到了很好的讽刺效果。《马裤先生》则通过漫画夸张式的幽默风格来表现小说主人公马裤先生的颐指气使、趣味低下、自私自利。当然也可异中求同,就是通过不同题材、不同结构形式的小说分析比较,寻求它们的相同点。比如,学生通过比较玩味,体会到《善人》和《马裤先生》这两篇小说的主人公之所以形象栩栩如生,主要采用了语言、动作等生动的细节描写。通过比较阅读,拓展了学生的思维领域,提升了学生的思维品质。

3. 读写:读写结合,以写促读

叶圣陶先生说:"从学生的语言发展的诸多矛盾看,读写能力的发展是学生学习语文的主要矛盾方面,而促使读写能力发展的最重要的因素,一是读写结合,二是大量读写。"小说教学读写不分家,读与写是小说教学的双重重点,读与写可以互相促进。读可以为写做准备,写又可以反过来促进读的更深更透。为了把拓展阅读活动落到实处,可以让学生准备好读写本,拓展阅读时,要求做好读书笔记,具体可采用周振甫先生介绍过的三种读书笔记法:

一是"提要钩玄",即摘记要点,摘抄自己喜欢的句段。二是"采花酿蜜",就是在读了一些书后,通过比较研究得出自己的看法。三是"开山铸铜",要从读过的许多材料中发掘出新的问题,提出新的见解。为了让学生的阅读更深入有效,我利用语文阅读课组织一些小说阅读活动,形式可以多样,有时可以组织同学在阅读课上交流读书笔记;有时也可进行同读一篇小说或一本书活动,然后交流读书心得。比如,读了欧·亨利的小说《心与手》后,要求学生写读后感,由此让学生感受到小说曲折生动的情节、令人回味无穷的结尾的同时,更感受到一种人性深处的美好,感受到警长善解人意、为别人着想、体谅他人的美好心灵。

这种有计划的拓展阅读,不仅激发了学生的阅读兴趣,还可以使学生的阅读更深入。不仅可以提升学生的阅读理解能力,还能发展学生的独立思考的能力,从而也激发了学生写文章的内驱力,促进了学生写文章的能力。

叶圣陶先生说:"积蓄得越多,阅读力越强。"小说阅读力的提高,除了需要"积蓄"外,更需要深思,不能只流连于生动的情节上,要能透过人物,细读文本,深挖意蕴。

【参考文献】

[1] 沈庆九.深度研课,读出三味[J].语文教学之友,2015(6).
[2] 张小兵.那些"看不见"的精彩[J].语文建设,2015(8).

(本文发表在《语文知识》2016年10月上)

黄桂平,高级教师,吴中区语文学科带头人,1996年毕业于南京师范大学中文系,目前在江苏省木渎高级中学担任语文教师。以"踏踏实实做人,勤勤恳恳做事"为人生信条,热爱教育事业,实施素质教学,重视教学能力的提高,虚心求教,勇于实践,教育教学成效显著,逐步形成自己的教学风格。曾获省高中语文评优课二等奖、区评优课一等奖、区基本功竞赛一等奖,被评为省高考优秀阅卷员,2009年12月代表吴中区参加国家汉字应用水平测试,以苏州市最高分739分的成绩达到一级甲等(全市30人参加考试,达到一级甲等的有11人)。主持过区级课题研究工作,承担过国家、省、市级课题研究工作,主编教辅用书3种,参编20余种。

黄桂平

近年来教育科研成果目录:

在语文阅读教学中关注学生的自能发展,《苏州教育研究与实践》,2010年第5期;

关于语文高效课堂的思考,《小作家选刊(教学交流)》,2011年第12期;

校园文学活动中参与欲与成功欲激发的有效措施,《现代教育教学探索》,2013年第4期。

在语文阅读教学中关注学生的自能发展

叶圣陶先生曾说:"自能读书,不待老师讲;自能作文,不待老师改。老师之训练必做到这两点,乃为教学之成功。""自能读书,不待老师讲",当是语文阅读教学的追求。

自能发展就是对象主体在文化背景的作用下依据本体属性对"自我"自主、自觉、自会的动态性构建。在"自"的层面,强调发展依据本体的内部规定性、主体性精神和主体间性素质;在"能"的层面,强调发展要发挥主体内部因素的本然性功能、在实践中形成的智能、具有发展的无限可能的潜能;在"发展"层面,强调追求主体自身意义和类主体价值、追求发展自我的自觉性素质和智慧。

高中学生正处于15岁到17岁年龄阶段,这是他们的自我意识、自主意识和个性心理的建构处于完成的时期,也是他们作为国家公民独立面向人生、独立承担自我和自我所在社会的责任感和能力形成期间。一旦高中毕业,就意味着他们从生理和心理上要独立地在不同于基础教育阶段的社会生活中,自由选择自我发展的道路和方式。对于高中生来说,生命的潜能和可能给他们带来创造性,形成期的心理条件和各方面(包括职业)的待定性给他们带来建构性,因而他们的发展,是完全以自我为归属,在主体内部形成自能发展的机制、优化自能发展的机理、增强自能发展的功能、提高自能发展的觉悟的发展。

因此在高中这个基础教育的最后阶段,对于已初步具备自能发展条件的高中生来说,所必需的是"自能"发展的素质。我们应提倡"使发展方向与能力倾向不尽相同的每一个人都获得多样性、持续性自能发展素质"的教育理念,并把它运用于教育教学实践。在语文阅读教学中如何关注学生的自能发展,我以为,可以在以下三个方面做出努力。

一、教师示范榜样

1. 实现"不教而教",首先要提高教师自身的素质

教师一般可分为四个层次:"一般教师""教学能手""学者型教师""教学艺术家",教育艺术的高等层次常表现为无言与无形,甚至达到出神入化的境界,有人称之为教育的极致。教育者要呕心沥血,从创设情境到引导经历,从教化进入悟化,使受教育者在不知不觉中,获得新的感觉、新的体验,获得精神的升华、灵魂的净化。这一过程呼唤着教育艺术家,也指示着教师提高修养的方向。

在新的历史时期,教师的根本职能不再是对学生进行塑造和驯化,而是唤醒(学生自能发展的潜能)、引导(学生自觉能动地发展自我)和升华(学生自能发展的素质和智慧)。教师教育行为的发生不是单纯针对学生的问题因素和外在的环境因素,主要的是针对人的发展因素。这就要求教师从专业特征出发,在时代精神和学生中心环境的作用下,以提高本体属性素质为依托来提高专业水平发展自己。

教师首先自身要建立自我实现的信念系统,坚信自能发展的成功,使自我的发展力量始终涌动在生命深处而永不衰竭。确信时代愈是高速发展,愈是给人带来挑战、机遇和创新空间,要善于发现和抓住机遇和创新空间,找到挑战高地和自我的辉煌点。采取"自我教育练

内功"的方式,以本身为实践对象建构自我和提高自我。在教育实践中寻求自我实现的方式,以学生的发展作为自我的提高,养成良好的心理品质和行为习惯,成为学生的人格榜样。

2. 在有效的平等互动中创建和谐民主的新型师生关系

传统的师道尊严,教师的封建家长式的权威意识,导致大部分学生形成绝对的服从心理、惰性心理、因循守旧的保守心理等。究其根源,在于我们教师观念的落后,跟不上时代的潮流。如今的学生接受能力强,接受信息广,老一套的封建家长式的教学早已不适应了。教师要敢于且必须放下架子,勇于丢掉面子,给学生创造一种敢说、敢想、敢做的开放氛围,只有在多说、多写、多做的锻炼中,在允许说错、写错、思错的宽松训练过程中,学生才能提高语言运用的能力。

传统课堂中,教师是授课者,是权威,"讲课老师说了算,学生围着老师转",课堂成为教师自己表演的舞台,这样的课堂,教师表演再卖力,学生也很难真正融入其中。教师要改变传统角色,真正转变为"平等中的首席",与学生建立坦诚平等的、朋友式的师生关系,营造激烈争辩的课堂氛围,鼓励学生养成敢于说"不"、敢于提出尖锐问题的思维习惯,把自我学习权还给学生,由教师的"为"变成学生的"为",这既符合中学生的心理特点,又能唤醒学生的主体意识,还能赢得学生的信任、尊敬和亲近,充分发挥全体学生的主观能动性,培养学生的自我学习能力,真正实现学生的自我教育,自能发展。

教师用高尚师德和良性情感影响学生,诱导学生在教育实践中获得自能发展的能力,尽力创造学生自能发展的条件,把学生作为差异性群体,研究每个人的发展因素,把自己的教育观念、教育行为和能力根据教育对象的个性而"个别化",在有效的平等互动中创建和谐民主的新型师生关系,真正实现使每个学生都发展的教育意图。

二、学生兴趣点燃

1. 运作"诱导"机制,激发学生学习兴趣

语文课堂教学的成败与否,关键在于学生是否对它感兴趣,是否爱学、乐学。学习兴趣是学生对学习活动产生的心理上的爱好与追求,兴趣能激发学生探求知识和获得能力的强烈欲望,从而对课堂教学产生明显的动力作用。而学生积极的学习态度往往与教师生动、活泼的教学艺术密切相关。这样的创造性教学,提高了教学质量。

"诱导教育",是教师促进学生投入主体性自我实践的基本方式。其特征是教师从教育对象自能发展的属性和目的出发,创设诱导因素,实施诱导手段,促进主体投入自我教育的实践。诱导教育在这里不是传统教育学的教学原则,而是体现人本教育哲学的教育观念、教育方式、教育意志、教育职能和教育原则。作为观念,就是以"自能发展"为基本的教育理念;作为方式,就是怎样把教育对象变成自己发展自己的主人;作为原则,就是坚持对象以主体性自我实践实现发展;作为意志,就是以一种力量来保证观念、方式和原则的实施;作为职能,就是以"诱导"为教师的专业本质。

运作"诱导"机制,可以激发学生的学习兴趣,最终"唤醒"每个学生自能发展的潜能。例如,用榜样的力量唤醒比较心理,用环境激励法唤醒忧患意识,用回顾总结法唤醒反思心理,用鼓励唤醒成功感,用差异法唤醒个性意识,等等。

2. 实践"让位"理念,促进学生自能发展

实践"让位"理念,基本做法是:目标让学生明确,操作让学生完成,问题让学生提出,疑

难让学生讨论,结论让学生归纳,例题让学生自学,思路让学生讲解,板书让学生尝试,练习让学生分层,学法让学生迁移,总结让学生复述,考查让学生编题。

在实施"十二个让"的自始至终,教师关注过程,把握学生实践的切入点,发挥教师的主导引领作用,为学生的实践创造条件,最终引导每个学生自觉能动地发展自我。

三、阅读启发指导

叶圣陶教育思想十分重视学生的自学能力。用一句话来概括叶圣陶教育思想的精髓,就是"教是为了达到不教"。

为了不教而教,这表面上似乎看来相互背离,但仔细研究就会觉得并不矛盾。叶圣陶认为:"教师当然须教,而尤宜致力于'导'。导者,多方设法,使学生能逐渐自求得之,卒底于不待教师教授之谓也。""不教是因为学生能够自己学习了……达到不需要教,就是要教会自己学习的本领,让他们自己学习一辈子。"

而"所谓教师之主导作用,盖在善于引导启迪,俾学生自奋其力,自致其之,非谓教师滔滔讲说,学生默默聆受"。叶圣陶指出:"在课堂上教语文,最终目的在达到'不需要教',使学生养成这样一种能力,不待老师教,自己能阅读。学生将来经常要阅读,老师能经常跟在他们背后一辈子吗?因此,一边教,一边要逐渐为'不需要教'打基础。打基础的办法,也就是不要让学生只是被动地听讲,而要想方设法引导他们在听讲的时候自觉地动脑筋。老师独占45分钟固然不适应这个要求,讲说和发问的时候启发性不多,也不容易使学生自觉地动脑筋。怎样启发学生,使他们自觉地动脑筋,是老师备课极重要的项目。这个项目做到了老师才真起了主导作用。"

1. 触发情感共振

就中学语文教材而言,里面都是文质兼美的作品。在学习文本时,教师首先要选准动情点,通过补充资料、示范朗读等方式,引导学生真正走入作者所营造的情境中,体会作者所要表达的美与丑、善与恶、爱与恨、情与理,情感上产生巨大波动,进而引发心灵共鸣。

以《我与地坛》一文为例,在和学生一同学习这篇散文时,选定"母爱"这一动情点,在母亲的付出和作者的感受之间,学生激发了情感共振。通过学习,学生为作者的坎坷命运而深深同情,为作者的不屈精神而深深敬佩,并深深感动于作者母子之间的那份深情。有个学生在讨论作者和母亲之间的关系时情不自禁地谈起他自己的母亲,回忆起自己儿时体弱多病,母亲是怎样不辞辛劳地背着自己一次一次爬普陀山,一次一次在庙里跪拜磕头的情景,他说自己深深感受到母爱的伟大,也深深理解了作者的情感,课后,他还将自己的回忆整理写成了一篇作文《求佛》,表现的深情和《我与地坛》一样打动了全班同学。情感的共振也为文本的进一步深入探究奠定了良好的情感基础。

2. 深入探究作品

文本阅读过程,即学生与作品对话、与作者对话的过程。学生有潜在的主动探究的动力,他们对这个世界已经有了一些初步的朴素的认识。但学生认识比较肤浅贫乏,整体把握作品的能力较低。因此,在引导学生深入探究作者的思想感情、文章主旨时,教师要巧妙地为学生铺路搭桥。要以课堂为平台,以文本、教师和学生为维度,建构"三维立体结构",形成以学生为轴心的"三维互动""整合推进"的课堂格局。

阅读教学的基本任务是培养学生的阅读能力。学生阅读能力的提高是在教师的指导下,通过一次次的阅读实践逐步实现的。钱梦龙说:"其实,上课就是要给学生提供一个探索、质疑、讨论、创造的平台。"言外之意,也就是让学生去主动探究,去"自学得之"。"教师不仅是知识的传授者,更是学生发展的促进者和引导者。"

把学习时间还给学生,教师有时应"残忍"一些,不怕让学生劳心劳力,让学生自己与教学内容去"搏斗"。我们常把学习知识比作攀登山峰,那么无论是"大道",还是荆棘丛生的"小路",都应该让学生在教师适时的"导"之下自己去努力跋涉,应该让学生付出自己的心血与汗水。辛苦之后得来的果实是香甜的,而且还会促使学生向更困难的内容求"知"。以《鸿门宴》的学习为例,在学习文本时,学生对"鸿门宴"这一情景是否为事先设计好的产生了质疑,课堂上学生就这一问题展开了讨论,轰轰烈烈地展开了一场辩论。尽管最后结果是仁者见仁,智者见智,但这堂课远比教师单纯地在课堂上三言两语地讲一通效果好多了,学生的印象是深刻的,针对问题展开的辩论激活了学生欲求之所以然的兴奋点,整堂课学生一直处于思维活跃、精神亢奋的状态,这堂课收获不小。

英国教育家斯宾塞说:"教师应引导学生,自己探索,自己推论,给他讲的应少些,而引导他们去发现的尽量多些。"教师引导点拨的方式可以多种多样,有时可以让学生自行抓住作者的写作思路,深入课文的内容中去,接受教育,陶冶性情;有时可以引导学生抓住文章的逻辑层次,逐层深入课文中去,自己发现问题、解决问题;有时可以引导学生抓住课文的重点难点,通过比较分析,举一反三,层层进发,上通下达,理解全文;有时可以点拨学生学习方法,让学生自己学习、自己去探求摸索。阅读指导的方法有疏通式、提要式、提示式、质疑式、评点式、评论式等,持久实践,学生自得之功必然弥深。

3. 引导自我反思

孔子曰:"学而不思则罔,思而不学则殆。"这指出了思考和学习的关系。我国最早的教育著作《学记》中说:"学然后知不足,教然后知困。知不足,然后能自反也;知困,然后能自强也。"这从学习方面提出了反思在学习活动中的作用。

反思是整个学习过程不可或缺的重要环节。通过反思,如方法对、效率高,则学习劲头更足;而当学习活动出现偏差且达到一定的程度,通过反思则能予以纠正,甚至暂时中止学习,避免做无用功。

长期以来,由于受到传统的教育思想的影响,加之功利性极强的"应试教育"的影响,"重结果,轻过程"的现象普遍存在,更谈不上引导学生对知识产生的过程及知识本身进行反思,往往只是以知识传授为中心的知识再现为目的,于是"知其然而不知其所以然",只能是机械的记忆与简单的模仿,这种现状极不适应当前时代对人才培养的要求,严重地阻碍着学生创新精神的培养。为此,教师要积极创造和寻找可供学生反思的机会,以调动学生参与的热情,帮助学生正确而深刻地理解和掌握知识。

"学习过程不是对新信息的直接吸收和理解,而是新旧知识之间的相互作用。"要让学生懂得反思,就必须给学生加以引导,给学生反思的机会。学生自我反思能力不是先天就有的,而是在后天学习过程中形成的。在教学过程中,要有意识、有目的、有计划地教给学生自我反思的方法,培养并发展他们自我反思的能力,不断提高创新学习的水平。

教师可以引导学生在课前、课中、课后对新知识进行反思,教会学生反思方法,如写反思日记、建立错题集、自建学习档案、学习日志等,让学生与自我对话,在体验与反思中,升华情感,提高人文素养。与作者对话,与作品对话,学生心灵受到震撼,与自我对话,会激发他们自己的心灵火花,在对比联想中,思想感情得到升华。

教学中注重培养学生的反思能力,不但能提高学生学习的效果,提高综合素质,在学生的一生发展中,也起着举足轻重的作用。

参考文献

[1] 林崇德.中学生心理学[M].北京:北京出版社,1983.

[2] 叶圣陶.叶圣陶语文教育论集[M].北京:教育科学出版社,1980.

[3] 傅道春.新课程与教师行为的变化[M].北京:首都师范大学出版社,2001.

[4] 熊川武.反思性教学[M].上海:华东师范大学出版社,1999.

(本文发表在《苏州教育研究与实践》2010年第5期)

校园文学活动中参与欲与成功欲激发的有效措施

教育部《高中语文新课程标准》明确要求:"新世纪的高中语文课程面临着新的要求,要使全体高中学生都获得必须具有的语文素养,同时帮助学生在语文学习中探寻适合自己的发展方向,给他们提供展示才华的舞台。以马克思主义和科学的教育理论为指导,为造就时代所需要的多方面人才发挥应有的作用。"

同时,新时期教育理念强调以人为本,即以学生的发展为本,在校园文学活动中激发学生的参与欲和成功欲,就是以学生的发展为本的具体体现。在这样的新形势新背景下,教师应与时俱进,在平时的教育教学实践中,通过积极研究探寻科学、合理的方式方法激发学生在校园文学活动中积极参与文学活动的欲望和努力获得文学成功的欲望,积极引导学生参与文学实践活动,以提高学生的审美能力和探究能力,提升他们的文学素养和创作欲望。

当然,这里所研究的"校园文学",不单单是传统意义上的文学创作,而是围绕着写作目标而开展的校园文学活动,它以写作为中心,向外展开,包括阅读、社会实践、生活体验等课堂教学资源和课外学习资源。

如何激发学生在校园文学活动中积极参与文学活动的欲望和努力获得文学成功的欲望?笔者试着从学校、教师和学生三个角度去展开研究以期探寻科学、合理、有效的措施,最终激发学生的欲望,提高激发的效果。

一、学校角度

学校要确立"以人为本,和谐发展"的校园文化建设理念,积极创造净化、美化、静化、绿化的人文环境,让学校成为师生愉悦成长的乐园。

校园文化不仅具有美化功能,更具有强大的育人功能,充分发挥着隐性教育的作用。积极营造"修德、笃学、励志、尚美"的校风,能够引导学生建立互助、坦诚、友善的同学关系,营造宽松愉悦的人际交往氛围,引导全体师生向着自己的人生目标奋进。校园文化是学校内部的精神环境,如同一个无形模型,塑造着人的心灵,其影响是深远的。良好的校园文化有一种催人奋进的积极作用。

首先,学校要坚持校园整体文化建设与环境建设协调一致,浑然一体。环境建设是校园文化建设重要组成的一部分,但不是孤立的,充分体现出和谐之美,符合建设和谐校园的理念。

其次,校园文化建设以物质文化建设为辅,精神文化建设为主。倡导师生共同制作校园海报、黑板报、征集校园标语等,让每一个橱窗、每一块黑板、每一个花圃、每一条标语都成为和谐校园整体的必不可少的组成部分。

最后,学校要大力支持建设课余文化、班级文化、宿舍文化,丰富学生们的校园文化生活。多彩的校园文化活动,既可以丰富学生们的课余生活,又可以净化校园的精神环境,既能够增长学生的才干,发展学生的个性,又能够提高学生的综合素质。

如此一来,环境优美了,寝室规范了,学生文明了,更重要的是学校建设起良好的校风、班风、学风,在这种润物细无声的教育中,在新课程改革下的和谐校园里,学生们的物质生活和精神生活都极大地丰富起来,他们参与校园文学活动的热情被极大地激发起来,积极参与创作更多的校园文学作品,获得更多的作文大赛成果,为未来的文学播下了种子,为文学的未来奠定了基础。

二、教师角度

教师,就是学校中直接承担培养人的义务以对学生施加有目的、有影响、有计划行为方式的教育者。他不仅传道、授业、解惑,更主要的是培养富有健全人性和创造性的人。新课程改革不断深入,教师作为新课程的真正实施者,通过发挥自己的创造才能,再结合自身的教学经验,将各种文本的课程转化为具有丰富生活、文化意蕴的课程,并在课堂内外与学生一起创造新的课程,走进新课改。

教师可以通过参加教育科学研究、观察学习、小组讨论等形式树立正确的教育观念,更新自己的教育观念,尤其要树立新的人才素质观。随着新时代的发展,教师眼中的"人才",不应只是学习成绩优秀的学生,而应从多方面来评价。"多一把评价的尺子,就多出一批人"说的就是这个道理。教师应该用发展的眼光来看学生,从各个角度来评价学生,即教师必须具有多元化的人才观,而不能只重视智育,轻视其他方面的培养。

在新课程改革下的具体的教学实践中,教师要抓牢课内外两大阵地。

首先,立足课堂——语文学习的主阵地。兴趣是最好的老师。语文课课堂教学的成败与否,关键在于学生是否对它感兴趣,是否爱学、乐学。学习兴趣是学生对学习活动产生的心理上的爱好与追求,兴趣能激发学生探求知识和获得能力的强烈欲望,从而对课堂教学产生明显的动力作用。而学生积极的学习态度往往与教师生动、活泼的教学艺术密切相关。语文有炫目的先秦繁星,有皎洁的汉宫秋月;有千古绝唱的诗词曲赋,有功垂青史的《四库全书》;有孔子的颠沛流离,有庄子的逍遥云游……语文教师将这些经典再现在学生面前,培养学生求知的浓厚兴趣与内在动力,激发他们热爱读书的兴趣,同步指导他们学会欣赏,其中设立校园"文学讲坛"无疑是个很不错的方案。语文教师讲解各自擅长的文学类别,从古典诗词到现代诗歌,从古代散文到现代美文,从唐代传奇到当代小说,从元杂剧到现代戏剧,从古代论说文到今日杂文,为学生做一个文学样式的全方位展示。从古代名家名著到今日文坛新秀,他们成功的先例无不深深吸引着一个个学生积极参与到校园文学活动中来。

其次,组织丰富多彩的课外文学活动。比如,文学社活动,广播站、电视台校园小记者采访活动,诗歌朗诵会,读书讨论会,文学笔会和校园文学论坛,"文学进校园——与著名作家面对面"的作家文学创作讲座,读书节期间,全校师生读书笔记展示,师生网络写手博客展示,还有组织作文大赛、指导学生发表作品以及与同类学校文学社团的户外联谊活动等,这些活动都能够极大地激发学生对文学活动的参与欲和成功欲。尤其是教师通过平时的精心指导,帮助推荐部分学生将优秀习作发表在各类报纸杂志中,辅导一些学生参加各级各类作文竞赛获得各等奖项,都能够吸引更多的学生参与到校园文学活动中来,极大地激发积极参与文学活动学生的热情和成功的欲望。

兴趣和热情被激发了,写作才能成为学生精神生活的一部分。文学创作是语言的艺术,而语言学习是贯穿于整个语文教育之中的,也就是说,抓住了语文学习的根本,培养起学生的兴趣点,语文教学才会成功。写作需要语言,语言需要阅读,阅读给人愉悦,愉悦给人以生活情趣,情趣给人以感悟,感悟又促使人写作,这个过程是自主探究学习的过程,是综合能力的体现。从这个意义出发,通过校园文学大课堂建构知识框架,以文学活动激发学生的兴趣进入学习的最佳境界,真正使学生被动地学语文变为主动地追求,使封闭的小课堂变为开放的大课堂,从而提高语文学习的效率。文学活动的组织,更活跃了校园文化生活,使学生们在心底深处荡漾起爱校园、爱生活、爱文学、爱写作的深情。文学社社刊更是像磁铁一样吸摄住文学爱好者的心,她把文学社社员乃至非社员学生都吸引在文学社的旗帜之下,营造浓厚的校园文学氛围,满足和激励学生的成功欲、创新欲,从而在更大的范围内、更高的层次上提高学生的观察能力、思维能力、审美能力、创新能力和综合素质。

三、学生角度

社会步入信息化时代,要做"会学习、会思考、会生活"的人,这也应该成为中学生的努力目标。心理学研究证实,人的欲望是可以被刺激、被奋发的。这种刺激既可以来自外界,更可以来自于自身。学习是一个复杂的过程,学生形成积极向上的健康学习心理,主动地去获取知识,是学习成功的关键。在新课程改革下的校园文学活动中,学生如何激发自我的参与欲和成功欲?笔者以为,牢记"勤、真"二字箴言即可以做到。

勤,勤读、勤写。当今社会是信息的社会,每时每刻都有很多信息通过各种媒介在流通着。中学生的生活阅历浅,必须每天阅读,养成勤读习惯,获得广泛信息,造成一种势能,使胸中有故事。把阅读获得的信息转化为创造能力,从而产生不吐不快的写作欲望。

著名作家巴金曾说:"只有写,你才能真正会写。"只有勤练笔,方能熟能生巧。作家、诗人都不是一开始就成为作家、诗人的。有的投稿几十次,甚至几百次才能发表。勤耕不辍,终成名家。名人成功的经验既能够激发写作热情,还能帮自己树立信心。勤写勤练,积极参加各类文学活动和作文竞赛,在实战中积累经验,享受辛勤劳动和丰收的快乐。

真,真人、真事、真情。学生在作文时常出现这样一种现象:司空见惯的生活,熟悉了解的人物,要去写时,却感到没啥可写。这主要是由于学生对生活缺少观察,缺少发现。观察是作者认识生活,获得写作材料的重要手段之一。日常生活中,我们对接触的许多事物仔细看,仔细听,仔细分析研究,这就是观察——通过自己的感觉器官对外界的事物去感知。学生要学会观察,要观察人物的音容笑貌,言谈举止,喜怒哀乐;观察事件的起因、经过、结果;观察自然界的雷、电、雨、雪、花、鸟、虫、鱼……要留心观察身边的景物、周围的生活。作家肖复兴说:"首先应注意我们周围最近的世界。"因此我们要留意家庭、学校的一切事情,诸如校院中的升旗仪式、球赛、各类知识竞赛、各种有益活动、老师的变化、学校的面貌等。只要认真观察,丰富的写作素材就会像涓涓流淌的源头活水,永不枯竭,永远常新。

哲人云"愤怒出诗人",意为真情实感和表达愿望可以产生艺术天才。杰出的作家是这样,中学生亦然。因为感情和欲望具有强烈的刺激作用,只要有了真情实感,就会激起血液循环的亢奋,在大脑皮层的相应区域内形成一个优势的兴奋中心,从而使注意、记忆、想象、思维等心理活动都处于积极活动状态,于是头脑中储存的许许多多的人、事、物、景以及妙词佳句都会纷纷涌现出来,并有形诸笔端的迫切感,这时就易成文,且能写出有真情实感的、感染力强的好文章。我们要善于抓住真情契机,构思成文,"以吾手写吾心",写出心灵的呼唤,文章自然生动感人,有撼动人心的力量。

当然,每个学生各有不同,应根据自己的特点自我激励,参与相应的文学活动,激发写作欲望,培养写作兴趣,那样才能够收到最佳的效果。

　　在新课程中,语文课本不是教学的唯一依据,只是一种教学媒体;课堂不是语文教学的限定场所,只是提供一种时空。开展校园文学活动,也就是开发语文课程资源的活动,反过来说,校园文学活动是一种载体,它承载着语文教育丰富多样的内涵与形式,甚至有时校园文学活动就是语文教育的实践形式。指导校园文学活动,激发学生的参与欲与成功欲,可为未来的文学播下种子,为文学的未来奠定基础。

参考文献

[1] 彭小明,王世龙.论校园文学[M].北京:中国文联出版社,2009.

[2] 施向军.开拓校园文学大课堂的尝试[J].语文教学与研究(教研天地),2005(11).

[3] 黄伟.新世纪语文课程改革与校园文学发展[J].中学语文教与学,2004(10).

(本文发表在《现代教育教学探索》2013年第4期)

王军荣,中学高级教师,在语文教学过程中,她积极探索焕发语文课堂活力、有助于学生能力提高与发展的语文课堂教学的新思路、新模式,以感知、探究、反思、延伸为主线的重点篇目学习法,以合作、探究、创造、创新为核心的语文活动课,收到了很好的教学效果。教学过程中强调师生间、生生间的交流与合作,倡导学生主动参与、勇于探究、勤于动手。在课堂上由"演讲者、表演者",转变为"引导者、导演者",让每一个学生都有机会当"小老师",使每一个学生都有展现自己、锻炼自己的平台;在她的指导下,学生通过自主学习、相互讨论,打破老师"给水喝"的局面,学会"找水源"进行喝水,师生之间实现了良好的交流。

王军荣

近年来教育科研成果目录:

让班级文化在温馨日记中开出花朵,《新课程学习》,2014年第9期;

只要班主任不在,比赛总拿第一,《新课程》,2014年第27期;

班主任:在到不在的涅槃,《苏州德育》,2014年第4期;

在这个园子里,遇上了这群孩子,《教育天地》,2013年第3期。

让班级文化在温馨日记中开出花朵

曾经看过一篇文章,里面说:自然界中有这样一种现象:当一株植物单独生长时,植株十分矮小,而与众多同类植物一同生长时,则根深叶茂,生机盎然。人们把这种现象称为"共生效应"。其实这种现象在人类当中也存在。英国"卡迪文实验室"从1901年到1982年先后产生了25位诺贝尔奖获得者,是"共生效应"的杰出典范。

就是在这段话的影响之下,我为了让学生在集体中达到"共生效应",建立了互助互帮的学习"共生圈"——温馨日记。

曾经是作为一种写作形式推行的,结果,多年以后,我发现:这是我的孩子们最喜欢的语文作业!

在开始摸索阶段,日记分组形式比较单调,或者按学号或者按座位或者按男女,后来发现这种随机分组的形式达不到我构想的最好境界,于是随着我对这种日记形式的熟悉把握,分组形式就越来越灵活了。比如按学生不同的追求和爱好分组:认为自己将来会成为"社会精英"的学生分成一组,称为"精英家庭",让他们在互相激励中不断地提高自己。

比如今年,我们班级明显"阴盛阳衰",男生无论成绩、激情、勇气都比不上女生,于是我就在班级组成一个"木中男人帮",让男生共同写一本日记,彼此在日记的对话中寻找属于男人的豪气、霸气!

比如班级里9个文艺女生,个个都沉浸在自己的写作世界里,风格各异,各有所长,各有所短,于是我让她们组合,她们给自己起了一个更文艺的名字,叫"姑苏九钗",一年下来,她们的写作水平有了质的飞跃!

比如"斗"的组合,比如"御龙家庭"组合,比如"凤凰传奇"组合,比如"萝卜坑"家庭组合,只要听听孩子们自己起的名字,就知道每个家庭的目标和理想是什么了!

这么多年来,作为每天阅读批阅他们日记的班主任,我欣喜地发现这种形式的日记在班级文化建设中有它独特的魅力,基本知识和技能就不多说了,过程和方法在写作过程中也能充分体现,只说对情感态度价值观的影响,可以说是全方位的、立体的!温馨日记给学生心灵深处留下更多的思考的烙印……使学生时刻享受思考碰撞带来的乐趣,从而促进学生的和谐发展。

一、晒出心灵文字,让心情在阳光下畅快呼吸

周国平认为"日记是灵魂的密室"。他曾说:有的人只习惯于与别人共处,和别人说话,自己对自己无话可说,一旦独处就难受得要命,这样的人终究是肤浅的,人必须学会倾听自己的心声,自己与自己交流,这样才能逐渐形成一个较有深度的内心世界,而写日记正是帮助我们达到这一目的的有效手段。

可是我感觉,青春期的孩子,需要深度的自我思考,更需要和同龄人之间潜移默化的相互融合才能畅快淋漓地生长。我们的温馨日记就起到了这个作用。

一个学生对温馨日记这样说:

我们的笔尖本该是如此寂寞,我们的文字本该在晦涩的角落,本该是灰色的暗影,甚至本该会孤独到发霉。

但是温馨日记把我们几个人聚集在一起,然后只摊出一份丝帛,说,你们尽情地释放吧。一开始我们畏畏缩缩,中规中矩,只是谨慎地、平淡地叙述着,我们是每一天忠实的记录者。可是后来发现,这上面的文字,是被晒在阳光下的,它们会接受任何人的挑剔目光,它们应该有蓬勃的气息。于是……像是摔落在地上的瓷盘,剧烈地迸裂开来,一发不可收拾。我们的个性倏忽间像是挠人的软刺一样生长出来,各个迥异……我们专心于自己的空间,却也不停地在这张硕大的丝帛上研究着、吸纳着。取其精华,去其糟粕。不知不觉间,下笔的锋芒愈胜,下笔的劲势愈狠厉。我们对自己要抒发的感情已经毫无保留,既然我们有能力驾驭自己,理所当然可以肆无忌惮。于是我们的色彩差异越来越浓烈,狂风还是细雨,胡杨还是弱柳,都可以一一在温馨日记中寻觅得到。

但是每当我们停下手中的进度,稍憩凝望时,却发现这一幅画,是融合得如此自然大方。

原来我们每一个的笔尖,都如此绚烂。

一个学生对温馨日记这样说:

当我伤心地写下一篇充满惆怅的文章,小组成员们都会在评注中给我安慰。当我快乐的时候,他们也会一起分享乐趣。这已经不是一篇仅用笔墨挥洒的文章了,而是一个家庭同心的铭刻,一字一欢笑。一笔清墨,两种笔调,许有三四人喜,亦有五六人忧,七波眼神,八个不同的灵魂,都于此时交会相融,如同音符一般整齐而不乏灵动地舞动,舞着舞着,我们的心情就快乐起来了!

是温馨日记给他们晾晒心灵的机会,是温馨日记让他们那些理不清道不明的心思在阳光下得以梳理,得以闪耀光彩。

二、亮出生命底色,让个性在相互评价模仿中完善

写日记是一种道德长跑,它可锤炼学生的思想品德、恒心毅力,而温馨的小组日记让孩子们在自律的同时,在相互参与评价过程中,潜移默化地陶冶各人的心灵,完善和健全各自的人格!

一个学生对温馨日记这样说:

从不相熟的同学到开得起玩笑的团体,温馨日记起到了不可忽视的作用,让我们更加全面地了解自己的个性,了解组里的同学的个性。若不是见到何赛超对"去杨老师办公室偷作业"的形象描绘,我也许会一直认为他是一个沉默严肃、不善言语的人;若不是见到徐佳成对"上信息课时活跃幽默的氛围"的淋漓尽致的描写,我不会发现庞大的他的内心还住着一个活泼可爱的大男孩;若不是看见姚创绮对她傻乎乎的同桌的趣味调侃,我还以为她要写一辈子的抒情散文和诗歌;还有我们的"家长"含笑姐,不仅让我们看到了她临危不乱地处理各种突发状况时的"大姐大"形象,也体悟到了她平时的"犯二"生活。当然,如果没有小组成员对我的热辣评价,我可能至死都不懂我的个性中原来也有那么多让人欣赏的优秀因子!

一个学生对温馨日记这样说:

而"姑苏九钗"(注:孩子们给自己小组日记起的名字)则是让我进步最大的一个转折点。清一色的九个女孩,却拥有九个不同的灵魂。文采飞扬的她们常常能够写出令人拍案

叫绝的文章。而我，往往能从其中体会到不止喜怒哀乐的情感，当我与她们产生了共鸣的时候，所有的灵感不需要挤出来就能如泉水般涌出。我学到了许许多多美丽的辞藻和精妙的语句，在不停地升华自己。而九个文风不太一样的女孩子，能在不华丽的语言中一击即中我的最生活最真实的情感，用细腻的笔触，不生涩，不僵硬，流畅地表达出自己的情感，用生动的语言表达了无数的温情。我原本孤独的个性也在温馨日记朝朝暮暮的陪伴下不断得到完善！

很多美好情感，很多积极的想法，或许还有一些不言而喻的灵性与霸气，都随着温馨日记录入孩子的生命底色。也许多年后，这便是一幅美妙绝伦的书画长卷，舞动千年。

三、共同出谋划策，让结果在反复争论中成功逆转

可持续发展要求着眼于人的"未确定性"，实现每个人最大限度的发展，追求人的完善和健全，以适应激烈竞争的社会环境。而温馨日记就在不知不觉中营造出激烈竞争的氛围。

一个学生对温馨日记这样说：

感谢老师创造出温馨日记这样好的写作交流方式。在各种活动中有了感悟和体会后，我们都有机会、都想用最准确的文字表达出来。哪怕有不同想法、不同建议，哪怕我们吵了闹了生气了，但到了温馨日记里，我们都会用最感性的语言努力去理性地分析自己，所以几多分歧几多争执都能在温馨日记里得以化解，几多合作几多比赛的结果都在我们温馨日记的大讨论中重新改写了结果。

一个学生在温馨日记中记述了这样一件事情：

原来我们设想比赛的结果应该是男生赢的，因为水浒中的好汉多，男同学喜欢，男同学中很多"怪胎"都翻来覆去看了十几遍《水浒传》了，更有几个强行到老师那边去背什么"108将的排名"，我们女生看了都害怕，女生看水浒就很痛苦，看书速度迟缓，表情痛苦，比赛前就连我们女生自己都觉得肯定会输给男生，但女生人多，心细，比赛之前我们几个走读女生从网上题库中拉了好多题目，打印出来拼命突击。我们看得虽然不如男生认真，但是我们在日记中出谋划策，大家争着吵着琢磨着，然后就有了这么多的攻略！结果，比赛中女生越战越勇，最后以高出男生230分的好成绩赢得了比赛！最后闭幕时全体男生齐唱新版《水浒传》中的主题曲《兄弟无数》时显得十分悲壮！这首原来是主持人特地为男生的胜利而准备的谢幕歌，在这群骄傲自信却以失败收场的男生口中唱着唱着好多歌词都被篡改了，什么"兄弟上阵一群狼，兄弟答题一群羊""兄弟水战千艘艇，兄弟输了两行泪"啥的……

那次《水浒传》知识竞赛结束后孩子们还在日记写作中大战了一个多星期，有为自己的失败找理由的，有检讨自己准备不充分的，有讨伐男主持在比赛中企图包庇男生的，有为表现突出者由衷赞叹的，有为女生成功逆转总结经验的……孩子们的激情、热情都在温馨日记这个"聊天吧"里展露无遗！吵着闹着改变着行动着，不知不觉中，他们就飞跃了！

温馨日记，于孩子们青春年少的季节，记录着他们丰富多彩的花样生活，这种真实生命的共同体验经历，在我的班主任工作中得以践行，于是，我的班级因为有温馨日记这一纽带变得更加和谐流畅。有人说"小鸟是树的花朵"，有人说"友谊是生活的花朵"，我感觉，温馨日记就是班级文化的花朵，学生的成长历程就在温馨日记中开出美丽的花来！

（本文发表在《新课程学习》2014年第9期）

只要班主任不在，比赛总拿第一

回到办公室，同事惋惜地对我说："昨天你没来看，比赛很激烈，你们班又拿了个第一。"我笑着说："谢谢你，副班主任也把这个喜讯告诉我了！"另一同事说："王老师，我们发现一个秘密，说了你别不高兴啊！"我说怎么会呢，尽管说。他一边整理办公桌一边说："我们发现，只要你不在，你们班级比赛总能拿第一！"

我哈哈大笑了起来，说："这个不是秘密！我早就在班级里总结过了！学生说一班的魔咒就是'只要班主任不在，比赛总拿第一'，我这次走之前也对他们讲过：希望这个魔咒再一次灵验。结果，还真灵！"

课后，通过同学们的日记和课间聊天，我基本能复原昨天的比赛场景。

这是阳光运动之冬季三项比赛，前两个星期已经比过踢毽子和跳绳了！因为去年冬季三项我们拿到了年级部第一的好成绩，因此今年同学们对班级的期望更高！可是今年第一场比赛跳绳，由于病毒性感冒正在班级肆虐，好多选手都发高烧，有的刚刚好一点，班级只有十几个同学没有感冒症状，而比赛规则是双飞、双人跳、8字长绳共32个人不能重复，这可急坏了体育委员，有些临时上去的选手配合无法协调，就这样，第一场比赛我们倒数第一；第二个星期的踢毽子比赛，由于对体力要求不高，所以班级的选手在身体状况不是很好的状态下也充分地发挥了优势，拿到了第一。

前两项比赛下来，我们的总分是第二名，三班第一，分值相差三分。三班班主任是一个数学专业毕业的物理老师，经过他的"周密"计算得出（当然，我们老师之间的这种计算完全是出于快乐，我们阳光体育的宗旨就是阳光、健康）：一班要想拿到年级第一，只有在第三项10×500米的接力比赛中拿到第一，同时三班拿倒数第一的情况下才可以实现；如果一班不拿第一，那不管怎么样三班都会是第一名。

这一计算被学生们知道后，他们兴奋了！甚至计算出我们得冠军的概率只有百分之三十三点三循环，而三班得冠军的概率是百分之六十六点六循环。

孩子们的好胜心总是那样的强，他们找出一堆我们能取胜的理由来说与我听！我总是提醒他们说："不要太在意结果，你们想想，三年来，哪一次比赛我对结果有要求的？过程中你们尽力而为，快乐并且强健了体魄才是我所要的！安全第一！"

我一直认为体育精神不仅仅是拼搏和进取，那种"更高、更快、更强"的口号也不适合处在发育阶段的初中孩子，所以无论是秋季运动会还是冬季三项的比赛，我从来注重的都是他们在组织、准备过程中所孕育出来的作风和意识，在比赛中所展现出来的团结和合作，比赛结束后内化在日记和心中的那种信念和追求！

习主席也说了：最令人感动的未必是金牌！

是的，比赛中，让我感动的是这些小运动员们明知技不如人也会尽力而为的信念；是他们无论输赢脸上都洋溢的满足的微笑；是那些后勤小分队细致周到的服务；是啦啦队员们热情高涨的摇旗呐喊……我要的是阳光快乐的青春少年啊，怎么会用结果的好坏去让他们的奋斗过程笼罩雾霾呢？

犹记得,初一时,运动会,我们倒数第一;大合唱,我们倒数第一;成绩,我们也是倒数第一……我们就像比同龄人发育慢半拍的一个群体,啥都落后!有时我值班,走过别的班级,发现别的班级都安安静静的,唯有我们班级的孩子叽叽喳喳,完全没有要适应初中生活的意识,课间里追啊闹啊,一个矿泉水瓶倒在地上十几个小男孩也能玩得不亦乐乎;两只蜗牛在他们课桌上粉笔圈内的比赛把几乎全班的孩子都吸引在了一个角落好几天啊……他们说啊笑啊,课堂上的问题常常被他们天马行空的想象力扯到天边海外,害得老师怎么收也收不回来;他们的笑点低到老师打一个喷嚏也笑得前俯后仰,要彼此摸背安抚才能停歇……他们对什么都感到有趣,校园池塘里的鸭子、雁鹅落户校园池塘时,他们一天三餐地跑去准备捡蛋;食堂里新添了蛋炒饭,他们能不惜早退只为能吃到别人在班级温馨日记上反复描述的金黄色的香喷喷的美味……

对着这么一群无邪的学生,我不能扼杀他们的天性,也不敢放任自流任其肆意发展吧!面对他们,我唯一应该做的就是陪着他们慢慢长大!

记得在两个男孩因拥抱着大笑着后退前进而摔倒在门上导致头上出血的事件出现以后,我对他们说:班主任在的时候,你们怎么闹都可以,因为出什么事情老师会帮忙处理,但班主任不在的时候,你们要懂得自律,不然出啥事老师不能及时帮上忙!

我对他们说:班主任在的时候你们守纪律说明你们懂事了,而班主任不在的时候你们也能管好自己说明你们长大了!

我对他们说:班主任在的时候把事情做好让人羡慕,班主任不在的时候把事情做好让人佩服!

我对他们说:当班主任不在的时候,你们用什么来展现你们的人格魅力?

初一就在一直假设班主任不在而班主任却几乎一刻也没有离开中度过!

我一边引导他们班主任不在的时候该怎么做,一边一刻也不敢离开地陪伴着他们!初一很快就过去了!

他们依然跳啊唱啊说啊笑啊,依然天真无邪地追星八卦,趁着吃饭时偷看学长学姐们,然后添枝加叶说东道西……性格好像依旧,可是很多事情的结果却和初一完全不一样了!

初二的运动会年级第一,我想不通了:一般情况下身体素质不大可能一下子就突飞猛进的呀,可是他们真的拿到了第一。

大合唱《逆战》也排练得很好,虽然决赛时由于太过激昂导致抢拍而依然获得三等奖,可比赛结束后他们是一路高唱"妹妹你坐船头啊,哥哥我岸上走"挺进教室的,丝毫没有半点沮丧,我跟在他们后面怎么也搞不明白这群孩子心里到底是怎么想的。

第一届冬季三项,由于涉及的运动员太多,几乎全班出动,我就把这个工作交给体育委员让他全权负责,有问题实在解决不了来找老师!接下来我看到的就是他们有组织、有纪律的训练,相互之间的督促;看到他们认真地分析本班情况和煞有介事地去刺探别班"敌情",我还暗自发笑;但当看到他们郑重其事地设想比赛时可能出现的各种状况和解决预案,看到他们对本班运动员出场顺序的调整和对别班运动员情况的深入分析时,我是真心佩服了,这群孩子,真的不一样了!

就这样,为期三周的冬季三项比赛,在他们的精心策划、布置、训练、比赛下毫无悬念地拿到了第一,并且毫发无损!

还有在初二的社会实践中,我们也拿到了最高奖项!记得当时有一个拓展活动是"无声传递数字",当教练刚宣布完比赛规则后,我们班级的两个小组就自发地迅速聚集到一起商量策略,当时有的老师很奇怪,问我有没有做过这个拓展,我说没有,她说看起来是训练有素的。

我忽然想到,也许平时的教育方式、引导方法终于使他们养成了凡事都当班主任不在,自己商量的习惯!

还有好多活动、好多小小的比赛包括考试,一班的孩子都获得了不菲的成绩!

初二,我看着他们拔高,看着他们的九分裤变成了七分裤;看着他们一本正经却又似乎毫无压力地准备着各项活动;看着他们收获后一蹦三跳的快乐劲儿,我感觉他们正在成长,真的在成长,健康快乐地在经历成长、体验成长!

在引导中,我依然不强调结果!每一次,我都是在祝贺他们取得自己想要的好成绩以后热情地聊他们在准备过程中表现出来的智慧和组织协调、团结合作的能力所带给老师的惊喜和震撼,真诚地告诉他们:老师从他们身上学到了很多!

就这么陪着走着,走着走着,毕业季节来了,我的孩子们初三了!

十月份的传统节目"歌唱祖国"大合唱如期而至,因为选歌的问题,男女生闹得不可开交,甚至有八个女生一起到办公室来倒戈班长,用他们的话说是"起义",刚学过《陈涉世家》,里面有一句话说"大丈夫不死即已,死即举大名耳"触动了他们……起义的结果是换歌,结果女生选定的三首歌男生一首也不赞成,最后又闹到我这里!

我说:"这样,既然无法达成一致,大家也别闹了,这次大合唱我们弃权吧!学校也不提倡毕业班学生参加!"

接下来,就有两个女生抹着眼泪到办公室来找我说:"老师,同学们还是希望参加这个合唱,因为这是我们这个集体最后一次合唱了,我们都想给这个班级画上一个圆满的句号!这次活动,就让我们两个负责吧!"

他们的真实与真诚完全是老师期待的那样!这个班级一直是那样地自由、民主、公平、公正,谁都可以对事情发表建议,意见不统一时他们会吵会闹会吹胡子瞪眼睛,会在班级的"温馨日记"中进行旷日持久的笔战,但事情过后,他们都会无限珍惜那来之不易的战果,会真诚地感激那些被他们无情讨伐却依然无怨无悔谈笑自如的"战友"!

于是,接下来的选歌、排练、服装、道具等,什么都没有来找过老师!

他们自编自导自我陶醉,甚至不让老师去看一下排练!

顺利通过预赛!

决赛那天,我因事不在学校,第二天,我看到学生在"温馨日记"上写"今天,班主任不在,我们在班长的带领下怀着继续保持初一初二时三等奖的快乐心情去参赛,结果,都是哭着回来的!因为我们是全校第一!"

说着说着,就到了这次冬季三项的最后一项比赛了,10×500米接力,可是由于雾霾天气,不能在室外活动,后来改成在体育馆内的10×30米的抱球接力趣味比赛!由于不在现场,只能从学生的描述中和孩子们的日记中想象当时的激烈和惊险了!好像开始第一棒我们就差了一步,然后由于换球的技巧不行,到第五棒的时候快差一棒的距离了,此刻一个男生由于奋力追赶导致球差点掉下,结果在半空中又被他抓起,吓得其他同学倒吸一口凉气!最后一棒了,始终跑在第一的班级由于换球中出现严重失误,球滚出好远,这时我们班级的快腿女孩又不遗余力,最后,以领先半步的距离获得第一!

这就是"班主任不在的时候,比赛总能拿第一"的"魔咒"再一次灵验的故事!

这里有偶然因素,所以同学们会快乐地去"演绎"这个"魔咒",笑侃班主任不在时就会调动"上帝"来帮助他们!

但我知道,这种成功必然有道可循,不信,就去看看他们现在的表现吧:看老师不在的时候他们的自习课,看老师不在的时候他们的卫生,看老师不在的时候他们的钻研劲头,看老师不在的时候班级的各项事务,哪一样不是井井有条却又能给老师带来无限惊喜的!

当我走进教室,会惊喜地发现班级的座位被人重新调整过了!那是班长为了帮助后进同学重新安排了互助组;当我走过班级的信息栏,会惊喜地发现值日表上被重新贴上了新值日表!那是值日班干部综合考虑同学家的远近和方向以及同学的能力等各种因素而重新排列的值日表;当我走出教室的时候,班干部会跟在我后面叮着我要我谈谈对班级某种现象的看法并且自己拿出应对措施要我发表意见;每周一都会有一本"班干部工作日志"摆在我的办公桌上,那是这些十四五岁的孩子在每周班干部例会中经历你争我吵最终达成的共识以及解决问题的方案!很多惊喜,甚至同学们为了坚持自己的观点一次又一次找老师"吵架"的事情也会让我回味无穷……

孩子们都这样了,班主任在与不在,还有什么区别呢!

当你的学生在你的信任下自主意识觉醒,学会自我管理,在能力提升的同时已经完全能够独当一面的时候,老师即使不在他们眼前,但老师传递给他们的信念和精神一定已经深深地印在了他们的心中了!

(本文发表在《新课程》2014 年第 27 期)

李耀辉老师自苏州大学硕士毕业来江苏省木渎高级中学任教至今。在前辈的引领下,她努力追寻中学教育的真谛,深深热爱并钻研语文教学,尊重学生的个性,勤勤恳恳地培养学生的生活情趣和语文素养。语文课堂教学力求以语言文字为核心,以生为本,师生对话共同品味语言文字的美妙,一起感受中外文化跳动的脉搏,着力打造灵动活泼的语文课堂。工作11年来,她取得了优异的教学成绩。她的教学风格深受学生喜爱,教学水平得到了前辈的认可。2015年6月被评为"吴中区语文学科带头人";2016年10月荣获苏州市评课选优二等奖;2014年10月荣获苏州市教师把握学科能力竞赛一等奖。

李耀辉

近年来教育科研成果目录:

少一点浮夸　多一点朴素,《中学语文教学参考》,2014年第9期;

本色写作课堂的"草蛇灰线"艺术,《语文知识》,2015年第8期;

找寻解读细节描写的"钥匙"——以《礼拜二午睡时刻》为例,《语文知识》,2015年第5期;

悟透"关节"之处　巧解人物形象,《现代写作》,2015年第6期。

少一点浮夸　多一点朴素

时下的语文课堂教学追求大容量,面面俱到蜻蜓点水,力图达成烦冗的教学目标。特别是公开课教学,崇尚完美的包装,花样繁多。多媒体等辅助性的教学手段,大有喧宾夺主之嫌。课堂上毫无原则地肯定和表扬学生,答案明明是错误的,老师却不加以否定。这样的表扬对学生的成长不利,教师的做法从以前的"棒杀"演变成为"捧杀"学生。

这些浮夸的课堂教学,华而不实。我们要刹住这股浮夸风,追求返璞归真的教学境界。语文课堂要瘦身,围绕教学重点简明教学目标,力求一课一得;简化教学内容,注重"留白"的艺术;简选教学评价,让学生明辨是非。语文教师要远离浮夸行为,多一点朴素,少一点浮夸。

一、多些求真务实的目标,少些哗众取宠的作秀

在课堂教学中,谨记郑板桥的"删繁就简三秋树",苏格拉底的"千鸟在林,不如一鸟在手"。教学目标过于复杂,会造成课堂教学顾此失彼,对目标的落实浮于浅表。因而要求真务实,简明教学目标,培养学生的质疑能力。简明的教学目标要根据教学内容的特点和学生的实际需要而确定。学生懂的基础性问题不要多讲,学生不懂或者懂了却不知好在何处,需要老师点拨的,才是重点的教学目标。

曾观摩江苏省特级老师李建邡开设的《论厄运》活动体验课。李老师预设的课堂教学目标是围绕顺逆境的话题展开探讨,让学生能够辩证地思考。这一目标简明扼要,体现了哲理散文特点,有助于培养学生的思辨能力。可课堂上有位学生突然提出对文本语句的困惑。为什么说最美的刺绣,是以明丽的花朵映衬于黯淡的背景,而绝不是以黯淡的花朵映衬于明丽的背景?面对这一突发情况,他并没有按预设好的目标组织教学,而是因势利导让学生探讨课堂生成的问题,曲线完成既定的目标。学生们在探讨中相互启发思路。一位学生有条不紊地陈述观点:最美好的品质是在厄运中被显示的,就如同明丽的花朵映衬于黯淡的背景。另一位认为它生动地论述了厄运砥砺品格的作用。李老师在学生发言时巧妙地引导,以小见大地提升,让他们思维的火炬熊熊燃烧。最后一位学生道:培根将抽象的道理用比喻的修辞娓娓道来,启示我们航行在茫茫无际的人生之海上总会遭遇暗礁,要保持淡定的心态。因为它带来沉重打击时也会磨砺出美好的品质。李老师活动体验课善于根据课堂灵动生成,引导学生展开思想的碰撞,让他们在寻幽探微中进入深度阅读的状态,巧妙地完成了预设的教学目标。

笔者也十分重视课堂生成的问题,确立教学目标。在学习《今生今世的证据》一文时,学生提出了很多新颖、有价值的问题。譬如,为什么文章第8段中有人称的变化,说到童年青年时用第一人称"我",而写快乐等情感时又用"他"呢?句子人称的变化,我在课前并未敏锐地洞察到。看似琐细的人称变化却内藏玄机,就这一问题组织学生展开讨论。学生认为用第一人称可以拉近昨日与今日的距离,而第三人称却拉开了距离。在讨论的过程中我受到了学生的启发,并生成了自己的看法。前面用第一人称"我",是作者在写作时将自己还原到旧日家园中,沉浸其中,如同正在经历那段时光,多了一份感性。而后面转换成第三

人称,作者已经把自身从过往剥离出来,站在今日来审视昨日的自己和旧日家园的意义,增添了文章的理性。而本文的特点就是穿梭于昨日与今日之间,在感性与理性之间徘徊,情中见理,诉说旧日家园便是我们今生今世的证据。立足学生的需要来确立简明目标,学生才能体验到在原初感受上的修正、发展和提升。

二、崇尚简约朴素的内容,摒弃喧宾夺主的花哨

语文老师披沙拣金、删繁就简,围绕一条清晰的主线("草蛇灰线")组织环环相扣的教学环节,贯穿并推动课堂教学。古典小说安排情节结构有"草蛇灰线"这一传统技法。意即:情节如同草中之蛇,灰里之线,似断似续,形断实续,起伏照应。语文老师借用这一技法来组织教学,使教学内容不蔓不枝,让学生在紧凑的环节中玩味领悟语言。相反,松散繁杂的教学环节和问题设计,只会让学生云里雾里、不知所踪。

江苏省语文特教教师黄厚江教学艺术炉火纯青,驾轻就熟地运用"草蛇灰线"的技法来组织本色语文课堂。在读写结合的写作课教学中,他以《雪地贺卡》为学生写作的蓝本,紧扣"关注特别之处,写出特别故事"的明线,"鼓励学生自主思考、敢于质疑"的暗线,安排了阅读和三次片段写作的环节。写完后并当堂阅读贺卡,师生们共同参与评价。在评价时,注重结合人物心理和特别之处玩味语言,培养学生的语言感受力和鉴赏力。整堂课双线交织,层层向前推进。学生在深入阅读中关注特别之处,预测故事发展的可能走向,尝试写有趣的贺卡。在推测情节时发生了分歧,贺卡写给朋友还是雪人?黄老师引导学生思考写信给朋友还是写信给雪人使故事更特别?这一引导使课堂回归到主线。课堂教学的中间环节,学生又为是否安排作者和小孩见面的情节争执不下。他则明确:见面情节仿佛很时尚,可让小孩收到贺卡便完全不相信是雪人写的,那不相信童话的孩子不能发现生活的美好,情节设计让人顿感悲哀,故事便落入窠臼。最后环节,他总结道:假如所有的鸭不会飞,一只鸭飞得高,这背后一定有故事,在写作时要善于关注特别之处,写出特别的故事。

执教《项脊轩志》第二课时,笔者曾围绕运用联想、想象还原生活画面来体悟伉俪深情为主线,来组织课堂教学。确立它为主线的原因,是学生不能体会叙写亡妻部分的妙处。写亡妻为何寥寥数笔?小妹为何对阁子充满了好奇心?面对学生的困惑,我确定了课堂教学的主线,引导他们边读边想。师生共同勾勒生活画面:婚前,独自在轩中读书,虽偃仰啸歌自得其乐,但难免寂寞。婚后,娇妻来轩中伴他读书,询问他熟稔的古事,眼神中流露着对丈夫的崇拜。她靠着案几郑重其事地拿起羊毫,一笔一画地写着。丈夫从旁欣赏她执着的模样和娟秀的笔迹,间或指点一二。从此,项脊轩不只有读书声,还有爱意无限的欢声笑语。这种夫唱妇随、红袖添香的温馨生活引人联想,当年赵明诚与李清照读书消得泼茶香的场景历历在目。归有光妻子会将阁中的趣事眉飞色舞地讲给娘家人,连不谙世事的小妹也被其感染,因而对此产生好奇。虽摄取了夫妻生活的寻常镜头,妻亡之后它却化作永久的追忆。阁子也便成了情深意笃的见证。小妹对那神秘而欢乐的阁子充满了好奇心就不足为怪了。简淡的文字却蕴含着深情,有情味的文字需要在涵咏、沉潜中慢慢品味。合理、丰富的想象和联想会主动地填补作者的"留白"。

三、提倡中肯实在的评价,避免虚假廉价的表扬

在课堂教学评价上,不少语文教师都能采用激励性的评语表扬学生,"朗读得声情并

茂""问题提得有水平""悟性真高"。与一味地棒杀否定学生相比,这无疑是一种好现象。但片面追求表扬学生、廉价的肯定,对学生真能起到鼓励作用吗?不敢否定错误的答案,不能指出学生知识性的错误、理解上的误区,是忽略了老师的评价职责。长此以往,学生会漠视虚假的赞扬。《语文课程标准》指出:"语文课程评价的目的不仅是为了考查学生达到学习目标的程度,更是为了检验和改进学生的语文学习及教师的教学,改善课程设计,完善教学过程,从而有效地促进学生发展。"在语文课堂上,学生要敢讲,老师亦应该提出中肯实在的评价,让学生全面地审视自我,明白在语文学习上的发展处和增长点。精当幽默的教学评价有赖于语文老师深厚的教学功力和教学机智。

黄厚江老师在课堂上决不吝啬对学生的表扬,但也不轻易送出一顶高帽。赞扬或否定都要言之有据、言之有理。在点评贺卡的环节中,绝大部分学生高度评价了下面的文字:"雪人,愿你不为琐事烦恼,愿你像激浪中的船一样,势如破竹。"黄老师并未表扬写出这段文字的同学,而是询问它的优点。学生的回答是运用成语和比喻使句子更优美、更有内涵。黄老师听后,幽默地点拨到:用成语真的就好吗?大家用"老态龙钟"来形容我,我会哭笑不得。进而让同学们再次揣摩语言。他们很快发现比喻不贴切,雪人和船无关联。黄老师再次表明自己的观点:假若我是雪人,那看到这张贺卡很难受。因为我到浪里就消融了,如何势如破竹呢?他的教学评价幽默机智,一针见血地指出语言的弊病。当学生真正写出"这真的不是童话吗?你一定是个有魔法的雪人"的句子时,他亦肯定学生心理描写和构思的水平,以预言长大后能成为出色的讲故事的人而褒奖。

当然,要避免廉价的表扬,并不代表就全盘否定学生,不可矫枉过正。有效的课堂教学评价会点亮学生的心灵和智慧。在无关知识性和科学性的语文内容上,我们尊重孩子原始阅读的体验感悟,培养他们的质疑精神和思辨能力。譬如,在学习《今生今世的证据》时,一位学生曾在课堂上公然表示对文章观点的质疑。她认为"有一天会再没有人能够相信过去"这句话很矫情,过于绝对。这是学生对文本的原初体验,我认为要尊重她的感受,但同时要引领学生在语境中理解句子,不可断章取义。趁机让其他同学发表不同看法,在论辩中拓清迷雾。最后,大家达成相对一致的看法:这句话看似说得绝对,实则含有潜台词。那便是当家园完全废失,旧日家园的物件如灰飞如烟灭,那么我们将失去过往生活的全部证据,便不会相信以往的自己,走向怀疑。貌似矫情的话语实则含有丰富的潜台词,正面点出证据的价值。

语文教学本是以学生的需要为前提,以学生的成长为目的,培养具有健全完善的人格、丰富细腻的情感、自由独立思想的人。那么,我们的语文教师必须远离浮夸之风,朴素真诚地从事教学,学生也会形成真正有价值的深度阅读。唯有如此,师生才能达到共生共荣的局面,课堂才会拥有无法预约的精彩。

参考文献

[1] 李镇西.语文教育札记[M].甘肃:光明日报出版社,2013.
[2] 程翔.程翔与语文教学[M].北京:中国人民大学出版社,2011.
[3] 郭思乐.谛听教育的春天[M].合肥:安徽教育出版社,2011.
[4] 高小云.乱花渐欲迷人眼,浮华尽去显本真[J].语文知识,2014(3).

(本文发表在《中学语文教学参考》2014年第9期)

找寻解读细节描写的钥匙

——以《礼拜二午睡时刻》为例

　　细节描写是构成小说的基本要素,是指作品中对一些富有表现力的细小事物、人物的某些细微的举止行动等具体细腻的描写。它在小说作品中具有举足轻重的地位,对刻画人物性格、推动情节发展、表现生活环境有重要作用。苏联作家康·巴乌斯托夫斯基说过:"没有细节,便没有情节的生动性、形象的鲜明性、主题的深刻性。"它虽只是"故事"中最细小的一部分,但"描写得出色的细节,且能使读者对整体——对一个人和他的情绪,或者对事件及对时代产生一个直觉的、正确的概念"。因此,解读小说的细节描写是读透小说的关键。

　　众所周知,加西亚·马尔克斯认为《礼拜二午睡时刻》是自己创作的最好的小说。这部短篇小说的魅力在于在缓慢的叙事节奏里叙述"小偷"母亲为儿子扫墓的故事,冷静而有节制地展现小镇神父和小镇人们的人性,传达复杂而又深刻的主题。本文就以《礼拜二午睡时刻》为例,具体谈谈解读细节描写的钥匙。

一、前后勾连　顺藤摸"瓜"

　　对于这篇杰出的拉丁美洲短篇小说,学生在阅读时产生了浓厚的阅读兴趣,提出了许多有关小说细节的阅读困惑,甚至在小说主题的理解上有很大的分歧。课堂教学中,我们要以学生费解的小说细节为切口,理清细节描写间的关系。这对深入探究小说主题是一条重要途径。看似无关紧要的细节描写,实则是作家精细设计的部分。我们只有读懂了这些细节的内在关联,才能把握作家设计的用意和内涵。表面看去颇似"羚羊挂角,无迹可求",实则只要我们心细如发便可探幽烛微。

　　学生在阅读时的困惑可启发我们从新的角度理解小说文本。他们在初步阅读环节对小说细节产生了很多疑惑,对此老师要整合、归纳、分类。我们要善于发现看似孤立的细节之间的内在联系,让学生能够建构关系顺藤摸"瓜"。学生对第6段中女孩脱掉鞋子这一细节描写的用意产生困惑。仅仅孤立地看待这一细节,有些人认为这一细节无关紧要,觉得这只是表现孩子的天性。第9段中母亲严厉地要求她穿鞋子,她便照做了,由此推论出她乖巧懂事。

　　也许单看开头部分,我们会单纯地做出这样的推论。然而,马尔克斯并未停止对小女孩脱鞋、穿鞋细节的描写。后文第41小节中母女向神父兄妹索要公墓钥匙时,小女孩趿拉着鞋子,脚后跟踩在鞋上。同类细节描写在文中反复出现,它的用意便不容小觑。我们前后纵向对照清晰地看出:女孩脱掉鞋子,在母亲要求下赶紧又穿上,趁母亲不注意她又解开鞋扣趿拉着鞋子。前后勾连,经过分析不难发现:小女孩不太喜欢穿鞋子。那为何她不太喜欢穿鞋子?马尔克斯反复写女孩穿鞋的细节用意何在?

二、横向联系　柳岸"花"明

　　解答这一问题的钥匙,只看小女孩有关鞋子的细节描写还不够。我们还要横向看她的着装打扮——衣衫褴褛的丧服。再联系她母亲的状况：身体孱弱，显得太老，手中的皮包漆皮剥落，坐在简陋的三等车厢里。

我们不妨再关注小女孩的哥哥"小偷"死前的情形。马尔克斯这样客观地描写道："穿着一件花条的法兰绒上衣，一条普通的裤子，腰中没有系皮带，而是系着一根麻绳，光着脚。"其中"光着脚"这三个字格外引人注目。小女孩不喜欢穿鞋子，"小偷"光着脚。由此推论，他们都跟鞋子有着"隔阂"。

横向比较一下同一家庭养育的两个孩子，我们很快便能领悟到这一细节的用意：他们的家庭处于赤贫状态。小女孩不喜欢穿鞋子是因为他们平时没鞋子可穿，所以不习惯穿。那么这一细节透露出的真正信息便是：她并非不喜欢而是不习惯穿鞋。

为何今天小女孩却穿着鞋子来到小镇扫墓？那是因为母亲虽然家庭贫穷可十分讲究做人的尊严。第13小节中母亲对女儿谆谆告诫："往后就是渴死了，你也别喝水。尤其不许哭。"可见，母亲对孩子行为规矩要求严格，她不仅要求小女孩不要当众哭泣来博取廉价的同情，而且要求她的行为举止合乎规矩保持尊严。因而，有关鞋子的细节描写既显示女孩一家的经济状况，又凸显了母亲自尊自爱的个性特点。

三、文化补给　深度"剖"析

当然，部分学生在阅读时也会把焦点放在神父脸红冒汗的细节上。他们会像侦探一般寻找"小偷"被杀的蛛丝马迹，而会产生一些让人啼笑皆非的误读。甚至有人认为"小偷"是被神父的妹妹谋杀，神父心虚故而在母亲面前脸红冒汗。这些曲解误读表面上看是学生受侦探小说的影响过深造成的，实则暴露了学生对宗教文化和伦理道德的茫然无知。在宗教文化里，每一个生命都有生存的基本权利。即便是小偷，任何人也不可随意地剥夺他的生命。生命的逝去应当让人心生悲悯情怀，而不是冷漠麻木、幸灾乐祸的心理。

而在神父询问母亲要去看哪一座墓时，母亲提到了"小偷"儿子的名字——卡络斯·森特诺。可神父在母亲重复名字时，仍然毫无印象。直到她提及儿子就是上礼拜被打死的"小偷"时，他才反应过来。同一座坟墓，在神父眼里是"小偷"的墓，在母亲眼中却是儿子的墓。特别是当她承认自己是"小偷"的母亲，并忍住悲痛直直地盯他时，他唰得脸红了。让神父脸红的原因到底是什么？

从宗教文化的角度而言，"小偷"死尸被运进公墓，神父理应对其举行丧葬仪式。照理，神父不能以世俗道德评判的眼光来看待"小偷"，要用博爱的胸怀宽恕一切人，替他们忏悔祷告。事实上，神父却对卡络斯·森特诺这一名字非常陌生。他极有可能未按普通人规格对"小偷"举行丧葬仪式，跟世俗之人一样根本不知道小偷姓甚名谁。

当女人坦率地表明是"小偷"的母亲，他也似世俗之人般打量她。令他始料未及的是，女人非但没有表现出悲痛惭愧的神情，反而直直地盯着她。母亲的平静从容让神父吃惊。而她超越道德观念而接受儿子是小偷的坦然态度，以及盯住他的眼光更像在拷问神父的灵魂。神父脸红、冒汗既是对自己失职的羞愧，对母亲坚强冷静的敬畏，更是对自我狭隘观念的俭省。

四、知题论世　"理"性解读

学生在阅读这篇小说时还注意到这样的细节：为何神父连打哈欠、睡意蒙眬？人们为何在母女进入小镇后却放弃午睡围在神父庭院？解决细节描写的关键是结合文章的题目和小镇生活环境。"礼拜二午睡时刻"题目点明是午睡时刻,却无法解释后面的问题。

题目中的"礼拜二"在宗教文化里是忏悔日。神父在这一天应恪尽职守,从事忏悔活动。而这个偏远封闭落后的小镇上,神父像普通的人们一样睡午觉。母女进入小镇后,尽量不打扰人们的午睡。可事实上,这两位异乡人的到来还是引起了轩然大波。特别当人们听到她们是"小偷"的亲属后,就在神父庭院里围观而放弃了午睡。他们来围观的目的是什么？马尔克斯并未明确指出,可通过神父一再建议落山后再去扫墓,神父妹妹借阳伞可看出：神父兄妹认为小镇人们对母女二人怀有敌意。神父兄妹同情母女二人,他们担心小镇人们对她们指责嘲笑。

小镇人们对被打死的"小偷"毫无悲悯之情。他们认为"小偷"被打死是理所应当的。至于偷了什么,为什么会偷,他们并不关心。来龙去脉他们不清楚,也不希望搞清楚,只记住他是小偷的结论。

接近赤贫状态的"小偷",为了维持一家的生存当拳击手被人打得三天不能起床,听母亲的劝告不去偷东西。究竟怎样的情形迫使他背离母亲行窃？小镇上的人们对此表现得很冷漠。"小偷"在外边撬门时便被寡妇雷薇卡太太击毙。他撬门后对寡妇有没有生命威胁,被击毙是否自我防卫过当？且看小偷死前奇怪的着装：上身穿高贵的法兰绒,腰间系麻绳,脚未穿鞋。由此推断,法兰绒可能是偷来的。他入室后大抵偷些穿的或吃的。"小偷"即使有罪,但罪不至死。可是,小镇人们对寡妇击毙"小偷"的过激行为并没有异议。他们默认了寡妇的做法,这正是小镇人们的可悲之处。小镇人们愚昧麻木落后的观念,小说中并未明确指出,却已昭然若揭。

总而言之,在阅读一篇外国小说时,我们不要孤立地看待单一细节,要做到同一细节的前后勾连、相关细节的横向联系、补给相关的西方文化知识背景、回归小说题目深入解读其用意和主题。马尔克斯花了许多细节塑造了一位坚强执着、坦然从容的母亲形象。尽管儿子在遥远的小镇死得毫无尊严,母亲却能在小镇神父面前表现得自尊坚毅。她的勇气像一把利剑划开了神父披着的宗教外衣；她的坦然坚强像一条皮鞭挞着他世俗的道德眼光。作为神父不能敬畏个体生命,实在不应该。自尊自爱的母亲在异地他乡却能反客为主,就是因为她的到来给小镇带来不一样的气息。她讨要公墓钥匙时已经在拷问小镇神父的灵魂,让他看出宗教外衣下的那个"小我",更让他对上帝意志产生了怀疑。在马尔克斯眼中,与其说是母亲在为"小偷"儿子扫墓而被审判,不如说是她为小镇人们扫除愚昧的观念而充当了审判者。

作者通过细节描写表现了深刻的主题。譬如母亲并未听从神父兄妹的劝告,她毫不惧怕小镇人们道德上的优势和鄙夷的眼光,在众目睽睽下坚定地带着小女孩为被打死的儿子扫墓。在她眼中,他不是"小偷"而只是自己听话的独子。她失去独子后,隐忍克制自己的情绪,不表现出悲痛。但并不代表她不爱自己的儿子,恰恰相反,爱到深处便无言,爱让她变得勇敢坚强。她坚信儿子品性善良,可并不准备替儿子辩白申诉。她那倔强的自尊让世俗的小镇人们无地自容。假如母女二人来到封闭落后的小镇,暂时打破了他们的午睡习惯,那么小说更深层次地表达母亲的坚韧、隐忍、自尊能够唤醒麻木愚昧的人们,让他们的心灵不再处于沉睡状态的主题。

(本文发表在《语文知识》2015 年第 5 期)

本色写作课堂的"草蛇灰线"艺术

当下中学作文课,语文老师常犯的"三宗罪"便是——教学目标不明晰,把写作课上成阅读课;教学内容包罗万象,空洞凌乱;教学活动单一呆板,呈现机械化趋势。具体展开来说,有些作文课缺少实际的写作训练,只是让学生品读佳作赏析亮点,与阅读课并无二致;还有些课虽然涵盖了实际的写作操练,但写作教学内容繁复多样,一堂课既训练情节安排、主旨提升又要习得细节描写,缺少教学重点,看似全面却眉毛胡子一把抓;写作教学活动常规的安排便是学生写、老师评、学生改,这种安排过于机械化,缺少实效性;写作指导内容缺少新意,传授的技巧大多是老生常谈。如何规避这"四宗罪"?我们在观摩江苏省特级教师黄厚江的作文课后,也许会得到诸多启发和思索。

黄老师在园区东沙湖中学开设了记叙文写作的公开课。本堂课面向初中生,在与学生交流互动中推进课堂写作活动。他的课堂写作教学目标简明而集中,旨在传授记叙文品鉴和写作的一种技巧:关注特别之处,写出特别的故事。但就写作技巧而言便渗透着独到的写作体悟,因而别具一格,让学生耳目一新。教学内容聚焦于教学目标,开展了情节展开的片段写作训练、学生间相互评价、老师点评、学生与作家写的部分比较分析等一系列的教学活动。在平实朴素的教学活动中,教学目标得到反复的强化。

假如让我把黄老师这堂写作课做恰如其分的比喻,我以为它像一篇精致隽永双线交织的小说。本堂课的结构暗合中国传统小说的"草蛇灰线"艺术,由明暗两条线索交织而成。贯穿语文课堂的明线是让学生在四次片段写作中,学会关注特别之处,写出特别的故事,强化记叙文写作的技法。而隐藏在整堂课背后的暗线却是,在对作家和学生写作内容的比对和评价中,培养他们敢于质疑又不盲目否定的批判精神。结合这堂别开生面的作文课,笔者试着探究一下写作课的安排艺术。

一、愤悱之时,巧布教学明线

"愤悱之时,巧布教学明线"意即学生在语言操练的阶段中,有自我的独立思索却无法通达,有自我的写作构想和体验却无法表达时,老师要在至难分解的关键处指点迷津,巧妙地根据学生的现有水平构建写作教学的明线。明线一旦确立,便一以贯之,落到实处。

孔子在《论语·述而》中曾言:"不愤不启,不悱不发。""愤"指心里求通却未通,"悱"意为想说却说不出来。这个适时启发的教学原则同样适用于写作教学。在写作教学中,片段写作的操练不可或缺。在写作中学生大胆地假设和构想,而当不同的构想发生碰撞,难以比较出优劣时,老师能及时地指出评价标准,确立课堂教学一条简明扼要的主线。

黄老师在以鲍尔吉·原野《雪地贺卡》为蓝本的片段作文写作课上,最初让学生根据文章最初的两段文字进行合理的想象,推测故事背后的原因。有的认为是一个男孩送给朋友贺卡时不小心遗落在雪人身上的。而有的则以为是孤单寂寞的男孩写给雪人贺卡,并插在它身上。学生们众说纷纭,两大阵营各自坚持自我的构想。学生们为此面红耳赤、争持不下时,黄老师趁机抛出了问题:你们认为哪个情节更特别?经过一番思索,学生们达成了一致意见。他们异口同声地认为男孩给雪人写贺卡更浪漫、更特别。此问题的抛出和解决,本堂作文课的教学明线便水到渠成地得以呈现,即情节展开要特别。教学明线的呈现浑然天成,如羚羊挂角无迹可求。

黄老师写作课追求灵动生成的境界。叶澜教授也在"新基础教育"理论中强调,"课堂应是向未知方向挺进的旅程,随时都有可能发现意外的通道和美丽的图景,而不是一切都必须遵循固定线路而没有激情的行程"。不可否认,课堂生成会打造美丽的风景线,但我们不能回避的是自然生成也可能出现杂乱散漫的局面。学生会根据不同的生活体验,天马行空地构想截然相反的情节。当课堂推进到关键处,老师要具备"快刀斩乱麻"的教学掌握艺术,以整易乱、收放自如。

在写作教学中间环节,黄老师让学生继续预测故事发展的走向。他提问学生,你们认为李小屹跟"我"会见面吗?大部分同学认为该见面。少部分同学主张不应该见面。学生的观点再次出现交锋和争鸣。他却并未直接对学生的想法做出评价,而是从容地引导学生双方谈谈构想的依据。正所谓,真理越辩越明。前者认为见面可以满足李小屹的好奇心;而后者却把见面的后果分析得鞭辟入里——果真见面就破坏了李小屹生活在童话里的感觉,粉碎了孩子天真烂漫的美梦。后者有理有据地驳倒了前者,以绝对性的优势取胜。黄老师的引导可谓四两拨千斤,轻柔的一句话便掀起了学生间智慧的抗衡较量,让他们在自己说服自己中得到了成长。他进一步强化了情节展开的要诀——情节展开要特别,幽默地提点到两人不是肤浅的网友总想着见面,一见面情节就落入俗套。

二、比对之处,潜伏教学暗线

"比对之处,潜伏教学暗线"是指在写作课堂中通过比较学生间的写作片段以及对比学生与作家、学生与老师的写作部分,打破学生迷信权威的习惯,培养他们敢于质疑又不盲目否定的批判思维与精神。

史金霞曾在《不拘一格教语文》中提出:"教育的真正目的是教会学生对自己的生命负责,而不是依赖他人;是要教会学生学会独立思考,独立选择,独立判断,而不是人云亦云,听话和乖;是要教会学生学会生存和生活的能力,而不是强制被哪一种观念洗脑。"在写作教学中,黄老师特别善于培养学生独立思考的习惯,让学生发出自我的声音,不能跪在权威面前。

回到这堂记叙文训练课上,学生在第一次为雪人写贺卡后,黄老师让几个同学读一读自己的贺卡内容。紧接着,他让其他同学来点评。出乎意料的是,大家几乎一致认为这张贺卡尤为出色。贺卡内容——雪人:新年就要到了,祝愿你在新的一年里乘风破浪,势如破竹。黄老师让学生谈谈这张贺卡好在何处,绝大部分初一学生认为语言大气,使用了很多成语。黄老师趁机说,难道用了成语的文字就一定出色吗?路遇一位老者用"老态龙钟"形容他,他会开心吗?雪人最怕水,水一多它就化了,它怎么能乘风破浪呢?雪人收到这张贺卡怎么会开心得起来呢?在他幽默诙谐的点评下,学生们为自己对成语的迷恋倍感羞愧。他进一步明确:评价不要人云亦云,要听从内心的声音;写作要注意对象,要把玩语言,口语也有口语之妙,不要迷恋成语。

不仅如此,他还设计了如下环节——比较学生与原作中的贺卡内容。他让学生进行评价。学生们一看是作家写的,异口同声地说原作比自己写得有水平。原作内容:"你又白又胖,橘子皮嘴唇真好看。你一定不怕冷,半夜里自己害怕吗?饿了就吃雪吧。"听完学生不假思索的回答后,黄老师面露忧虑之色。他语重心长地告诫到,作家写的不一定就是完美的,我们写的也未必差。不可否认,原作中"橘子皮嘴唇真好看"一句语言有表现力,可并非无瑕。然后指出,雪人不是雪做的吗,让雪人饿了吃雪不就意味着自己啃自己嘛!他犀利的眼光和敏锐的洞察力,培养学生独立思考的习惯,点亮了学生的批判性思维。他引导学生读书要站着读,在权威面前发不出自己的声音是可悲的。

当然,培养学生敢于质疑的批判性思维,首先老师也要具有独立思考的深度,以能力滋养能力,以品格铸就品格,以精神澡雪精神。正如特级教师程红兵老师所言:"智慧的课堂需要教师有深厚的学科修养,需要教师对教育、对课堂有深刻的理解,而浓厚的学科需要积淀,深刻的课堂理解需要批判思维。"黄老师的写作课之厚重深刻,就体现在批判思维的培养上,但更可贵的是写作教学又能做到深入浅出,语言风趣,让人顿感醍醐灌顶。

三、明暗交织,呵护"赤子之心"

假如一堂记叙文写作课能具备明、暗两线,自始至终推动课堂向前推进已非易事。而在教给学生写作、鉴赏的技法,培养他们独立思考和判断的习惯之余,又能关注学生生活中的心理状态,悉心呵护学生的"赤子之心"(童心)则难能可贵。

也许我们一般老师在记叙文写作课中,强调学生要描写人物的心理,却极少关注学生在写作中显露出的心理特点,对"童心"更是熟视无睹。黄老师特别善于调动学生的想象力,抓住学生写作的契机,把握他们整体的心理状态和个性特点。

在指导学生以小男孩的口吻给雪人写回信时,他预先做好点拨。他循循善诱地问学生:这封回信,什么内容必不可少?学生答道一定要写到收到信的心情和心理。他紧接着问:你们认为小男孩会是怎样的心理呢?学生七嘴八舌地说道:激动、开心,还有好奇。他最后问:你们相信雪人会给你们写贺卡吗?学生机会异口同声地回答:不会的。黄老师神情凝重,痛心疾首地说:"悲哀!不相信有童话的人,不能发现生活的美好。"学生若有所悟地说,实则我们对童话将信将疑,心理特别矛盾。他接着让学生在写作中呈现这种矛盾心理。

有位学生这样写道:"亲爱的雪人:你好,收到你的信我非常激动。这真的不是童话吗?你一定是个有魔法的雪人吧!我把你的回信给妈妈看,她说我是在做梦。我好想跟你见一面啊!"在学生读完自己写的贺卡后,黄老师并未立刻做点评。他调动其他学生来评价,学生们认为她写得好,插入了妈妈这个人物巧妙地表现了李小屹的矛盾心理,故事丰满内容更丰富。最后黄老师对这两位同学给予了热情的表扬。

在这个环节上,与其说黄老师在引导学生感受人物的矛盾心理,不如说他在启发学生情节展开时内省自我的心理特点。他试图唤醒学生那颗沉睡的"赤子之心",为那真诚的童心招魂。

黄老师的本色写作课堂是以语言为核心,始终围绕着明线,在师生有序的互动与交流中灵动生成的。他的课堂磅礴大气,放得开且又收得拢,不蔓不枝,环环相扣,逐步推向课堂的高潮,学生在课堂结束时思维达到了辉煌的境界。这堂作文课给我们的启示便是:学生在写作愤悱之时,巧布作文简洁的教学明线;评析比对之处,潜伏作文教学暗线,培养学生的批判性思维;明暗交织,呵护"赤子之心",让学生在写作之中唤醒沉睡的心灵,完善自我。

(本文发表在《语文知识》2015 年第 8 期)

潘振嵘，男，1972年4月出生，1993年6月毕业于苏州大学数学系，获理学学士，1993年8月至今在江苏省木渎高级中学工作，2002年8月被破格晋升为中学高级教师。曾获江苏省优秀教育工作者、江苏省学校德育先进工作者、江苏省优秀青年教师、江苏省高中数学课程教材改革实验先进个人、苏州市名教师、苏州市优秀教育工作者、吴中区劳动模范、吴中区知名教师、吴中区教育科研先进个人、吴中区优秀班主任等荣誉称号。一直从事高中数学教学和研究工作，注重学生数学思维能力和问题意识的培养，曾获苏州市高中数学评优课一等奖、苏州市教师把握学科能力竞赛一等奖、苏州市中小学教师命题大赛一等奖等。参与多个省、市级课题的研究工作，在《数学通报》等20余家刊物发表论文60余篇。获苏州海外联谊会周氏德育奖励金。

潘振嵘

近年来教育科研成果目录：

在数学教学中如何培养学生的自主学习能力，《苏州教育研究与实践》，2010年第5期；

如何提高高三数学复习中例题教学的有效性，《数学通报》，2010年第10期；

数学课堂教学中引发学生认知冲突浅探，《数学通讯》，2010年第3期；

用物理知识解数学问题，《数理天地》，2011年第7期；

浅谈转化高中文科数学学困生的教学对策，《高中数学教与学》，2012年第12期；

由辩证观点寻突破，《数理天地》，2012年第9期；

浅谈数学教学中的布白艺术，《高中数学教与学》，2015年第3期；

撮谈对教材例、习题功能的深层挖掘，《数学通讯》，2015年第5期；

数学课堂教学应追求知识自然呈现，《高中数学教与学》，2017年第1期。

数学课堂教学应追求知识自然呈现

数学是人类创造发明的成果,数学学习是一个探究和认知的过程,数学教学应展示这一创造性活动。在数学教学中,教师要不断追求数学知识呈现的自然性,让学生所学的数学知识、方法、思想彰显自然本色。本文就教学实践谈一些个人的认识与做法,以供参考。

一、展现背景,使知识的呈现更符合学生认知

数学是自然的。而在学习过程中很多学生感觉数学公式或定理是非常抽象、刻板、不自然的。究其原因,主要是学生不了解其中的数学背景。在教学过程中,教师可以通过对教学内容背景的展示,让学生把握数学知识的源与流,加深对概念、公式、定理的理解,使学生在动机上做好准备,从而激发学生的学习兴趣。

案例1 等比数列的求和公式的教学

教材中对等比数列求和公式的推导都是用错位相减法,为什么?因为它给出了解决一类问题的思想方法。但是若学生不作预习,教师直接介绍错位相减法,学生只会惊叹方法的奇妙,而没有亲历知识的形成过程,没有符合学生的认知发展规律。怎么办?在教学中可以通过引入数学史料来揭示数学知识的背景,从而让知识的呈现更符合学生的认知。

师:(给出问题)约公元前1650年,一个名叫阿莫斯的埃及祭司记下了在他200年以前就有了的问题:"有7座房屋,每座房屋有7只猫,每只猫吃7只老鼠,每只老鼠吃7个麦穗,每个麦穗含7个麦粒,问房屋、猫、老鼠、麦穗、麦粒总数是多少?"

生1:房屋、猫、老鼠、麦穗、麦粒数分别为 $7,7^2,7^3,7^4,7^5$,总数 $S_5 = 7 + 7^2 + 7^3 + 7^4 + 7^5 = 19607$。

师:你是如何得到结果的?如果项数增多又怎么求和呢?

把问题一般化,等比数列的前 n 项和 $S_n = a_1 + a_2 + \cdots + a_n = a_1 + a_1q + \cdots + a_1q^{n-1}$ 又如何计算呢?

学生茫然,教师继续引导。

师:我们之前已经学过等差数列求和的倒序相加法,还有数列前 n 项和 $S_n - S_{n-1} = a_n$ ($n \geq 2$),可否借鉴呢?

生2:倒序相加法在这里不适用了。

师:关于这种类型的多项式求和,我们之前还学习过秦九韶算法。

生3:利用秦九韶算法,有 $S_n = a_1 + q(a_1 + a_1q + \cdots + a_1q^{n-2}) = a_1 + qS_{n-1}$ ($n \geq 2$)。再代入 $S_{n-1} = S_n - a_n$,则有 $S_n = a_1 + q(S_n - a_n)$,于是 $(1-q)S_n = a_1 - a_nq$。

所以当 $q \neq 1$ 时,$S_n = \dfrac{a_1 - a_nq}{1-q}$ ($n \geq 2$)。当 $n = 1$ 时也适用。

师:此处所用的推导方法,古埃及人早已经掌握。他们已总结出首项和公比均为7的等比数列前 n 项和的递推关系: $S_n = (1 + S_{n-1}) \times 7$。不过尚未考证他们是否已经掌握了更一般的等比数列前 n 项和递推公式。

师：古希腊人也对等比数列进行过研究，欧几里得《几何原本》第9卷命题35给出了等比数列求和公式。教师展示《几何原本》上的方法。

设有等比数列 $a_1,a_2,\cdots,a_{n+1}$，公比为 $q\neq 1$。

则得 $\dfrac{a_{n+1}}{a_n}=\dfrac{a_n}{a_{n-1}}=\cdots=\dfrac{a_2}{a_1}$，由分比定律得 $\dfrac{a_{n+1}-a_n}{a_n}=\dfrac{a_n-a_{n-1}}{a_{n-1}}=\cdots=\dfrac{a_2-a_1}{a_1}$。

再由合比定律得 $\dfrac{a_{n+1}-a_1}{a_n+a_{n-1}+\cdots+a_1}=\dfrac{a_{n+1}-a_1}{S_n}=\dfrac{a_2-a_1}{a_1}=q-1$。

由此可得 $\dfrac{S_n+a_{n+1}-a_1}{S_n}=q$，于是 $(1-q)S_n=a_1-a_nq$。（下略）

师：阿莫斯纸草书和欧几里得《几何原本》里的推导方法中，都涉及了 S_n-qS_n，那么请分别展开它们的表达式并作差观察。

有了前面的两种方法铺垫，再介绍错位相减法就显得比较自然，学生更容易接受。

反思 上例中，通过数学史材料的引入让学生对知识的背景有所认识，并采用诱导式的提问，在学生已有的知识基础上进行知识构建，让学生经历知识的形成过程，体验学习的乐趣，从而让学生知其然更知其所以然。

二、问题引领，使概念的抽象过程更自然

数学概念高度抽象的特点决定了数学概念的形成或同化都要经过分析、综合、比较、抽象、概括等思维的逻辑加工。如何让概念的形成、抽象过程更自然，是数学概念课教学的重中之重。在概念的教学中，教师应当充分调动学生头脑中相关的知识经验，促使学生主动参与知识的构建，教师适时、适当的引导是学生概念获得的有效保证。而教师最好的引导途径就是问题引领，提出问题引导学生思考是数学教学的一条基本原则。

案例2 任意角的三角函数的教学

教材中只是回顾了锐角三角函数的定义，介绍了锐角三角函数的坐标表示，接着就直截了当地给出了"规定"，教材三言两语，轻描淡写就解决了问题。教师大都觉得过于抽象，略显突兀，十分难教。其实，在给出"规定"、形成概念之前，需要多作铺垫，在教学中可作如下问题的设计。

师：在初中，我们已经学习了锐角的三角函数，请同学们回顾一下锐角三角函数是怎样定义的。

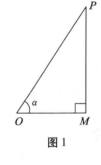

图1

生1：如图1，$\sin\alpha=\dfrac{MP}{OP}$，$\cos\alpha=\dfrac{OM}{OP}$，$\tan\alpha=\dfrac{MP}{OM}$。

师：你能在直角坐标系中用坐标表示锐角的三角函数吗？

生2：如图2，在角 α 的终边上取一点 $P(x,y)$，过 P 作 x 轴的垂线，设垂足为 M，则 $\sin\alpha=\dfrac{MP}{OP}=\dfrac{y}{\sqrt{x^2+y^2}}$，$\cos\alpha=\dfrac{OM}{OP}=\dfrac{x}{\sqrt{x^2+y^2}}$，$\tan\alpha=\dfrac{MP}{OM}=\dfrac{y}{x}$。

师：表达式中 $\sqrt{x^2+y^2}$ 表示什么含义？必须满足什么要求？

生3：表示点 P 到原点的距离，$\sqrt{x^2+y^2}\neq 0$。

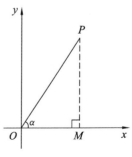

图2

师：很好！为了表达方便，我们不妨记 $r = \sqrt{x^2+y^2}$，则 $r > 0$，$\sin\alpha = \dfrac{MP}{OP} = \dfrac{y}{r}$，$\cos\alpha = \dfrac{OM}{OP} = \dfrac{x}{r}$，$\tan\alpha = \dfrac{MP}{OM} = \dfrac{y}{x}$。

师：刚才点 P 是在终边上任取的，试问：如果点 P 在终边上的位置改变，会影响三角函数值吗？

生4：不影响。由三角形的相似性可证明。

师：至此，我们可以发现以下两个性质（师生共同总结）。

（1）锐角的三角函数值可以用点 P 的坐标及它到原点的距离来表示。

（2）锐角的三角函数值仅仅与角的大小有关，而与 P 点在终边上的位置无关。若角 α 确定，则三角函数值唯一确定。

师：既然现在角已经扩充到任意角了，那么怎样将锐角的三角函数推广到任意角呢？若仿照锐角的情形构造直角三角形，显然不适用了，我们是否可以尝试在角 α 的终边上任取一点 P，用它的坐标来表示任意角的三角函数值呢？

这样就自然地给出教材中的规定。同时指出，规定不仅应能解决新的问题，也应该保持原先的性质，适用于锐角的情形。

反思 上例中，我们从学生熟悉的初中学习过的锐角三角函数入手，把学生置身于一个实际问题的情境之中，导入新课，不仅复习了旧知识，而且提出了新问题，让学生的思维自由翱翔，并在与学生的自然而然的交流中，引领学生主动学习新知。学生理解数学是自然的、清楚的、水到渠成的。

三、精心设计，使课堂教学的衔接更流畅

叶圣陶先生曾经说过："教师之教，不在于全盘讲授，而在于相机引导。"因此，我们在课堂教学中要精心设计教学环节，引导学生去探索和研究，让学生能体会到不同数学问题之间的内在联系。

案例3 基本不等式的应用的教学

应用基本不等式求最值，要注意满足三个条件：一正数、二定值、三相等。在教学过程中如何让学生在心理上乐于接受，如何让课堂教学更自然流畅呢？我们可作如下设计。

师：给出一个实际问题。你家建造房屋时还剩下些材料，你打算使用这些材料依着墙壁修一个高度一定的矩形狗窝。若剩下的材料可以修一个周长为 l 的狗窝，请问如何修建可以获得最大面积的狗窝？

生1：设与墙面平行的那一边长为 x，另一侧长为 y，狗窝面积为 S，则有 $S = xy = \dfrac{x(l-x)}{2}$。那么这个最值问题就可以用之前学习过的一元二次函数的知识解决。

师：很好！再给出另一个问题。你家建造房屋的材料用完了。现在你计划依着墙壁修建一个面积为 S 的矩形狗窝，已选中建狗窝的材料，狗窝的高度也确定了，如何以最小的成本建成这样的狗窝？

生2：设与墙面平行的那一边长为 x，另一侧长为 y，狗窝的周长为 l，则有 $l = x + 2y = x + \dfrac{2S}{x}$。

师：这不是一个一元二次函数的形式，如何求最值呢？

生3：可以运用配方法求最值，即 $l = x + \dfrac{2S}{x} = \left(\sqrt{x} - \sqrt{\dfrac{2S}{x}}\right)^2 + 2\sqrt{x \cdot \dfrac{2S}{x}}$。

师：很好！现在我们回到原来的问题，根据刚才的分析，就应该能得出答案：$l = x + \dfrac{2S}{x} \geq 2\sqrt{x \cdot \dfrac{2S}{x}} = 2\sqrt{2S}$。当且仅当 $x = \dfrac{2S}{x}$，即 $x = \sqrt{2S}$ 时取等号。

师：上述最值问题可以理解为与两个正数的和、积有关的问题，这就是今天我们学习的基本不等式的应用。

给出问题：已知函数 $y = x + \dfrac{1}{x}, x \in (0, 2]$，求此函数的最小值，并指出取得最小值时 x 的值。（让学生初步感知基本不等式的应用）

生4（板演）：因为 $0 < x \leq 2$，所以 $y = x + \dfrac{1}{x} \geq 2\sqrt{x \cdot \dfrac{1}{x}} = 2$，当且仅当 $x = \dfrac{1}{x}$，即 $x = 1$ 时取等号。因此当 $x = 1$ 时，函数有最小值 2。

师：当目标函数是两个因子的积或和时一定可以用基本不等式求最值吗？

给出问题：求函数 $y = x(x+1), x \in [0, 1]$ 的最大值。这个问题很简单，用之前学过的配方法即可求出，但是我要问的是你能用基本不等式来求解吗？

生5：好像不能。

师：它是两个因子乘积的形式，如果要用不等式就需要把它放大，变成两个因子和的形式，但当变成和的形式后两个因子能消去变成常数吗？

生6：不能，是 $x + (x+1)$。

师：通过这个问题我们可以看出并不是所有两个因子积或和的形式都能用基本不等式来解决。只有在保证基本不等式的两边有一边是定值时才有可能利用它来求最值。

师：如果基本不等式的一边是定值，一定能利用它求最值吗？

继续给出问题：求函数 $y = x + \dfrac{1}{4x}, x \in [1, 2]$ 的最小值。

生7：看到函数形式选择使用基本不等式求解，结果得 1。但是等号成立时 $x = \dfrac{1}{2} \notin [1, 2]$，因此最小值不是 1。

师：根据上述讨论，你能归纳出何时能利用基本不等式求最值，如何求最值吗？

反思　上例中首先从实际生活应用题入手，列出了一个形如二次函数形式的问题，学生容易利用配方法求出最值。当他们沉浸在成功的喜悦中时，将问题改为一个基本不等式模型，让学生在认知冲突中产生新的认识，再通过问题的变化以提醒学生利用基本不等式求最值时需要注意的问题，使学生的学习情感跌宕起伏并留下深刻印象，最后归纳形成基本不等式的应用条件："一正、二定、三相等"。

（本文发表在《高中数学教与学》2017 年第 1 期）

如何提高高三数学复习中例题教学的有效性

高三数学复习是高中数学教学的一个重要环节,它是在学生学完了中学数学的全部内容之后进行的一次系统的、全面的回顾与整理,以达到将各部分知识进行有机地整合,构建数学知识的结构体系,形成整体性的数学认知框架,进一步完善学生的数学认知结构,提高学生综合运用知识分析问题和解决问题的能力。而例题教学作为教学过程的重要组成部分,其重要性不言而喻。如何提高高三数学复习中例题教学的有效性是值得我们深思的一个问题。

1 例题的选取要细细斟酌,要精挑细选

例题的选取是数学课堂准备的主要内容。由于高三数学复习时间紧、任务重、知识容量大,因此精选例题已成为广大教师提高复习效率的重要途径之一。在高三数学复习中例题的选取除了应重视教材的基础作用,重视覆盖全面、突出重点、突破难点,重视突出数学思想和方法等外,还应体现以下几个方面的原则[1]。

(1)新颖性。心理学研究表明,学生的学习效果与其所接触的材料是否有新鲜感是有关系的。复习课不同于新课的讲授,它是在有限的时间内较大容量地对知识进行强化和提高的综合教学活动。在复习课中,教师的选题应体现新颖性,切忌搬抄教材例题,切忌同一问题以同一形式多次重复,以免学生觉得单调乏味,没有新意。

(2)梯度性。不同的学生认知水平不同,就是同一学生认知的过程也是由浅入深、由表及里的。根据个体差异和认知规律,在复习课中,教师的选题应体现梯度性,无论几道题的讲解顺序上,还是同一道题若干问题的设置先后上,都应遵循由低到高的原则。这样做,众多学生都能找到思考的起点,其学习的主动性、积极性才能得到有效的调动,同时也为学生的思考向纵深发展提供线索或铺平道路。否则,突然出示一道难度较大或设问跳度较大的问题,势必会挫伤学生的学习兴趣,伤害学生的自信心。

(3)过程性。"重结果,更重过程"是新课标和新教材的要求。因此,在复习课中,教师的选题应体现过程性,能让学生知其然,又能知其所以然。要体现学生把抽象的数学问题具体化和形象化的过程,训练学生解决问题的思维过程。

(4)关联性。数学问题中知识的表现形式可以不同,但知识的本质可能相同。因此,在复习课中,教师的选题应体现数学知识之间的相互关联,体现其不同表现形式之下的本质属性,使学生能自觉联系知识,举一反三。

案例1 在"直线和圆锥曲线的位置关系"的复习中,选择这样一道例题:直线 $l:y=2x+m$ 与抛物线 $y=x^2$ 相交于 A,B 两点,_____(请你添加条件),求直线 l 的方程。

这一开放题有较大的思维空间,对学生具有新颖性,并且不同层次的学生都能在这个问题上有着不同层次的施展。通过这个问题多种方案的解决,一方面可以复习相关知识,另一方面可以培养学生提出问题、发现问题的能力。在教学中,欣喜地发现学生的思维异常活

跃,补充的条件形形色色。例如,① AB = $\sqrt{5}$;② 若 O 是原点,$\angle AOB = 90°$;③ AB 中点的纵坐标为 6;④ AB 过抛物线的焦点 F……涉及的知识有韦达定理、弦长公式、中点坐标公式、抛物线的焦点坐标、两直线相互垂直的充要条件等,学生提出问题和解决问题的能力得到了充分锻炼,收效颇丰。

2 例题讲解中要明确什么要讲,什么可以不讲

例题的讲解是例题教学中的关键环节,为了最大限度地发挥课堂教学的效益,讲解要科学化,要注重教学的效果,该点拨的要点拨,该讲的内容一定要讲透,不该讲的就不讲。对于典型问题,要让学生板演,要充分暴露学生的思维过程,从而加强高三数学复习中例题教学的针对性和有效性。

案例 2 如图,在四棱锥 P-$ABCD$ 中,底面 $ABCD$ 是矩形,M,N 分别是 AB,PC 的中点。求证:MN//平面 PAD。

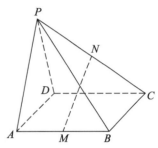

分析 这是一个典型的证明线面平行类型的题目,它可以用两种方法,也是证明线面平行的常见方法,即由线//线或面//面推证线//面,体现立体几何中线线、线面、面面三大元素之间关系的依存、关联性。而由线//线推证线//面时找辅助线、由面//面推证线//面时找辅助面是难点,是要重点突破的问题。所以学生通过此题的学习,不仅要掌握证明线面平行的常用方法,还要熟练运用线面平行的判定定理和面面平行的性质定理来证明线面平行,同时通过一题多解的练习拓宽学生的思路,培养学生求异的创新意识。

简要过程 学生独立思考、探索后,基本能用一种方法完成证明过程,而且多数选择用面//面推证线//面,也有个别学生利用线//线直接推证面//面,在证明过程中,学生容易漏掉附带条件。

教师利用实物投影仪投影学生的答案,师生共同纠正上述问题。(教师一定要评价,尤其是书写规范,要求学生做到"会就对""对就全",防止无谓的失误)

在用线//线推证线//面的方法中,寻找辅助线是一个难点,教师借助实物"直线"引导学生抓住相关的点、线,把它们从空间图形中分离出来,将空间图形转化为平面图形,使学生的思路豁然开朗,找出证明方法。(至此,整题用了四种方法来证明)

然后,请同学们根据上述例题,在独立思考的基础上(必要时可以小组讨论),总结学到的知识。(教师不讲)

学生总结出基本思路后,投影出来。

(1)证明空间内直线与平面平行常用的方法。

① 根据线面平行的判定定理,即由线线平行推证线面平行;(关键是在面内找平行线:通过平行四边形对边平行或三角形的中位线平行第三边来找平行线)

(条件中已知中点时可以先考虑中位线的方法,找线困难时可以先抽离主要的元素,把空间图形转化成平面图形解决)

② 根据面面平行的性质定理:若两平面平行,则其中一个平面内的任意直线平行于另一平面,即由面面平行推证线面平行。(关键是找线所在的平行平面)

(2)空间平行关系的证明体现了空间图形平面化的转化思想。

推理的过程实际上就是一种转化的过程,即

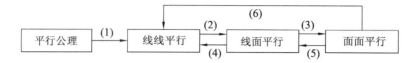

3 例题讲解后要善于总结、提炼,挖掘例题内涵或潜在的教学功能

数学教学的根本目的是学生在学习知识的同时,提高数学素养,提高分析问题和解决问题的能力。例题讲解后进行总结、提炼,加以显化,让学生回顾反思,总结思想方法和思维策略,使学生明白通过学习可以得到哪些有用的结论,找出哪些共有的规律,从而提高数学解题能力,优化数学思维品质。

案例3 设$f(x)$是定义在 $\mathbf{R}$ 上的偶函数,且图像关于直线 $x=2$ 对称。已知当 $x\in[-2,2]$时,$f(x) = -x^2+1$,求当 $x\in[-6,-2]$时,函数$f(x)$的解析式。[3]

分析1 由条件$f(x)$是定义在 $\mathbf{R}$ 上的偶函数可知,函数$f(x)$的图像关于 y 轴对称,又由条件图像关于 $x=2$ 对称,结合题设中函数$f(x)$在区间$[-2,2]$上的解析式,可画出函数$f(x)$在 $\mathbf{R}$ 上的示意图(如图)。

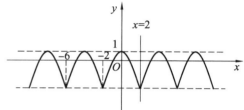

由图可知,函数$f(x)$在$[-6,-2]$上的图像是顶点为$(-4,1)$,且过点$(-2,-3)$的抛物线。所以,当 $x\in[-6,-2]$时,$f(x) = -(x+4)^2+1$。

分析2 $f(x)$是定义在 $\mathbf{R}$ 上的偶函数 $\Leftrightarrow f(-x)=f(x)$。①

图像关于 $x=2$ 对称 $\Leftrightarrow f(2+x)=f(2-x)$。②

若 $x\in[-6,-2]$,则必有 $x+4\in[-2,2]$,进而有 $f(x+4) = -(x+4)^2+1$。接下来我们只要弄清 $f(x+4)$ 与 $f(x)$ 的关系,问题即告解决。

由②可得 $f(x+4) = f[2+(x+2)] = f[2-(x+2)] = f(-x)$,再由①得 $f(x+4) = f(x)$。

所以,当 $x\in[-6,-2]$时,$f(x) = -(x+4)^2+1$。

讲解后反思 (1)从分析1的探索过程得知,当所给的问题一时难以用推算的方法求解时,可将题设的符号语言转化为图形语言,利用图形的形象直观、具体可见的特点寻找解决问题的方法,这是我们探索问题解法的常用思维策略之一。

(2)观察分析1中的函数图像发现,函数$f(x)$的图像呈周期性的变化,且周期为4,分析2恰好从数的角度说明了。仿照分析2我们不难推得这样的一个结论:

若函数$f(x)$是定义在 $\mathbf{R}$ 上的偶函数,且图像关于直线 $x=a(a\neq 0)$ 对称,则$f(x)$是周期为 $2a$ 的周期函数。

(3)类似地,我们可以得到以下结论:

① 若函数$f(x)$是定义在 $\mathbf{R}$ 上的奇函数,且图像关于直线 $x=a(a\neq 0)$ 对称,则$f(x)$是周期为 $4a$ 的周期函数。

② 若定义在 $\mathbf{R}$ 上的函数$f(x)$的图像分别关于直线 $x=a$ 和 $x=b(a\neq b)$ 对称,则$f(x)$是

周期为 $2(b-a)$ 的周期函数。

③ 若定义在 $\mathbf{R}$ 上的函数 $f(x)$ 的图像分别关于点 $(a,0)$ 和直线 $x=b(a\neq b)$ 对称,则 $f(x)$ 是周期为 $4(b-a)$ 的周期函数。

④ 若定义在 $\mathbf{R}$ 上的函数 $f(x)$ 的图像分别关于点 $(a,0)$ 和 $(b,0)(a\neq b)$ 对称,则 $f(x)$ 是周期为 $2(b-a)$ 的周期函数。

(4) 进一步探究,我们还可以得到以下结论:

① 若函数 $f(x)$ 是定义在 $\mathbf{R}$ 上的偶函数,且是周期为 $2a$ 的周期函数,则 $f(x)$ 的图像关于直线 $x=a$ 对称。

② 若函数 $f(x)$ 是定义在 $\mathbf{R}$ 上的奇函数,且是周期为 $2a$ 的周期函数,则 $f(x)$ 的图像关于点 $(a,0)$ 对称。

③ 若定义在 $\mathbf{R}$ 上的函数 $f(x)$ 的图像关于直线 $x=a(a\neq 0)$ 对称,且是周期为 b 的周期函数,则 $f(x)$ 的图像关于直线 $x=a+b$ 对称。

总之,例题教学有效性的提高是一个值得我们不断总结、不断完善的课题,在高三数学复习中,我们都要明确为什么要选这道题,如何讲好这道题,这道题有多少内涵需要我们去总结、去提炼,要切实发挥例题沟通教与学的桥梁作用,促进学生智力的发展、能力的提高,不断提高复习效率。

参考文献

[1] 潘振嵘.浅谈高考数学复习中例题的选择原则[J].中学数学杂志,2003(6).

[2] 屠丰庆.例题教学有效性的现状、分析和思考[J].数学教学研究,2009(5).

[3] 姜兴荣.提高例题教学有效性的几点思考[J].中学数学月刊,2009(6).

[4] 张绍林,王江.浅谈函数奇偶性、周期性、对称性之联系[J].数学教学,2008(4).

(本文发表在《数学通报》2010 年第 10 期)

撷谈对教材例、习题功能的深层挖掘

著名数学家 G. 波利亚说:"一个专心的认真备课的老师能够拿出一个有意义但又不太复杂的题目,去帮助学生发掘问题的各方面,使得通过这道题,就好像通过一道门户,把学生引入一个完整的理论领域。"高中数学教材中的例、习题凝聚了许多专家、学者的心血和经验,教材上的例、习题是教师开展教学的依据,也是学生学习探究的范本。在数学教学中,我们不能就题论题,而应重视对例、习题的教育潜能作进一步的探究,以充分挖掘其深层功能,从而给学生一片广阔的数学天空,让学生充分领略数学习题中蕴含的数学美,从而激发学生学习的兴趣,使学生的数学学习能力、数学思维品质和数学素养得到有效的提高。本文仅对教材例、习题功能的深层挖掘做一些探讨,以供参考。

1 挖掘教材例、习题的数学背景,激发学生的数学学习兴趣

苏联教育家苏霍姆林斯基认为:实践证明,当课堂上所讲的教材里既包含一定"份额"的已有的东西又包含一定"份额"的新东西时才能唤起建立在思维本质上面的稳定的兴趣。"兴趣是最好的老师",若能在课堂教学中有效地激发学生学习数学的兴趣,对于提高学生的数学能力必然产生积极的影响。教材中有许多例、习题具有深厚的数学背景,在教学过程中如果能够注意到相关问题的数学背景,揭示出已知的东西跟新的东西的内部的深刻联系,可以有效地激发学生的学习兴趣和学习热情,达到良好的教学效果。

例1 (苏教版《数学·必修5》第 54 页习题 2.3(1)第 17 题)如图,将一个边长为 1 的正三角形的每条边三等分,以中间一段为边向形外作正三角形,并擦去中间一段,得图 2。如此继续下去,得图 3……试探求第 n 个图形的边长和周长。

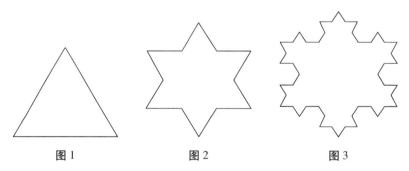

图1　　　　　图2　　　　　图3

在解答本题之前,可先向学生揭示其背景:这样形成的图形称为分形(fractal). 什么是分形? 美籍数学家曼德勃罗特(Mandelbrot)首次使用了分形这个词汇来描述,据曼德勃罗特教授自己说,fractal 一词是 1975 年夏天的一个寂静夜晚,他在冥思苦想之余偶翻他儿子的拉丁文字典时,突然想到的。此词源于拉丁文形容词 fractus,对应的拉丁文动词是 frangere("破碎""产生无规碎片")。此外与英文的 fraction("碎片""分数")及 fragment("碎片")具有相同的词根. 在 20 世纪 70 年代中期以前,曼德勃罗特一直使用英文 fractional 一词来表示他的分形思想。因此,取拉丁词之头,撷英文之尾的 fractal,本意是不规则的、破碎的、分

数的. 曼德勃罗特是想用此词来描述自然界中传统欧几里得几何学所不能描述的一大类复杂无规的几何对象。例如，弯弯曲曲的海岸线、起伏不平的山脉、粗糙不堪的断面、变幻无常的浮云、九曲回肠的河流、纵横交错的血管、令人眼花缭乱的满天繁星等。它们的特点都是，极不规则或极不光滑。直观而粗略地说，这些对象都是分形。

学生了解这一背景后，原本枯燥的习题在脑海中一下子鲜活起来，学习的兴趣就会大大增强。在完成此题后，我们可以再给出以下问题让学生思考。

问题 将正三角形 ABC 分割成 $n^2(n \geq 2, n \in \mathbf{N})$ 个全等的小正三角形(图2,图3分别给出了 $n=2,3$ 的情形)，在每个三角形的顶点各放置一个数，使位于 $\triangle ABC$ 的三边及平行于某边的任一直线上的数(当数的个数不少于3时)都分别依次成等差数列，若顶点 A,B,C 处的三个数互不相同且和为1，记所有顶点上的数之和为 $f(n)$，则有 $f(2)=2, f(3) = _____$，$\cdots, f(n) = _____$。

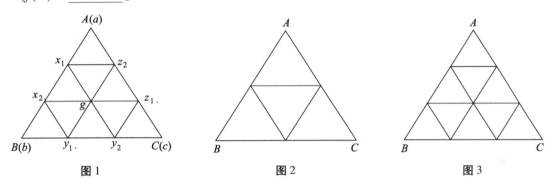

图1　　　　　图2　　　　　图3

本题实际上是分形思想在数列中的应用。

2　挖掘教材例、习题的变式功能，促进学生思维能力的提高

2.1　通过一题多解和一题多变，培养学生思维的广阔性

思维的广阔性，是指思路宽广，善于多角度、多层次地进行探求。在数学学习的过程中，思维的广阔性又表现为，既能把握数学问题的整体，抓住它的基本特征，又能抓住重要的细节和特殊因素。在解决问题时能多方位观察、多角度地思考问题；能点面结合、全面地分析问题；善于通过广泛的联想，找出隐含关系，能用不同的方法处理和解决问题。在例、习题的教学中，通过对例题的条件或结论进行改变，有助于培养学生的探究能力与创新意识，有利于学生发散性思维和开放性思维的培养。

例2　(苏教版《数学·必修5》第100页例3)过点 $P(1,2)$ 的直线 l 与 x 轴的正半轴、y 轴的正半轴分别交于 A,B 两点，当 $\triangle AOB$ 的面积最小时，求直线 l 的方程。

解法1　由题意知，直线 l 的斜率存在。设直线 l 的方程为 $y-2=k(x-1)(k<0)$，则 $A\left(1-\dfrac{2}{k},0\right), B(0,2-k)$。

$\therefore S_{\triangle AOB} = \dfrac{1}{2}OA \cdot OB = \dfrac{1}{2}\left|1-\dfrac{2}{k}\right||2-k| = \dfrac{1}{2}\left|-k+\dfrac{4}{-k}+4\right| \geq \dfrac{1}{2}\left|2\sqrt{(-k)\dfrac{1}{-k}}+4\right| = 4$，当且仅当 $-k=\dfrac{4}{-k}$，即 $k=-2$ 时取等号。

$\therefore \triangle AOB$ 的面积的最小值为4，此时直线 l 的方程为 $y-2=-2(x-1)$，即 $2x+$

$y - 4 = 0$。

解法 2 由题意,设直线 l 的方程为 $\dfrac{x}{a} + \dfrac{y}{b} = 1 (a > 1, b > 2)$。

∵ 点 $P(1,2)$ 在直线 l 上,∴ $\dfrac{1}{a} + \dfrac{2}{b} = 1$。

由基本不等式,得 $1 = \dfrac{1}{a} + \dfrac{2}{b} \geq 2\sqrt{\dfrac{2}{ab}}$,即 $ab \geq 8$。于是 $S_{\triangle AOB} = \dfrac{1}{2}ab \geq 4$,当且仅当 $\dfrac{1}{a} = \dfrac{2}{b}$,即 $a = 2, b = 4$ 时取等号。

∴ $\triangle AOB$ 的面积的最小值为 4,此时直线 l 的方程为 $\dfrac{x}{2} + \dfrac{y}{4} = 1$,即 $2x + y - 4 = 0$。

解法 3 同解法 2,得 $\dfrac{1}{a} + \dfrac{2}{b} = 1$,从而 $a = \dfrac{b}{b-2}$。

则 $S_{\triangle AOB} = \dfrac{1}{2}ab = \dfrac{1}{2} \cdot \dfrac{b^2}{b-2} = \dfrac{1}{2} \cdot \dfrac{(b-2)^2 + 4(b-2) + 4}{b-2} = \dfrac{1}{2}\left[(b-2) + \dfrac{4}{b-2} + 4\right]$。

∵ $b > 2$,∴ $b - 2 > 0$,故 $b - 2 + \dfrac{4}{b-2} \geq 2\sqrt{(b-2) \cdot \dfrac{4}{b-2}} = 4$,∴ $S_{\triangle AOB} \geq \dfrac{1}{2}(4 + 4) = 4$,当且仅当 $b - 2 = \dfrac{4}{b-2}$,即 $b = 4$ 时取等号,此时 $a = 2$。

∴ $\triangle AOB$ 的面积的最小值为 4,此时直线 l 的方程为 $\dfrac{x}{2} + \dfrac{y}{4} = 1$,即 $2x + y - 4 = 0$。

解法 4 同解法 2,得 $\dfrac{1}{a} + \dfrac{2}{b} = 1$。令 $\dfrac{1}{a} = \sin^2\alpha, \dfrac{2}{b} = \cos^2\alpha$,则 $a = \dfrac{1}{\sin^2\alpha}, b = \dfrac{2}{\cos^2\alpha}$。于是 $S_{\triangle AOB} = \dfrac{1}{2}ab = \dfrac{1}{\sin^2\alpha\cos^2\alpha} = \dfrac{4}{\sin^2 2\alpha}$。

∵ $\sin^2 2\alpha \leq 1$,∴ $\dfrac{4}{\sin^2 2\alpha} \geq 4$,即 $S_{\triangle AOB} \geq 4$,当且仅当 $\sin 2\alpha = \pm 1$,即 $\alpha = k\pi + \dfrac{\pi}{4}, k \in \mathbf{Z}$ 时取等号。此时 $a = 2, b = 4$。

∴ $\triangle AOB$ 的面积的最小值为 4,此时直线 l 的方程为 $\dfrac{x}{2} + \dfrac{y}{4} = 1$,即 $2x + y - 4 = 0$。

解法 5 如图,过点 P 分别作 x 轴、y 轴的垂线 PM, PN,垂足分别为 M, N。设 $\theta = \angle PAM = \angle BPN, 0 < \theta < \dfrac{\pi}{2}$。

于是 $S_{\triangle AOB} = S_{\triangle PBN} + S_{矩NPMO} + S_{\triangle PMA} = \dfrac{1}{2} \times 1 \times \tan\theta + 2 + \dfrac{1}{2} \times 2 \times \dfrac{2}{\tan\theta} = \dfrac{1}{2}\tan\theta + \dfrac{2}{\tan\theta} + 2 \geq 2\sqrt{\dfrac{1}{2}\tan\theta \cdot \dfrac{2}{\tan\theta}} + 2 = 4$,当且仅当 $\dfrac{1}{2}\tan\theta = \dfrac{2}{\tan\theta}$,即 $\tan\theta = 2$ 时取等号。此时直线 l 的斜率为 -2。

∴ $\triangle AOB$ 的面积的最小值为 4,此时直线 l 的方程为 $y - 2 = -2(x - 1)$,即 $2x + y - 4 = 0$。

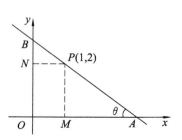

解题后,师生共同对问题展开广泛的思考与讨论,从条件的变换中得出如下的相关问题。

问题1 过点 $P(1,2)$ 的直线 l 与 x 轴的正半轴、y 轴的正半轴分别交于 A,B 两点,当直线在两坐标轴上的截距之和最小时,求直线 l 的方程。

问题2 过点 $P(1,2)$ 的直线 l 与 x 轴的正半轴、y 轴的正半轴分别交于 A,B 两点,当 PA 与 PB 之积最小时,求直线 l 的方程。

问题3 过点 $P(1,2)$ 的直线 l 与 x 轴的正半轴、y 轴的正半轴分别交于 A,B 两点,当 PA 与 PB 之和最小时,求直线 l 的方程。

问题4 若将例题条件"l 与 x 轴的正半轴、y 轴的正半轴分别交于 A,B 两点"改为"l 与 x 轴、y 轴分别交于 A,B 两点",则例题又该如何解决?

问题5 过点 $P(1,2)$ 的直线 l 与 x 轴、y 轴分别交于 A,B 两点,$\triangle AOB$ 的面积为 4,则这样的直线有多少条?若面积为 3,面积为 5 呢?

问题6 过点 $P(1,2)$ 的直线 l 与 x 轴、y 轴分别交于 A,B 两点,$\triangle AOB$ 的面积为 $S(S>0)$,则这样的直线有多少条?

2.2 通过反思教学,培养学生思维的深刻性和创新性

反思是指自觉地对数学认知活动进行考查、分析、总结、评价、调节的过程,是学生调控学习的基础,是认知过程中强化自我意识,进行自我监控、自我调节的主要形式。荷兰著名数学教育家弗赖登塔尔指出:反思是数学思维活动的核心和动力。反思教学是数学教学活动中最重要的一环,在例、习题的教学中加强反思教学对于学生思维品质的提高有着重要意义,通过反思教学可以有效地培养学生思维的深刻性和创新性。

例3 (苏教版《数学·选修2-1》第42页习题2.3(1)第5题)在 $\triangle ABC$ 中,$B(-6,0)$,$C(6,0)$,直线 AB,AC 的斜率乘积为 $\dfrac{9}{4}$,求顶点 A 的轨迹。

课堂上,学生自主完成这道题目,得出答案:A 点的轨迹方程为 $\dfrac{x^2}{36}-\dfrac{y^2}{81}=1(x\neq\pm 6)$,其轨迹为双曲线 $\dfrac{x^2}{36}-\dfrac{y^2}{81}=1$ 剔除 x 轴上的点。

在完成后,可以引导学生进行反思和联想:所求的双曲线中 $\dfrac{b^2}{a^2}$ 恰好等于 $\dfrac{9}{4}$,这是巧合吗?

问题1 在 $\triangle ABC$ 中,$B(-a,0)$,$C(a,0)$,直线 AB,AC 的斜率乘积为 $\dfrac{b^2}{a^2}$,则顶点 A 的轨迹是什么?你能得出一个一般性的结论吗?

同学在讨论后,得出如下结论:

结论1 与两个定点 $B(-a,0)$,$C(a,0)$ 连线的斜率乘积等于定值 $\dfrac{b^2}{a^2}(a,b>0)$ 的动点 A 的轨迹方程是 $\dfrac{x^2}{a^2}-\dfrac{y^2}{b^2}=1(x\neq\pm a)$,其轨迹为双曲线 $\dfrac{x^2}{a^2}-\dfrac{y^2}{b^2}=1$ 剔除 x 轴上的点。

问题2 结论1的逆命题是什么?是否成立?

结论2 双曲线 $\dfrac{x^2}{a^2}-\dfrac{y^2}{b^2}=1(a>0,b>0)$ 长轴的两个顶点与双曲线上除这两个顶点外的任一点连线斜率之积为 $\dfrac{b^2}{a^2}$。

问题 3　能否对结论 2 作一般性推广？结论如何？

结论 3　已知 AB 是过双曲线 $\dfrac{x^2}{a^2}-\dfrac{y^2}{b^2}=1$ 的中心的一条弦，P 是双曲线上异于顶点的一点，设直线 PA,PB 的斜率分别为 k_1,k_2，则 $k_1k_2=\dfrac{b^2}{a^2}$。

问题 4　在椭圆中能否给出类似的结论？

结论 4　椭圆 $\dfrac{x^2}{a^2}+\dfrac{y^2}{b^2}=1\,(a>b>0)$ 上任意经过原点的弦的两个端点与椭圆上的任一点（除这两点外）连线斜率之积为 $-\dfrac{b^2}{a^2}$。

趁热打铁，我们可以再给出以下问题让学生进行练习，并对自己的发现加以体会。

问题 1　如图，若 D 为椭圆 $\dfrac{x^2}{4}+\dfrac{y^2}{2}=1$ 的右顶点，直线 AD,PD 交直线 $x=3$ 于 E,F 两点，则 EF 的最小值为_____。

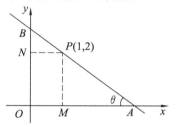

问题 2（2011 年江苏高考第 18 题）如图，在平面直角坐标系 xOy 中，M,N 分别是椭圆 $\dfrac{x^2}{4}+\dfrac{y^2}{2}=1$ 的顶点，过坐标原点的直线交椭圆于 P,A 两点，其中点 P 在第一象限，过 P 作 x 轴的垂线，垂足为 C，连接 AC，并延长交椭圆于点 B。设直线 PA 的斜率为 k。

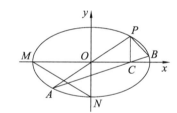

（1）若直线 PA 平分线段 NM 时，求 k 的值；

（2）当 $k=2$ 时，求点 P 到直线 AB 的距离 d；

（3）对任意的 $k>0$，求证：$PA\perp PB$。

最后，给同学留下一道思考题：

坐标平面上有两个定点 A,B 和动点 P，如果直线 PA,PB 的斜率之积为定值 m，试讨论点 P 的轨迹。

3　挖掘教材例、习题的应用功能，培养学生的应用意识和建模能力

数学应用意识是学生主动尝试从数学角度运用数学思想、方法，寻求问题解决策略，探索数学知识的应用价值的意识。培养学生数学应用的意识和能力，不仅是数学科学发展的需要，也是当前数学教育改革发展的必然趋势。教材中很多数学问题属于纯数学模型，但很多纯数学模型都有一定的应用背景，所以在数学教学中我们可以寻找一些有应用背景的问题来引导学生用数学的眼光，分析学生学习、生活以及其他领域的具体问题，让学生真正体会到数学源于现实、寓于现实、用于现实，从而培养学生应用数学工具分析和解决实际问题的能力，提高学生的数学应用意识。

例 4　（苏教版《数学·选修 2-2》第 71 页例 2）已知 a,b,m 均为正实数，$b<a$，求证：$\dfrac{b}{a}<\dfrac{b+m}{a+m}$。

在讲完这个不等式的证法之后，我投影了下面的问题，让学生思考。

建筑学规定,民用住宅是窗户面积必须小于地板面积,但按采光标准,窗户面积与地板面积的比应不小于10%,并且这个比越大,住宅的采光条件越好。问同时增加相等的窗户面积和地板面积,住宅的采光条件是变好了,还是变坏了?请说明理由。

分析 设原窗户面积为 b,地板面积为 $a(0<b<a)$,则窗户面积和地板面积的比为 $\dfrac{b}{a}$。同时增加的窗户和地板面积为 $m(m>0)$,则增加后的窗户面积和地板面积的比为 $\dfrac{b+m}{a+m}$。于是问题就是判断 $\dfrac{b}{a}$ 和 $\dfrac{b+m}{a+m}$ 的大小关系。很明显,由上述例题即得。

紧接着,我又给出如下课后练习。

我们每个人都有这样的生活体验:在一杯不饱和的糖水中加入一勺糖,糖水会变甜,你能用所学数学知识解释这一现象吗?试根据你的解释写一篇数学小论文《糖水为什么会变甜》。

经过这样的处理,一个不等式在学生的脑海中马上与生活联系起来,既可以激发学生的学习兴趣,又可以让学生充分感受数学源于现实、服务于现实的道理,同时还可以培养学生的数学建模能力。

苏联数学家奥加涅相说过:"必须重视很多习题潜在着进一步扩展其数学功能、发展功能和教育功能的可行性。"在数学教学中应提倡教师将教材中的例、习题进行探究、延伸或拓展,当然探究应结合教材的内容和学生的实际,并在教师的启发和指导下由学生讨论完成。

参考文献

[1] 杨金忠. 分形几何在高中思想中的渗透距离[J]. 中学数学月刊,2014(7).
[2] 石志群. 用好教材 回归本真 实现数学的教育价值[J]. 数学通报,2014(6).
[3] 陈二光. 一道课本例题的多解、变式与引申[J]. 中学数学月刊,2012(12).

(本文发表在《数学通讯》2015 年第 5 期)

朱晓祥,男,1981年11月出生,2003年7月毕业于苏州大学数学系,同年8月至江苏省木渎高级中学任教,2008年8月被评聘为中学一级教师,2012年被评为吴中区数学学科带头人。苏州市首届青年骨干教师培训班学员。曾获苏州市把握学科能力竞赛一等奖,吴中区青年教师基本功竞赛一等奖。苏州市优秀德育工作者、吴中区优秀班主任、吴中区青年教师双十佳等荣誉称号。

朱晓祥

从教14年以来,作为一名数学教师,深知教好书,让每一位同学在课堂上有收获、有进步是最大的教育担当。认真研读新课程改革和新课程标准的思想理念,积极参与校本课程的编写,能自如地将理论知识运用于教学实践,课堂思路开阔、方法新颖,上课时善于把握学生的心理活动,课堂气氛活跃,能为学生创造轻松愉快的学习环境,注重学生的个性的培养,发挥学生的动手、动脑能力,提高学生的学习兴趣。

近年来教育科研成果目录:

新教育形势下对打造数学高效课堂的几点思考,《数学教学通讯》,2015年第2期;

培养学生提问能力的有效途径,《山西教育》,2015年第4期;

浅谈数学教学中情感、态度与价值观的培养,《中学数学月刊》,2016年第6期。

新教育形势下对打造数学高效课堂的几点思考

一、打造高效课堂的两个背景

背景一：2005年起，新课程标准开始在全国全面实施，新课程标准要求把学生从单纯的解题技巧和证明中解放出来，让学生学习真正的数学。在教学过程中应力图促使教师教学行为和学生学习方式的转变，注重学生学习情感和学习态度的培养，展现出师生互动、学生主动参与和积极探索的教学过程。以"自主、合作、探究"为核心的课堂教学倍受青睐，我们也发现新课程背景下的课堂教学中的一个显著特点：教师的微笑多了，课堂上学生的表现机会多了，教师对学生的表扬、鼓励多了。在这样的课堂教学中，如何保证课堂教学的效率？

背景二：2009年6月12日江苏省教育厅颁发《关于进一步规范中小学办学行为深入实施素质教育的意见》文件，其中心点就是规范中小学办学行为而做出的"五严（严禁或严格）"的规定，确保素质教育的新要求。五严规定，又被称为教育新政。该文件第二条明确指出，严格控制学生在校集中教学活动时间，严禁中小学组织任何年级学生在节假日（含双休日和寒暑假）集体上课，或以补差、提优等形式变相组织集体上课。这意味着我们每个教师都必须面对课时减少的局面，然而家长、社会对学校的期望并没有丝毫的减少。面对这些压力，无法避免课堂容量偏大的问题，学生参与机会少、参与面小，课堂节奏过快，"讲""灌"的讲课方式大有死灰复燃之势。我们是不是又要回到"填鸭式"的教学方式？

两个背景看似矛盾，其实殊途同归。就是要求我们教师在教学过程中打造高效课堂，打造精品课堂，使课堂教学效果最大化，减轻学生课堂内外学习压力。其实，打造高效课堂本是我们每个教师孜孜追求的目标，它既不能是传统教学的"填鸭式"，也不是走进误区的"放羊式"，它是教学过程最优化、教育效果最大化的结合体，需要我们在教学过程中不断探索，寻求平衡。

二、打造高效课堂的几个策略

1 充分的课前准备保障高效课堂

1.1 备教材

教材是教学最基本的课程资源，是最经典的基础知识的范本，教材例题、习题是多年筛选后最具典型性的问题，所以用好教材是十分重要的。而实际情况则不然，不少教师教学中对教材重视不够，仅仅把教材当作一本习题集，给学生布置作业时划一划上面的题，其他则基本上丢开教材，另搞一套。要用好教材，首先要认真研读题材、背景、阅读材料等，基于学生的生活教学，充分调动学生的兴趣和积极性。其次是注重联系，适当重组，数学知识的结构具有较强的内在逻辑联系，在教学时不能只着眼于本节课的教学，而应思考如何做到知识点与知识面的完美结合、如何帮学生找出知识间的内在联系，建立较为完整知识系统。第三，要用好教材，还应瞄准高考，重视课本例题、习题的挖掘和外延。

1.2 备教法

教学有法,但无定法,贵在得法。备教法,就要选择适合学生和教材的教学方法,充分利用现代教育技术,创设实际问题情境,开启学生思维,培养学生能力。教师的教学方法应是多种多样的,选用什么样的教学方法应根据教学的内容和教学的对象而定。例如,新授课应注重课堂教学过程中的合作探究,注重概念的生成过程,注重学生创新能力的培养。如果是习题课,则应该注重让学生形成整体的知识体系,注重数学思想方法的渗透,注重思维方式的培养。

1.3 备学情

不少教师在备课时只习惯于备教学内容,而忽视备学情。如果教师不去研究学生对所教内容的掌握情况,不去研究学生的个体差异,一切从本本出发,课堂教学的适应性就会大打折扣,课堂教学的高效更无从谈起。所以,在备课过程中要了解学生的实际情况,根据学生的认知规律选择课堂教学的切入点,合理设计教学活动。对于课堂上学生可能出现的认识偏差要有充分的考虑,针对可能发生的情况设计应急方案,确保课堂教学的顺利进行。例如,"函数的概念"一节课,就可以对学情这样分析:高一学生正处于以感性思维为主的阶段,而且思维逐步地由感性思维过渡到理性思维,并由此向逻辑思维发展,但学生思维不成熟、不严密,意志力薄弱,大部分学生数学基础较差,理解能力、运算能力、思维能力等方面参差不齐;同时学生学好数学的自信心不强,学习积极性不高。故整个教学环节要创设适当的问题情境,引导学生积极思考,激发学生的求知欲和学习积极性。同时,要调动学生的非智力因素来促进智力因素的发展,引导学生积极开动脑筋、思考问题和解决问题。备学情是尊重和发挥学生的主体作用的具体体现,这也应该成为我们每一个为师者的一种教学习惯。研究学情,目中有学生,心中有学情,就是关注了学生的发展,关注了学生的未来。要想有效地提高教学效率,就应该从研究学情开始。

台上一分钟,台下十年功。要实现课堂高效,必须下足课前准备工夫。备课不是单纯地备教材、备大纲,也要备教法、备学情。正所谓工夫花在备课上,本领显在课堂上。

2 科学的课堂教学实现高效课堂

2.1 定位好教师角色

"教师就是排球场上的二传手。"这是特级教师王海赵老师对教师角色的精确定位。我们都知道,排球场上的二传手将一传传过来的排球轻轻一拨给主攻手,由主攻手完成致命一击。确实如此,在课堂教学中,教师要避免"一言堂",要让课堂上发现问题和解决问题的人都是学生。因此,我们在课堂教学生要注意发挥教师"导"的作用,促进学生"学"的兴趣,"教"必须效力于"导",服务于"学",着眼于"诱导",使学生变"学会"为"会学"。这样的课堂教学,以学生自主学习、自主思考为主,教师"退居二线"。但不代表教师就是讲的越少越好,有些教师谈讲色变,认为这与新课程理念相悖,一味追求课堂教学手段的花哨,将课堂变成了"满堂问",不加以引导,那教师就不是"二传手",而是排球场上的"观众"了。因此,在教学过程中,需要我们不断探索,争取达到效果最优化。

2.2 设计好课堂提问

在课堂教学中,不能让我们提出的问题本身成为问题。不是什么问题都需要问、都适合问,尤其是那些无效问题、假问题、无价值问题更不能充斥在课堂中,这些问题会大大降低课堂效率,有悖于高效课堂的初衷。因此,教师要高效地完成课堂教学任务,就必须注重对课堂提问的研究,所提的问题必须是有价值、有启发性、有一定难度的,整个课堂的问题设计必须遵循循序渐进的原则,服务于课堂教学。

2.3 控制好课堂节奏

课堂教学的节奏是指一节课的张弛快慢及具有规律的变化。有经验的教师是非常讲究课堂节奏控制的。因为适度的课堂节奏能自始至终牵动学生的注意力,维系学生的热情,使课堂教学跌宕起伏,张弛有度,从而轻松愉快地实现教学目的,完成教学任务,提高教学水平。数学课堂节奏的控制包括讲练结合的合理度,动静结合度,学生思考时间的把握等。比如,有的教师刚刚给学生提出问题,学生还没有来得及思考,就马上要求其回答,这样不仅浪费了学生课堂思考的时间,而且有效性很差。因此,要给学生一定的思考时间和空间,符合学生的思维节奏,做到起伏有致,动静相生。

2.4 培养好学生的反思能力

荷兰著名数学教育家赖登塔尔表示,反思是培养学生数学思维活动的核心和动力,没有反思,学生的理解能力就不可能从一个水平升华到更高的水平。新课程标准也指出,反思与构建思维的过程是数学思维能力的具体体现。因此,我们在课堂教学中应抓住机会,培养学生的反思能力,这是提高课堂教学有效性、培养学生数学能力行之有效的方法。

例如,在讲授圆锥曲线的统一定义后,我设计了一道填空题:

设点 M 到 $F(1,0)$ 的距离与它到直线 $x+y-1=0$ 的距离相等,则 M 点的轨迹是_____.

大多数同学根据抛物线的定义,说出答案是一条抛物线,只有个别同学认为是一条直线。我请一位答对的同学将答案写在黑板上。

解 设点 $M(x,y)$,由条件有 $\sqrt{(x-1)^2+y^2}=\dfrac{|x-y-1|}{\sqrt{2}}$,化简得 $x-y-1=0$. 故轨迹为直线。

这个结果让许多同学感到惊讶:"怎么回事?""利用抛物线的定义怎么会错呢?"我不动声色,请同学们对照圆锥曲线的统一定义进行反思:焦点 $F(1,0)$ 与准线 $x+y-1=0$ 的位置关系有没有什么要求?

通过反思,大家得出结论:圆锥曲线定义中的焦点不可能在准线 l 上,而本题中点 $F(1,0)$ 在直线 $x+y-1=0$ 上,因此点 M 的轨迹应该是直线 $x-y-1=0$.

科学有效的反思,为学生提供了再创造的沃土和新型的学习方式,使学生通过反思超越了认知层面,产生对自我数学认识的再认知,从而进一步提高课堂教学的有效性。

3 有效的课外作业助推高效课堂

数学作业是数学教学工作的一个重要组成部分,教师通过它反馈教学信息,检查课堂教学效果,学生通过它巩固所学知识。在新课程理念下,教师怎样设计作业模式,才能使它被课堂教学服务,又能服务于课堂教学?这值得深入探索。笔者认为,课外作业应分类、分层。

3.1 分类作业

课外作业可分为课前作业和课后作业。

课前作业主要是问题探索类作业,主要是根据新授课内容设计相关问题,这些问题应处于学生思维水平的最近发展区,能激发学生的好奇心和求知欲,在新课前把这些问题作为预习纲要分发给学生,让学生带着问题去预习新课。

例如,在"倾斜角与斜率"一课的教学中,可设计如下探究问题:

(1) 我们已经学过一次函数,并且知道它的图像是直线,试问:确定一条直线的位置需要几个要素?

(2) 在直线倾斜角的定义中要注意什么?

(3) 倾斜角与斜率的关系如何?

(4) 直线的斜率如何用两点的坐标表示?它是否与两点的位置前后有关?

课后作业是学生巩固课堂知识、提高能力的有效途径,教师应根据课堂内容编制题量适度、难度适中的课时作业,以便达到反馈教学信息的作用。

3.2 分层作业

教师在布置课后作业时,必须充分考虑不同学生的学习水平,布置有选择性、层次性的作业。布置作业的数量要适合,质量要高,避免进入"教师随意布置大量作业→学生应付作业→教师随意批改作业→教师再随意布置作业→学生再应付作业"的恶性循环中。

为此,教师可根据课堂知识布置三个层次的作业,第一个层次是基本知识,安排3—4道填空题,这部分作业学生不会感到多大困难,要求全班学生都能完成。第二个层次的作业是对知识有一定程度的掌握和灵活运用,即要求较高的练习,一般安排2—3道解答题,布置作业时可给予必要的指导,让大多数学生能顺利完成。第三个层次是为学有余力的学生准备的,一般安排一道题,目的在于激励一部分学生继续深入学习,充分挖掘学生的潜能。因此,加强作业的管理与指导,避免超负荷、重复性、低水平的作业,给每个学生充分自主发展的余地,是实现高效课堂的助推器。

课堂是我们教学的主阵地,要实现教育过程最优化、教育效果最大化的目标,就必须要实现高效课堂。影响课堂效率的因素有很多,有课内因素,也有课外因素,我们只有理性地认识课堂教学,智慧地践行高效课堂,才能不断改进课堂教学,才能实现我们一生孜孜不倦追求的目标。

参考文献

[1] 涂荣豹.论反思型数学学习[J].数学教育学报,2000(4).

(本文发表在《数学教学通讯》2015年第2期)

培养学生提问能力的有效途径

"提问"一般的含义是指"指出问题来问(多指教师对学生)"。目前教师考虑较多的也是自己在教学过程中如何对学生"提问",而如何培养学生自己"提出问题"的能力却涉及较少,甚至根本不考虑。这样只重视解决问题而忽视提出问题能力的培养,势必会造成学生的数学品质出现缺陷,创造力受到抑制。长期以来,就易形成学生不愿问,不敢问、不会问的尴尬局面。

爱因斯坦曾指出:"提出一个问题,往往比解决一个问题更重要。"著名科学家李政道教授说过"求学问,需学问,只学答,非学问"。学贵有疑,疑是探索的源头,学生独立思考、发现问题、产生疑问是自主学习的开端,是培养创新精神的关键。在课堂教学中教师应积极诱导学生产生疑问,提供机会鼓励学生思考提问,拓宽思维空间,激起学生求知的欲望,点燃学生智慧的火花。在教学中教师要教会学生质疑,设置一定的情境,促使他们自己提出问题,激发学生产生强烈的探索动机,这对教学的成败和创造性人才的培养会起重大作用。

一、营造和谐氛围,优化提问环境,鼓励学生敢问

长期以来教师的"绝对权威"深深影响着学生的心理,学生对老师感到敬畏,甚至把老师的话当作"圣旨",和老师之间是一种森严的师生等级关系,学生一般怕提问,或是不敢多问。因此,要让学生提出问题,首先教师和学生之间要达成一种民主、平等、和谐的关系,从感情上缩短与学生的距离。例如,课堂上教师要多站在学生之中,不要长时间固定在讲台上,要经常把讲台让给学生,从形式上缩短与学生的距离。教师要关心每一个学生,对学生的任何一次发言都要有肯定的话语或鼓励的表情,就算对于有些注意力不太集中的学生或抚摸他的头或轻拍他的肩,让他感到老师的关爱,师生之间的情感距离自然就贴近了。其次教师要保护好学生的好奇心,鼓励、提倡学生大胆质疑,树立"言者无畏"的意识,不管学生提出的问题是正确的还是错误的,是幼稚的还是较有深度的,教师都要以积极的态度去倾听,多鼓励少责难。总之,一定要让学生在自由、安全的心理氛围中主动思考,放飞想象的翅膀,开启问题意识的闸门。

二、更新教学观念,拓宽提问渠道,诱使学生勤问

教师要彻底更新教育教学观念,要根据不同的教学内容,采取不同的教学方法,利用语言、教具、多媒体等各种教学手段,创造思维的时间与空间,努力开垦生成问题的土壤,启发学生学会发现问题,让学生主动提出更多、更好、更富创造性的问题来。具体来讲,我们可让学生要做以下几件事情:

1. 关注社会实践。减轻学生的课业负担,使学生有更多的时间在课后参加实践。在实践活动中结合所学知识联系生活实际提出问题。

2. 通过合作学习。让学生在较为宽松的环境中自主思考,在相互交流、合作中相互启迪,促进问题的提出。

3. 强化双基教学。通过分析、比较、归纳、综合等手段将新旧知识重组、整合,形成良好的认知结构。学生只有具备了优化的认知结构,才可能从综合的角度提出"为什么"的问题。

4. 采取各种手段。例如,注重数学阅读,设立"提问卡",让学生在预习或自学中产生问题,写在"提问卡"上。教师课前收集卡片,进行综合、归类,在课堂中有针对性地组织学生展开讨论,让学生自己探索或在教师的指导下找到解决问题的办法。这样一是可弥补课堂时间的不足;二是让一些性格内向、不愿在大庭广众下提出问题的学生也有提问题的机会,从中得到锻炼,提高学生提出问题的能力。

三、教会思维方法,提供提问技能,促使学生善问

由于不同情况下问题的内容、性质各有特点,因而提问的方法和形式也应各有特色,只有恰到好处地提问,才能揭示问题的本质,反之,提问方法不当,不但不能切中问题的要害,反而易使人感到乏味和厌烦。因此,要想提高学生的提问能力,还必须教给学生一些基本的提问方法,使学生善于提问。教师要去启发诱导,做好提问示范,授之以渔,逐步训练和培养学生的问题意识。在教学实践中,笔者主要从如下几个方面指导学生质疑。

1. 追因求果,刨根生疑

对于所做的习题和所学的数学概念、规律、结论等,不仅要知道是什么,更要多问几个为什么,做到知其然,更要知其所以然。例如,形如 $y = x + \dfrac{1}{x}$ 的函数非常重要,怎样画出它的简图?(利用函数性质)它的图形究竟是什么样的曲线?(双曲线)为什么会是双曲线?难道仅仅因为它有渐近线吗?这一连串的"为什么",不仅加深了学生对知识的理解,同时又培养了学生对问题的敏感性,能提出与众不同、为自己所独有、能产生创意、引发创造的一些问题,也就是培养我们平常所说的善问、巧问的能力。

2. 联系实践,启迪生疑

实践活动是学生形成问题的基础和源泉,学生在实践中可以受到一定的启发而提出问题。例如,在椭圆的方程的教学中,我与学生共同做了这样一个折纸游戏。

准备一张纸片(如图1),其中 O 点表示圆心,F 点表示圆内除 O 点以外的任意一点。

将圆纸片翻折,使翻折上去的圆弧通过 F 点(图2),将折痕用笔画上颜色。继续上述过程,绕圆心一周。观察看到了什么?

显然直线围成了椭圆(如图3)。

学生自然而然就会产生疑问:为什么?是否符合椭圆的定义?得出结论后,突然又有一位学生满脸怀疑地问:怎么知道椭圆上的点恰好是图4中的点 P 呢?

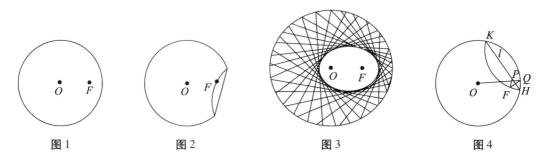

图1　　　　图2　　　　图3　　　　图4

通过上述的折纸过程及分析、证明过程的讨论，使同学们对椭圆的定义有更深的理解，并且对椭圆的几何性质也有了一个初步的认识。

3. 类比联想，比较生疑

根据某些相似的概念、定理和性质的相互联系，通过比较和类推把问题提出。

例如，由于椭圆、双曲线与抛物线有统一定义，它们可形象地被称作"三胞胎"，所以它们有很多类似的性质。一次我在讲椭圆与双曲线相互生成的问题时，即若双曲线 C_1 的弦 PQ 和实轴 $A'A$ 所在直线垂直，则直线 $A'P$ 与直线 AQ 的交点的轨迹是以已知双曲线 C_1 的实轴为长轴、虚轴为短轴的椭圆 C_2；反之，同样可由椭圆生成双曲线。由此可知椭圆与双曲线相伴，双曲线与椭圆相随，是一对"情侣"曲线。有一位学生突然举手发问：那么抛物线呢？怎么会把它遗漏了呢？谁来生成它呢？多好的问题啊！经过师生的研究与探讨，原来抛物线是自己生成的。即若已知抛物线 C 的焦点是 F，准线与对称轴的交点为 K，垂直于对称轴的直线与抛物线交于 A,B 两点（可重合于顶点），则直线 AK 与直线 BF 的交点的轨迹还是它本身。

总之，教师一定要本着"先培养学生敢提，敢从不同的角度提出问题，再培养学生会提问题"的原则，逐步培养学生发现问题、提出问题的意识和能力，使学生"面对问题情景，就想从数学的角度提出问题"成为一种自觉的意识。

（本文发表在《山西教育》2015 年第 4 期）

浅谈数学教学中情感、态度与价值观的培养

1　情感、态度与价值观目标的提出背景

《基础课程标准》提出教学中要落实三维目标,即知识与技能,过程与方法,情感、态度与价值观的三维教学目标。特别强调学生的情感、态度与价值观的培养。其基本内容是:能积极参与数学活动,对数学有好奇心和求知欲;在数学学习活动中获得成功的体验,锻炼克服困难的意志,建立学好数学的信心;初步认识数学与人类生活的密切联系及对人类历史发展的作用,体验数学活动充满着探索和创造,感受数学的严谨性及数学结论的确定性;形成实事求是的态度以及进行质疑和独立思考的习惯。丰富的情感、积极的态度、正确的价值观是学生学习生存和发展的基础。因此,在数学教学中培养学生的"情感、态度和价值观"就显得尤为重要。

2　情感、态度与价值观目标的实施现状

数学学科是中学阶段的一门基础学科,是研究空间形式和数量关系的科学,是刻画自然规律和社会规律的科学语言和有效工具。数学教育作为教育的组成部分,在发展和完善人的教育活动中、在形成人们认识世界的态度和思想方面、在推动社会进步和发展的进程中起着重要的作用。然而,受应试教育观的影响,部分教师在明知应该在课堂上让学生自主探索,却还是不得不抓紧时间多讲解,仿佛这样抓紧了课堂的分分秒秒,心中才感到踏实。至于在课堂教学中所应该体现的情感、态度与价值观,我们难以考查。学生从数学课堂上学到的只是书本上的死知识和做题技巧,很难获得情感的愉悦和价值观上的熏陶,以致一些对数学感兴趣的学生说"我喜欢数学,但不喜欢数学课"。新课程为什么要把"培养学生积极的情感态度"这一长期的、隐性的目标明确提出来?中学生正处于人生观、价值观的形成时期,数学教师应责无旁贷地担负起教育的责任,帮助学生养成一种积极向上的精神,知识仅仅是传播这种精神的平台和中介。因此,如何有意识地将情感、态度与价值观的培养贯穿于教学过程中,真切实在地帮助学生达到这一教学目标是教育工作者迫切需要解决的问题。

3　实现情感、态度与价值观目标的几个途径

3.1　培养学生的主体参与意识,让学生在课堂上找到归属感

教学实践表明,课堂教学效果很大程度上与学生的参与情况有着直接关联。因此,教师要根据学生的实际状况和接受能力,激发学生兴趣,引导学生在课堂上主动参与教师的教学,这样就能使学生由被动学习转变为主动学习,真正成为课堂教学的主人,找到课堂上的归属感,从而提高课堂教学效果。

案例1　这是一节等差数列复习课课堂实录。

问题:已知数列$\{a_n\}$和$\{b_n\}$都是等差数列,S_n和T_n分别是它们的前n项的和,且$\dfrac{S_n}{T_n}=$

$\frac{4n+3}{2n+5}$,求 $\frac{a_8}{b_8}$。

在巡视学生自主求解的过程中发现学生1和学生2很快就得出了结果,他们所用的解法不同,但都是错误的,且具有一定的代表性。这时,笔者请他们到黑板上将解题过程展示出来,以便组织学生展开讨论,进行辨析。

学生1:因为 $\frac{S_n}{T_n}=\frac{4n+3}{2n+5}$,所以,可设 $S_n=4n+3$,$T_n=2n+5$,于是 $a_8=S_8-S_7=4\times 8+3-(4\times 7+3)=4$,$b_8=T_8-T_7=2\times 8+5-(2\times 7+5)=2$,故得 $\frac{a_8}{b_8}=2$。

学生2:因为 $\frac{S_n}{T_n}=\frac{4n+3}{2n+5}$,所以,可设 $S_n=k(4n+3)$,$T_n=k(2n+5)$,于是 $a_8=S_8-S_7=k(4\times 8+3)-k(4\times 7+3)=4k$,$b_8=T_8-T_7=k(2\times 8+5)-k(2\times 7+5)=2k$,故得 $\frac{a_8}{b_8}=\frac{4k}{2k}=2$。

教师:学生1和学生2运用了两种不同的解法,所得的结果都是2,他们的解法对吗?

学生3:学生1的结果对,但解法不对,因为由 $\frac{S_n}{T_n}=\frac{4n+3}{2n+5}$,不能得到 $S_n=4n+3$,$T_n=2n+5$,学生2的解法是对的。

教师:学生3指出了学生1解法的错误所在,肯定了学生2的解法,大家有不同意见吗?

学生4:学生2的解法也不对,设 $S_n=k(4n+3)$,$T_n=k(2n+5)$ 表明了数列 $\{a_n\}$ 和 $\{b_n\}$ 的前 n 项的和都是关于 n 的一次式。而等差数列如果不是常数列,它的前 n 项应该是 n 的二次式,且常数项为零。因此,应该设 $S_n=kn(4n+3)$,$T_n=kn(2n+5)$,从而得到 $a_8=S_8-S_7=k\times 8\times(4\times 8+3)-k\times 7\times(4\times 7+3)=63k$,$b_8=T_8-T_7=k\times 8\times(2\times 8+5)-k\times 7\times(2\times 7+5)=35k$,故得 $\frac{a_8}{b_8}=\frac{63k}{35k}=\frac{9}{5}$。

教师:学生4指出了学生1和学生2解法的错误所在,并给出了正确的解法与答案,非常好。学生1和学生2都犯了偷换题设的错误,其原因在于对等差数列的前 n 项的和公式的特征认识不到位。

这样一节动态的生成课,培养了学生自己"找路"的能力,让学生做"司机",而不是乘客,教师做一个"指路人",在学生遇到岔路口时,在学生迷路时,给予指点、点拨。这样的课堂看似耽误时间,但对学生来讲是需要的,那是找到回路的"标志",走错路,记忆才能深刻。也让所有学生都能在课堂里找到角色感,归属感,而不是看老师和少数几个学生表演的观众。

3.2 课堂提问层层推进,培养学生的探索精神和质疑能力

好的问题情境符合学生的思维发展水平,维果茨基的认知心理学将人的认知水平划分为三个层次:"已知区""最近发展区"和"未知区"。教师要善于寻找学生的"已知区"与"最近发展区"的结合点,即在知识的"增长点"上创设问题情境,使认知结构的"最近发展区"划归为"已知区"。教师可以从一个主题出发逐层深入地创设问题情境,精心编制一题多解、一题多变、一法多用的数学问题,通过发散思维,锻炼学生的探索精神和质疑意识。

案例2 函数最值的习题课中向学生提出如下几个问题,层层递进,步步深入。

提问1:下面四个命题中正确的有哪几个?

① $x + \dfrac{1}{x} \geq 2$;　　　② $x^2 + \dfrac{4}{x^2} \geq 4$;

③ 函数 $f(x) = \sqrt{x^2+4} + \dfrac{3}{\sqrt{x^2+4}}$ 的最小值为 $2\sqrt{3}$;

④ 函数 $f(\alpha) = \sin\alpha + \dfrac{1}{\sin\alpha}\left(0 < \alpha < \dfrac{\pi}{2}\right)$ 的最小值为2。

提问2:函数 $f(x) = \sqrt{x^2+4} + \dfrac{3}{\sqrt{x^2+4}}$ 的最小值是多少?

提问3:如何把上题的函数变换一些数字使得其最小值为 $2\sqrt{3}$?

提问4:运用基本不等式时要注意"正、定、等"三个条件,若这三个条件中的"正"和"等"遇到问题是如何处理的?

这样不仅能让基本不等式与"耐克"函数的联系和区别充分地展现出来,更能在这样的问题情境中,培养了学生的探索精神。

3.3 设置合理的激励性评价机制,培养学生自信、乐观的品质

事实上,教师对学生的激励性评价对培养学生自信、乐观的品质非常重要。对学生的评价不能只看结果,更要注重过程。《数学课程标准》指出:"评价要关注学生学习的结果,更要关注他们学习的过程,要关注他们在数学活动中所表现出来的情感与态度,更要帮助学生认识自我,建立自信。"教师对学生在课堂上提出的问题或者回答主要可以从以下几个方面进行评价:(1)目标是否明确;(2)对知识理解的深度、广度;(3)表述是否准确妥当;(4)是否有创见。在评价时,教师应坚持积极评价原则,实施激励性评价,保护学生思考的积极性。尤其要做到"对事不对人"。即使学生提出的问题古怪、幼稚甚至是错误的,也决不能取笑学生、批评学生,应该善意地加以理解、引导;对于基础差的、胆小的学生,一旦他们在课堂上表达了自己的观点,首先应称赞其勇气,然后再帮助其分析,这样有利于树立他们的自信,调动积极性;对于善于表现但总是抓不住要点的学生,不嘲笑、讽刺,而应该耐心引导;对于课堂上表达自己观点较好的同学,应鼓励其进一步探索,大胆创新,让他们品尝到乐趣,激发学习热情,并逐步培养其积极、乐观的思想品质。

3.4 大胆地让学生变题和编题,培养学生的创造精神

《数学课程标准》明确指出,数学教学必须鼓励学生积极参与数学活动,不仅是行为上的参与,更要有思维上的参与,通过各种方式激活思维,不断地提高数学思维能力。在高中数学教学中应采用开放式变式教学,让学生自主变式、自主编题、自主引申,变中求活,变中求新,发现问题的本质,这样就能逐步提高学生发现问题、分析问题和解决问题的能力,同时也能不断提高学生的思维品质和创造精神。

案例3 圆锥曲线中有这样一道习题:

已知椭圆 $\dfrac{x^2}{9} + \dfrac{y^2}{5} = 1$,$F_1$ 和 F_2 分别为椭圆的左、右焦点,点 $A(1,1)$ 为椭圆内一点,点 P 为椭圆上一点,求 $|PA| + \dfrac{3}{2}|PF_2|$ 的最小值。

分析：① 在某一动点的轨迹上求一点，使得与其有关的两个线段之和最小，则这两个线段必须在轨迹的两侧；若在轨迹上求一点，使得与其有关的两个线段之差最大，则这两个线段必须在轨迹的同侧。② 发现 $\frac{3}{2}$ 是椭圆的离心率的倒数，则 $\frac{3}{2}|PF_2|$ 可转化为该点到右准线的距离。

掌握以上两个实质，则教师可以让学生自主编一道以双曲线或抛物线为载体的题目。让学生明白题目是怎样编出来的，以便今后更好地发现解法，揭示这类问题的本质特征。

3.5 提倡小组合作学习，锻炼学生的协作精神与人际交往能力

合作学习是一种生动活泼的教学方式，是课堂动态生成的关键环节。与师生互动相比，生生互动更为重要。在新课程背景下，课堂上学生之间的交往比任何其他因素对学生学习和发展的影响都更强有力。另外，生生互动过程也是在满足个体内部需要的基础之上，使教学活动带有深厚的感情色彩，可以实现学生之间互教互学，取长补短，共同提高。

案例4 研究数列分期付款中的应用时，每期应付多少元？

这是一个数学应用题，以什么来建立等量关系呢？笔者通过引导学生展开小组讨论，发现学生有如下处理方法：

① 通过逐期计算欠款及最后一期欠款数为零来处理；
② 通过每期所还款额及其所产生的利息总和等于本利和来处理；
③ 通过每期所还的款额总和等于本利和来处理；
④ 通过每期所还的款额总和等于本金来处理；等等。

在小组合作学习过程中，教师要注意引导好学生，把自己放到与学生平等的地位，耐心倾听学生见解，涉及的每个问题都必须由学生进行分析讨论，让学生去争辩，去做出决策，然后教师根据分析讨论结果进行判断正误并加以评价、归纳、总结。通过小组合作学习这样的互动教学，加强了学生间的交往，让学生学到了多种分析问题的思路，让学生的解题能力、交际能力、语言表达能力等都得到明显的提高。

在课堂教学过程中，既要尽可能发挥学生的主体作用，推动其正确的情感态度与价值观的内化，又要求教师在与学生进行坦诚交流的同时，及时、准确地把握住学生思维跳动的脉搏，把为社会主义祖国培养人才作为教育的根本目标，及时、正面、积极地引导学生树立正确的情感态度与价值观念，使高中数学教学真正成为学生的人生指路明灯。

参考文献

[1] 中华人民共和国教育部.普通高中数学课程标准(实验)[M].北京：人民教育出版社，2003.

[2] 林光来，谢尚志.数学教学中如何培养学生的问题意识[J].高中数学教与学，2010，5.

(本文发表在《中学数学月刊》2016年第6期)

袁兵同志先后荣获苏州市学科带头人、江苏省优秀教育工作者、苏州市优秀班主任、苏州市优秀教育工作者、吴中区优秀教育工作者、吴中区学科带头人、吴中区十佳职工等荣誉称号。

多年以来,袁兵同志积极探索和实践本人提倡的"中学英语课堂教学中必须坚持语境化"的教学观,积极倡导"以学生为主体"的英语教学,强调课堂教学中"语言输入的质和量决定语言输出的质和量"的教学思想,并逐步形成以"感知、体验、实践、参与、合作和探究"为特点的课堂教学氛围。先后获苏州市青年英语教师基本功竞赛一等奖、苏州市评课选优一等奖。

袁兵同志在教育教学岗位上兢兢业业、勇于创新,曾连续五届担任高三教学工作,教学绩效显著。2005年起参与年级部管理工作,2011年起参与教务处行政管理工作,培养了邹彧、张旦峰、张茜梦等"李政道奖学金"获得者;2008届、2011届、2014届高考成绩显著,并受到上级表彰。

袁 兵

近年来教育科研成果目录:

新课标下中学英语诵读教学,《学生双语报》,2006年第2期;
英语测试的语境化与中学英语教学的语境化,《学生双语报》,2007年第8期;
英语课堂中不可缺少言语节奏教学,《教育实践探索》,2006年第1期;
"信息沟"理论与中学外语教学,《苏州大学学报》,2005年第10期;
突破高考阅读中的长句难句,《高考》,2004年第5期;
将节奏教学引入中学英语课堂,《教育实践探索》,2006年第1期;
《高中新学案》(牛津高中英语必修模块2),南京:江苏科学技术出版社,2007;
《高中新学案》(牛津高中英语必修模块5),南京:江苏科学技术出版社,2007;
《高中新学案》(牛津高中英语选修模块7),南京:江苏科学技术出版社,2007;
《高中英语完形填空自主训练》,北京:首都师范大学出版社,2005;
《大联考专题卷(英语)》,光明日报出版社,2006;
《牛津高中英语帮你归纳》,南京:江苏人民出版社,2007。

"信息沟"理论与中学外语教学

1 "信息沟"的基本概念

顾名思义,所谓"信息沟",就是人们在掌握信息方面存在的差距。由于这种差距的存在,人们才有进行传递和交流信息的言语活动。也就是说,这种信息的差距是信息和交流的原动力,而人们通常把这种信息的传递和交流称为"交际"。人与人之间是通过语言信息的接受和输出达到交际的目的的。换而言之,成功的交际活动也就是成功的接受和输出信息的过程。人们正是通过成功的信息的接受和输出缩短或填补了他们之间的信息差距的,从而达到了一定的"信息平衡"(Balance of Information)。在现实生活中,这样的"信息平衡"是暂时的、相对的;"信息沟"的存在才是永恒的、绝对的。"信息沟"是人们进行交际的基础、诱因和出发点,它的永恒性决定了人们交际活动的多样性和持续不断的特点。在外语听、说、读、写、译五项技能的教学过程中,"信息沟"的存在是使教学过程不断持续的原动力。即使是在默默地听或读的过程中,听者和说话者、读者和作者之间也在进行着信息的交流以填补信息差距。而且在交流中说话者或作者、听者或读者也绝对不是被动的,他们必须主动地运用各自接受和输出信息的本领以达到交际的目的。

2 "信息沟"与第二语言习得理论

20世纪80年代前,国外关于第二语言教育理论和教学法几乎完全是从其他有关方面进行的研究成果中获得并推断第二语言教学的结果。但近年来直接对第二语言学习的研究的必要性已为更多的学者所承认。美国语言学家克拉欣(Stephen D. Krashen)在20世纪80年代初提出的第二语言习得理论引起了国际上该领域的学者们的广泛关注。过去一般认为第一语言是靠"语言习得"(Language Acquisition)来掌握的,第二语言是靠"语言学习"(Language Learning)来掌握的。克拉欣则认为第二语言也可通过习得来掌握。在第二语言的掌握过程中"语言习得"是核心的、主要的;"语言学习"是辅助的、起监督作用的。

"信息沟"的原理与克拉欣提出的第二语言习得理论的五个假设中的语言输入假设(the Input Hypothesis)及情感过滤假设(the Affective Filter Hypothesis)有许多相似之处。根据克拉欣的说法,语言输入假设的含义为:学习者通过接触略高于他们的语言技能水平的语言输入,即 i + 1 (i 为现有水平,1 为略高于 i 的水平)而习得语言。传统教学法主张学习语言结构再应用于实际;也就是说,强调获得意义,进而习得语言结构。人教版与译林牛津版高中英语课本的指导思想也是通过大量的贴近生活的语言材料的输入,并有意识地把语言结构穿插于材料中,以螺旋式复现的形式,使学习者自然地掌握。"信息沟"原理是把学习者的注意力引向缩短或填补信息差距,也是把获得意义放在首位,让学习者在信息交流的过程中自然地、无意识地习得语言结构。

第二语言习得理论中的情感过滤假设的含义为:虽然习得只有在理解所学语言信息时才产生,不理解的输入看来无助于语言习得,但语言习得也受情感因素的影响。因此,在外语教学中不仅要提供可理解的输入,而且还要创造情感过滤程度很低的学习环境。"信息沟"的运用正是为了这种环境的创造而提出的。一般说来,语言习得的情感因素有三类:动机(Motivation)、自信心(Confidence)和焦虑程度(Extent of Anxiety)。"信息沟"的应用激发了学习者通过言语交际获得信息的动机。在运用"信息沟"的交际活动中,强调获得意义,并不苛求语言结构的完美,这样就增强了学生的学习动机和自信心,而焦虑情绪却很少,学生敢于开口,当然就加大了语言习得的可能性。

3 "信息沟"与交际性原则

语言是交际的工具,人们传递、交流信息主要是通过言语进行的。外语教学的最终目的是通过训练,培养学生实际运用所学语言进行交际的能力并获得一定的文化背景知识。这已成为当代外语教学界的共识。交际性原则已成为外语教学法的最基本的指导性原则。"信息沟"是交际的基础、诱因和出发点。交际性原则在教学中是否得到贯彻,在某种程度上取决于"信息沟"原理是否有效运用。

交际能力只有在交际中才能得到有效的培养,作为交际的工具的语言在真实言语交际过程中才能为学习者有效地掌握。真实的言语交际应建立在"信息沟"的基础上。没有"信息沟"就没有交际的必要,也就谈不上真实的言语交际。所以,在教学过程中教师应尽可能把教学组织活动和教学过程设计得最大限度地接近真实的交际过程,使教学活动符合自然的交际活动。这就要教师充分利用"信息沟"原理,多角度、多层次地为学习者创造接近真实交际的条件和情景,使学习者在交际过程中逐步获得能力。

4 "信息沟"理论在教学中的实际应用

要在非英语国家的课堂教学中创造真实或接近真实的交际情景,实在不是一件容易的事,所以只能说是"尽可能真实"。创造尽可能真实的英语交际环境需要英语教师利用"信息沟"原理,视学生的层次或为了练习某一特定的语言项目或技能而设计出合适的教学活动。当然,人教版与译林牛津版高中英语课本的编写结构、教学内容的选择和安排上,在所建议的教学方法的使用和教学活动的组织上,都较明显地体现了"信息沟"的一些原理。故教材中就有类似的练习,教师可以直接取用。在教材中的有些课文后就有 Note making 练习。

◆ Read the passage again and write notes under these titles.
FACTS
1. First record of agriculture (date/place) _____.
2. Present world population _____.
3. Farming population _____.
4. _____ % of the world's surface is water.
5. _____ % of the land surface can be used for growing crops.

REASONS FOR LOSS OF FARMLAND
1. _____.
2. _____.
3. _____.

4. _____.

◆ Read the text again and complete these notes.

How can you advertise?	
What can you advertise?	
Results of advertising：	1.
	2.

◆ 又如在教授译林牛津版"An Adventure in Africa"时可设计出类似的练习。

Para.	Where to go	What to take	Why to take …

◆ 笔者在教授此课时还组织了 pair-work：Work in pairs and make up a dialogue. One of you plays the part of a guide and the other a tourist in Africa. Start like this：

Tourist：I'm a tourist from … Where do you suggest I should go and what I should take? And why?

Guide：…

"信息沟"活动的组织方法可灵活变化,形式多样,可视学生的语言能力而设计,既可进行口头交际,亦可笔头交际,交际双方的角色可以互相转换,这种训练不但可以提高学生的学习兴趣,减轻学生的心理负担,更重要的是学习者通过形式多样的交际活动可逐渐地、有效地促进语言习得。

5 组织"信息沟"教学活动的注意点

5.1 为学生创造真实或接近真实的交际情景

前面已经提到"信息沟"活动的一个主要特点是信息的不可预见性及交流双方存在信息差距。交际的情景距离真实越远,那么信息差距越接近于零,进行成功的信息交流的可能性和必要性也就越小。所以判断交际情景是否真实或接近真实主要是看信息交流的可能性和必要性。比如在"Earthquake"的教学中教师要求两名学生在课上编一段对话,谈 1976 年唐山大地震的情况,那显然是不真实的,因为 1976 年目前的这些学生还未出生,对大地震的情况根本不了解。也就是说,成功交际的可能性接近于零。若改为一个中国中学生询问一个亲身经历过 1989 年旧金山大地震的美国人有关地震的情况,那就真实多了。又如在学完译林牛津版模块一中的 Unit 1 后,笔者让学生用英文写一封信给美国的笔友谈学校生活情况就较真实。若改为用英文写一封信跟其父母谈学校生活情况就不太真实,因为绝大多数父母是不懂英语的。

再如下例,老师在了解全班学生,全班学生也都彼此熟知的情况下：

Teacher（*Pointing to Student B*）：What's her name?

Student A: Her name's Wang Fang.
Teacher: Where is she from?
Student A: She is from Suzhou.
Teacher: Is she studying English?
Student A: Yes, she is.

很显然这种交际是虚假的,因为根本就没有交流信息的必要。为了让对方了解不知道的信息,才去说,才去写;让自己知道不知道的信息,才去问,才去听,才去读,这样才能算有必要、有内容的交际活动。

5.2 强化后续活动,促进语言内化

Stephen D. Krashen 强调"可理解的输入"(Comprehensible Input)。只有在有可懂输入、学生能理解所学语言的前提下,也就是说,学生跨越了"信息沟"才能说是初步达到了教学的目的。笔者认为在课堂上引导学生跨越了"信息沟"还不算结束,尤其对中国学生来说,跨越了"信息沟"并不代表已经掌握了语言。这就需要教师动一番脑筋,组织灵活多变的后续活动,使学生所学语言得到进一步的内化。这个过程对于学生来说是必不可少的,缺少了这个过程学生所学到的语言永远不会变成自己的,也永远不能自然地、流利地运用所学到的语言进行交际。许多人认为这里的后续活动就是些简单的分角色朗读或有感情地朗读或背诵或简单地让学生按照教学内容进行角色扮演。其实以上活动都无异于结构法(Structural Approach)所采用的机械操练。人教版与译林牛津版教材中就给我们提供了许多可借鉴的、能促进学生语言内化的活动。如:

◆ Discussion: Discuss these questions in groups of four (or in pairs).
◆ Retelling: Tell the story to your partner.
◆ Interview: Work in pairs and make up a dialogue. One of you plays the part of … and the other …

Report: Make a report and tell your partner what you learnt from the passage (or dialogue.)

以上活动能充分调动学生的积极性,使每个学生都能参与进去,教学效果远比前面提到的单调的朗读或背诵要好。

参考文献

[1] 刘道义. 新世纪中小学英语教学改革[J]. 基础教育外语教学研究, 2001(10): 21-24.

[2] 朱纯. 外语教学心理学[M]. 上海: 上海自主教育出版社, 1996.

[3] Geoff Thompson. 刘精忠译. 有关交际性的若干误解[J]. 国外外语教学, 1996(4).

[4] Krashen, Stephen D. *Second Language Acquisition and Second Language Learning* [M]. The UK: Oxford, Pregamon Press, 1981.

(本文发表在《苏州大学学报》2005 年第 10 期)

英语测试的语境化与中学英语教学的语境化

当今高考英语测试(NMET)呈现明显的语境化特点,侧重在特定的语境(Context)中考查学生的听、说、读、写等多方面的技能。本文拟在剖析高考中这一命题特点的基础上,结合当前的测试和教学的发展趋势,对中学英语教学提出几点粗浅的建议,以促使中学英语教学与高考测试的语境化(Contextualization)顺畅衔接。

一、英语语境化测试的由来

关于语境至今尚没有明确的定义界定,但大致可分为语言语境(Linguistic Context)、情景语境(Situational Context)、文化语境(Cultural Context)、社会语境(Social Context)等。具体地讲,则包括以下内容:(1)特定的时间、地点和物化环境——the Particular Setting;(2)特定的目的和动机——the Particular Purpose and Motivation;(3)特定的参与人——the Particular Participants;(4)特定的社会角色扮演——the Particular Role-Play;(5)特定的内心过程——the Particular Mental Process;(6)特定的行动过程——the Particular Action Sequence;(7)特定的结果——the Particular Ends 等。

语言运用可被界定为个体间在特定的语境中对潜在意义的表述和(或)理解。在运用语言表述、理解或理解并表述时,语言运用者创造了话语。这些话语的含义一方面源于所说的话或所写的文段,另一方面,或者说更重要的是源于话语发生的特定语境。如"这个星期你泡过几次网吧啦"可以被理解为问题,也可以被理解为埋怨。其具体含义只有在具体语境中才能解释清楚。因此语言的运用者在选择准确又得体的语言时必须先考虑上述诸多因素。

随着语言学习和习得研究的深入,在吸收研究成果的基础上,英语测试方法也发生了变革。在国际上较有影响力的 TOEFL 考试中,语法和词汇的语境化测试已经完全代替了传统的测试方法。我国专业英语四级、八级测试和非英语专业四级、六级统考中的语法单项填空、完形填空、句断式词汇测试以及阅读过程中的词汇测试都是重视学生在特定的语境中使用英语语言的能力的体现。

高考是由合格的高中毕业生参加的选拔性考试。近几年高考命题原则反映了两个"有利于",即:有利于中学素质教育的推进,有利于高校选拔人才。也就是说,高考命题必须考虑到大学英语教学与测试的特点,在测试方法上就会自觉或不自觉地采用大学英语测试所积累的经验,以利于考生进入高校继续学习,因而带来了高考命题的语境化特点。

二、高考英语测试的语境化

近几年的高考英语试题"侧重语篇,注重语境,强调语用"。尤其强调语言形式服务于语言的意义。这一点在单项填空、完形填空中尤为明显,好多单项填空题都设计成"超浓缩语篇",如果考生不能从题干中体会出特定的语境,对意义的理解就会出现偏差,进而选择错误的语言形式。请看下例:

Most animals have little connection with _____ animals of _____ different kind unless they kill them for food.

  A. the；a   B. 不填；a   C. the；the   D. 不填；the

  若仅仅依靠简单的冠词语法规则,绝对不可能解决本题的实际问题。考生必须先读懂题干的语句,而这个语句又是发生在特定的语境之中的。考生需自问如下几个关键问题,才可能领悟出题人所创设的特定语境。

问　　题	答　　案
1. 这个句子可能取自何种文体?	知识性的说明文或讲话
2. 此句讨论的是何主题?	动物的活动规律
3. 此句之前可能说或写什么?	可能介绍动物的物种
4. 此句之后可能接什么内容?	或举例或继续讨论此问题

  考生在这个基础上再去理解句义:

  (1) most animals:无特指性;

  (2) have little connection with:have almost no relationship to …/have almost nothing to do with … ;

  (3) animals of a different kind:无特指性;

  (4) unless they kill them for food:if they don't kill them for food/except when they kill them for food.

  考生在经过了类似上述的思考过程后,才能获得正确答案。

三、中学英语教学的语境化

  诚然,中学英语教学并不完全是为高考服务,但是在我国,测试对教学起着非常大的反拨作用,任何人都无法回避这一点。要大力推进中学英语教学改革必须从变革英语测试制度和测试方法开始。英语测试制度和测试方法的任何变革或改进都无疑会对中学英语教学产生积极的导向和促进作用。因此,中学英语教学必须与高考测试的语境化相衔接。这一点在中学英语语法和词汇的教学中显得尤为重要,因为在语法和词汇的教学中许多教师有简单化的倾向。

  尽管语法和词汇教学不是中学英语教学的全部,但语法和词汇教学仍然是中学英语教学中必不可少的重要组成部分。

  (一) 中学英语语法教学的语境化

  在中学英语语法教学过程中,不少教师采用机械的讲解和机械的操练相结合,事实上教学效果却事与愿违:老师讲解得越多,学生感觉越糊涂;机械的操练越多,学生越感到枯燥乏味。到头来,学生的大脑中只有支离破碎的语法规则和条条框框,碰到具体问题只会死搬硬套,不会实际运用。笔者在平常的语法教学中进行了一些语境化尝试。

  1. 变演绎法为归纳法

  教师不必把某项语法知识一股脑儿地和盘托出,然后进行机械操练和强化训练。而要充分利用教材中鲜活的语言,将语法知识有机地融合于教材的教授当中。也就是说,先让学生亲身体验语法现象在特定的语境中频繁出现,让学生听到和看到的是新的语言现象在具体语境中是如何使用的。然后让学生在教师的组织下自己归纳出语法规则,教师稍加点拨和引申即可。其实,在译林牛津版高中英语教材 *Advance with English* 的"编写说明"中就明确指出"该板块语法练习一般都要求在语篇中完成,避免死抠语法……语法训练所选用的语言材料和所设计的练习与单元话题相联系……"

2. 坚持语言的形式服务于语言的意义的原则

其实,在平常的英语教学中大部分教师都会发现这一现象:学生在用英语进行表达时,往往把注意力首先放在意义(Meaning)上,其次才是语言形式(Form)。教师在教授新的语言现象时可以利用学生的这一认知特点,以学生感兴趣的话题为中心,将新的语言现象融入较为真实的交际活动中。比如,在教授过去进行时表示"过去某一时间点正在进行的动作"时,教师就可以尝试如下方法:

T:I was preparing my lessons at this time yesterday. Tell me, what were you doing at this time yesterday?

S:…

3. 借助多媒体手段创设较为真实的语境

教师应充分利用实物、图片、挂图、简笔画、实物投影仪、PowerPoint、flash 动画等多媒体手段让学生最大限度地接触真实的语言材料,使学生既能听又能看还能说,以充分调动学生的学习积极性并加深对新的语言现象的理解。

(二) 中学英语词汇教学的语境化

语言学家 Wilkins 就曾说过:"Without grammar very little can be conveyed; without vocabulary nothing can be conveyed."由此可见词汇教学在中学英语教学中的地位。随着新课程标准的即将实施,近年来 NMET 对词汇的要求也越来越高。对外语界普遍关注的语言知识中词汇方面,新课程标准的要求明显加大:普遍高中毕业生应达到八级水平,学会使用 3000 个单词和 400~500 个习语和固定搭配;优秀高中毕业生应达到九级水平,学会使用 4500~5000 个单词和一定量的短语和习惯用语。这无疑对中学英语词汇教学提出了新的课题。而目前中学英语词汇的教与学都存在诸多问题:有些老师脱离教材孤立地补充或讲解词汇;有些学生记忆单词不遵循记忆与遗忘的规律,一味地临时抱佛脚;有些学生不注意单词的音形义之间的联系,一味地死记硬背(就像背电话号码);有的学生一提复习词汇就翻生词表……尽管华东师范大学一附中的张思中先生对"集中识词"进行了一些尝试并取得了一定的成果,但多数外语界人士认为词汇应在语境中自然习得。语言学家吕叔湘说得好:"词语要嵌在上下文里才有生命,才容易记住,才知道用法。"

1. 词汇教学应依托语境

其实,中学英语词汇教学的最佳语境就是教材中的会话和课文。在词汇教学中,教师可以充分利用教材所提供的话题展开复述或讨论,引导学生在复述或讨论中使用新学的词汇和短语。在学生复习词汇时,教师应该有意识地引导学生多温习已学的会话或课文。当然,学生温习已学的对话或课文也应采取灵活多变的方式:或背诵精彩段落,或做 pair work,或改写、缩写故事,或撰写 summary,或自编短剧等。在译林牛津版高中英语教材 *Advance with English* 的"编写说明"中明确指出"让学生学习与单元话题相关的分类词汇……该板块设计了图表、对话或短文,用以拓展学生对话题相关的词语的认识和运用……"

2. 鼓励学生课外进行广泛的阅读

据一些刚升入大学的学生反映：刚开始不知道英语课上应该学些什么（也许因为大学老师不像中学老师那样常把学生应该学的内容规定得很死）；一见篇幅很长的文章就头疼；大学老师总是埋怨学生的词汇量太少……事实上，这些都反映了中学生的课外自主阅读量太小。广泛的课外阅读不但可以扩大学生的知识面，还可以复习已学的词汇并扩充词汇量。Saragi（1978）等语言学家研究表明，学生若要成功地记住某个生词，至少要16次在不同的语境中碰到该词。由此可见，学生仅仅依托课本和课堂教学来习得词汇是远远不够的。教师可以有意识地给学生推荐一些他们感兴趣的课外读物，如，英文原著简写本、*The 21st Century*（School Edition）等。

3. 词汇的评估或测试应尽量语境化

教师在平常教学过程中对学生词汇掌握情况的评估或测试要遵循"词不离句，句不离篇"的原则，词汇的评估或测试方式除听写外还可以设计出不同的测试练习，如：句段式缺词填空、语篇式完形填空、语篇中的猜词游戏等。

总之，面对新课程标准的要求和如火如荼的中学英语教学改革，对广大中学英语教师而言是一个巨大的挑战。只要我们在平常的教学过程中注意测试和教学的语境化这一发展趋势并不断尝试语境化教学，必将大大提高教学效果。当然，如何追求中学英语教学的语境化，还需广大中学英语教师进行多方面深入探讨。

参考文献

［1］Baker, Joanna & Westrup, Heather. *The English Teacher's Handbook—How to Teach Large Classes with Few Resources*. Continuum, 2000.

［2］朱纯. 外语教学心理学［M］. 上海：上海外语教育出版社，2000.

［3］国家教育部. 英语课程标准（试验稿）［M］. 北京：北京师范大学出版社，2001.

［4］白人立. 国外词汇习得理论中的几个问题［J］. 外语与外语教学，1999（1）.

［5］国家教育部考试中心. 2000年全国普通高考英语科试卷分析［J］. 基础教育外语教学研究，2001，第2、3期.

（本文发表在《学生双语报》2007年第8期）

将节奏教学引入中学英语课堂

一、引　言

笔者在日常外语教学中发现,苏州地区的中学生在外语学习时普遍存在一个问题:常在/t/音的词尾加/ə/,如:night 常读成/naɪtə/,sports 常读成/spɑtzə/。也许单词能读对,但在语流中仍容易读错,而且句末词读错的概率更大。笔者也留意过进苏州以外地区的中学生的发音,却很少出现这种情况。于是笔者在学生读错时便不厌其烦地一遍一遍地纠正,一次又一次地提醒,但收效甚微。经过进一步的研究发现,出现这种现象的根源在于吴方言。吴方言中多语尾助词,这些语尾助词是吴方言节奏的一个重要组成部分。于是用吴方言的节奏去读英语、说英语就出现了上述的问题。任何语言都有其自身的节奏。完全用汉语的节奏去说英语,说出的英语肯定不会地道。可惜的是,无论是中国国内出版的教材还是国外出版的教材,语言教学普遍地忽略了节奏这一组成部分。出现这种情况有几个原因。许多教师本身没有意识到节奏言语中的作用。另一些人则对如何进行节奏练习感到茫然或者由于学生在学习新节奏的初期,在心理上产生与自我节奏的冲突,而将节奏训练视为畏途。即使有些教师渴望在英语节奏上有所突破,从出版的教材中能得到的帮助也微乎其微。

二、什么是节奏

言语节奏的传统定义是重读音节与非重读音节的模式。主重读音节通常落在话语中关键词汇的某个音节上。尽管在所有语言中,重音都放在关键词汇上,但是在不同的语言中,轻、重读音节的模式却不相同。汉语也被认为是一种重音节拍语言。在正常的话语序列中,其正常的主重读落在最后一个音节上,但是,在某些常用的双音节词中,重音会转移到第一个音节上,这种情况导致非重读的末尾音节丧失声调,这些末尾音节就可以不重读。英语有其极为特殊的节奏,因为英语也是一种重音节拍语言。这就是说,重音是由时间来控制的,不管实际上重音之间有多少音节,说话者都要高速完成其话语,以确保重读音节能及时地按节拍发出。例如:He bought the book you wrote. 和 He threw away the umbrella he was carrying. 这两个句子尽管在音节数量上有很大差异,却有同样的节奏结构。为了能够及时准确地赶上节拍,说话人在讲第二个句子时,会多处使用/ə/之类的轻读元音来代替完整的元音。

三、言语节奏和身体的关系

美国学者 W. S. Condon 和 W. D. Ogston 研究发现,政党行为中,言语和身体动作之间是按照节奏协调的,即两者是同步的。说话人的身体随着他的言语按照节奏"舞蹈",这种现象被他们称为"自我同步"。不仅如此,他们还发现,听者的身体依照节奏随着说话者的身体"舞蹈",即听话人身体的动作也与说话人言语同步,这种现象被称为"交际同步"。他们又进一步发现,新生儿能使他们的动作与成人言语节奏同步,而且美国婴儿不仅能与英语同步,还能与其所处环境中的汉语同步。这些研究成果表明,被导入母语节奏模式是习得母语的第一步,实际上也是任何成功的语言学习者的一项普遍的学习任务;在说话时使用与本人身体动作同步的语言节奏模式,在听别人讲话时使用与说话人身体动作同步的语言节奏模式,是一个能够熟练使用语言的人的行为的一个重要组成部分。这些发现对语言教师和第二语言学习者无疑有着重大的指导意义。语言教学专家提出导致许多第二语言学习者失败的原因正是他们没有正确地掌握目的语的节奏,同时又受到他们第一语言节奏的干扰。学习者意识到他们的发音与身体不同步,或他们把不适于新语言的、旧的节奏模式生硬套在新的语言上,因此在需要讲话时就会感到难以应付,甚至往往不能流利地说出他们应该已经掌握了的语言。

四、国外的言语节奏训练方法

国外在法语、英语、汉语等语言的第二语言教学课堂上,已经成功地推出了大量的、具体的帮助外语学习者掌握一整套新语言的韵律和语调特征的技巧和方法。下面两种方法用得最广泛,也最容易操作:(1)按照话语节奏走步;(2)利用发音与身体动作同步的自然规律,用特别设计的身势来纠正语音错误。

(1)走步法是让学生学习他们将在练习、背诵、角色扮演中要说的话,然后一边说一边走,每次脚踏地都要和他们说的话的主重读音节相吻合。以下的英语句子为例:He's arriving in Paris tomorrow at three. 此句的要求走四步,每一步与句中以重音标出的音节相吻合。在初期,学生在有意识地边走边读重音时容易出现断断续续不连贯的现象,一旦他们放松下来正常走步,这种现象就会消失。国外还利用录像这一重要手段,使学习者看到他们自己在录像中的表现,来帮助他们增加摆脱其过去习惯的意识。其实,仅用手在桌子上打节拍,也能有效地纠正那些直接影响语音的错误,如在一个词或一个短语中重音太多(这是中国人说英语的一个常见特点),或放错重音位置(这是说英语的人使用汉语时的一个常见特点)。由于发音是跟随身体的,学生只需要在发出主重读音节的瞬间用手打拍,在完成随后音节期间则要停止不动。长期训练就能把握语言节奏模式,肯定比一味地强调语音正确的效果要好得多。

(2)第二种技巧是用特殊的身势纠正语音错误和克服发音困难。例如:在英语学习者身上采用此法,可以说明 bed 和 bet 这两个词的/e/在音质和长度上的不同(即在浊辅音前还是清辅音前)。手臂放松,提升到与肩平,画一个平柔松和的半圆,表示长音 bed;两手从胸的高度做疾速、紧张的下劈动作,表示短促得多的 bet。

此外,国外还注重研究如何利用录像、电视和电影中的真实范例和整体言语行为作为教材,在课堂上教学生掌握自然的交际言语行为,让学生从全局上去了解言语行为的整体,并最终能自行表演。

五、节奏训练尝试

除了以上描述的国外训练方法外,笔者在课堂上还不断提醒学生注意所有话语和阅读材料中节奏的存在,以促进学生对节奏的掌握。为了提高学生的接受能力,笔者常常从有限的课堂 45 分钟中腾出几分钟进行听力练习,即要求学生不要做任何其他事情,完全沉醉于一段文章的节奏和语流中。班上的每个学生每天记忆背诵一段话,背诵的材料必须要精,值得一背,其结构要能帮助学生提高对表达节奏的控制能力。而且学生必须站到全班同学前面,姿态要适当,要体现声音和身体的各个方面,如重读、语调、流利程度、速度、音高、停顿、姿态和手势等,目前专门用于节奏教学的教材很少,可喜的是,日前在书店里看到一套由昆明儿童外国语研究所编的英语教材《拍手节奏教学》。昆明的这套教材要求学生在背诵对话时按主重音拍手。这意味着身体和语音在节奏上要同步,这可以大大减少汉语节律中不适当的节奏对英语的影响。这套教材或许会对我们有所启发。

参考文献

[1] Condon, W. S. & Ogston, W. D. Sound analysis of normal and pathological behaviour patterns[J]. *Journal of Nervous and Mental Disease*, 1996(10).

[2] Guberian, P. The role of the body in learning foreign languages[J]. *Revue de phonétique Appliquée*, 1992(3).

[3] Key, M. R. *The Relation Between Verbal and Nonverbal Communication*[M]. The Hague: Mouton, 1980.

(本文发表在《教育实践探索》2006 年第 1 期)

1970年1月出生,1991年7月毕业于上海师范大学英语系,同年8月至江苏省木渎高级中学任教,2001年8月被评聘为中学高级教师。苏州市名教师、苏州市英语学科带头人。曾获苏州市、吴县市高中英语优质课评比一等奖,曾获苏州市五一劳动奖章、苏州市优秀教育工作者、吴县市文明职工、吴中区"三八"红旗手等光荣称号。

琚 珍

从教以来不断加强师德修养,敬业爱岗。在26年的教学实践中,始终走在高中英语教改实践的前列,敢于创新、大胆探索教育教学的新方法,努力提高课堂教学艺术,形成自己的教学风格,教学成效较为显著。另外积极进行教学研究,近20篇教育教学论文分别在省、市级以上刊物发表或在省、市论文评比中获奖,参与省市级课题的研究。充分发挥学科带头人的示范作用,为吴中区的英语教育事业努力做着贡献。

近年来教育科研成果目录:
中学英语自主探究学习探析,《中国教育学刊》,2014年第2期;
高中英语阅读教学的优化策略,《江苏教育》,2017年第2期;
提升英语教学实效性的几种做法,《教育研究与评论》,2015年第10期;
高中英语课文阅读教学探究,《英语教师》,2015年第3期。

中学英语自主探究学习探析

自主探究学习是新课程改革所提倡的一种学习方式。它要求学生做课堂的主人,在教师引导下发挥自己的主观能动性,调动自己的各种感觉器官,通过动手、动眼、动嘴、动脑,主动地去获取知识。它以激发学生兴趣为起点,以创设学习空间为载体,以自主探究学习为核心,以培养自主创新能力为目标,让学生学会自主探究、自主体验、自我发现、自我选择和自我教育。"自主探究学习"以变"教我学"为"我会学"为核心目标,是将学生从"被动接受知识的容器"转化为"主动学习的接受者"的有效途径。

一、正确的教学观是贯彻学生自主探究学习的前提

苏霍姆林斯基强调教师与学生在教学过程中的相互作用,坚持教师主导作用和学生主体作用相统一。从教学目的、方向、内容、方法等方面看,教师永远起主导作用;但从学生的认识活动看,他们是否具有自觉的学习愿望和积极的学习行动,则是一个决定因素。在教学过程中,只有树立正确的教学观,将教师的主导作用与学生的主体作用有机结合起来,才能使教和学相辅相成,彼此促进,为学生自主探究学习提供帮助。

(一) 充分发挥教师的主导作用

在课堂上,教师要善于充当"指挥者",使学生真正成为课堂教学的主体;要充分激发学生的学习兴趣,帮助学生形成学习动机,努力促使学生参与教学过程,让每个学生都有参加课堂操练的机会,发挥他们的潜能。教师的主导作用应是在学生认知教学内容的过程中以"中介"角色表现出来的,不是"满堂灌",而是启发、诱导、点拨、示范,在轻松、愉快的课堂气氛中鼓励学生独立思考,引导学生主动学习。

(二) 确立学生的主体参与地位

丹麦语言学家杰斯珀森(J. O. H. Jesperson)曾指出,教好外语的首要条件是尽可能多地让学生接触和使用外语。学外语就像学游泳一样,学生必须泡在水中,而不是偶尔沾沾水;学生必须潜入水中,并感到得其所在;这样,他最后才能够像一个熟练的游泳者那样乐在其中。教师在每堂课上必须为全体学生着想,让每个学生参与到学习活动中来,并使其有所收获,有所进步。针对不同层次的学生,教师可以采取不同的方式显示相同或不同的信息,在有组织的前提下尽可能地把时间还给学生,增加学生的语言实践量,充分发挥他们在学习活动中的主体参与作用。

(三) 正确的教学观,为学生的自主探究学习提供动力

重视学生的主体地位,不仅是提高教学效果的需要,更是深化改革、实施素质教育的需要。教学的重心必须以学生为主体,培养学生自主探究学习英语的能力,满足其认知需要和自我实现的需要。因此,教师应树立正确的教学观,更新教学观念,要把以"教"为重点逐渐转移到以"学"为重心,充分发挥教师的主导作用,确立学生的主体地位,创造出"适合每个学生的教育"。

二、在中学英语教学中实施自主探究学习的策略

采取形式多样的教学手段,创设生动活泼的教学环境,激发学生的学习兴趣,是改革课堂教学、发挥学生主体参与性的重要途径。笔者经过多年的课堂教学实践,为学生提供自主探究学习平台,以下是一些实施自主探究学习的策略。

(一)整合资源,设定问题

我们首先要对教学内容进行教学目标分析,确定当前所学知识的基本过程、要求和方法,整合、优化资源,设定问题,这样才能充分体现学生的主体地位,提高课堂教学效率。

1. 充分利用网络资源

除了教科书本身的内容外,教师还需要关注与教学内容有关的各种信息资源,根据学生的实际情况开发校本课程。对于网上获取的各种信息、自制的多媒体和网络课件、音频和视频等资料,通常要经过筛选、分类和组织等整合,才能有效地为教学服务。笔者曾选编《走遍美国》片断,让学生模仿其语音语调、欣赏美国风景,在学习语言的同时也了解了美国文化。

2. 拓展及延伸课文

为了训练学生的创造性思维能力,对于教材中的一些课文,笔者要求学生以短文形式进行改写;有时要求学生就课文相关的话题发挥想象并进行讨论,使学生置身于真实的语言学习情境中。

例如,牛津高中英语模块四第一单元 Advertisement,笔者请学生分两大组进行辩论:Does advertisement have a positive or negative effect on our life? 学生在热烈的小组讨论后踊跃发表自己的见解,陈述了以下的观点(见下表)。

表1 The advantages and disadvantages of advertisement

Advantages	Disadvantages
Provide information about the latest products	Mislead customers
Increase product sales, reduce the price	Cheat customers of money
Help make better choices	Take up much time/space on TV or in newspapers
Make the public aware of social problems	Affect teenagers
…	…

3. 精心设计课堂提问

课堂提问是一种最直接的师生双边活动,我们在着重培养学生思维能力的前提下,注重课堂提问的艺术、质量和效果,所提问题要做到三个有利于:有利于促进学生认知能力的发展而非纯知识性(如:What can be inferred from the passage?),有利于建立学生的思维模式(如:What conclusion can we draw from the passage?),有利于培养学生的发散性思维(如:What will happen later? Could you tell us the ending?)。

(二)创设情境,引导探究

根据英语学科的特点,情境的创设要有丰富的资源,最好能包括不同情境的应用实例,将教学主题中涉及的概念、规律融合在情境中,使学生从不同的角度去理解知识,变"机械

接受"为"主动探究"。

"学起于思,思源于疑。"学生有了疑问才会去进一步思考问题,才会有所发展,有所创造。教是为了不教,因此"授之以渔"应成为教师追求的目标,教师应设法鼓励学生自主质疑,去发现问题,大胆发问,使学生在不同的语言环境中,感受到语言的活学活用。为此,在英语课堂教学中,教师要给学生提供尽可能多的独立思考的时间,使学生通过独立思考、判断来获取知识。例如,讲到 look forward to (doing) sth. 的用法时,请学生思考以下问题:

The day we had looked forward to _____ at last.

A. come   B. came   C. comes   D. coming

题目一给出,大部分学生会立刻做出反应,认为 D 是正确答案。但如果打破思维定式,教师进一步暗示学生选项是否作 to 的宾语,引导他们对那三个被排除的答案提出批判性质疑,许多学生很快会发现选项 B 才是正确的。此时再让学生朗读"We've been looking forward to coming to this beautiful place"并进行比较,学生会较为轻松地掌握 look forward to (doing) sth. 这个表达方式,同时也明白了语境的重要性。因而,教师在实际运用英语时应审慎思考,全面考虑。

(三)自主学习,协作互动

自主学习不是让学生处于无组织状态的盲目探究,也不是放任自流式的学习。对学生而言,他们要根据自己的兴趣选择一种情境作为自主学习的载体,去解决问题,深刻理解其中的概念,而每个情境中都要有引导自主学习顺利进行的系列问题,更要有教师的现场指导;对教师而言,成功的组织、引导是教学过程的关键。为此,教师应做好以下几个方面的工作。

首先,围绕已确定的主题,设计能引起争论的初始问题。以牛津高中英语模块一第二单元 Growing Pains 中的 Welcome 为例,教师可先让学生回想:What kind of behaviors will make your parents feel unhappy? 学生可列出以下行为:not doing homework, not eating vegetables, not getting up on time, spending too much time watching TV, bad school behaviors, making friends with those parents don't like, not telling parents the true mark, shouting at my parents for sth. misunderstood…

其次,设计能将讨论步步引向深入的后续问题。如:What will you do if you have problems with your parents? Do you think a generation gap exists? What are the suitable ways to narrow the gap?

再次,学生得出结论。经过讨论,最后大家一致认为:We should respect our parents and often have a heart-to-heart talk with them. Parents and children should love each other, understand each other, respect each other and learn from each other. 总之,父母与子女间应该是平等的关系。Welcome 的讨论为 Reading 做了很好的铺垫。

最后,对于学生在讨论过程中的表现,教师要适时做出恰如其分的评价或建议。例如,学生提到父母看他们日记时会很恼火,这时教师提醒学生换位思考来了解家长的心理。

(四)精心设计教学活动

初期的学习任务应在较低的层面上,通常以对话练习或帮助理解课文的阅读或讨论等任务,二三人合作探讨;随着合作学习实施的深入,可以增加开放式话题讨论、短剧表演、自编表演等需多人合作的任务,如单词接龙、句子续接、讨论或辩论等形式多样的活动。

阅读活动（reading activity）。全组成员一起完成小组的共同学习任务，如完成表格、填写地图等。最后，小组选一个代表向全班汇报。

话题讨论（topic discussion）。围绕相关的某一话题展开讨论，小组成员各抒己见，最后，经过综合成为小组意见并进行组间交流。

角色扮演（role play）。学生在模拟的情景中扮演不同的角色。课文中的许多交际项目，如打电话、问路、看病、谈论天气等甚至是课本剧都可以用作角色扮演的素材。

调查研究（适用于 project）。教师根据篇章要求布置话题，小组成员经过分工后，开展实地调查，经过资料收集、信息处理后，推荐一位代表向全班汇报、交流。例如，模块四第一单元 Project 的篇章内容 How do you build an ad campaign（布置设计广告），学生通过上网、到图书馆查阅资料等途径分别收集相关图片和材料，结合自己的绘画、文字，交出了非常漂亮的设计，最后每小组由一名学生进行讲解。

任何高明的教师，都不能替代学生学习。英语中有句谚语说道："You may take a horse to the water, but you can not make him drink."这正说明了这个道理。

总之，教师要具有创新精神，注重创设宽松、民主、富有创新精神的教学氛围，尊重学生个体，注意对学生的学习行为、学习结果、学习反应等做出客观、公正的评价。教师的一切努力，只有在调动起学生的学习积极性、主动性的基础上才会取得好的效果。

参考文献

[1] 文秋芳.英语学习策略论[M].上海：上海外语教育出版,1996.

[2] 袁昌寰.研究性学习的产生及在英语教学中的实施[J].中小学外语教学,2002(6).

[3] 王初明.外语学习语境与外语教学——兼谈外语学习科研[J].暨南大学华文学院学报,2007(2).

[4] 钟启泉,左焕琪.外语教学展望[M].上海：华东师范大学出版社,2002.

（本文发表在《中国教育学刊》2014 年第 2 期）

高中英语阅读教学的优化策略

一、高中英语阅读教学实效性低的原因分析

《普通高中英语课程标准（实验）》（以下简称《课标》）指出，高中英语教学目的之一是侧重培养学生的阅读能力。在外语教学中，阅读能力是学生的核心能力。目前高中英语阅读教学中，阅读教学实效性低，存在不少问题，引发这些问题的原因很多，笔者从教学实际中归纳出如下的四点：

1. 阅读教学缺乏情境

语言能力的培养一定要有语言环境，这是学习语言的自然规律。课堂是学生英语语言输入的最主要场所，在课堂有限的教学时间里，教师往往忙于赶进度，导致"一言堂""满堂灌"，学生往往只能被动地听讲、记笔记，基本没有在特定语境中运用语言的机会。脱离了语境的阅读教学，就会影响和制约英语教学目标的实现。

2. 阅读问题缺乏层次

目前高中英语阅读教学中，很多教师以《牛津高中英语》阅读板块的问题导入，以教材文本之后的阅读问题代替读中问题，以教材后面的讨论话题作为读后活动问题。这些问题多数以"寻读"和"跳读"技能为主，缺少层次，浮于表面，缺乏深度，且无法体现课标所提倡的"批判性思维能力"的培养。由于问题设计缺乏深度，且每个单元的问题都属于"千人一面"，学生逐渐失去了阅读兴趣，丧失上课回答问题的积极性。

3. 多媒体使用过多过滥

多媒体辅助教学可以活跃课堂气氛，提高教学效率。然而，有的课件和教学内容不太吻合，多媒体的使用存在着重形式、轻效果的不良倾向。同时，一些教师过度使用音频、视频材料等，其效果往往适得其反。另外，多媒体制作的课件代替了教师与学生进行情感、思想上的交流，教师成了多媒体课件的放映员和讲解员，忽略了课堂教学的中心是学生，学生也就成了知识灌输的对象。

4. "用教材教"缺乏尺度

阅读教学中，教师将阅读文本进行孤立的零碎的教学，详尽讲解文本中的词汇、句型和语法等语言知识，学生缺乏对文本的整体把握，造成"只见树木不见森林"；或者走向另一个极端，即教材缺位，教师只用课外文本进行阅读教学。上述两种都是"用教材教"的误区。

二、解决对策

笔者结合《牛津高中英语》教材阅读板块，从三方面谈谈如何提高高中英语阅读教学的实效性。

1. 以多媒体为辅助，创设教学情境

多媒体的作用是给教学提供辅助，其使用必须基于支持学生的学习，为促进学生的学习和达成学生的学习目标提供有效的帮助，并有利于学生学习兴趣的提高和保持。多媒体课

件的设计和制作要结构清晰、内容简洁明快,以提高教学效果为根本目标。结合阅读文本,运用多媒体进行语境中的词汇和语法教学。多媒体能够直观形象地展现传统教学中难以展示的场景,充分发挥直观语境的优势,使学生获得充分的认知。

《牛津高中英语》教材的文章题材包括人物传记、社会文化、历史、地理等方面的内容。教育现代化背景下,教师可以借助网络获取大量的相关教学背景语料,搜集与英语学习有关的足量文本、音频、视频,保证学生不断接触广泛鲜活的语言材料,并以语料为载体,加强对学生的情感、态度和价值观的引领,提高他们英语学习的兴趣。

(1)输入名人演讲的音频、视频,激发阅读兴趣。比如:在教学模块十一的第一单元 Jobs and Advice of Career 阅读语篇之前,笔者选摘了美国能源部部长朱棣文在哈佛大学毕业典礼上的演讲: Advice for Graduates。演讲中给出的忠告很易记,对学生有很强的指导意义,学生很感兴趣也受鼓励,乐于诵读这些句子。又如,笔者和学生一起阅读了苹果手机的创始人乔布斯在斯坦福大学的演讲: Three Stories from My Life。由此学生了解了乔布斯,学到了他的奋斗精神,也记住了经典的语句: Stay hungry, stay foolish(永不满足,矢志不渝)。

(2)输入地道、原汁原味的影视节选,促进语言运用。以模块一第二单元的 Reading 板块的"成长的烦恼"为例,笔者选择了美剧 Good Luck, Charlie,在观看过程中课堂充满了欢笑,学生不仅感受到了纯正的语言,还了解到不同的青少年在成长期所遇到的麻烦以及在不同的文化、不同的家庭中解决问题的不同方法。又如,在教授模块六第一单元的 Reading Laughter Is Good for You 时,笔者将影片《憨豆先生》进行了剪辑,加上相关资料来完成课件,并且在实施过程中让学生参与模仿,让学生模仿同学或老师,整堂课几乎就是在笑声中度过的,体现了 fun with English 的理念;在系列的活动体验中,笔者引导学生"问""想",让学生的思维自由驰骋,让课堂充分开放,使他们置于一种动态、开放、多元的学习环境中,学生在老师的帮助下进入角色、融入课文。

当然,在给学生观看影视片段之前,教师应该依据教学目标、教学环节来布置适当的任务、设置多层次的问题。

比如:在安排学生看美剧 Good Luck, Charlie 之前,笔者选取了一个片段设计了一张 worksheet 让学生完成,并要求学生带着问题观看: Give the names of Charlie's siblings and pick one adj. to describe them. the eldest: _____ ( ); the second: _____ ( ); the third: _____ ( );或者在看时要求每个学生设计一个问题供看后讨论交流;或通过练习使学生加强对词汇的积累,如 Which word does mommy use to mean delicious? 通过显性的教学活动潜移默化地让学生建立和提高文化意识的敏感度和自觉性。

2. 以教材文本为载体,提升阅读效能

"用教材教"是用好教科书中的阅读文本,对于有效提高学生阅读理解能力有一定的作用,也能提高学生阅读理解的解题能力。这些文章是很好的载体,教师应该用好这些资源指导学生进行有效阅读技能的培养。

(1)读前问题,激活背景知识。

认真预习,教给学生预习的方法,引导学生思维,并写出自学笔记、提出自学中遇到的疑难问题。通过读前问题,指导学生进行有效的预习,激发学生对文本题材的兴趣,有效激活学生对文本背景知识和文化的了解。例如,在学习模块六第一单元 Stand-up for Your Health

时,笔者为学生设计了课前预习学案来帮助学生更好地理解:

① 阅读课文完成课本 P4 – P5 练习。

② 根据课文内容判断正误。

如：If the comedians act or speak like a well-known person, this is called observational comedy.

③ 请用英语回答下列问题。

In the text, the writer says "laughter is the best medicine". What do you think is the best medicine for your health?

让学生就以上问题联系自己的实际做些准备,以便课上参与讨论,学生有了课前的铺垫,上课时能各抒己见,非常活跃。

(2) 读中问题,体现能力培养。

读中问题的设计不应拘泥于教材给出的问题,《牛津高中英语》教材的阅读板块的问题设计以 Skimming 和 Scanning 的能力培养为主。在阅读教学中,教师应该从"理解文本字面意义的问题""概括文字主旨大意的问题""推理判断性问题""段落主题句""文章结构"等方面进行问题设计,从语篇模式和语篇组织结构的问题出发,强化语篇层面的阅读教学,帮助学生了解阅读常见的文体、体裁的语篇特点,以培养他们的阅读能力中的语篇能力,体现"语境中的阅读"教学理念。

教学模块五第一单元的 What Friendship Means to Me 时,在学生预习的基础上,笔者要求学生运用 Skimming 的阅读策略,寻找段落主题句,并进一步启发学生该段中的例证的作用是支撑主题句。如,第二段的主题句为 Friendship means not being alone,学生能领会到该段的结论句 Life is no fun without a companion to share it with 其实是对主题句的重述。在这基础上,学生再通过小组讨论文章结构并归纳主旨,全班交流后达成一致看法。

(3) 读后问题,体现合作探究。

通过读后活动问题的设计来评价文本、发表个人意见,还可以通过小组合作培养学生综合语言运用的能力。例如,模块四第一单元的 Advertisement,学生从书上所展示的 ads 中归纳出 What must be covered in an ad? 然后学生自由组合设计一份广告,通过这一任务,他们进一步理解了 pictures, title, slogan, language, advantages, comments 应该通过合理的组合、编排后放在广告中,使广告更具吸引力。比如,一组学生设计了 Samsung Galaxy S6 的一份广告,剪贴了报纸上的图片,并且配上自己的精彩小诗: A mobile phone understanding you, A mobile phone meeting all your needs … It's Samsung Galaxy S4. 这样的作业图文并茂,学生深刻理解了 how to make an ad,且获得了能力的提升。

3. 自我反思,总结提升

教师不断地进行自我反思,这是提升教学水平和效率的重要途径。课前反思要求教师在备课时应该充分考虑到一些可能在课堂上出现的情景,并尽可能使这些预设实现生成。

课堂教学中教师可以根据中心话题设计开放性问题。比如,模块二第三单元的主题为 Amazing People,笔者设计了 Are these famous people also great people? 的问题,另外,在课堂上常会出现一些突发情况,那么教师应该根据实际情况对预案进行适当的调整。例如,某一问题本来是作为 brainstorming 的,但问题抛出后,学生反应不强,这时教师可调整为小组讨论。

当然教师还应该积极课后反思,对于课堂中出现的问题应及时总结并纠正,对于受学生欢迎的话题、活动应该积累，并在以后的课堂操作中改进。同时与其他教师经常交流，取长补短，将他人的经验运用到自己的课堂教学中。通过不断的自我反思，教师能够提升自己，改进教学，促进学生的有效学习。

三、结语

教师要以多媒体为辅助，创设丰富的教学情境，以教材文本为载体，提升阅读效能，要以课堂的系列活动为主线，让学生充分参与学习实践。教师要不断地反思，不断地矫正自己的教学行为，这样才能优化阅读教学策略，找到教师在课堂上的位置和价值，提升教学技能和教学效益，那么英语课堂的实效性也就能得到保证。

参考文献

[1] 教育部.普通高中英语课程标准[S].北京：人民教育出版社，2003.

[2] 陈治安，文旭.试论语境的特征及功能[J].上海外国语大学学报，1997(4).

[3] Nunall, C. *Teaching Reading Skills in a Foreign Language*[M]. Oxford：Macmnlan Heinemann，1982.

[4] 张岚.深度解读文本，精心设计教学[J].教学月刊(中学版)，2014(2).

（本文发表在《江苏教育》2017年第2期）

提升英语教学实效性的几点做法

教学的实效性指的是单位教学时间内的实际教学效果,它可以概括为三层含义,即效果、效率和效用。教学时,教师可运用目标激励法、情境体验法、合作探究法、分层指导法、反思调控法,提升英语教学的实效性。

一、目标激励法

激励是指激发人的行为动机和发挥内在潜能的心理过程。其中,目标的激励是最为主要的一种激励方式,它能激发人的内在潜力,开发人的智力,充分发挥学生的积极性和创造性。一般而言,教师应根据学生自身的具体情况,来引导学生制定英语学习的近期目标、中期目标和长期目标,以此激励学生在自己原有基础上有所进步。在引导学生制定目标的过程中,笔者认为要特别注意以下两点:

一是目标的确定要具体。斯金纳的程序教学法和布卢姆掌握学习的试验都表明,学生学习的目标必须是具体的、明确的,只有确定每节课的目标和单元目标,对学生才有一定的激励作用。所以,在实施目标激励时,笔者往往先确定一个总体目标,再把总体目标分解成每节课的目标。这样,就把一个大目标变成多个具体的课堂教学目标,引导和激励学生去不断地学习。比如,教学译林版牛津高中英语模块一 Unit 1 School Life 之前,可要求学生根据单元后面的 self-assessment 制定一个学习目标。内容为:通过学习第一单元,在 skimming 和 scanning 方面应达到怎样的一个程度,是否会准确无误地运用本单元中的新学词汇,是否会运用 that、which、who、whom、whose 来引导定语从句,是否会为学校俱乐部制作一张海报,等等。

二是目标的制定要适切。适切的目标是指学生的学习目标适合学生的能力和认知水平。不可否定,学生作为独特的个体存在,他们的英语学习情况各不相同。因此,教师应该根据不同学生的实际情况,为他们制定个性化的适切的教学目标。如果目标超出了学生的认知水平和学习能力,他们就会出现"习得性无力感",对英语学习将产生很大的负面影响。因此,笔者在帮助学生制定目标的时候,将学生分为 A、B、C 三个层级,并对他们提出不同的教学目标。比如,教学牛津高中英语模块一 Unit 2 的 Reading 板块 Growing pains 之后,笔者要求 C 层级的学生在学完文章之后进行复述,B 层级的学生对文本进行概括,A 层级的学生根据文本来续写情节。这样,不同层级的学生都有了适合自己的学习目标,从而极大地调动了他们学习的积极性。同时,笔者经常采用一些适当的激励措施,当学生达成了某个目标时,就给予一些奖励,或奖励英语课外阅读书籍,或颁发班级"英语之星"的奖项,或张榜表彰学习进步的学生。这些激励举措,为学生目标的达成起到了很好的促进作用。

二、情景体验法

体验英语教学的理论来源主要是建构主义理论和体验学习理论,而情境体验是体验式英语教学最关键的环节,它在一定程度上决定着体验式英语教学的效率。因此,教学中,教师必须有意识地根据课堂教学的目标和具体的教学内容,积极创设丰富多彩的教学情境。

（一）开展丰富的课堂活动

教师可根据不同的教学内容组织各类活动,如美文朗诵、词汇竞赛、某话题的即兴回答等。活动的形式可不拘一格,或分组对抗,或个人抢答,或表现展示,使他们的"疲劳波谷区"变为"高潮兴奋区",让学生学得轻松有趣。同时,教师应该根据具体的教学目的,认真设计好每一节课的活动方案,以营造新颖、活泼的教学情景。比如,译林版牛津高中英语模块四 Unit 1 的 Task 板块要求学生制作一则广告。笔者引导学生先学习了教材上的两个广告,让学生讨论了这两个广告的共同点,并归纳出广告文案必须覆盖的要点,然后要求学生在制作广告时要考虑到图片、标题、口号、语言、价格以及他人评价的摆放位置。学生踊跃尝试,积极参与,最终呈现出来的广告各具特色、可圈可点。比如,有一小组学生设计了 Samsung Galaxy S4 的广告,他们不仅剪贴了报纸上的图片,还配上了自己写的精彩小诗:

A mobile phone understanding you.

A mobile phone meeting all your needs.

A mobile phone shining like a star.

A mobile phone deserving your purchase.

It's a Samsung Galaxy S4.

通过这样的活动,学生的思维和实践能力都得到了提升。

（二）营造浓厚的英语氛围

一是诵读,引导学生在反复的文本诵读活动中不断加深对文本的体验。事实上,诵读是脑、心、眼、耳等各种器官协调配合;只有通过诵读,才能使学生出其口,入其耳,通其心,从而直接感知文本的意蕴,体悟作者所要表现的思想意旨。二是引导学生展开丰富的想象,用准确、流畅的英语再现文本描绘的情境,让学生体验文本彰显的思想情感。三是情景模拟表演,引导学生根据文本的描写内容,用英语模拟表演并体验相关的情景。比如,教学译林版牛津高中英语模块一 Unit 2 时,笔者安排学生分组分角色进行表演,在表演中进一步理解来体会这一小剧本所要传递给读者的信息：如何与父母沟通,尤其是有了误解后应该如何消除。针对学生的每组表演,笔者就准备、语音、手势、台词流利度等方面进行评点,让学生评出最佳小组。在这样和谐、轻松的氛围中,学生通过不断的体验、感受、感悟,便能把抽象的东西变为理性的认知。

三、合作探究法

美国教育学家雷迪斯·D. 高尔将探究式教学定义为"一群人为达到教学目标而分配不同角色,经由说、听和观摩的过程,彼此沟通意见"的过程。这说明探究活动是师生共同的活动,这样能做到取长补短、智慧共融,实现问题的最终解决。因此,教学中,教师可根据特定的文本材料中所呈现的一些事例、现象和问题,引导学生开展自主学习和合作讨论,从而探究、发现并掌握相应的知识、原理,获得正确的结论。这样的合作探究式教学,至少可以体现出两方面的意义和价值：一方面可以给学生提供充分的自主学习的机会,他们或设计问题,或讨论辩证,或表达观点;另一方面又可以让学生在合作探究的过程中领悟文本的精髓、神韵,把握文本解读的一般技巧和步骤,达成开发学生的智能、发展学生的思维的教学目标。

那么,如何让学生真正实现群体参与和互动呢?小组讨论的合作学习方式可以一试。比如,将全班学生分成若干小组,每个小组一般由四位学生组成,并由小组成员民主推举一位小组长。学生在明确学习目标的基础上,围绕学习目标阅读文本材料,自行设计出有待探究的问题来。接着全班同学进行课堂交流,经过集体讨论确定重点探究的若干问题。然后,各小组积极地展开讨论,各位同学积极发表自己的看法,相互辩驳、相互启发以合作解决问题。在此基础上,各小组派代表上讲台进行交流,实现小组间的成果分享。最后,教师进行总结评价。在整个讨论和交流过程中,自然有思维的交锋、观点的碰撞,而这正是最具价值、最为灵动的教学环节。这种合作探究的最终价值并不是一味地让同学们寻找答案,而是在寻找答案的过程中,让学生自我进行智慧共融、成果分享的难能可贵的历练。比如,教学译林版牛津高中英语模块八的 Unit 2 的 Project 板块 From the blues to pop 时,笔者引导学生分小组讨论:文中提到的几种音乐起源与特点分别是什么?经过讨论,学生得出如表所示的结果:

Types of music	Time	Origin	Characteristic	Representatives
Blues	the early part of the 19th century	folk songs	It lacked variety and was too sad and slow to dance to.	
Jazz		blues	It was faster and livelier.	Louis Armstrong
R&B	(the 1930s – the 1950s)	jazz, the older blues sound	It combined the fast pace of many kinds of jazz with the older blues sound.	
Rock and roll	the early 1950s	R&B	strong loud fast rhythms	Big Joe Turner, Bill Haley and the Comets, Elvis Presley
1960s pop music	the 1960s			the Beatles

在完成任务的过程中,学生互相合作、学习,其理解能力和探究能力均有了不同程度的提升。

四、分层指导法

学生的学习基础和接受能力是有差异的,因此,教师应该根据不同的教学对象,因人而异,分层指导。对"优等生",教师可以对他们提出较高的英语学习要求,对他们的课外阅读和写作也要有较高的标准;对"差生",则要求他们及时矫正不良的学习习惯,并掌握一般技能。这样,才能最大限度地激发学生的学习兴趣,进而提高教学的实效。

在进行分层指导时,教师必须充分地了解学生的学习心理、学习习惯、学习状态和学业成绩,并根据有差异的教学对象,采取相应的教学举措。在整个课堂教学过程中,教师要有意识地体现出分层指导的原则:问题的设计要难易兼顾,作业的布置也要有一定的弹性,不要"一视同仁"地要求所有的学生完成统一的作业,而要根据学生的基础水平,指定他完成相应难度的作业。比如,在第一模块学习了定语从句,布置的分层作业如下:基础较差的学生可完成书上的基础练习,尤其是首先学会认识定语从句;基础较好的学生可以做主观题,填入正确的关系词,或者做若干句翻译练习,真正体会关系词与先行词的关系。

另外,在课外指导过程中,教师也要采取扎实有效的措施,根据不同的教学要求实施具体的指导。教师可对成绩优秀的学生进行"拔高"训练,或成立英语课外兴趣小组,或扩大学生的课外阅读量,或参与外宾接待活动;对于差生,则要加强课外辅导,逐一查漏补缺,并详尽地分析作业中存在的问题,启发他们加以订正,并有针对性地提出补救措施。对差生的每一点进步,教师都应及时表扬,给他们提供体验成功的机会,以激发他们的学习热情,增强他们的信心。实践证明:正视学生的自觉性、可变性、独特性,采用变通的方法因材施教,这样才能使基础水平和智力水平不同的学生均能体会到成功的喜悦和学习的趣味,进而最大限度地发掘学生的潜能,提高学生英语学习兴趣和教学效能。

五、反思调控法

学生的英语学习实践行为具有自己的基本规律和固有的特性,这些规律和特性便构成了学生学习主体的活动方式。一般来说,这种学习活动行为和方式具有一定的重复性和相对的稳定性。这就使得学生英语学习行为呈现出强大的惯性,而这种惯性在很大程度上会使学生的学习行为缺乏必要的创新。因此,教师要不断引导学生创新和优化学习行为,让他们经常进行反思,认识到自身学习行为的某些缺憾,从而对不良行为加以矫正,最终使英语学习的实践行为得以不断地自我优化。

实践证明,自觉地反思自己的学习行为,并适当地对学习行为加以调控,是提高学生英语素养、获取英语能力的一条重要途径。但是,在实际的学习过程中,学生一般很少对自己的英语学习实践行为做出必要的反思,这样一来,学生的学习行为就很难突破日常英语学习的惯性,难以进行自觉的、高效的学习实践活动,从而就容易陷入"高耗低效"的泥淖。

笔者在自己英语教学实践中,十分注重引导学生自觉反思自身的学习行为。当然,这种"反思的目光指向主要是过去的意识行为,具有价值评判的性质"。而且反思的形式和内容是因人而异的。从反思的内容看:有对学习目的的反思,有对学习态度的反思,有对学习方法习惯的反思,有对学习习惯的反思等。从反思的时间看:有课后的反思,有对某一特定时段的反思,也有一个学期或一学年的反思。以下即为两位学生的反思笔记:

(1)这学期以来,我的英语成绩不太理想,虽然自己也做了努力,但效果不是很明显,因此产生一种消极的心态,对自己也逐渐失去了信心。在老师的启发引导下,我分析自己没有达到英语检测目标的真正原因,主要在平时不注意及时复习巩固,很多基本知识没有很好地掌握,导致了许多知识出现"盲点"。因此,我要将这次考试作为一面"镜子",及时调整自己的学习方法,对知识要点必须及时反复地加以复习。

(2)老师经常对我们说能力差一些的学生并非不能完成学习任务,只不过所需要的学习时间更长一些,努力更多一些。而我在英语学习上的努力程度不够。比如,在阅读方面,我一直感到很困难,主要是自己的词汇量积累不够,语法知识不能很好地掌握,英语语感很差,阅读时难免困难多。因此,我必须加强词汇的积累,并在基本知识的掌握方面多下功夫,努力弥补自己能力上的不足。

这里两位学生的反思笔记,前者是对自己某一个学期英语学习行为的反思,后者是对自己阅读实践的反思。他们都客观地分析了自己英语学习行为方面存在的问题。在此基础上,他们都提出了改变学习行为的基本思路,从自身的学习状态出发寻找解决问题的途径。这样自觉的反思,无疑会对他们的英语学习产生积极的效能。当然,反思以后的学习思路和策略的调整,必须体现和落实在具体的学习行为之中。如果仅仅是"纸上谈兵",那反思也就不会产生应有的效能。

因此,在高中英语教学中,教师应该运用正确的指导方法,引领学生掌握英语学习的方法,从而全面提升英语教学的实效性。

参考文献

[1] 黄光荣.教学理论[M].高雄:复文图书出版社,1990.

[2] 郑慧琦,胡兴宏.教师成为研究者[M].上海:上海教育出版社,2004.

(本文发表在《教育研究与评论》2015年第10期)

高中英语课文阅读教学探究

高中英语课程的总目标是使学生在义务教育阶段英语学习的基础上,进一步明确英语学习的目的,发展自主学习和合作学习的能力,形成有效的英语学习策略,培养学生的综合语言运用能力。为此,在高中英语教学中教师要鼓励学生通过积极尝试和自我探究等学习方式,优化符合高中生特点的学习过程与方法,要鼓励学生通过体验、讨论、合作和探究等方式,发展他们的综合语言技能。

在培养学生的综合语言运用能力的过程中,阅读能力的培养是重要的目标之一。从高中英语教育大纲对阅读教学要求的表述中不难看出,英语阅读教学不仅要求学生能够正确地理解语言的表层意义,更要透彻理解语言的深层意义,进而全面理解全文并归纳全文提供的信息,从而进行正确的逻辑推理。这就要求学生必须在平时的阅读学习中反复地体味语言,培养和提高语言领悟能力和整体理解能力,同时又必须加强阅读速度的训练。所以,高中英语教师要以新课程标准的理念为指针,以阅读教育的目标为准绳,有效地进行课堂阅读教学,以多元的方式和合理的教学设计引导学生主动参与、合作探究,从而提高学生的阅读能力。

一、英语课文教学实施的关键

英语课文是实现阅读能力培养的重要载体,因而,英语课文教学是培养学生阅读能力的一个关键环节和重要手段,在教学中起着重要的作用。

在高中英语教学实践中,阅读能力培养的关键在于"教师的引导"和"学生的阅读及训练"。即学生在教师的具体指导下,进行阅读实践,充分发挥其学习潜能,引导其逐渐形成有效的学习策略,并能不断地适时调整,提高自主学习的能力,形成具有个性的学习方法和风格。此外,教师对学生的阅读实践应给予正确的引导、精心的指导和及时的疏导;而学生则应以各种方式进行阅读,如略读、精读和复读等,再结合训练,这样整个阅读教学过程有导有读,有读有练。

英国著名教学法专家韦斯特(Michael West)认为:"教授英语的基本任务,首先是培养直接阅读能力。"对学生来说,提高阅读水平、培养自学能力是一个与学习方法有关的问题;而对教师来说,如何成功有效地组织阅读教学,更好、更快地培养和提高学生的阅读能力却又是一个与教学方法有关的问题。从研究学生的学法入手,探讨和尝试高中英语课文阅读教学正是这两者的有机结合。

二、课文阅读过程的合理设计

"阅读是理解和吸收书面信息的手段。"阅读的目的是获取信息,阅读的过程实质上就是获取信息的过程;而信息多少的获得,关键又在于教师如何引导学生进行阅读。所以,阅读课教学的目的是培养阅读能力而不是仅仅教授语法和词汇,我们应该通过阅读课的教学来锻炼学生猎取信息的能力,使他们增强识记、理解词汇的能力,猜测、判断语义的能力,分析篇章结构的能力。在阅读过程中也要学习语法等基础知识，但学习这些内容的目的是为学生理解文章思想内容服务的。反之，如果我们把语言基础知识从它的载体（文章的思想内容）上剥离下来，孤立地教学一个个语言点，所理解到的知识便会成为无本之木。这无助于提高学生的阅读兴趣，无助于学生语言运用能力的提高，更无助于学生阅读技能和习惯的培养。因此，阅读课的教学过程是指导学生进行整体阅读和训练的过程。

（一）略读，整体了解课文大意和轮廓

语言学家 Eddio Williams 说过（1984）：As a rule, while-reading work should begin with a general or global understanding of the text, and then move to smaller units such as paragraphs, sentences and words.

泛读或略读（extensive reading/skimming）就是让学生快速浏览全文，并通过标题和主题句，对文章的大意、结构和作者的写作意图形成整体印象。一篇文章的 title 是整篇文章中心、主旨的反映，因而对题目进行正确的解读也就了解了文章的大意；反过来，掌握了文章的主旨为我们确定 title 奠定坚实的基础；一般来说，title 与 main idea 都是一致的；这种训练为学生做阅读理解中的此类题型有很大的帮助。

例如，教 M3 U2 Reading English and its history 时，笔者要求学生速读第一段及 sub-title，学生很快能理解文章的大意，并且能较为准确地理解各部分的主旨：

P1：A general introduction to the English language.

P2：How Old English is formed.

P3：How Middle English is formed.

P4：How Modern English is formed.

通过扫读这些内容，学生能达成一致的结论：English is a living language. 由此也进一步理解标题并且明白语言是不断发展的。

（二）细读，局部了解课文的主要情节和要点

精读或细读（intensive reading/scanning）引导学生仔细阅读课文，抓住情节掌握要点。

在泛读或略读之后，学生已知晓文章大意，教师应指导他们对文中信息进行逻辑推理和分析判断，帮助他们准确理解人物性格、事实原因、事物发展规律、作者的观点以及文章字里行间的深层含义。在这个过程中必须坚持以学生为本，让学生作为阅读实践活动的主角。教师应多角度、多层次、多形式地为学生设计阅读活动，使所有学生全程参与阅读过程。

如笔者在教 M5 U1 的 Reading Secrets and lies 时，要求学生通过理解文章中的语句：…we are fun because we are both very academic and like to study, but we like it that way. We are both very hard-working and always get good grades at school 来回答：Why could Sarah and Hannah be good friends before? 有些学生只会读课文原句来回答，经过老师点拨、学生讨论商议，最终能归纳出 They were like each other and had much in common。通过这种训练，学生进一步明白了阅读理解的选项与原文表达形式不一，但意义相同，也让学生注重了语言的积累，了解了阅读理解题型出题的方法与意图。

另外，师生再一起分析 Sarah 不同的情感及原因：

She felt $\begin{cases} \text{betrayed \& angry} & \text{because she thought her best friend Hannah didn't keep her secret.} \\ \text{shamed} & \text{because she scored the lowest score in her class.} \\ \text{upset} & \text{because she found a piece of paper on her desk that said "Stupid Sarah got a D".} \end{cases}$

学生能够设身处地明白 Sarah 现在所处的困境、对友谊的迷惘,体会她写信给专栏专家求助的迫切心情。

（三）重复阅读,整体把握篇章结构、文章宗旨,培养学生归纳理解能力

复读(Re-reading)课文,让学生再从中心思想出发,整体把握篇章结构、文章内涵和作者观点,让学生重新系统地、深层次地理清全文的内在联系,来掌握其"言外之意",做到 read beyond the lines。这样学生能有效地阅读、深入地理解并有利于培养其阅读能力。在这一阶段,教师要引导学生对信息进行梳理、归纳和总结,使其得到强化和巩固,同时使学生掌握的知识转化为技能。

如何使学生掌握篇章结构? 老师应让学生明白英语阅读篇章的 structure 往往有规律,通常为三或四部分：① introduction；② topic 的呈现即 main idea；③ supporting ideas or examples；④ conclusion 或 ending。在平时的课文阅读教学中有意识地训练学生的这一素质,使学生对文章主旨有更好的理解,同时潜意识地为写作练习打下基础。如 M2 U1 的 Project,经过阅读指导、梳理,到最后学生明白文章的结构如下：

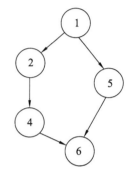

（title）Telling about an unexplained mystery

Beginning：Para. 1 Yetis are reported to have been seen all over the world.

Body：$\begin{cases} \text{P2 – P4：Descriptions of Yetis in different places.} \\ \text{P5：A scientist's opinion about Yetis.} \end{cases}$

Ending：P6：The hope for the solution to the truth.

三、阅读过程中合作探究的运用

任务活动的安排、合作探究的形式是阅读过程中不可缺少的一部分,小组讨论不仅增加了学生的发言机会,还使学生增加了自信,有利于学生进行积极思维,集思广益,还有利于教师进行个别指导。在本人看来,开展时要注意以下两个方面的问题。

（一）强调有效合作意识

笔者在自己的教学实践中,根据国内外的许多成功的模式,结合教学对象的实际情况,尝试采取小组讨论的合作学习方式,把全班学生分成若干小组,每个小组由四五个学生组成,并由小组民主推举一位小组长。学生在明确学习目标的基础上,围绕学习目标阅读文本材料,设计出有待探究的问题来。接着全班交流,并由集体讨论确定重点探究的若干问题。然后各小组积极地展开讨论,合作解决问题。在此基础上,各小组派代表进行交流,实行小组间的成果分享。这种合作探究的价值并不是让学生寻找到正确的答案,而是在寻找答案的过程中完成合作探究、智慧共融的一次次难能可贵的历练。

执教模块六 Unit 2 The search for happiness 时,笔者征集了各小组的问题让学生进行讨论：What makes you happy? What is your happiness? Have you searched for your happiness? After reading this interview, what is your new understanding of happiness?

以下是学生列举的理解：studying hard, getting good marks, cheering others up, helping others, devotion to one's job, contributions to one's country。引导学生围绕这些问题及观点展开

讨论，大家畅所欲言，激烈论辩。整个探究过程饶有兴味，最终达成了共识：The search for happiness never ends, and it is throughout our life. We should focus on our goals, and stay positive and optimistic, even in difficult times. 通过这些讨论，学生得到了语言实践的机会，思维能力得以发展，同时也学到了课本之外的东西：即使处境艰难也要努力追寻自己的幸福，使课本知识得以延伸。

（二）注重问题的精心设计

英语教材为教学提供了多元化的目标选择的可能性，同一个文本，可以有完全不同的目标设置。但是，课堂教学毕竟是一个选择和放弃的过程，不是所有的内容都可以成为教学目标，也不是所有的内容都有探究的必要。首先，教师可以根据具体的教学目的、内容和对象，科学合理地进行问题的设计，确定问题的深度和广度，多设计一些有利于学生展开发散思维的问题，灵活、创造性地驾驭文本。要使学生踊跃参与，首先要为学生提供感兴趣的熟悉话题，使他们有话可讲。为此，要做到：

① 要营造宽松、融洽、平等的学习氛围；要留下足够的参与时间和空间，学生能讲的，尽量让学生讲。② 要创造良好的参与条件，提供合适的参与机会，组织学生独立思考与集体讨论。在阅读课的教学中，教师设置情境，就学生感兴趣的话题以小组为单位全班展开讨论，以达到全员参与的目的。

如：在教学模块一 Unit 3 时，就其主题 looking good, feeling good，笔者让学生讨论了 Which is more important, looking good or feeling good? 并就如何理解文章题目：Dying to be thin … 让他们各自发表看法并基本达成一致看法：Nothing is more important than health. But if you want both, don't forget the right way: keep fit ＝ healthy diets ＋ exercise (work out)。

围绕这个主问题，让学生具体探讨学生对美的理解，这样的讨论可以把课堂教学推向高潮。在讨论中，同学们畅所欲言，踊跃参与，提供了不同的可行性答案，充分发挥出他们丰富的想象力，活跃了课堂气氛。

多次课堂实践证明，学生对完成此类任务非常感兴趣，这使同学们在合作中学会探究，在探究中学会思辨，在思辨中学会学习，有效地提升了学生的语言素养，也开启了学生的智慧之窗。

四、课文教学的初步收效

阅读的合作探究改变了传统的英语课文教学模式，其实质就是一种学习指导性的教学方法，其教学过程充分体现了英语课堂教学"多层次、快节奏、多信息、高密度、重操练、勤反复"等一系列特征，同时也颇具成效。

第一，学生学习英语课文时，阅读意识明显增强，从而大大激发了学生进行广泛阅读实践的兴趣和动机。

第二，学生阅读英语文章的方法、技巧和效率有了明显的改进和提高。渐渐地，在他们进行阅读操练时能够较熟练地运用各种阅读方法和技能，大多数学生有了英语阅读的成就感和轻松感，对于篇章主旨的领会、主题句的确认做到了又快又准。

第三，教师用英语进行循序渐进的教学，使得学生在具体的语言环境中习惯用英语交际，用英语思考。

第四，学生在教师的指导下边读边练，不断地检测自己，不断地相互交流，口语和笔头表达能力同时得到了加强,并在语言的实际运用中潜移默化地形成了语感。

第五,在阅读基本技能得到提高的同时,学生的基础知识在大量的阅读实践中也不断得到巩固和深化,英语成绩也逐步提高了。

此外,高中英语课文教学对教师提出了很高的要求:

首先,英语教师必须具备扎实的语言基本功、较强的驾驭语言的能力和适应性,才能在课堂上适时把握时机,有效地引导和启发学生,这样才能达到阅读前的启发引导,阅读过程中的答疑解惑,阅读后讨论时的引导分析与归纳的要求;其次,教师必须认真钻研教材,仔细揣摩,并针对学生特点精心设计好教学步骤,即"备课"既备教材,也备学生;最后,教师要具备广博的学识与良好的文化素养,还需不断摸索、研究阅读教育的规律和方法。

教师在阅读实践中引导学生不断提高自己的阅读理解能力,培养学生良好的阅读习惯,增加学生的语言实践量。教师除了对教材中出现的有关社会文化背景的知识进行详细介绍外,还要经常补充介绍一些英语国家的当代社会背景知识以及科学技术发展情况。平时要指导学生阅读有关的英语报刊,鼓励学生广泛接触有关英语国家的人文、地理、历史、传记等方面的书籍。只有不断扩大学生的知识面,培养其良好的阅读习惯,才能使他们紧紧跟上语言的发展,才能有效地提高学生的阅读理解能力,成为终身学习的受益者。

阅读是一个综合过程,能力的提高更是一个循序渐进的过程。为此,不同年级应有不同阅读达标要求,课堂上各阶段的阅读理解训练也应随之有所侧重。总之,教师若能结合学生的认知水平,合理、灵活地对课文阅读进行教学设计,高中英语阅读教学目标是完全能够实现的。

参考文献

[1] 高瑞. 英语阅读教学的问题设计策略[J]. 中小学外语教学(中学篇),2011(11):13-17.

[2] 教育部. 普通高中英语课程标准(实验稿)[S]. 北京:人民教育出版社,2003.

[3] 王初明. 外语得怎样学会的[M]. 北京:外语教学与研究出版社,2010.

[4] 王松美. 中学英语课堂教学技能训练[M]. 沈阳:东北师范大学出版社,2000.

[5] 朱萍,苏晨杰. 英语教学活动设计与应用[M]. 上海:华东师范大学出版社,2007.

(本文发表在《英语教师》2015年第3期)

周春敏，华东师范大学英语教育硕士，中学高级教师，江苏省初中英语课程教材改革实验工作先进个人、苏州市名教师、苏州市优秀教育工作者、苏州市中小学英语学科带头人、苏州市首届"十佳"班主任、苏州市周氏德育奖。爱岗敬业，勇挑重担，乐于奉献。曾获全国第六届学科整合一等奖，把握学科能力竞赛区一等奖、市二等奖。所辅导的学生在各级各类英语能力竞赛中有50多人次分获一、二、三等奖。积极参与区级、市级、省级课题研究。近年来，在《学英语》《英语新世纪》《中小学英语教学与研究》(全国核心期刊)等省、市级或省级以上刊物发表论文20多篇，并有20多篇论文在各级各类评比中获奖。曾参与牛津初中英语教材的修订、编写工作。

周春敏

近年来教育科研成果目录：

活动先行　启迪心智　全面发展，《启迪　教育教学版》，2015年第12期；

转变学生学习方式的探索，《文化博览》，2014年第2期；

智慧沟通——我和学生的班级日记，《苏州德育》，2014年第6期；

实践　思考　感悟——用心做好学生的思想教育工作，《长三角教育版》，2013年第1期；

英语课堂教学中任务型语言教学途径的探索，《文化博览　基教版》，2013年第2期；

加强听说训练　适应人机对话，《长三角教育》，2012年第4期；

如何在完成任务中学习英语——以《牛津初中英语》7B Unit 5 的 Reading I 为例，《中小学英语教学研究与实践》，2012年第12期；

初中英语 9A Unit 5 Films Reading I，《苏州市教育学会》，2012年4月；

谈谈高中英语任务型课堂教学设计，《中小学英语教学与研究》，2002年第5期。

如何在完成任务中学习英语
——以《牛津初中英语》7B Unit 5 的 Reading I 为例

一、课题概述

译林版《牛津初中英语》(以下均以该教材为例)7B Unit 5 的单元主题是 Abilities。阅读部分介绍了一位勇敢的年轻人张华见义勇为的事迹。25 岁的张华从大火中救出了他的邻居,79 岁的孙太太。这是一篇叙事类的短文,学生比较容易理解。本课重点是通过学习,学会如何来组织、安排、描写这种叙事类的短文,逐步提高学生的书面表达能力。在这个课题中,笔者运用了任务型语言教学途径来展开教学,设计环环相扣的任务,让学生在完成一个个任务的过程中学习英语。

在任务型语言教学为主的课堂上,学生始终处于一种积极的、主动的学习心理状态,任务参与者之间的交流是一种互动的过程。教师要通过创设接近实际生活的各种语境,采用循序渐进的语言实践活动,以及各种强调过程与结果并重的教学途径和方法,培养学生用英语做事的能力,力争学中用,用中学。为了完成任务,学生应尽可能地调动各种语言和非语言的资源进行"任务分析",以达到解决某种交流问题的目的。完成任务的过程催化了学生自然的和有意义的语言应用,营造了一个有利于学生将语言运用内化为言语技能的支持环境。

二、案例呈现

Step 1:Warm-up activities & lead-in(热身或导入)

T:Daniel and his friends are members of the Helping Hands Club. What do they often do to help others? Look at the pictures below. What are they doing?

S_1:He is helping an old man (to) cross the street.

S_2. She is planting trees.

S_3:…

T:All of them are very helpful. Today we'll learn about another helpful person. He is a brave young man.

【设计意图】 执教者以丹尼尔和他的朋友是助人俱乐部的成员引入课题信息;接着,提出问题:助人俱乐部的成员经常做些什么来帮助别人?执教者一边展示图片,一边让学生用完整的句子来描述图片上一幅幅助人为乐的画面。最后,很自然地引入本课的课题:一位勇敢的乐于助人的年轻人。这个环节起到了课前热身的作用。学生在接受新授内容之前,以一种自然的、以旧带新的方式引出新课内容。同时,这个环节又起到了导入的作用。从谈论乐于助人的事迹开始,自然而然地进入本课的主题:一个勇敢的年轻人。

Step 2:Pre-reading(阅读前)

Task 1:Words and expressions(Individual work & Class work)

T: Daniel read an article on the brave young man in a newspaper. While reading the article, Daniel met some new words in it. Will you give him some help? Explain the new words one by one with the pictures or the given information.

Checkout

1. It was _____ （勇敢的）of him to go into the burning building. （brave）

…

3. Last Sunday, Zhang Hua was at home _____ （by oneself）. （alone）

…

6. Zhang Hua tried his best to s_____ his neighbour, Mrs Sun. （save）

…

8. Jack didn't go to school until he and his neighbours _____ the fire. （put out）

…

10. If you meet a tiger, you are in danger because the tiger is _____. （dangerous）

【设计意图】 执教者以丹尼尔的口吻说出在阅读文章时遇到了一些生词,然后进行词汇教学。教授生词的过程中,执教者创设语境,图文并茂,通过提供上下文信息的方式,帮助学生接受新的信息,猜测词义。之后执教者安排了检测练习:根据中文意思填写单词;根据英文解释或首字母填写单词;根据句意填写单词。完成这个任务旨在帮助学生认知、记忆和运用新学词汇,为下一个任务的整体阅读做好词汇储备。在阅读教学中,词汇的教学至关重要。学生只有有了大量的词汇积累才能读懂文章,而词汇教学不能只是单一的听、说,最重要的是放在语境中学习和记忆,这样才能更好地训练和培养学生的词汇能力。

Task 2: Main idea （Fast reading）

T: Now, Mrs Sun was in danger because of the big fire. Who saved her? Do you know who the brave young man is? Open your book to Page 78. Have a quick look at the article, and then complete the following form.

A brave young man	
Who	Zhang Hua
What	helped his neighbour out of a fire
When	on 10th May
Where	at Mrs Sun's home
How	put out the fire with a blanket

Main idea:
On 10th May, Zhang Hua put out the fire with a blanket and helped his neighbour Mrs Sun out at her home.

【设计意图】 执教者从上一个任务中的最后一个关键词 dangerous（危险的）自然而然地引出"孙太太遇到了危险因为火是危险的"这一结论。为了让学生对全文有个整体的理解,执教者设计了一个快速阅读的任务,找出叙事类文章的五要素:Who（谁）、What（什么）、When（时间）、Where（地点）、How（方式）,并根据这些要素信息归纳出文章大意。完成这个任务使学生对全文有了一个总体概念。让学生统揽全文,居高临下,先整体,后细节。

这也是阅读整体教学的基本要求。同时,为更好地完成"阅读中"的任务奠定基础。

Step 3：While-reading(阅读中)

Task 3：Listening & Filling in the blanks(Individual work)

Para. 2

T：How old is Zhang Hua?

S：He is 25 years old. He is a 25-year-old young man.

T：What happened on 10th May?

Filling in the blanks：

- Zhang Hua was _____ (独自在家).
- Suddenly, he _____ (听到有人喊) "Fire! Fire!"

…

- _____ (任何事都可能发生) her at that moment.

T：Say something about what happened on 10th May.

…

【设计意图】 执教者先让学生听第二段火灾前的录音,听后通过设计的完成句子的练习来检测学生的理解情况。然后要求两位学生来复述这一段的信息。完成这个任务既检查了学生速记信息的能力,又训练了学生用英语进行整句表达的能力。阅读教学最终的目的就是要让学生了解作者要传达的信息。训练和学习整句的输出可以提高学生的口头表达能力和获取完整信息的能力。

Task 4：Reading & Sequencing events (Group work)

Para. 3

T：Anything could happen to Mrs Sun at that moment. It's very dangerous. The fire is very dangerous. Mrs Sun was in danger. What should Zhang Hua do at that moment? Listen to the tape, and then tell me the answer to the choice.

- What did Zhang Hua do at once? (D)
    A. He called 119 at once.
    B. He only shouted "Fire! Fire!"
    C. He was afraid of fire and ran away.
    D. He tried to put out the fire.

T：How did Zhang Hua put out the fire? Help me find out the correct order.

a. The fire was hot but he wasn't afraid.
b. There was a lot of smoke in the kitchen.
c. He put out the fire with a blanket.
d. He poured water over his jacket.
e. He quickly ran back to his flat.
f. He rushed into Mrs Sun's kitchen.

First, he quickly ran back to his flat. Then, he poured water over his jacket. Next, he rushed into Mrs Sun's kitchen. Afterwards, there was a lot of smoke in the kitchen and the fire was very hot but he was not afraid. Finally, he put out the fire with a blanket.

【设计意图】 在学生读第三段之前,执教者设计了一道选择题:张华在紧急关头到底做了什么?学生带着问题去阅读,听完后学生很容易就能找到正确答案。接着执教者又设计了一个排序的练习,让学生理解张华救人的过程中所做事情的先后顺序。这个任务能培养学生正确、合理安排所要做的事情的能力。同时,可以很好地培养学生组织语言的逻辑性和严密性。

Task 5:Reading and Correcting the mistakes (Individual work & Class work)

Para. 4

T:Zhang Hua helped Mrs Sun out of the fire. Mrs Sun was saved. She was safe now,but what was wrong with Zhang Hua? First,listen,and then retell this part according to the key words.

- … burnt … neck,arms and face
- … in hospital … months
- … visited … and brought …
- What _____ he is!

T:Daniel told Simon about Zhang Hua,but he made some mistakes. Could you help him correct them?

I read about the article in the Times English Post.

First, Zhang Hua, a 15-year-old boy, heard his neighbor, Mrs Sun, calling for help. Then he poured water over his trousers. But the fire burned his neck, legs and face. He was in hospital for two weeks. Many visitors brought him flowers and money. How brave a young man he is!

【设计意图】 执教者在学生读完第四段之后,设计了一个根据关键词复述的练习,旨在训练学生的整句表达能力。然后,又把火灾前、火灾中和火灾后的信息简要组合在一起设计了一个找错的练习,帮助学生进一步巩固所学内容。这样学生对这起见义勇为的事件已有了较为全面的了解。学生通过多种方式进行了大量的语言输入。复述环节训练了学生整句输出的能力;纠错环节可以训练学生使用语言的准确性。

Step 4:Post-reading(阅读后)

Task 6:Discussion & Interview

T:What can we learn from Zhang Hua and the article?

- We should help each other.
- Fire can be very dangerous.
- It is important to be careful with fire.

…

T:Suppose you are a reporter from the *Sunshine Post*. You want to write an article about the brave young man—Zhang Hua. Make up a conversation between you and Zhang Hua. You can turn to the following questions for help.

(*Host/Zhang Hua*)

- How old are you? (I'm twenty-five.)
- When was the fire? (On 10th May.)
- How long did you stay in hospital after the fire? (For two months.)

…

【设计意图】 这一环节是阅读后的环节,在学生对全文有了比较细致的了解后,执教者设计了一个采访同伴的活动,通过这种编写对话的形式,旨在帮助学生进一步巩固和活用本课所学的知识。在完成前面一个个任务的基础上,学生可以很容易地做到高质量的语言输出。同时,在完成这个任务的过程中,渗透了一定的思想教育和情感教育。

Task 7:Summary (Task-based reading)

T:Since you've known a lot about Zhang Hua, a brave young man, try to use the words from the text to complete the following form.

Time	What a brave young man!
Before the fire	• The 25-year-old man, Zhang Hua, helped his (1) _____ out of a fire. • On 10th May, Zhang Hua was at home (2) _____. • (3) _____ he heard someone shouting "Fire!" • Then he saw a lot of smoke (4) _____ from Mrs Sun's house.
During the fire	• He (5) _____ into her kitchen and tried to (6) _____ her. • The fire was very hot, but he was not (7) _____. • The fire (8) _____ his neck, arms and face.
After the fire	• Later he was in hospital for two months, and many (9) _____ brought him flowers and (10) _____. • Zhang Hua said the fire can be very (11) _____. It is important to be (12) _____ with the fire.

【设计意图】 这是一个归纳总结的环节,为了让学生对全文有一个更加全面的概括性的理解,执教者设计了这个任务型阅读。这一任务型阅读既具有一定的挑战性,又是一个学生今后学习中常常会碰到的训练形式。这个环节可以培养学生用英语进行归纳、总结、概括的能力。

Step 5:Homework

My story on award for bravery

One Sunday morning, I was at home alone. Suddenly I heard someone shouting, "Help! Help!" I ran outside …

【设计意图】 执教者设计了开放性的家庭作业,让学生描写或编写一个类似的助人为乐的故事。学生通过本课的学习,对这种叙事类的故事描写也有了一个全面的了解,所以写作时自然得心应手。这个环节也可以锻炼学生的想象能力,留给学生足够的想象空间。同时,也大大地提高了学生的书面表达能力。

三、教学反思

(1) 任务型语言教学途径是"以学生为本"的教学。在任务驱动下,学生会主动调用已有知识,并积极与同伴进行自主、合作、探究学习,以便出色地完成任务,在这一过程中学生始终处于积极的状态。这也揭示了任务型语言教学的内涵:① 任务是人们在日常生活中所从事的有目的的活动(A task is a piece of work undertaken for oneself or for others, freely or for some reward. It meant what people do in everyday life, at work, at play, and in between)。② 任务是人们在学习、理解、体会语言之后所开展的活动(A task is an activity or action which is carried out as the result of processing or understanding language)。③ 交际型任务是一

种涉及学习者理解并运用所学语言进行交流的课堂活动。学生的注意力主要集中在语言的意义上,而不是语言的形式上。④ 任务活动与语言练习有着本质的区别:任务活动所谋求的效果不是一种机械的语言训练,而是侧重在执行任务中学生自我完成任务的能力和策略的培养,重视学习者在完成任务过程中的参与和在交流活动中获得的经验。

(2) 任务型语言教学反映出外语教学目标与功能的转变,体现了外语教学从关注教法转变为关注学法,从以教师为中心转变为以学生为中心,从注重语言本身转变为注重语言习得。因此,课堂教学的设计必须遵循以下原则:① 言语、情境真实性原则。任务的设计要提供给学习者明确、真实的语言信息和语言情境。② 形式——功能性原则。设计任务时要注重语言形式和语言功能相结合。每一阶段任务的设计都应具有一定的导入性,使学生在学习语言形式的基础上,通过一系列任务的训练来理解语言的功能,并能运用在交际活动中。在完成任务的过程中学生要能运用他们所学的知识和技能,这样有助于引导学生注意语言的交际意义。③ 阶梯形任务原则。所设计的任务应由简到繁,由易到难,前后相连,层层深入,形成由初级任务到高级任务,再由高级任务涵盖初级任务的循环,并由数个微型任务构成"任务链"。在语言技能方面,应当先输入后输出,使教学呈阶梯式层层推进。④ 做中学原则。学生自始至终通过完成具体的任务来学习语言,为了特定的学习目的实施特定的语言行动,并通过完成特定的任务来获得和积累相应的学习经验,享受成功的喜悦,从而提高学生的学习兴趣和学习的积极性。

(3) 任务型语言教学能给学生带来愉悦的情感体验。任务型语言教学中,教师从学生"学"的角度来设计教学活动,即任务,学生在完成任务时具有明确的目标指向和具体的操作要求。在教学活动中,学生大脑始终处于一种激活状态,不仅他们获得了语言知识,还获得了运用语言的能力。随着学习任务的不断深化、学生语言能力的不断提高,整个语言学习的过程越趋自动化和自主化,学生越能创造性地表达自己的思想。

任务型语言教学在较为真实的环境中运用真实的语言完成较真实的任务。有意义的任务活动贴近学生的生活、学习经历和社会实际,让学生感到熟悉、亲切,能引起共鸣,并能激发学生积极参与的欲望,使学生有话可说。如本课题所呈现的张华在火灾前、火灾中的表现和火灾后的状况都与学生的实际生活有联系,是一个非常真实的生活场景,学生如果碰到类似的情况,也会表现出类似的行为。

任务的延伸、拓展能调动学生的积极性,锻炼学生独立或以合作的形式收集资料、处理信息的能力。小组讨论不仅给学生提供了大量口头操练的机会,而且是一个集思广益和互相学习的过程,有助于培养学生分析问题和解决问题的能力,有助于发展学生的个性,提高其智力水平。任务完成的结果为学生提供了自我评价标准,并使其产生成就感,可转化为后续学习的动力。

(4) 学生参与学习的过程非常重要。语言学家也认为 Language is for doing things,事实上,学生乐于参与英语活动。在活动中,学生能运用英语解决问题,体验合作学习的快乐。本节课注重让学生参与学习过程,遵循循序渐进、环环相扣的原则设计任务,让学生逐步体验成功的喜悦。

在这节课堂研究课上,学生从听读材料到完成任务,从完成任务到体验探究,从体验探究到全班呈现,师生互动、生生互动频繁,课堂气氛非常活跃,学生深刻体会到了运用英语解决问题,即完成一个个预设任务的乐趣。在完成任务的过程中,有个人活动、同伴活动、小组活动,也有全班活动,不论是哪一种活动形式,都需要每个学生积极参与,全身心投入。与小组成员合作学习是相互合作、共同发展的过程。为了使自己的学习效果得到组内其他成员的认可,学生会努力挖掘自己的英语潜能,主动参与学习,使合作学习更加流畅。小组合作学习就是一个自我激励、自我监控、自我完善的活动过程。当然,有些英语基础较薄弱的学生,想参与,想合作,但有时也会心有余而力不足,更多的是观望、附和与等待。这时,教师要进行适当的调控与介入,为这些"学困生"提供帮助。

参考文献

[1] 教育部. 义务教育英语课程标准(2011 版)[M]. 北京:北京师范大学出版社,2012.

[2] 毕田增,周卫勇. 新课程教学设计[M]. 北京:首都师范大学出版社,2004.

(本文发表在《中小学英语教学研究与实践》2012 年第 12 期)

走进新课程 转变学习方式

《基础教育课程改革纲要(试行)》提出了转变学生的学习方式的任务,促进学生在教师指导下主动地、富有个性地学习。学生的学习活动是学校教育的主要行为,学习方式也是学校教育领域的一个重要概念,是教育研究的重要对象。它与课程、教学有着密切的关系,对学习结果也会产生重大影响。那么,什么是学习方式,为什么要提倡学习方式的转变和如何实现这一转变自然就成为这场教学改革的核心任务。

一、学习方式的概念

学习方式(learning approach 或 learning style)是当代教育理论研究中的一个重要概念。大多数学者认为学习方式是指学生在完成学习任务过程时基本的行为和认知的取向,是学生在自主性、探究性和合作性方面的基本特征。

传统的学习方式把学习建立在人的客体性、受动性和依赖性的基础之上,忽略了人的主动性、能动性和独立性。转变学生的学习方式就是要转变这种单一的、他立的与被动的学习方式,提倡和发展多样化的学生学习方式,特别是要提倡自主、探索与合作的学习方式,让学生成为学习的主人,使学生的主体意识、能动性和创造性不断得到发展,发展学生的创新意识和实践能力。认识和把握现代学习方式的本质特征是我们创造性地引导和帮助学生进行主动的、富有个性的学习的重要保证。因此,新课程学习方式具备以下基本特征。

1. 主动性

主动性是现代学习方式的首要特征,它对应于传统学习方式的被动性,两者在学生的具体学习活动中表现为:我要学和要我学。我要学是基于学生对学习的一种内在需要,要我学则是基于外在的诱因和强制。学生学习的内在需要一方面表现为学习兴趣。学生有了学习兴趣,学习活动对他来说就不是一种负担,而是一种享受、一种愉快的体验,学生会越学越想学、越爱学,有兴趣的学习事半功倍,这充分印证了兴趣是最好的老师。另一方面表现为学习责任。教师当然应该对学生的学习负责,但是如果学生自己意识不到学习的责任,不能把学习跟自己的生活、生命、成长、发展有机联系起来,这种学习就不是真正的自我学习。只有当学习的责任真正地从教师身上转移到学生身上,以学生为本,课堂教学中以学生为中心,学生自觉地担负起学习的责任时,学生的学习才是一种真正的有意义的学习、一种有内驱力的学习、一种自主的有效学习。

2. 独立性

独立性是现代学习方式的核心特征,它对应于传统学习方式的依赖性。如果说主动性表现为"我要学",那么独立性则表现为"我能学"。每个学生,除有特殊原因外,都有相当强的潜在的和显在的独立学习能力,不仅如此,每个学生同时都有一种独立的要求,都有一种表现自己独立学习能力的欲望,他们在学校的整个学习过程也就是一个争取独立和日益独立的过程。新课程教学改革要求我们教师充分尊重学生的独立性,积极鼓励学生独立学习,并创造各种机会让学生独立学习,从而让学生发挥自己的独立性,培养独立学习的能力。

3. 独特性

每个学生都有自己独特的内心世界、精神世界和内在感受,有着不同于他人的观察、思考和解决问题的方式。也就是说,学生有着独特的个性,每个学生的学习方式本质上都是其独特个性的体现。实际上,有效的学习方式都是个性化的,没有放之四海皆有效的统一方式,对某个学生是有效的方式,对他人却未必如此。正如美国哈佛大学心理学家加德纳教授提出的多元智力理论所指出的,每个人的智慧类型不一样,他们的思考方式、学习需要、学习优势、学习风格也不一样,因此每个人的具体学习方式是不同的。独特性同时也意味着差异性。现代学习方式尊重学生的差异,并把它视为一种亟待开发和利用的教育教学资源,努力实现学生学习的个性化和教师指导的针对性。所以,作为教师,在平时的教学过程中应该根据学生的学习差异,尽可能多地给予有区别的指导,因人而异,力争因材施教。

4. 体验性

体验是指由身体性活动与直接经验而产生的感情和意识。体验使学习进入生命领域,因为有了体验,知识的学习不再是仅仅属于认知、理性范畴,它已扩展到情感、生理和人格等领域,从而使学习过程不仅是知识增长的过程,同时也是身心和人格健全与发展的过程。体验性是现代学习方式的突出特征,在实际的学习活动中,强调身体性参与和重视直接经验。学习不仅要用自己的脑子思考,而且要用自己的眼睛看,用自己的耳朵听,用自己的嘴说话,用自己的手操作,即用自己的身体去亲自经历,用自己的心灵去亲自感悟。重视直接经验,从课程上讲,就是要把学生的个人知识、直接经验、生活世界看成重要的课程资源;从教学角度讲,就是要鼓励学生对教科书的自我解读、自我理解,尊重学生的个人感受和独特见解,使学习过程成为一个富有个性的过程。

5. 问题性

问题是科学研究的出发点,是开启任何一门科学的钥匙。没有问题就不会有解释问题和解决问题的思想、方法和知识,所以说,问题是思想方法、知识积累和发展的逻辑力量,是生长新思想、新方法、新知识的种子。学生学习同样必须重视问题的作用。没有问题也就难以诱发和激起求知欲,没有问题,感觉不到问题的存在,学生也就不会去深入思考,那么学习也就只能是表层和形式的。所以现代学习方式特别强调问题在学习活动中的重要性。一方面强调通过问题来进行学习,把问题看作是学习的动力、起点和贯穿学习过程中的主线;另一方面通过学习来生成问题,把学习过程看成是发现问题、提出问题、分析问题和解决问题的过程。

上述的现代学习方式的五点特性是相互联系、相互包含的,是一个有机的整体。

二、转变学生学习方式的意义

随着时代的发展和素质教育改革的进一步深入,目前教育中也确实存在着一些需要改善的问题。一提起"学习",许多学生就会想到"读书""练习""做习题"和"考试"等。在一定程度上,学生学习方式存在着单一、被动的问题,学生缺少自主探索、合作学习、独立获取知识机会。教育部基础教育司调查组的调查结果表明,我国义务教育目前的教与学的方式,以被动接受式为主要特征。具体表现为:

- 教学以教师讲授为主,而很少让学生通过自己的活动与实践来获得知识、得到发展;
- 依靠学生查阅资料、集体讨论为主的学习活动很少;

- 教师经常布置的作业多是书面习题与阅读教科书,而很少布置如观察、制作、实验、读课外书、社会调查等实践性作业;
- 学生很少有根据自己的理解发表看法与意见的机会,课堂教学在一定程度上存在着"以课堂为中心、以教师为中心和以课本为中心"的情况,忽视学生创新精神和实践能力的培养。

可见,改变原有单一、被动的学习方式,建立和形成旨在充分调动、发挥学生主动性的多样化的学习方式,促进学生在教师指导下主动地、富有个性地学习,自然成为这场教学改革的核心任务。学习应该多样化,现实的、有趣的、探索性的学习活动应该成为学习的主要形式之一,问题解决等学习活动应该处于重要的地位。

转变学生的学习方式在目前推进素质教育的形势下具有重要的现实意义。单一、被动和陈旧的学习方式,已经成为影响素质教育在课堂中推进的一个障碍。试想,如果一个在学校中度过9年或12年学习生活的孩子,整天处于被动应付、机械训练、死记硬背、简单重复之中,对于所学的内容总是囫囵吞枣、一知半解、似懂非懂,那么,我们怎么能够想象和指望他会成为一个高素质的人呢?实际上,一部分学生通过了考试,甚至成绩优良,但并没有完全具备我国教育目的所要求的和21世纪公民所需要的素质。一些学生解决实际问题能力低下,创新意识不足,很少对现实情境提出自己的见解。这样,在教育过程中出现了一种课程的表面达成现象。这种现象的表现是:学生虽然通过了考试,甚至成绩良好,但并没有形成我们所期望的素质;表面上教学任务完成了,实际上课程要求并没达成。显然,这种情况不利于学生真正的发展。

因此,改变学生这种单一、被动的学习方式是课程改革中一个迫切的任务。

三、实现学生学习方式转变的形式

所谓改变学生的学习方式,是指从单一、被动的学习方式,向多样化的学习方式转变。其中,自主探索、合作交流和操作实践都是主要的学习方式。近几年来,国内外研究人员和广大教师在实践中都进行了一些努力,探索学习的新形式,也确实出现了许多好的学习形式。这些形式的共同特点是让学生成为学习活动的主人,教师成为学生学习的组织者和合作者。教师可以根据学生的提问或者活动中可能出现的某些情况提供示范、建议和指导,引导学生们大胆阐述并讨论他们的观点,让学生说明他们所获得的结论的有效性,并对结论进行评价。这里试举三种学习的新形式。

1. 研究性学习

研究性学习是指学生在教师指导下,从学习生活和社会生活中选择和确定研究专题,主动获得知识,应用知识,解决问题的学习活动;研究性学习可以包括三个阶段:第一,进入问题情境阶段;第二,实践体验阶段;第三,表达和交流阶段。研究性学习的基本特点是:开放性、问题性和社会性与实践性。研究性学习的实施主要分为两种——课题研究类和项目活动类。课题研究以认识客观世界和人自身的某一问题为主要目的,具体包括社会调查、科学实验和文献研究等。项目活动设计以解决一个比较复杂的操作问题为主要目的,如设计一次献爱心义卖活动等。学生进行课题研究可以在课堂中通过合作学习方式完成,也可以通过作业形式布置,即要求学生经过一段时间的工作完成这一作业。这一段时间可以延续几周或者几个月,这就是长作业。长作业是课题学习在课外的延伸,是考验学生探索、创新、调查、研究等能力的一种过程性学习。

2. Hands-on 活动

Hands-on 的意思是动手活动。这是美国科学家总结出来的教育思想和方法，目的在于让学生以更科学的方法学习知识。Hands-on 活动有以下几个特点：第一，它强调动手实践活动，强调从周围生活中取材。第二，它强调学生主动学习。第三，它强调对知识的学习，更重要的是强调对学生学习方法、思维方法、学习态度的培养。第四，Hands-on 活动提倡合作交流。强调在活动过程中，学生应该与同伴进行交流，向教师阐述自己的观点，与其他同学及不同实验结果进行比较，以检验其观点和实验结果的准确性和有效性。第五，Hands-on 活动是围绕一定的主题进行的，每一个主题都应该使学生有足够时间进行探索和交流。

Hands-on 活动的基本过程是：提出问题——动手做实验——观察记录——解释讨论——得出结论——表达陈述。Hands-on 活动采用的学习方法是行动、提问、研究和实验，而不是死记硬背事实性知识。学生们在活动中不仅增进了对知识的理解，而且学会了活动的基本方法。在活动过程中，学生需要学会做个人记录，学习构思工作计划并且能汇报自己所学知识。

3. 计算机辅助学习

计算机在教学中的应用已经成为一个热点问题。21 世纪，包括计算机技术在内的现代科学技术，将获得进一步发展。计算机将成为学生探索知识的有力工具。各种现代意义上的教学已经出现——结合具体内容编制种类软件，借助计算机快速、形象与及时反馈等特点——配合教师教学，使教师的指导与学生的主观能动性得到更好的发挥；随着计算机技术的发展，人机交互作用，从 ICAI（智能型计算机辅助教学）以及融声、图、文于一体的认知环境更趋自然的 MCAI（多媒体计算机辅助教学），随着教学中的技术含量的提高，电脑、网络技术等成为学生学习手段之一，学生可以自己通过各种现代化手段和媒介获得信息，进行思考活动。学生学习的方式将得到进一步的改善。研究表明，发展学生理解和兴趣的一个有效途径就是让孩子们处在计算机环境中学习。

转变学生的学习方式，要以培养学生的创新意识与实践能力为主要目的。要构建旨在培养学生创新意识与实践能力的学习方式。转变学习方式，实际上是进行教学改革的问题，也是广大教师教学观念转变的问题。虽然探索性、发现性学习是学生主要的学习方式之一，但并不是学校学习方式的全部内涵。如何真正改变目前一些学校中存在的单一、被动的学习方式，还需要我们广大教师在实践中一如既往地进行研究和创新。

参考文献

［1］钟启泉，崔允漷，张华. 为了中华民族的复兴 为了每位学生的发展 基础教育课程改革纲要（试行）解读［M］. 上海：华东师范大学出版社，2001.

［2］教育部基础教育司. 走进新课程：与课程实施者对话［M］. 北京：北京师范大学出版社，2002.

［3］余文森，吴刚平. 新课程的深化与反思：新课程推进中的通识培训读本［M］. 北京：首都师范大学出版社，2004.

（本文发表在《文化博览》2014 年第 2 期）

加强听说训练 适应人机对话

自 2000 年起,江苏省在初中实行中学生英语口语等级测试和听力测试,可以说到目前为止已取得显著成绩。中学生英语口语等级测试和听力测试有力促进了《英语课程标准》中对听、说要求的落实,推动了中学英语教学改革,提高了学生综合语言运用能力,从而进一步推进了素质教育。然而,前几年全省中考的口语测试由各地组织教师进行,费时费力;听力测试与口试分开,在笔试中通过室内广播或收听录音机进行,手段较原始且存在风险。

为了实现英语考试评价信息化,提高我省中考英语听力和口语测试评价信度和评价工作效率,省教育厅决定从 2009 年起,全省中考实行听力口语自动化考试,即采用人机对话形式进行听力和口语合二为一的测试。目前来说,这种测试模式对广大师生来说是全新的、陌生的;对广大教育管理者和组织者来说也是一种挑战。那么,广大英语教师和考生应该怎样应对这种新型的人机对话呢?

一、熟悉人机对话的听说要求

人机对话是一种新的测试听力和口语的模式。对于广大师生来说,我们首先要了解和熟悉人机对话对听力和口语的测试要求。《国家英语课程标准》采用国际通用的分级方式,将英语课程目标按照能力水平设为九个级别。第五级为 9 年级(即初三)结束时应达到的基本要求。《课程目标》对听、说、读、写四个方面的技能进行了明确的目标描述。

1. 《课程目标》听、说五级要求

对听的要求:(1)能根据语调和重音理解说话者的意图;(2)能听懂有关熟悉话题的谈话,并能从中提取信息和观点;(3)能借助语境克服生词障碍、理解大意;(4)能听懂接近正常语速的故事和记叙文,理解故事的因果关系;(5)能在听的过程中用适当方式做出反应;(6)能针对所听语段的内容记录简单信息。

对说的要求:(1)能就简单的话题提供信息,表达简单的观点和意见,参与讨论;(2)能与他人沟通信息,合作完成任务;(3)能在口头表达中进行适当的自我修正;(4)能有效地询问信息和请求帮助;(5)能根据话题进行情景对话;(6)能用英语表演短剧;(7)能在以上口语活动中语音、语调自然,语气恰当。

2. 人机对话听、说测试要求

对听的要求:(1)能根据语调和重音理解说话者的意图;(2)能听懂有关熟悉话题的谈话,并能从中提取信息和观点;(3)能借助语境克服生词障碍、理解大意;(4)能听懂接近正常语速的故事和记叙文,理解故事的因果关系。

对说的要求:(1)能比较连贯地朗读所学课文或难度略低于所学语言材料的短文;(2)能根据情景提示用语回答问题;(3)能就熟悉话题,根据所提供的信息,说一段话,不少于 7 句话;(4)在以上口语活动中语音、语调自然,语气恰当。

通过对比不难发现,人机对话对听和说的测试要求和《课程目标》中对听、说五级要求的描述完全一致,应该说还略低于目标要求。所以,只要我们在平时的教学过程中,按照

《课程目标》五级要求的描述进行听、说、读、写基本技能的综合训练和评价，一定能很好地适应并做好人机对话。

二、注重听说能力的日常培养

《牛津初中英语》按照任务型教学的原则设计语言实践活动。每个单元都围绕一个话题，让学生通过体验、实践、参与、合作、交流和探究等方式，学习和使用英语，完成学习任务，在完成任务的过程中习得语言。因此，我们在日常的教学过程中可以通过创造性地使用教材，让学生完成每个学习任务，真正做到"学中用，用中学"。

1. 创造条件反复听

《牛津初中英语》每个单元的 Comic strip（卡通漫画）、Reading（阅读）和 Integrated skills（综合技能）等板块都编排了听的训练。我们必须充分利用好这些由英美人士朗读的标准英语材料，创造性地训练学生听的能力。除了所学的课本录音带、口语教材录音带外，也可以选听适合或略高于自己水平的有趣的材料。无论是精听或是泛听，开始时最好都不要看文字材料。精听应先把录音内容从头至尾听一遍，再一遍又一遍地反复听没听懂的地方。若有些地方实在听不懂，也应尽量听清各个音节，然后再翻开书看一看，有些影响理解的生词可查一下词典。接着再合上书从头至尾听，直到能够听懂全部内容为止。通过这样的听力训练，可使自己提高辨音及听力理解能力。如果读过书面材料再去听录音，往往就不是耳朵在辨音，而是大脑在思索、背诵。如果看着书面材料听，则往往是自己在默读，这样达不到提高听力的目的，遇到新材料的时候同样会听不懂。

精听时最好选用教学录音，例如，Integrated skills（综合技能）中的录音材料。也可以选用有故事情节的短文或科普短文，生词不宜太多，录音要清楚，语音要标准，语速不要太快，同时长度也要适中。泛听则可选用一些口语教材或一些有趣的小故事，使自己多接触录音材料，以求熟悉英语发音，扩大知识面，提高听力。泛听一般只需听一遍。如果一遍听不懂，可倒过来再听一遍。在第一遍听新材料的时候，一定要聚精会神，让自己的思维跟上每一个音节。在每句停顿时，可在脑海里反复一下。听的过程中遇到生词不要停下多想，因为有些生词可以在整个录音内容中理解。有些生词并不影响理解意思，可以不管，停下来想反而影响听下面的内容。听音时要随着录音材料的频率在脑中用英语重复，而且速度要练得能跟上录音速度，不能边听边翻译。对于一篇录音材料来说，一般只要难度相当，能听清大部分单词，是可以理解其大意的。

2. 鼓励学生开口说

《牛津初中英语》各单元话题大多联系学生的现实生活，同时向学生周围的世界逐步扩展，既引起学生学习英语的兴趣，又引导学生探索身边的世界。例如，This is me（自我介绍），My day（我的一天），Going shopping（购物），Life on Mars（火星上的生活），Robots（机器人）等。既然是学生熟悉的话题，他们就有话可说；这些话题又与他们的生活息息相关，他们就可以实实在在地说。从一开始，我就重视学生开口说的能力，进行课前一分钟演讲，鼓励他们大胆地开口说。在演讲前，为他们精心挑选出他们喜欢的有话可说的话题。例如，在学完《牛津初中英语》9A 第一单元 Star signs 之后，我就要求他们每个人做一个自我介绍。由于在本单元中已经学了不少描述人的性格的句型，学生完全可以加以模仿，说出自己想要表达的句子。在他们的演讲稿中，好词好句处处可见。这样，通过课前一分钟演讲，通过谈论与自己生活密切相关的话题,既提高了他们的英语口头表达能力,又激发了他们学习英语的兴趣,很好地体现了"学中用,用中学"。

学完每个单元的中心任务(Main task)之后,我都要求学生进行模仿写作。而且要求尽可能多地使用本单元所学的语言知识、语言技能及学习技巧,在巩固所学知识的同时,增加一个实践的机会。之后,自己的作品先在四至五人小组进行交流,通过小组讨论,同学们之间可以共享四至五篇习作。这样,既可以取长补短,互相学习,共同提高,又可以提供同伴学习的机会,增强合作学习的气氛。每次任务型写作之后,挑选优秀习作在全班进行交流和定期展示。在交流和展示过程中,都要求学生尽量用英文进行表述。这样,大大增加了他们说英语的机会,无形之中又是一种说的训练,很好地培养了他们的口头与笔头交际能力、动手能力、自主学习能力、创新能力及合作精神。

三、加强人机对话的模拟训练

在平时的教学过程中,加强听说模拟训练,提高听说能力,通过多观察、多总结,寻找各种题型的内在规律和特点。在掌握答题技巧的同时,平时还应坚持常听录音,收听收看英语节目,并尽可能地用已学过的英语知识进行思维。长期坚持就能规范语音、训练语速、增强语感、强化听说技能。

1. 了解人机对话的测试体系

江苏省初中英语听力口语自动化考试系统采用人机对话的方式,考生通过计算机和耳麦设备完成听力和口语题目,并由计算机对考生的听力答案和口语录音进行全自动评分,反馈评估结果,促进教学。这是一场英语听力、口语合并的全自动化考试。要做好人机对话的听力和口语,首先要了解人机对话的题型和题量(见下表)。

试卷构成	题 型	题目数	分 值
听力	听对话选择图片	4	4
	听对话回答问题	6	6
	听长对话回答问题	2	2
	听短文完成信息记录表	3	3
	听短文回答问题	5	5
口语	朗读短文	1	3
	情景问答	2	2
	话题简述	1	5
合 计		24	30

其次,要了解人机对话的考试特点。

(1)考试自动化:采用人机交互的形式,将听力和口语考试合二为一,有效减少了两考分离所需要的大量繁杂的组织工作;同时将大量教师从面对面式的口语考试中解脱出来,极大降低了考试的组织难度和人力成本。

(2)采用题库方式:同一考场使用难度相同而题目不同的试卷,有效防止了相互干扰和作弊的可能性。

（3）判卷自动化：在国内首次将计算机自动评分引入考试评估中，真正实现了考试与评估的全流程自动化,有效提高了评估的客观性和公正性。自动阅卷时是综合以下各种特征给出最后评分的。

- 完整性特征：根据实际回答考点数的情况计算完整性；
- 准确性特征：单词发音、重音准确性等；
- 流利性特征：语速、插入、连读、失去爆破、同化等；
- 韵律性特征：意群停顿、重读弱读、语气语调等；
- 综合决策模块：综合上述特征给出最后评分。

2．掌握人机对话的答题技巧

要在人机对话中获得好的结果，除了了解听力口语测试的特点之外，还需掌握一定的答题技巧，对人机对话拿高分起到事半功倍的作用。

（1）调整心态，临场莫慌。

听力测试题不同于其他题型，不可能像其他书面题型一样遇到不明白的地方可以回过头来看前面的材料或停下来自由地思考一下。听力测试的答题速度是由命题人统一掌握的，录音材料转瞬即逝，无"回听"的机会或自由思考的余地。考生临场心态对听力成绩有着极大的影响。所以，考生必须培养良好的心态，沉着冷静，遇到没听懂的地方要勇于"忍痛割爱"，继续"往前听"。

（2）熟悉试题，快速选择。

答好听力题的重要前提和保证是在听录音之前阅读试题。开始听音前的五分钟，要看清大小题目要求和每个题目的问题与选项，绝对不能放过任何一个细节。在浏览问题和选项时，要尽可能对文章内容和试题答案进行预测，听录音时只要验证自己的预测就可以了。如：

Who is Chris Paine?

A. A computer engineer.　　　B. A book-seller.　　　C. A writer.

[解析]此题要确定人物身份，听力内容和职业有关，下一步听录音的过程中，考生应把焦点放在句子的谓语上，以便把握关键词。

[听力材料]

W: I like to read Chris Paine.

M: So do I. I hear he writes on his computer.

W: Great! I've got to get one as soon as it is out.

[解析]从动词 read、write 可以判断出此人是个作家。

同时，由于选项和试题里的短语、句子极有可能在听力内容里再现，因此，认真读题还可以提高听音的效果。听完每一小题之后，要尽快选定答案，这样可使自己处于主动地位。如果每一题都是先听后看，则很有可能被牵着鼻子走，疲于应付。同时，切记不要一边听下一句的录音，一边仍想着前一句的内容或眼睛仍看着前一句的选项，结果造成一错再错，大大影响考试情绪。听力部分答题之后，有1分钟时间修改答案。

（3）合理分配，不要抢答。

在做听力时，要充分利用两题之间的停顿时间，快速有效地阅读题目。这样在听录音时就可以缩小注意范围,把注意力集中在与所提问题有关的关键词上,减少盲目性,加强针对性。如所提问题是有关时间的,就可以在听录音时特别注意出现的时间,从而做出正确的选择。如:

When is the man checking in?
A. On Friday.　　　　B. On Thursday.　　　　C. On Tuesday.

[解析]考生在听题的过程中,应及时记下所有与数字、星期名称有关的词,以备答题时进行转换。而且可以采用单词首字母代替。

[听力材料]
W: Good morning? Can I help you?
M: Yes. I'd like a double room.
W: How many nights do you plan to stay with us?
M: Three. I'll be checking out Friday morning.

[解析]笔记过程中,用阿拉伯数字3代表three,用F代表Friday,经过思维转换,确定选项C。

在做口语部分的朗读短文、情景问答和话题简述时,千万不要抢答。听到"开始录音"的提示,看到麦克风图标和录音进度条后,再开始答题。如果抢答,将会影响分数。考生用口语答题时,如果没有表达好一个句子,可以立即修改重说,不会影响考生的得分;但如果考生答题过程中修改太多,将会影响考生的流利性得分。

英语采用计算机进行考试,符合信息化时代中考改革的方向。中学英语教学大纲要求全面发展学生的语言能力。听力和口语作为语言能力学习中必不可少的成员,已经广泛而深入地走进中考和高考。中考英语听力和口语测试的要求在逐年提高,测试范围在逐渐扩大。因此,如何加强平时的听说模拟训练,提高听说能力,适应人机对话便成了广大师生关注的焦点。但只要我们熟悉人机对话的听说要求,注重听说能力的日常培养,加强人机对话的模拟训练,一定能尽快适应人机对话。

参考文献

[1] 中华人民共和国教育部. 全日制义务教育普通高级中学英语课程标准(实验稿)[S]. 北京:北京师范大学出版社,2001.

[2] 郭克晴. 星火英语中考专项突破(听力理解)[M]. 北京:中国社会出版社,2004.

[3] 江苏省初中英语听力和口语自动化考试纲要(试行)[S]. 南京:译林出版社,2011.

(本文发表在《长三角教育》2012年第4期)

查雪娟，中学高级教师。1995年7月毕业于扬州大学师范学院物理系应用电子专业，江苏省木渎高级中学任教至今。2010年取得陕西师范大学物理专业教育硕士学位。

教学理念：课堂是学生的舞台，教学是知识的建构，能力提高是效果的体现。

教育教学成绩：2001年所带班级高考重点本科率达93.3%，居全校第一；2004年高考中所教班级物理成绩年级第一、所带班级均分第一、金晔同学摘得李政道奖学金，还有多位学生奥赛获奖，获高考保送、加分。1997年、2006年两次获得物理教师评优课区一等奖、市二等奖。2003年获全国中学物理教师信息技术与课程整合能力比赛一等奖。2003年荣获吴中区高中物理中青年教改学科带头人称号，2010年荣获苏州市学科带头人称号，2012年荣获吴中区知名教师称号。

查雪娟

教学成果汇总：《点到情而感乎情　触及情而动于情》《中美教材插图之比较》《高考与竞赛的"缘"》《评说高中物理教学新大纲》《物理"双语"教学的方法浅说》《探索信息技术在物理教学中的应用》等多篇文章被《中学物理教学参考》《物理教学》《物理教师》《中学物理教学探讨》等杂志刊载；2001年"超越自我、挑战未来"主题班会现场观摩比赛荣获苏州市高中组一等奖，2007年"超越自我、挑战未来"主题班会获省德育课件一等奖；参与省市各级课题多个。

近年来教育科研成果目录：

参编《中学物理教师教学技能》，陕西师范大学出版社，2016；

参编《教育研究论文选题与写作》，陕西师范大学出版社，2015；

参编《中学物理教材研究与教学设计》，陕西师范大学出版社，2010；

"链接"激活物理复习思路，《高校招生》，2012年第11期；

环环相扣——物理高效教学之法宝，苏州市2011年物理年会一等奖；

点到情而感乎情　触及情而动于情——物理有效教学的策略，《物理教学探讨》，2010年6月。

点到情而感乎情 触及情而动于情
——物理有效教学的策略

丹尼尔·戈尔曼说:"一个人的成功,20%是靠智商,80%是靠情商。"在课堂教学由刚性的"物理"系统走向柔性的"生命"系统的今天,教学的有效甚至高效就更离不开教师和学生的情感。情感在理科教学中逐渐被认可、被重视,在物理教学中也成为进行有效教学的不可忽视的重要因素。

首先,着力培养师生间的情感是有效教学顺利进行的前提。我国现代学者梁启超提出:"天下最神圣的莫过于情感……用情感来激发人,好像磁铁吸铁一般,有多大分量的磁,便吸引多大分量的铁,丝毫容不得躲闪。所以情感这样东西,可以说是一种催眠术,是人类一切动作的原动力。"[1]我们的物理教师要成为能够吸铁的磁,而我们的学生则要能成为被磁吸得住的铁,这样我们师生之间才能智慧共融,携手进步。

物理对于学生,一个字"难";学生对于物理,一个字"怕"。如何来改变这种现状呢?首先我们物理教师要以积极的精神风貌吸引学生,以诙谐幽默的语言吸引学生,以流畅舒缓的教学过程吸引学生,以精益求精的教学精神感动学生,从我们教师的主观入手铸就能吸住学生的强磁铁。其次,我们要以课堂为主阵地,在物理教学过程中,善于以鼓励的话语调动学生的积极性,灵活运用肢体语言:关切的手势、友好的眼神、期待的目光和那"迷人"的微笑,来缩短我们教师和学生之间情感上的距离,形成一种学生指向老师的"向心力"。

我们物理教师当以诚待生,以情感生,以情导学;学生也当以心换心,明白老师的良苦用心,当我们彼此都能装着对方,学生还会怕物理吗?不会,真可谓"教师不能没有爱,犹如鱼儿不能没有水,没有爱就没有教育"。

其次,加强培养教师的学科情感是物理教学有效性提高的重要因素。有教育家指出:"所有实际教育工作者都应该具有生动的对世界的感受,为自己的题材而激奋,甚至对它产生某种爱的情感。"[2]物理教师是否拥有对物理学科强烈的情感会潜移默化地影响到学生对物理学科的情感程度;物理教师对物理学科的情感能够强化学生对物理学科的情感;物理教师对物理学科的深沉的理解和阐释能够使得学生加大学习物理的动力和效率。我们物理教师可以充分凭借严谨的教学态度,以及从事物理教学强烈的事业心和精益求精的探索精神,造就富有情感的物理课堂,从而来激发学生的情感,让学生在物理课堂上享受情感的体验,并使学生产生需要、产生兴趣、产生求知欲,这样教与学的教学环境就会变得和谐而统一。有学者在回忆中说:"我的数理基础是在那时奠定的;献身于科学的志趣,也是来自于中学里教数、理、化的老师。中学老师,尤其是高中里的老师,常常对学生的一生有决定性的影响。我也是其中的一个。"[3]

我们物理教师对于物理的情感,那就是物理教师对于物理课堂的情感。美籍匈牙利数学家乔治·波利亚曾说过:"数学教师的金科玉律是教师对数学的浓厚兴趣;如果教师讨厌数学,学生便毫无例外地讨厌数学。"那么我想物理教师的金科玉律便是物理教师对物理的浓厚兴趣,我想如果连物理老师都讨厌物理,学生便会毫无例外地也讨厌物理。我们物理教师要以我们对物理的情感来感动学生，使学生在课堂上不仅掌握知识，提高能力，还要培养情感，树立理想。

可见，物理教师对物理学科的情感，是学生对物理学科产生情感的前提，也是物理有效教学实施的重要因素。

再次，强化学生对物理学科的情感是物理教学有效性提高的关键。我们怎么就不能让学生"偏偏喜欢你——物理"呢？要想让学生喜欢，不是说喜欢就能喜欢的，因为情感不能像水灌溉到田里一样进行灌输，也不能像折千纸鹤一样手把手一步一步地教，只能用心去体会，不断体验，在心理上形成"积淀"。

要想在物理课程中培养学生的学科情感，我们可以从几个方面入手：第一，让学生直接与科学现象接触，也就是让学生多参与课堂演示实验的操作，多到实验室做学生实验，多设计课外实验进行探索研究，通过实验让学生自己获得成功的或者失败的经历，从而积累独特的、挑战性的经验，我们学生在亲身体验中使探究、钻研的情感需要得到满足。第二，精心设计教学活动，充分考虑学生的"最近发展区"，设计符合学生年龄和心理特点的难易相宜的疑问，不要太难，难了会打击学生的自信心；也不要太容易，易了，会失去物理教学的意义。学生的情绪障碍没有了，自然感觉物理课堂便是自己能获得成功体验的最佳环境。第三，教师要想方设法操纵各种教学变量去满足学生的有关需要。我们不能以一连串的"为什么"来吓倒学生，而应该用我们物理所具有的"生活性""科学性"以及"实验性"等特点来让学生放松，让学生在课堂上接受物理。我们要让学生从"已知"的生活器件中去接受"未知"，从而获得"新知"；从"熟悉"的玩具中感觉"新奇"，从而获得"新意"；从"平常"的器件中发现"奇特"，从而获得"新用"。

由此可见，只要使我们的学生在积极的情境中开展学习，他们会不知不觉产生对物理学科特殊的情感。当我们把生活中隐藏的种种"疑惑"通过物理原理揭示出来时，犹如揭示魔术背后的"真相"一样，学生自然就会陶醉于物理学科，油然而生学习物理的乐趣。那么，物理教学才有可能有效甚至高效地进行。

最后，挖掘教材内容中蕴含的情感是物理教学有效进行的基本保障。除了教师和学生外，教材也能激情传神，因此善于挖掘教材的情感因素，根据教材的情感特色，准确把握情感基调，这样就能让物理真正打动学生，使学生乐学。

在物理课教学中，一方面我们要充分立足教材。物理教材蕴含的实质很丰富，需要我们不断挖掘。物理教学要真正能够让学生"悟"理——格物致知。例如，讲述电流磁效应的发现，要告知我们的学生：这是一个划时代的发现，它不是一个一般的科技进步，而是一次科学革命，奥斯特的发现改变了人们的自然观、世界观和思维方式（从相互联系中考察事物），同时教育学生电流磁效应发现史是科学思维中传统与创新交锋与突破的最好结果，因此我们要意识到创新思维的重要以及不能被时代的局限羁绊。

另一方面，我们要注重对教学内容的重新整合，即对教学内容进行适当的调整和必要的补充。根据时代形势的发展变化，与时俱进，增添新的内容，选取一些学生所关注的和感兴趣的事件和典型事例。这样既能拓展学生的知识领域，开阔学生视野，同时又能增强物理课的魅力，调动学生的学习兴趣，激发他们的积极情感体验，更好地启动学生的思维活动，使课堂呈现"活化"状态，从而圆满完成课堂教学的目标。正如苏霍姆林斯基在论及和谐、融洽的课堂气氛时说道："如果教师不去设法在学生身上形成这种情绪高涨、智力振奋的内部状态,那么知识只能引起一种冷漠的态度,而不动感情的脑力劳动只能带来疲劳。"[4]

著名教育家第斯多惠在《教师规则》中曾一针见血地指出:"我们认为教学的艺术不在于传授的本领,而在于激励、唤醒、鼓舞。"[5]点到情而感乎情,学生的激情由此点燃;触及情而动于情,学生的真情由此产生。情感是很重要的,因此在教学过程中我们必须重视情感,通过情感架起教学过程与教学效果之间的桥梁,以情感为纽带,让物理教学的有效性逐步提高。

参考文献

[1] 杨岚.人类情感论[M].天津:百苑文艺出版社,2002:75.
[2] 朱小蔓.情感教育论纲[M].北京:人民出版社,2007:60.
[3] 叶澜.教育学原理[M].北京:人民教育出版社,2007:137.
[4] 李玉萍.一份特别教案教育艺术案例与分析[M].北京:中国人民大学出版社,2003:前言.

(本文发表在《物理教学探讨》2010年6月)

"链接"激活物理复习思路

Internet 深入人心的今天，网站上从一个网页指向一个目标的连接关系让我们的浏览随心所"阅"。这样的链接方法若能恰当地运用在我们的物理复习中，一定能激活研究问题的思路，打开思维的大门。借助实验试题"链接"公式法与图像法，借助带电粒子"链接"平抛运动与圆周运动，借助导体棒切割磁感线"链接"动力学与能量关系，思维的"鼠标"在物理问题面前能轻松地点击，让"链接"将物理概念、规律和方法呈现在思维屏幕上。运用"链接法"，我们能够全面、深入、准确地理解并运用，便是复习效果的自然呈现。

一、借实验试题，让公式法与图像法巧妙"链接"

物理是一门离不开实验的课程。常规的实验操作过程离不开实验室，通过实验试题的分析，既要实现实际操作与理论研究的转换，又要充分运用数学方法实现数据的理论分析。

以 2010 年江苏卷实验题为例：在测量电源的电动势和内阻的实验中，由于所用的电压表（视为理想电压表）的量程较小，某同学设计了如图 1 所示的实物电路。(1) 实验时，应先将电阻箱的电阻调到_____（选填"最大值""最小值"或"任意值"）。(2) 改变电阻箱的阻值 R，分别测出阻值 $R_0 = 10\Omega$ 的定值电阻两端的电压 U，下列两组 R 的取值方案中，比较合理的方案是_____（选填"1"或"2"）。

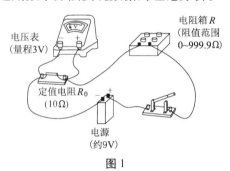

图 1

(3) 根据实验数据描点，绘出的 $\frac{1}{U}$-R 图像是一条直线。若直线的斜率为 k，在 $\frac{1}{U}$ 坐标轴上的截距为 b，则该电源的电动势 $E = $_____，内阻 $r = $_____（用 k、b 和 R_0 表示）。

方案编号	电阻箱的阻值 R/Ω				
1	400.0	350.0	300.0	250.0	200.0
2	80.0	70.0	60.0	50.0	40.0

阅读题目获取信息顿觉本题的来源即为人教版选修 3-1 教材第二章"恒定电流"第 10 节中所提到的三个实验原理之一，试题与教材的瞬间"链接"，能够使我们对高考题的陌生感从心理上得到解除，对后续的深入分析给予了情感上足够的铺垫。实验研究中常有"安全可行、测量精确、便于操作"的基调，所以"为了安全"，实验时应先将电阻箱的电阻调到最大值；"为了精确"，电压表读数要求能够稳定在量程的 $\frac{1}{3} \sim \frac{2}{3}$ 范围内，故电阻箱 R 两端的电压范围为 7~8V，所以其阻值范围为 35~80Ω，实验比较合理的方案是选 2，(1)、(2) 小题便

成"小菜一碟"。再来分析第(3)小题,要借$\frac{1}{U}$-R的图像来研究电动势和内阻,我们立即"链接"与图像法相对应的公式法,"请出"$I = \frac{U}{R_0}$和$E = I(R+R_0+r)$两个表达式,由此得出$\frac{1}{U} = \frac{1}{ER_0}R + \frac{1}{E} + \frac{r}{ER_0}$,思维的"鼠标"灵活转换"链接"到一次函数$y = kx + b$及其相应的图像,通过类比便唾手可得$\frac{1}{U}$-R图像的斜率为$k = \frac{1}{ER_0}$,截距为$b = \frac{1}{E} + \frac{r}{ER_0}$,变换表达式即得电动势$E = \frac{1}{kR_0}$,内阻$r = \frac{b}{k} + R_0$。

由此可见,分析中的"链接"实现了公式法与图像法的灵活运用,不知不觉中问题的台阶已步步下降,学生在思维的"鼠标"点击过程中享受到了解决问题的成就感。当然,不同的实验试题需要进行不同的"链接",有效的"链接"方式在实验试题分析中能起到推波助澜的功能。

二、借带电粒子,让平抛运动与圆周运动完美"链接"

带电粒子的运动在物理复习中是一个教学的重点,而平抛运动和圆周运动是曲线运动中的两种典型,当粒子进入电场或者磁场,两种典型运动得到了完美衔接。

以2011年全国卷Ⅰ中的这一题为例:如图2,与水平面成45°角的平面MN将空间分成Ⅰ和Ⅱ两个区域。一质量为m、电荷量为$q(q>0)$的粒子以速度v_0从平面MN上的P点水平右射入Ⅰ区。粒子在Ⅰ区运动时,只受到大小不变、方向竖直向下的电场力作用,电场强度大小为E;在Ⅱ区运动时,只受到匀强磁场的作用,磁感应强度大小为B,方向垂直于纸面向里。求粒子首次从Ⅱ区离开时到出发点P的距离(粒子的重力可以忽略)。

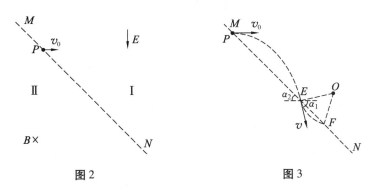

图2   图3

首先,粒子水平向右进入电场,仅受竖直向下的电场力的作用,可以"链接"经典的化曲为直研究的平抛运动,描绘出粒子从P点到E点的类平抛运动轨迹,如图3所示。设粒子到达边界MN时速度方向与水平方向成α_1角,位移与水平方向成α_2角且$\alpha_2 = 45°$,"链接"到位移方程,$x = v_0 t$,$y = \frac{1}{2}at^2$,其中$x = y$,$a = \frac{Eq}{m}$,由此可以得出:$x = \frac{2mv_0^2}{Eq}$,故粒子在电场中运行的位移:$s_1 = \frac{2\sqrt{2}mv_0^2}{qE}$,即图3中PE的距离;继续"链接"到速度方程,$v_x = v_0$,$v_y = at$,由此

可以得出 $v_y = 2v_0$，故粒子离开电场时的速度为 $v = \sqrt{5}v_0$，$\tan\alpha_1 = \dfrac{v_y}{v_0} = 2$。这时粒子将以 $v = \sqrt{5}v_0$ 的速度进入磁场，我们"链接"到圆周运动，描绘从 E 点运动到 F 点的圆弧曲线，如图 3 所示。根据洛伦兹力提供向心力"链接"牛顿第二定律，列出 $qvB = m\dfrac{v^2}{R}$ 的方程，得到 $R = \dfrac{\sqrt{5}mv_0}{qB}$。粒子在磁场中运行的位移为 EF 间的距离 s_2，设弦切角为 $\alpha(\alpha = \alpha_1 - \alpha_2)$，则 $s_2 = 2R\sin\alpha$。为了解决 s_2 思维的空间需要发散，"鼠标"需要"链接"到数学的三角函数公式：$\tan\alpha = \dfrac{\tan\alpha_1 - \tan\alpha_2}{1 + \tan\alpha_1 \cdot \tan\alpha_2}$，可以求得 $\tan\alpha = \dfrac{1}{3}$，$\sin\alpha = \dfrac{\sqrt{10}}{10}$，故 $s_2 = \dfrac{\sqrt{2}mv_0}{qB}$。粒子从 I 区电场进入 II 区磁场，首次从 II 区离开时离出发点的距离为 PF，其长度为 $s = s_1 + s_2 = \dfrac{2\sqrt{2}mv_0^2}{qE} + \dfrac{\sqrt{2}mv_0}{qB}$。

随着问题的迎刃而解，我们发现，带电粒子完成了类平抛运动和圆周运动的完美连接，同时我们充分演绎了曲线运动的两种解题过程，期间的步步"链接"条理清晰，随美丽曲线的"生成"，学生后续的求知热情被燃起。

三、借导体棒切割磁感线，让动力学与能量关系无缝"链接"

电磁感应中的导体棒切割问题是历来复习的重中之重，也是综合问题的最佳出处，所以要想解决好这类问题，需调用的知识点颇多，各知识点的及时"链接"呈现显得尤为重要。

以 2011 年上海高考中的这一题为例：如图 4，电阻可忽略的光滑平行金属导轨长 $S = 1.15\text{m}$，两导轨间距 $L = 0.75\text{m}$，导轨倾角为 $30°$，导轨上端 ab 接一阻值 $R = 1.5\Omega$ 的电阻，磁感应强度 $B = 0.8\text{T}$ 的匀强磁场垂直轨道平面向上。阻值 $r = 0.5\Omega$，质量 $m = 0.2\text{kg}$ 的金属棒与轨道垂直且接触良好，从轨道上端 ab 处由静止开始下滑至底端，在此过程中金属棒产生的焦耳热 $Q_r = 0.1\text{J}$（取 $g = 10\text{m/s}^2$）。求：（1）金属棒在此过程中克服安培力所做的功 $W_安$；（2）金属棒下滑速度 $v = 2\text{m/s}$ 时的加速度 a；（3）为求金属棒下滑的最大速度 v_m，有同学解答如下：由动能定理 $W_重 - W_安 = \dfrac{1}{2}mv_m^2$……由此所得结果是否正确？若正确，说明理由并完成本小题；若不正确，给出正确的解答。

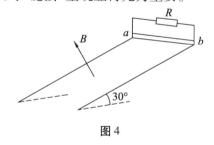

图 4

别看就三个小问题，却让物理的多个知识点相互缠绕，思维过程若有"盲点"，恐怕题目就如屏障难以逾越。

（1）为了要研究金属棒克服安培力所做的功，我们可以与功能关系相"链接"，由我们熟知的克服摩擦力做功转化为热的知识背景，可知克服安培力做功即转化为回路中产生的焦耳热，由于 $R = 3r$，因此 $Q_R = 3Q_r = 0.3\text{J}$，所以 $W_安 = Q = Q_R + Q_r = 0.4\text{J}$。

（2）为了研究金属棒的加速度 a，我们需要进行辐向"链接"。首先"链接"右手定则，判断导体棒切割产生感应电动势,获知金属棒 ab 中感应电流为 $b \to a$;其次"链接"左手定则,判断金属棒 ab 所受的安培力 F,方向沿斜面向上;再次"链接"受力分析,金属棒受重力、弹力和安培力的作用,故将立体图转化成平面图并清晰地展示力的示意,如图5;最后将辐向"链接"汇聚于牛顿第二定律方程 $mg\sin30° - \dfrac{B^2L^2}{R+r}v = ma$,经过计算可知加速度 a 为 3.2m/s^2。

(3) 为了分析金属棒下滑的最大速度,我们需要经历深度剖析,将"链接"抛向两个不同的方向:先"链接"动力学,写出牛顿第二定律方程 $mg\sin30° - \dfrac{B^2L^2}{R+r}v = ma$,从中可以发现当速度增加时,加速度会减小,加速度减小到零时物体速度达到最

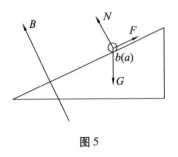

图5

大以后会以最大速度做匀速运动,可以求出加速度为零时最大速度 $v_{\max} = \dfrac{mg\sin30°(R+r)}{B^2L^2}$ $\approx 5.6\text{m/s}$。这个最大速度是不是金属棒到达斜面底端时的最大速度呢?面对疑问,思维的"鼠标"将"链接"点向另一方向——能量关系,写出动能定理方程 $W_合 = \Delta E_k$,即 $W_G + (-W_安) = \dfrac{1}{2}mv_m^2 - 0$,可得 $v_m = \sqrt{2gS\sin30° - \dfrac{2Q}{m}} \approx 2.74\text{m/s}$。

面对两个最大速度,我们要将思维"回归"到题目的"原生态"中,其实要使导体棒的最大速度 5.6m/s 出现,斜面必须足够长,所以在本题中受到斜面长度的限制导体棒运动到斜面底端的最大速度仅为 2.74m/s。这样一个综合问题被简单化了,其有效措施便是高效地进行"链接"和分析,问题就在"链接"中被"肢解",疑难就在"链接"中被"破解"。

达尔文说"最有价值的知识是关于方法的知识"。笔者通过三个方面的问题来尝试"链接",旨在让学生学会"链接"。而为了快速、正确地进行"链接"提取信息,必须先构建扎实的物理知识网络体系,这样碰到问题时便能够"一网打尽",才能体会成功时的愉悦之情。

(本文发表在《高校招生》2012 年第 11 期)

环环相扣——物理高效教学之法宝

法国文学家罗曼·罗兰提出：一个人只能为别人引路，不能代替别人走路。在追求高效课堂、提高教学效率的今天，我们必须充分发挥学生的主体作用。在问卷调查的统计中发现，学生对于多种影响教学效果因素的选择：77.8%学生选择课堂的互动性，85.1%的学生选择学生的学习兴趣，93.8%的学生选择作业的有效性。由此能看出，教师之于学生，当好辅助者、引导者、合作建构者，这样我们才能在教学中引出学生思维碰撞的"火花"，引领学生开展自主、合作、探究的学习。当课堂成为学生展演的舞台，教学效果自然水到渠成。

课前预习求效果。预习不能就简单地理解为进行阅读书本，物理学科不同于语文、英语等，教材的通篇朗读不叫预习。为了使预习取得事半功倍的效果，通常会像命题作文一样给出几个要点：第一，预习过程中要建立全盘意识，需要对整章内容进行知识梳理。学生要通过预习去领会知识的拓展、延伸，体会物理教材中知识内容的渗透性、可比性；第二，通过预习要能画出本章知识的结构图或者思维导图。图1、图2是学生在预习《物理②》（必修）第七章"机械能守恒定律"之后画出的结构图，看了图1、图2我们能够体会到学生对机械能守恒定律整章知识的理解状况。通过这样的方法不仅能让老师看出学生预习后对知识的了解程度，还能让学生感知物理知识之间具有不可割舍的关系。为了让预习起到更深层次的效果，为了进一步激发学生的预习热情，我们借助实物投影仪将学生所画的结构图（图1和图2）进行展示、分析，点评其优点、亮点，指出其不足。图1很好地利用线条的色彩来凸现内容的地位，利用箭头的指向描述内容之间的联系；图2则呈现了完整、详实的内容框架，但是两个表达式的欠缺成了"画蛇添足"，其中 $W=Fl$ 和 $W_合 = \Delta E_k = \frac{1}{2}mv^2$ 应该修正为：$W=Fl\cos\alpha$ 和 $W_合 = \Delta E_k = \frac{1}{2}mv_2^2 - \frac{1}{2}mv_1^2$。为了当好学生的指导和引领，教师可以借助导图软件 Inspiration 绘制图3，同时结合图1、图2的优点，我们发现"机械能守恒定律"这章内容有了鲜活而形象的展现，清晰而形象的物理概念比起文字的描述更容易让学生理解和记忆[1]，学生预习的热情受到激发，预习的效果也就得以提高。从"惘然"的预习到勾画结构图，从教师点评、展示学生的成果到激发学生学习的热情，学生深刻地体会到预习的必要性和重要性，也会在今后的预习中做到有的放矢，更好地提高后续预习的成效，借此也培养了学生自主学习的能力，挖掘了学生内在的潜力。

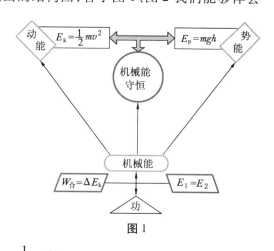

图1

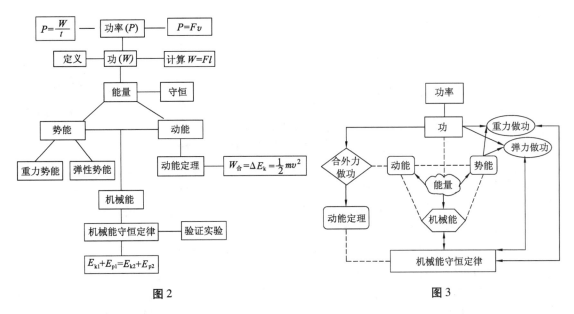

图 2   图 3

课堂教学讲效率。高效的课堂教学需要学生参与的主动性、教师讲解的生动性、学科知识的生成性。正如苏联教育家苏霍姆林斯基所言：学习——并不是把知识从教师的头脑里移注到学生的头脑里。我们要让学生成为课堂舞台的主角，课堂上鼓励学生要讲、要敢讲，甚至要善讲，鼓励不同见解、不同方法，让思维激荡思维，让思想冲撞思想，让方法启迪方法，再辅以教师适当的点拨、启发、引导，使学生的潜能激发、思维活跃。在讲万有引力、重力以及向心力之间的联系时可以采用这样一个物理模型：如图 4，静止于地球赤道上的物体 A，贴着地面运行的卫星 B，相对地球静止的人造卫星 C（相对于地心）。"我们可以通过哪些方面来研究三者之间的差异性呢？"问题一旦抛出，就要"一石激起千层浪"。学生甲：可以研究圆周运动的向心力；学生乙：可以研究圆周运动的向心加速度；学生丙：可以研究圆周运动的角速度……那么如何来研究向心力？如何来研究向心加速度？如何来研究角速度？……一连串"问号"的出现恰恰反映出了学生的思维过程，不仅可以使老师了解学生思考问题的方法，而且能使学生间达到相互交流思路的目的。可见，当问题引发问题，思想的交流便形成了课堂的生生互动、师生互动，学生在探索顿悟中感受着思考的乐趣[2]，自然就能得出 A、C 具有相同的角速度，B、C 同是万有引力提供向心力……知识的建构在和谐而又充满生机、灵性的课堂教学情景中呈现，学生高昂的课堂情绪使得良好的教学效果未经预设得以生成，学生分析探究问题的过程变成了激动人心的智力活动。

图 4

课后作业要成效。作业的选取、作业的批改以及作业的讲评，犹如一条铁链，环环相扣，因此每一环都不能懈怠。选取合适、适量的作业是一个前提，学生要有时间做、要有能力完成，有时需要适当"跳一跳"，能摘个"果子"；认真、及时批改是关键，老师的"红对钩"会给学生信心，老师的"红问号"会激发学生求索的热情，老师简短的评语会激荡起学生心中的涟漪——"我该好好做作业了""我的勤恳终于得到认可了"……统计分析、讲评是使作业发挥成效的保障，发现问题，及时解决，将问题消灭在萌芽状态，切不可有"星星之火可以燎原"的态势。为了提高作业的有效性，解决疑问的多渠道性，避免"漏网"问题的出现，倡导学生建立合作学习的共同体(也就是通常意义上的小组学习,对于这样的方法有 82.8% 的学生表示赞同),对作业中存有疑惑的问题进行讨论研究,尽管讨论时语言缺乏逻辑性、表述略显不够规范甚至有些不完整,但他们努力传达剖析的过程、解题的思路,经过老师不断的矫正、提升,讨论学习的效果十分明显。爱因斯坦也指出:教师最重要的教育方法是鼓励学生去实际行动。有一作业题:图 5 是自行车传动机构的示意图,假设脚踏板每 2s 转 1 圈,要知道在这种情况下自行车的速度,还需要测量哪些量?用这些量导出自行车前进速度的表达式并对自行车的速度进行实测,对比一下,差别有多大。要求学习共同体合作完成。经过学习共同体的理论分析、研究讨论,确定了需要测量的物理量,学生加深了对问题的理解,提高了认识的程度;然后通过你骑车我测量、我骑车你测量的实际操作,学生获得了深刻的亲身体验,在合作中取长补短、共同进步,同时,同学间的友谊也得到了增进,远比在课堂上老师滔滔不绝的讲授来得有效,可见学生在完成作业的过程中除了得到了锻炼外,收获的真不仅仅是知识。

图 5

复习过程要升华。复习的含义比较宽泛,平时学生重在一个练,但是到了复习这个层面,学生特别要注重思考方法的养成,思考方法是学生学习过程的灵魂,无论是一周还是一月,对于复习关键要提高的就是培养学生养成良好的思考过程,形成解决问题的方式、方法。通过复习以往的知识来提高学生分析问题、解决问题的能力,能够借助疑问层层剖析,揭示问题的背景、追溯问题的本源,在剖析中提高驾驭物理知识的技能,这样我们才能够举一反三,才能够从容应对。例如,《物理1》(必修)第四章第七节的"问题与练习"的第 4 题[3]:一种巨型娱乐器械可以使人体验超重和失重。一个可乘十多个人的环形座舱套装在竖直柱子上,由升降机送上几十米的高处,然后让座舱自由落下。落到一定位置时,制动系统启动,到地面时刚好停下。已知座舱开始下落时的高度为 76m,当落到离地面 28m 的位置时开始制动,座舱均匀减速。若座舱中某人用手托着重 50N 的铅球,当座舱落到离地面 50m 的位置时,手的感觉如何?当座舱落到离地面 15m 的位置时,手要用多大的力才能托住铅球?我们虽借题复习,但不能就题论题,而是需要借助题目使学生原本零散的、片段的知识条理化、系统化,并借此适当拓宽、加深,使学生对知识的理解更准确、更深刻、更全面、更系统[4]。引导学生采用图 6 的思路来剖析题目解决问题,而分析研究之后需要进一步思考能否通过该题来形成我们解决动力学问题的一般解题规律。通过学习共同体的讨论、研究、验证,将图 6 进行"变形"得到图 7,这样我们便完成了《物理1》(必修)整体内容的框架式回顾,可能我们没有得到思维深度的延伸,但我们拓展了思维的宽度,使得学生对《物理1》(必修)的基础知识有了系统化的认识,也对其重点知识建立了结构化的模型。复习的类型、方法很多,旨在将点连成线,将线构成面,将平面构筑成立体,形成稳固的知识网络通路,并不断扩大知识的网络结构,让思考的过程驰骋于知识的"高速公路"。

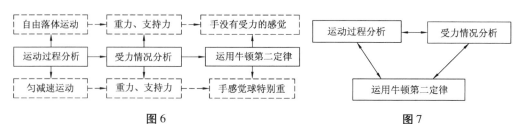

图 6　　　　　　　　　　图 7

物理教学的过程中,我们以预习为抓手培养了学生的学习兴趣,以课堂为阵地激发了学生求知的热情,以作业为突破口使学生拥有亲身体验的美好感觉,以复习为纽带使学生拥有了在知识海洋里畅游的本领,环环相扣的教学过程,似掌控于教师,实受制于学生,只有当学生的主体地位、教师的主导作用美妙结合,学生才会处于善于自学、乐于合作、勇于探究的境界,物理教学的美好情景才能得以展现。

参考文献

[1] 庄起黎. "中学物理未来课堂"的探索研究[M]. 上海:上海三联书店,2008:155.

[2] 刘素梅. 激情是成就好教师的基础[M]. 长春:东北师范大学出版社,2010:158.

[3] 人民教育出版社,课程教材研究所,物理课程教材研究开发中心. 物理1(必修)[M]. 北京:人民教育出版社,2006:89.

[4] 阎金铎,田世昆. 中学物理教学概论[M]. 北京:高等教育出版社,2005:145.

(本文获苏州市2011年物理年会一等奖)

沈祖荣,男,1975年10月生,中共党员,本科学历、教育硕士。1998年8月参加工作,担任高中物理教育、教学工作,中小学高级教师,现任教于江苏省木渎高级中学,担任物理组教研组长。江苏省第五期"333工程"培养对象,苏州市名教师、苏州市物理学科带头人、苏州市教科院物理学科命题中心组成员、江苏省物理竞赛高级教练员。曾获苏州市优秀教育工作者、苏州市教坛新秀"双十佳"以及苏州市高中物理教师基本功竞赛一等奖等市级荣誉;曾获吴中区青年教师"双十佳"、吴中区学科带头人、吴中区优秀班主任等区级荣誉。

沈祖荣

近年来教育科研成果目录:

基于高考要求谈基本仪器的读数规则——以2015年高考物理题为例,《物理之友》,2016年第6期;

2014年高考物理江苏卷实验题的考查及对物理教学的启示,《物理教师》,2015年第3期;

试论高中物理名师共性及成长途径,《新课程研究》,2015年第6期(《中学物理教与学》,2015年第10期转载);

高中物理学困生成因探讨与转化策略,《物理教师》,2014年第5期;

卡文迪许实验室——诺贝尔奖的摇篮及其启示,《物理教师》,2014年第3期。

基于高考要求谈基本仪器的读数规则
——以 2015 年高考物理题为例

1 问题的提出

物理是一门实验科学,物理实验中会使用到基本仪器、仪表,而基本仪器、仪表的读数是实验的基本技能。这些读数中,有些是简单的,而有些是很专业、很复杂的。比如,同样是电流表或电压表,不同量程时读数难度是不一样的。最小刻度"逢1"时,读数同毫米刻度尺即可;最小刻度"逢2"时,严格意义上来讲要二分之一估读;最小刻度"逢5"时,严格意义上来讲要五分之一估读。基于高中学生知识水平所限,"逢2"或"逢5"的"估读"方法又很复杂,所以此时对这类"估读"不做要求。那么高中物理中这么多仪器、仪表到底该如何读数,有没有基于高考要求的标准呢?本文以 2015 年高考物理题为例,阐述刻度尺、电表表盘、弹簧测力计、游标卡尺和螺旋测微器等基本仪器、仪表基于高考要求的读数规则。

2 基本仪器、仪表基于高考要求的读数规则

随着 2015 年高考的结束,全国各地高考的物理卷也揭开神秘的面纱。作为高中物理实验中应掌握的基本仪器、仪表的读数问题,依旧是各地高考物理卷考查的热点。本文以 2015 年高考物理题为例,阐述基于高考要求的仪器、仪表的读数规则。

2.1 刻度尺的读数规则

刻度尺是长度测量的工具,也是最基本的实验器材,会读刻度尺是最基本的实验技能,刻度尺的读数也是高考出题的热点。2015 年物理高考中,四川卷、浙江卷和福建卷等都考查了刻度尺的读数。

刻度尺的读数规则:首先应明确最小刻度,然后估读到最小刻度的下一位。读数结果的有效数字由精确度到最小刻度的数字和带有一位估读数字组成。一般刻度尺的最小刻度都是"逢1"的,此时务必做到十分之一估读。现以 2015 年高考物理四川卷第 8 题的第(1)小题为例。

例1. [2015·四川卷,第 8 题,第(1)小题]某同学在"探究弹力和弹簧伸长的关系"时,安装好实验装置,让刻度尺零刻度与弹簧上端平齐,在弹簧下端挂 1 个钩码,静止时弹簧长度为 l_1,如图 1 所示。图 2 是此时固定在弹簧挂钩上的指针在刻度尺(最小分度是 1mm)上位置的放大图,示数 l_1 = _____ cm。在弹簧下端分别挂 2 个、3 个、4 个、5 个相同钩码,静止时弹簧长度分别是 l_2、l_3、l_4、l_5。已知每个钩码质量是 50g,挂 2 个钩码时,弹簧弹力 F_2 = _____ N(当地重力加速度 $g = 9.8 m/s^2$)。要得到弹簧伸长量 x,还需要测量的是 _____。作出 F-x 图线,得到弹力与弹簧伸长量的关系。

本题提供的答案:25.85 0.98 弹簧原长。

本题读数,按照毫米刻度尺的读数规则:最小刻度为毫米,所以精确读到 258mm,即 25.8cm;毫米下一位估读为 0.5mm,即 0.05cm,读数结果为 25.85cm。本题中也可估读为

0.4mm 或 0.6mm。后两空解析略。

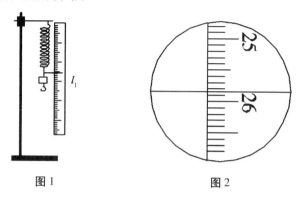

图1　　　　　　　　图2

刻度尺的读数是高中物理最基础的实验技能,刻度尺读数结果包括精确值、估读值和单位。教学过程中应指导学生明确最小刻度的精确值、最小刻度下一位的估读值等的读数规则,还要让学生注意不能忘了单位,只有数值没有单位的读数结果是没有意义的。

2.2　电表表盘示数的读数规则

电表表盘示数,包括电流表、电压表和欧姆表等的示数。电表的使用是电学实验的基础,电表的读数是电学实验的基本技能。电表的读数经常是高考物理卷的出题热点。2015年物理高考中,江苏卷、全国卷Ⅰ、广东卷、海南卷、福建卷以及浙江卷等都考到了电表的读数。

2.2.1　电流表和电压表表盘示数的读数

电流表和电压表表盘示数的读数规则:首先认准量程,电流表、电压表一般都有几个量程;然后看最小刻度,若最小刻度"逢1",读数规则同例1中刻度尺读数规则;若最小刻度"逢2"或"逢5",读数规则严格来讲需五分之一估读或二分之一估读,基于高考要求的仪器、仪表的读数对读数规则中需五分之一估读和二分之一估读不做要求,所以只需粗读。现以2015年高考物理江苏卷第10题的第(1)小题为例。

例2.[2015·江苏卷,第10题,第(1)小题]小明利用如图3所示的实验装置测量一干电池的电动势和内阻。

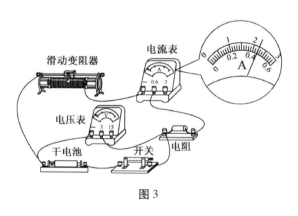

图3

(1)图3中电流表的示数为_____A。

本题提供的答案:(1)0.44。

本题读数,按照电流表、电压表的读数规则:由图3知,电流表所接量程为0～0.6A,此量程的最小刻度为 0.02A,本题由于对准 0.44 刻度位置,所以应读作 0.440A,但基于高考要求,只需粗读,所以本题的电流表读数结果 0.44A 也可以。

类似规则还有弹簧测力计的读数,如 2011 年江苏卷第 10 题的第(1)小题:某同学用如图 4 所示的实验装置来验证"力的平行四边形定则"。弹簧测力计 A 挂于固定点 P,下端用细线挂一重物 M。弹簧测力计 B 的一端用细线系于 O 点,手持另一端向左拉,使结点 O 静止在某位置。分别读出弹簧测力计 A 和 B 的示数,并在贴于竖直木板的白纸上记录 O 点的位置和拉线的方向。

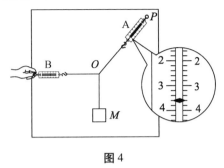

图 4

(1)本实验用的弹簧测力计示数的单位为 N,图 4 中 A 的示数为_____N。

本题提供的答案:(1)3.6。

本题读数,按照弹簧测力计的读数规则:如图 4 弹簧测力计 A 的最小刻度为 0.2N,本题由于对准 3.6 刻度位置,所以应读作 3.60N,但基于高中"逢 2"估读不作要求,所以只需粗度,故本题图 4 中 A 的示数的读数结果 3.6N 也可以。

上述两题中的最小刻度均不是"逢 1"而是"逢 2",这类刻度严格按照读数规则读数时很复杂,但这两题均为高考题,从高考题得到启示,考这类不是"逢 1"的读数题时,指针均指在对准的刻度上,给出的结果均仅读到最小刻度位,表明无须估读。明确基于高中的读数要求,可降低读数难度,有助于教学中的减负增效。

2.2.2 欧姆表表盘示数的读数

欧姆表表盘示数的读数规则:欧姆表读数包括倍率和表盘示数两部分,即示数 = 表盘示数与倍率的乘积。欧姆表表盘的刻度是不均匀的,读数要求比电流表或电压表还要低,对于表盘的示数只需粗读。以 2015 年高考物理广东卷第 34 题的第(2)①小题为例。

例 3. [2015·广东卷,第 34 题,第(2)①小题]某实验小组研究两个未知元件 X 和 Y 的伏安特性,使用的器材包括电压表(内阻约为 3kΩ)、电流表(内阻约为 1Ω)、定值电阻等。

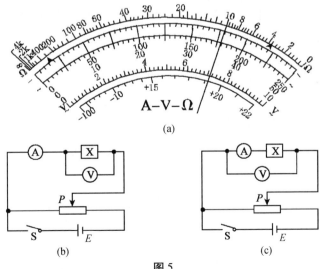

图 5

① 使用多用电表粗测元件 X 的电阻。选择"×1"欧姆挡测量，示数如图5(a)所示，读数为_____Ω。据此应选择图5中的_____(填"b"或"c")电路进行实验。

本题提供的答案：10　b。

本题读数，按照欧姆表的读数规则：倍率为"×1"，指针对准刻度10，基于高考读数要求，只需粗读为10，所以以图5(a)欧姆表的示数为10Ω。后一空解析略。

类似规则还有秒表的读数，如题目：某同学在做"利用单摆测重力加速度"的实验中，先测得摆线长为97.50cm，摆球直径为2.0cm，然后用秒表记录了单摆振动50次所用的时间，如图6所示。则该秒表所示读数为_____s。

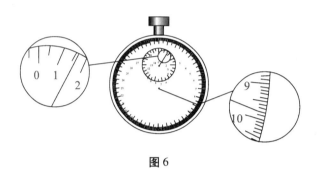

图6

本题提供的答案：99.8。

本题读数，按照秒表的读数规则：先读小圈示数为1.5min，即为90s。对于秒表，虽然最小刻度为0.1s，但由于秒表的机械构造是基于高考读数要求，只需读到0.1s，不需估读，所以大圈示数为9.8s，最终该秒表所示读数为99.8s。

以上两题有两个共同特点：一是读数数值均由两部分组成，二是均不需估读。教学过程中指导学生明确此类仪器、仪表的机械构造、原理及上述两个特点，即可避免读数错误，做到精准读数。

2.3　游标卡尺和螺旋测微器的读数

游标卡尺和螺旋测微器比刻度尺的精度要高，在高精度要求的长度测量时需要用到游标卡尺或螺旋测微器。游标卡尺和螺旋测微器是高中物理实验的基本工具，因此游标卡尺和螺旋测微器的读数方法是高中物理中需要掌握的基本技能。游标卡尺和螺旋测微器的读数是高考的出题热点。

游标卡尺的读数规则：首先确定游标卡尺的规格，此处简称"N等分"尺，基于高中物理要求的N有10等分、20等分和50等分三种规格；然后确定"大范围"，即指游标尺的零刻度所指处主尺刻度的大致位置；第三步是看主尺刻度与游标尺刻度对得最准时，在游标尺上的"格数"，此处数"格数"时不需估读；最后得出读数结果，即读数="大范围"+$\frac{1}{N}$(精确度)×"格数"。

螺旋测微器的读数规则：首先确定"大范围"，即指主尺上刻度；然后看螺旋尺的读数，此处读螺旋尺时需读至最小刻度的下一位；最后得出读数结果，即读数="大范围"+0.01(精确度)×螺旋尺的读数。

游标卡尺和螺旋测微器的读数是各类考试的热点，也是历年高考的高频考点。现以

2015年高考物理海南卷第11题为例。

例4.［2015·海南卷,第11题］某同学利用游标卡尺和螺旋测微器分别测量一圆柱体工件的直径和高度,测量结果如图7(a)和(b)所示。该工件的直径为_____cm,高度为_____mm。

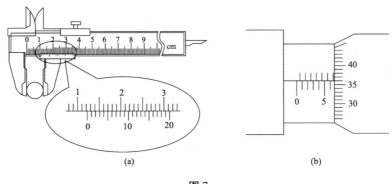

图7

本题提供的答案:1.220 6.860。

本题的第一空为游标卡尺的读数,按照游标卡尺的读数规则,首先明确是20等分游标尺;然后因游标尺的零刻度介于12mm与13mm之间,所以所谓"大范围"为12mm;第三是主尺刻度线和游标尺刻度线对得最准的是游标尺上的第4格;最后得出读数结果为12mm + $\frac{1}{20}$ mm × 4 = 12.20mm,即为1.220cm。

本题的第二空为螺旋测微器的读数,按照螺旋测微器的读数规则,首先确定主尺刻度6.5mm这个"大范围";然后螺旋尺与主尺线所对应的螺旋尺的读数是36.0格,此处的最后一位"0"是估读值;最后得出读数结果为6.5mm + 0.01mm × 36.0 = 6.860mm。

游标卡尺和螺旋测微器是高中物理实验中测量长度的重要器材,两者的原理比较复杂,基于高考要求,对两者的原理不做要求,只要学会两者的读数即可。在高中物理教学中,无须要求学生掌握两者的原理,这样可减轻学生的学业负担。

高中物理实验中需要使用的一些常见基本仪器、仪表,如刻度尺、弹簧测力计、天平、电压表、电流表、欧姆表、游标卡尺和螺旋测微器等都是高考要求掌握的基本仪器、仪表。这些基本仪器、仪表的读数规则有的简单,有的很复杂,但作为基础阶段的高中学生不需要掌握那些复杂的读数规则,高考考查这类题目时也会降低要求。本文借助2015年高考真题,阐述了基于高考要求的基本仪器、仪表示数的读数规则。去繁化简,做到准确定位,有助于指导高中物理实验教学目标的准确定位,也有助于物理教学的减负增效。

（本文发表在《物理之友》2016年第6期）

试论高中物理名师共性及成长途径

1 高中物理名师成长的一般性轨迹

众所周知,一名教师最理想的发展可以用一条线索来描述,即准教师(实习老师)→新教师→胜任教师→成熟教师→特色教师→名教师(指在一定区域内有名气、有影响力,并被公认为在物理领域或某一领域具有权威的见解及引领作用的高中物理老师)。高中物理教师的专业化发展中,要成为成熟教师并不难,想要成为特色教师较难,要想成为名师更难!

本人主持的课题《苏派(苏州)物理名师教学理念与实践研究》,曾对苏州区域内物理老师进行过问卷调查及相关数据的分析。据调查结果及相关数据分析发现,从高中物理老师的最终发展的结果看:高中物理教师中最终能发展成胜任老师的约为98%,有约2%的老师因不能胜任高中物理教学而被分流;最终发展成成熟教师的约为95%,最终发展成特色教师(有一技之长的教师)的仅约为30%,最终发展为名师的不到8%(为了统计具有可操作性,这里所谓名师是指大市学科带头人及以上的教师)。

那么,高中物理名师有没有什么共性呢?高中物理名师通过怎样的途径可炼成呢?本文试图对此进行研究探讨。

2 高中物理名师专业发展问卷调查及分析结果

为了研究高中物理专业化发展轨迹,结合本人《苏派(苏州)物理名师教学理念与实践研究》的实际需要,本人设计了一份问卷调查。问卷调查涉及教师所处的苏州的区县、所在学校、毕业大学学校、原始学历和最高学历(学位)、性别、工作经历、物理教学研究的兴趣及研究方向等方面;在苏州各区县抽取200位高中物理老师进行问卷调查。

通过问卷调查分析、对部分高中物理名师访谈、有关名师介绍的资料查询、"知网"输入姓名检索对目标名师所发表的论文进行研究以及对目标名师成长的前、中及后三个阶段的分析发现:苏州地区各区县高中物理教师专业化发展较均衡,高中物理名师与区域所有高中物理教师人数比例(以下简称名师率)相差不大,大约在8%;但名校出名师特点明显,校与校间分布不均衡;高中物理女教师名师率与男教师的名师率也相当,均在8%左右;名师中毕业大学学校、原始学历较杂,毕业的大学有名牌师范大学,有普通师范大学,甚至有非师范毕业的,原始学历中有大专的,也有本科的,而研究生学历的倒反而几乎没有;从名师的工作经历调查看,80%以上的名师有多个学校工作经历;高中物理名师有强烈的事业心,工作热情高,且对高中物理教学有钻研,对某一领域会有独到的领悟并发挥引领作用。

3 高中物理名师的共性特点

3.1 从高中物理名师概念界定看名师的共性

本文所论述的高中物理名师不仅包括获得教育主管部门授予的诸如教授级高级教师、特级教师、大市名教师及大市学科带头人等荣誉证书的名师,而且包括那些在一定区域内有名气、有影响力,被公认为在物理领域或物理相关领域具有权威的见解和引领作用的高中物理老师。后者比前者范围更广,更具有一般性,因此,高中物理名师的定义决定了高中物理名师是有共性的。

3.2 高中物理名师的炼成主要是后天努力的结果

通过问卷调查、教师成长轨迹及有关资料等的统计分析表明,高中物理名师与其大学毕业的学校无必然相关性。高中物理名师未必都是名牌大学毕业的,也未必一定是高学历者;相反,名牌大学毕业或高学历者未必能成为名师。教师的学历只能代表新教师的起点,不能代表教师发展的终点,教师的专业化发展过程是不断再学习的过程。拥有自身发展需求的"内驱力"的教师,确立其专业发展的目标,并有合理的专业发展规划,是后天努力的结果。后天努力中,诸如结合教学实践的再学习远比师范大学仅停留于侧重理论层面的学习会更具有实效。因此,笔者认为成为高中物理名师主要是后天努力的结果。

3.3 高中物理名师一定是个特色教师

调查统计研究表明,高中物理名师中有的擅长教材教法研究,有的擅长实验的探索及实验的优化或改进,有的擅长于信息技术与物理学科教学的整合,有的擅长于在物理中渗透科学方法教育,有的在某一教学模式上有独到的见解、有特色及有引领等。高中物理名师未必是各方面均是权威的通才,事实上也不可能有人既是全才,又是各领域的专家,只要某一领域有专长的特色教师就可能成为高中物理名师。有在某一领域追求卓越的"内驱力",容易成为特色教师。

3.4 高中物理名师一定是阅历丰富者

高中物理名师一定是阅历丰富者。调查统计研究表明,高中物理名师中一般都有多个学校工作的经历,有的虽然一直待在同一学校,但有经常外出做讲座或学习交流的经历,也有的有初高中多个学段物理教学的经历等。仅有一个学校工作经历、仅为单调的物理教学、不注重对外交流的物理教师,不可能成为物理名师。教师在多种经历的促使下,会寻求自身发展需求,有自身发展需求的"内驱力"会使人努力学习及工作,从而成为阅历丰富者。

3.5 高中物理名师擅长引领作用

名师是一种称号,更是一种口碑。高中物理名师一般都拥有自己的团队,其德才双全,肯全心全意指导团队,肯把自己的科研成果与团队成员分享,同时其自身在团队的研究成果中不断成长。名师引领团队,团队促进名师再成长。

综上所述,成为名师是有共性的,而上述共性是外显的,在外显的背后有一个内隐的,真正成就高中物理名师成长的"内驱力",那就是自身发展需求。

4 练就高中物理名师的五条有效途径

高中物理名师练就的共性,即其成长的"内驱力"是其有自身追求发展的需求。高中物理教师专业化发展水平高低取决于其自身发展需求的这个"内驱力"。学校对教师发展规划及培养目标等仅是"外驱力",这种"外驱力"是外因,对高中物理教师专业化发展水平高低不影响是非本质;只有通过教研文化熏陶等,先将这种"外驱力"转化为教师自身发展需求的"内驱力",然后才有可能有效影响高中物理教师专业化发展水平的高低。

高中物理名师有共性,有共性就有规律,规律就是高中物理名师成长的"内驱力"是自身发展需求。笔者认为,遵循规律、通过五条有效途径即可练就高中物理名师。

4.1 参加基本功竞赛，锻炼基本功，提高知名度

教学基本功是教师最基本的素养，参加教学基本功竞赛不仅能快速、系统和全面锻炼教师的基本功，还可以提高知名度。以高中物理教师参加评优课等活动为例。在赛课前教师要做赛前准备，在赛前准备的过程中要进行教材分析及教材分析策略研究、教材潜在信息的挖掘策略研究；要进行物理课堂教学过程中板书的功效及板书设计策略研究；要进行实验设计的研究；要进行语言的精炼、语速语调及语言科学性研究；要进行教学仪态及教学肢体语言的研究；要进行科学方法及科学方法教育的研究；要进行学生学习心理的研究；等等。通过物理评优课等的活动，能全面、系统锻炼物理教师的基本功，同时通过层层选拔，面对不同级别的学生和评委，也增强物理教师的心理素质，增强了物理教师对物理教学的自信心。随着评优课等的级别越来越高，获得的荣誉含金量也越来越大，影响面越来越广，教师的知名度也就越来越高。

4.2 加入名师共同体，由名师引领

当今是知识大爆炸的时代，靠一个人单打独斗很难形成战斗力。如今教学工作也需要团队合作。名师共同体是名师发展的土壤，名师共同体中，有些是民间组织的，有些是教育主管部门委派名师组建的。有志于将自己发展成名师的教师要积极加入名师共同体，在名师共同体中有名师引领，更容易确定努力方向和发展目标。名师共同体的成员都有自身发展需求的"内驱力"，由名师把关指导，都制订了符合自己实际的专业发展规划。成员中未必人人都是通才，未必都有相同的专长，可以是各有各的特长，将自己在某一方面的研究成果在共同体例会中交流，听取其他成员的意见与建议，丰厚自己对某一领域的认识，最终成为该领域的专家，专家再在名师的向外推荐下逐步扩大影响，成为真正的名师。

4.3 增加阅历，拓展自身的宽度和深度，提升自身的发展高度

研究表明，高中物理名师多数都有多个学校工作经历，至少是非常重视与外校教师的交流。剖析成因，多个学校工作经历给他带来了丰富的阅历，使他见多识广，同时也说明这样的老师是勇于挑战的，有目标才会有挑战，这样的老师自我发展需求的"内驱力"很强。不难发现教师自身对教育、教学的宽度和深度决定了教师发展的高度。因此，教师异地交流有助于教师克服职业倦怠，有助于丰富教师的阅历，有助于教师确立更高发展的目标，有助于增强自身发展需求的"内驱力"。有志于发展成为名师的教师要积极争取外出交流的机会，广泛交流，丰富阅历，拓展自身的宽度和深度，提高自身的发展高度。

4.4 明确自身的兴趣点，在某一领域形成专长

有兴趣变吃苦为乐趣，没兴趣即便有乐趣也有在吃苦的感觉。"兴趣是最好的老师"这个哲理，对学生和老师的成长都是成立的。练就名师，首先要有科学的发展规划，在科学规划中首先要认清自己，明确自身的兴趣点。在每个领域都是专家的人，这样的人才是天才，天才是很少的，而通才一般成为不了专家。认准某个领域，进行科学深入研究，成为该领域有独到见解的专家。比如，高中物理教师中，搞好学生竞赛辅导的可能成为名师，做好教材研究的可能成为名师，某种教学模式得以推广的可能成为名师。可能为名师的还很多，不一一举例。

4.5 能说，会写，推广科研成果

名师一般有能说、会写、有特色等特点。某一领域有专长的特色老师未必能成为名师，成为名师还需要推手。这个推手，除了教育行政部门颁发的各级名师的荣誉证书外，还需要

自身努力。能说,就是要积极争取外出交流活动,比如,外出上课、外出讲座等,把自己的见解通过直接交流的方式推广出去,并被广泛认同。会写,写作是成就名师的有效推手。将自己在某一领域的研究成果以论文或专著的形式发表,如果读者经常能见到某位教师的科研成果在较高级别的期刊、杂志上发表,不用多说,这位教师就会很有名气,这位老师在教育界一定是真正的名师。

总之,高中物理名师成长有其共性,都有其自身发展需求的"内驱力"的背景。在有"内驱力"的作用的前提下,通过上述五条途径,即可练就高中物理名师。

参考文献

[1] 吴加澍.从优秀走向卓越——物理教师的三项修炼探微[J].中学物理教学参考,2011(6).

[2] 鲁烨.高校教师专业化成长阶段的研究[J].扬州大学学报(高教研究版),2010(5).

[3] 武荷岚,胡炳元.浅议大学物理新手教师专业化成长[J].物理通报,2007(4).

(本文发表在《新课程研究》2015年第6期;《中学物理教与学》2015年第10期转载)

高中物理学困生成因探讨与转化策略

1　问题的提出

物理作为自然科学的重要基础学科,在高中各学科中占有重要地位。物理是一门自然科学,研究时间最长与最短跨度数量级和空间尺度最长与最短宽度数量级均在 $10^{43}-10^{44}$ 左右;物理是一门实验科学,对学生的动手能力、逻辑思维能力和探究能力等要求较高;物理可以培养学生的科学素养。

所谓学困生,指在正常授课条件下,部分学生由于原有知识基础、学习动机、听课时的情绪状态等多种因素的影响,不能达到课程标准规定的学习目标,于是产生了学习的困难,这类学生称为学困生。因为高中物理研究领域比较广泛以及对各种能力综合应用要求较高,因此部分学生在高中物理学习过程中感到物理难学、怕学,产生对物理学习的畏惧情绪,久而久之,这些学生逐渐成为高中物理的学困生。

2　高中物理学困生成因探讨

研究表明,尽管高中同类班级建立时,班级中学生的原有知识基础、智力基础以及非智力水平均比较整齐,但经过一个阶段的教学发展,总有一部分学生的成绩高于一般学生的成绩,一部分学生成绩低于一般学生的成绩。有研究者提出了一个学生学习成绩公式,即

$$学习成绩 = f(IQ 水平,原有知识,动机)$$

上述学习成绩公式中,影响学生学习成绩的主要因素是智商水平、原有知识基础和动机水平三个因素。以下结合这一学习成绩公式和高中物理学习的具体学科特点探讨高中物理学困生的成因。

2.1　原有智力水平或知识基础导致成为高中物理学困生

从初中到高中,学生须经历中考,中考同时兼备毕业与升学考试两种功能,为了保证绝大多数学生能够毕业,试卷中必然有很多基础题;同时,为了能够选拔出三星级、四星级和艺术类等不同类型的高中学生,试卷中必然有一定量要求较高的题目。中考作为综合性的考试,必须有一定的信度、效度和区分度,可有效区分不同智力水平和不同知识基础的学生。理论上不同智力水平或不同知识基础水平的学生进入不同类高中,然而,作为生源质量较好的学校以借读或择校的形式招收一些中考成绩低于该校同类学生水平的学生。这些原有智力水平或知识基础相对薄弱的学生,在正常授课条件下,成为高中物理学困生的可能性较大。

2.2　刚进入高中时没有把握好"入门关"易成为学困生

尽管初中时学生已经学过两年的物理,但学生进入高一时务必要把握好学习物理的"入门关"。尽管在知识体系上,初中与高中大致相同,但是初中物理主要以形象思维和定性分析为主,高中物理以逻辑推理、抽象思维为主,物理量及物理量之间以定量计算为主。

高中物理与初中物理无论在知识要求还是能力发展要求上都存在较大的不同,这不仅需要老师注意初高中物理的衔接教学,同时需要学生尽快熟悉高中物理学习的方法和策略,尽快适应高中物理学习。一旦绝大多数学生已经适应了高中物理的学习,还有部分没有适应高中物理学习的学生往往会产生较大的心理压力,在学习进程中显得被动,花了大量的时间学习,成绩总不如意。如果没有及时得到纠正或自我的觉醒,这些学生容易成为高中物理的学困生。

2.3 因高中物理陈述性或程序性知识的缺陷成为学困生

高中物理教学以概念、基本物理量等知识为点,以基本规律为线,以物理分支学科为面,不仅要掌握各个知识点,而且要能将各知识点串起来,连成线,构成面。

例如,在力学分支中的物体的运动的教学中,从教学内容的编排看,先讲授描述物体运动的基本物理量(如质点、参考系和坐标系、时间间隔和时刻、路程和位移、速度和加速度),然后再讲授速度不变的匀速直线运动及其规律和加速度不变且直线运动的匀变速直线运动及其规律,最后讲授匀变速直线运动的典型事例——自由落体运动和竖直上抛运动。数形结合、微元累加和理想化模型的方法和意识以及探究思想渗透其中。

高中物理概念、规律等知识是环环相扣的,而受高中物理教学课时安排的限制,很少在教学过程中不断复习已学习的内容或知识;但是,在练习或例题的题目中经常出现多个知识点综合应用,或应用多个知识和方法解决一类问题。有些学生由于种种原因,在物理整个知识体系中某一或某些知识环节脱节,或某种能力的缺陷都会导致在学习或解决某一类型问题时效率低,成绩不如意,导致成为高中物理学困生。

2.4 工具性学科的基础薄弱导致转译能力薄弱易成为学困生

高中物理教学是以知识传授为载体的,有些学生虽然物理的概念、规律掌握得很好,但一联系到数学知识时就反应不过来,应用数学解决物理问题的能力比较差,导致对于综合性较高的题目总是不能很好地把握,成为物理成绩提高的瓶颈。高中物理需要情境,情境需要语言描述。为了表述一个物理情境,往往文字很多,有些学生由于语文水平薄弱,读题能力差,不能把握题目所给定的语意,导致解不出题目。语文水平差,导致转译能力弱,成为物理成绩不能提高的瓶颈。这样的学生在高三后期成为学困生的可能性大。

3 高中物理学困生转化策略

高中物理学困生的典型特点是在正常物理教学条件下,他们的物理学习比较薄弱。这是一个外显的特点,也是一个共同的结果。但形成这一特点的原因有很多,需要进行诊断。

3.1 关注入学时知识基础相对薄弱的群体,有利于学困生的转化

有心理学专家曾经对不同类高中调查发现,普通中学和重点中学的学生在智力方面基本没有差距,学习成绩的差距主要缘于学生的学习态度、学习习惯、学习兴趣、学习信心等非智力因素。

在高中同一班级成员中,由于现实存在择校或借读的学生,这群学生原有知识基础一般相对薄弱,处理问题的能力也相对弱,接受新知识也可能相对较慢,并且或多或少比较自卑,心理包袱比较重,这类学生在入学初一定要特别关注,更需要鼓励和关怀。兴趣是最好的老师。在物理教学过程中利用提问、单独交流和额外关怀等多种方式,增强他们学习的信心,放下心理包袱,消除他们对物理学习的畏惧感,使他们放松心情学习,激发他们学习物理的

兴趣。这类学困生的转化是一个长期、持续的过程，要抓反复和反复抓。

3.2 注意学习习惯的养成，过好"入门关"有助于学困生的转化

良好的学习习惯是学好物理的前提。比如，在进行相遇、追击问题的教学时，有些学生习惯于直觉分析，用形象思维分析抽象物理问题，不喜欢画出图像辅助思考。开始学习物理时，由于涉及的物理情境比较简单，他们通过简单分析还能快速将问题准确解决，所以才会形成错觉，认为解决此类问题不需要画辅助图，从而画辅助图的能力得不到应有的训练，高考毕竟是选拔性考试，高考的物理题目对能力要求较高，过程比较复杂或特殊，一旦遇到这类问题，出错因子增多，不能有效解题；如果借助过程草图或速度时间图像等辅助分析，可有效将几个复杂的过程前后有机联系起来，可降低思维深度，将复杂问题简单化，将抽象的问题形象化，有利于学生有效解题。再如，在研究物理的运动与力之前应该先要研究如何受力，但在高一较低要求的情况下，有些学生习惯于不受力分析，直接根据经验列方程解题，似乎能快速、轻松地解决相关物理问题；但一旦到了受力复杂的物理情境中，就不会受力分析，受力分析上不是多力就是少力，从源头上增加了错解问题的概率。

所以纠正学生的不良学习习惯，形成规范的解题思路，从实质上过好学习物理的"入门关"能有效转化高中物理学困生。

3.3 针对学困生的物理知识或能力的缺陷进行转化

在教学实践中，教师可编制含有物理学科的概念、规律等的陈述性知识，对物理概念、规律等的应用的程序性知识，应用各类方法解决物理问题的策略性知识，建立各类模型类的知识以及反思类的题目对学生进行测试；也可以通过学生问卷的方式找到学困生的知识缺陷。

有些学困生是某一知识环节没有学好，导致遇到这一知识环节的测试时，学习成绩就不好，学生感觉处理此类问题比较困难，学习效率低下。关于这类学困生的转化，教师可通过课余时间进行单独辅导，系统补充相关知识即可；有些学困生利用数学处理物理问题的能力较弱或通过阅读物理情境建立相关物理模型的能力较弱，教师根据学困生的实际困难可进行单独有针对性的训练，即可有效转化此类学困生。

3.4 教学过程提问或分析问题时采用"暂缓表态"有助于学困生的转化

教学过程提问或分析问题时，因为课时比较紧，教师可能会习惯帮助学生读物理题目，然后帮学生分析物理题目以及所提及的问题，表面上老师很积极，讲得也很清楚，学生听得也很清楚，或虽然让学生自己读相关的文字，但没有给予足够的阅读和思考时间。有些学生养成了依赖老师帮着读题的习惯，阅读物理题目的能力不能得到训练，学生的思维能力得不到提高，成为学困生。

在教学过程或分析问题时采用"暂缓表态"有助于学困生的转化。给定物理题目时，给学生足够的时间，由学生自己读题、自己分析物理情境、自己建立物理模型、自己列出相关物理方程、自己求解相关方程，暂缓告知学生正确结果；虽然学生自己处理问题比较费时，但是自己学生在处理问题的过程中的能力培养是全面的，是高中物理有效教学的体现。

总之，高中物理教学过程中出现学困生是正常的，需要分析其成因，采取合适的策略，将高中物理学困生转化是高中物理有效教学的重要组成部分。

参考文献

[1] 陈钢. 物理教学设计[M]. 上海：华东师范大学出版社, 2009.

[2] 张维善等. 普通高中课程标准实验教科书(必修1)[M]. 北京：人民教育出版社, 2010.

[3] 皮连生等. 教育心理学[M]. 上海：上海教育出版社, 2011.

（本文发表在《物理教师》2014年第5期）

郁建石，1985年7月毕业于南京师范大学物理系，高级教师，苏州市名教师，苏州市、吴中区、大丰市物理学科带头人，苏州市指导学生自学先进教师、江苏省物理奥林匹克高级教练员、吴中区高中物理中心组成员、吴中区首批名师工作站中学物理组成员。

从事高中物理教学三十多年来，始终以"认真上好每一节课，全面关心每一个学生"为宗旨，努力追求"有效""高效"和"长效"，逐步形成了"严谨而又风趣，深刻而又生动，简洁而又清新"

郁建石

的教学风格，深受学生的欢迎和喜爱。工作以来，在省级以上报刊上发表论文四十多篇（其中，在核心刊物上发表10多篇，并有10多篇获奖）；主编和参编了10多种物理教学和竞赛资料；积极组织和参与了多个省、市、区级课题的研究工作，并取得了良好的成效。多次在市、区、校开设示范公开课和专题讲座，受到一致好评。同时还长期担任高中物理竞赛辅导工作，近年来共有近100人次获得省三等奖以上奖项（其中，进入全国决赛1人，全国一等奖3人（保送），省一等奖及以上11人、二等奖30多人）。

信奉的教学格言：教学的关键是教学生如何"学"；物理教学的关键是让学生学会如何"悟"物中之"理"。

近年来教育科研成果目录：

电场强度的教学设计与反思，《中学物理教学参考》，2014年第4期，(《中学物理教与学》，2014年第7期转载）；

PCK理论指导下电场强度的教学设计与反思，江苏省电化教育馆论文比赛二等奖；

试谈3B教育理念下的物理复习教学策略，《文理导航》，2014年第12期，江苏省中小学教学研究论文比赛二等奖；

从学情调查谈高一物理教学，《教学研究与评论》，2015年第6期；

正确处理平衡问题中的几对关系，《新高考》，2015年第11期；

动态平衡问题的常见分析思路，《新高考》，2015年第11期；

郁建石.走出类比推理的误区，《教学研究与评论》，2016年第3期；

郁建石.直线运动的常见分析方法，《新高考》，2016年第9期；

郁建石.例谈追及问题的错解和常用分析方法，《新高考》，2016年第10期。

PCK 理论指导下电场强度的教学设计及反思

PCK 理论是 20 世纪 80 年代美国斯坦福大学舒尔曼教授提出来的一个概念。PCK 是学科教学知识（Pedagogical Content Knowledge）的简称，是指教师必须拥有所教学科的具体知识：事实、概念、规律、原理等，还应该具有将自己拥有的学科知识转化成易于学生理解的表征形式的知识。它定位于"科学知识"与"一般教育知识"之间的交叉之处，其核心内涵在于将学科知识转化为学生可接受的形式。因此，教师在中学物理教学中，应该努力从物理的学科特点和学生的思维角度出发，在教学思路的设计上动脑筋，在教学方法的优化上做文章，在教学手段的整合上花工夫。只有这样，才能充分发挥物理课堂教学的效益，达到良好的教学效果。笔者以"电场强度"一节的教学为例，谈谈 PCK 理论对中学物理课堂教学的指导作用和有关思考。

一、教学设计

教学设计是教学过程中一个十分重要的环节，是提高教学质量的前提和保证。在"电场强度"这节内容的教学设计中，我着重从以下四个方面进行认真的思考：

1. 课前必要的准备

要上好课，在课前必须要有充分的思考和准备。首先要考虑"教什么"，即本节内容有哪些知识、方法、教学重点和难点等；其次要知道"学生已经会了什么"，即学生所掌握的与"电场强度"这节内容相关的知识和方法储备情况，如力学中万有引力（重力）场的知识，初中电、磁场的知识，用比值定义物理量的方法等；再次要思考"怎么教"，即适合这节内容的教学有哪些常用的教学方法和手段，可以用哪些教学思路和分析角度；然后要熟悉"我们有什么"，即本校的有关教学设备，有哪些可以利用的实验器材、教学硬件和软件；最后还要清楚"我能怎么教"，即根据教者自身的特点，有什么优势和劣势，尽量做到扬长避短。

2. 教学主线的安排

一节优秀的课，必须有明晰而流畅的教学主线。科学合理、条理分明、设计精巧的课堂教学主线，有利于提高课堂教学质量和有效性。根据现行教材体系，我设计了本节课的教学主线：

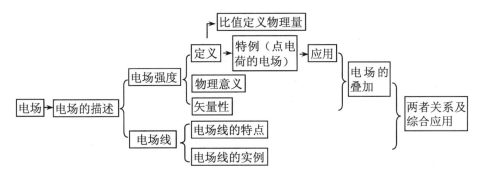

根据实际教学情况，本节内容可分为两课时：第一课时，初步认识和建立电场的概念，

进一步理解用比值来定义物理量的特点,正确理解电场强度的物理意义、定义和基本性质,学会其基本应用;第二课时,着重学习电场线的有关内容,熟悉常见电场的电场线特点,解决有关电场强度和电场线的实际应用问题。

3. 教学方法的优化

根据 PCK 理论,应着力寻找适合学生的教学方法。"电场强度"这节课,内容比较抽象,对刚刚学习静电场的高中学生来说,确实有不小的难度,因此我在这节课的教学方法的设计上,着重从以下几个方面进行了优选和组合:首先是新课的引入。电场是一种特殊的物质,它看不见、摸不着,让学生认识到"电场"是客观存在的有多种方法:① 用前面力学中的引力场(或重力场)来类比;② 用初中学过的磁场来类比;③ 用实验演示(如带电体之间有相互作用);④ 用日常生活中的实例(如无线通信)来说明;⑤ 其他。这些方法各有利弊,用引力场(或重力场)来类比,现行课本中对引力场并没有进行具体的讨论,它是在建立了电场概念后再回头让学生类比分析引力场的;而用磁场来类比,则间隔时间较长,且初中对磁场的讨论过于肤浅;用实验演示则有时现象不明显,特别是碰到阴雨天,更难操作;用无线通信等实例来说明,则原理过于复杂,会分散学生的思维……而本节课的教学要求又不允许在这一问题上花太多的时间和精力。经过反复思考比较,我采用了如下方法:先演示小磁针在磁铁附近发生偏转,再演示带电体之间存在相互作用(如果碰到阴雨天,可预先录好有关实验的视频),通过两者类比说明电场的客观存在。其次是如何让学生正确认识到用比值 $\frac{F}{q}$ 来描述电场强弱的科学性,这是本节课的重点也是难点,有这样几种方法:① 从实验出发进行探究;② 由点电荷的电场,用库仑定律推导;③ 由一般电场入手;④ 用类比法。以上方法各有其不足。用实验来探究,虽然具体直观,但实验不够稳定,更重要的是很难进行定量分析;用库仑定律推导,学生虽然容易理解,但是教者必须做好"从特殊到一般"的推广,处理不当则会给学生造成" $E = \frac{F}{q}$ 只适用于点电荷产生的电场"的错觉;由一般电场入手,虽然从逻辑角度上比较严谨,但从思维角度上过于抽象,学生不易接受;如果直接用类比的方法引入,从思维角度学生则会感觉比较突兀。通过比较,我们采用了这样的方法:先通过实验说明电场中不同的位置电场的强弱不相同;然后让学生思考能否直接用试探电荷所受静电力来反映电场的强弱;接着引导学生分析,在电场中同一点电场的强弱应该是一定的,但试探电荷受到的静电力却随着试探电荷的不同而不同;再接下来就很自然想到比值 $\frac{F}{q}$ 是与试探电荷的电荷量无关的量,并且能反映电场的强弱;然后针对点电荷的电场用库仑定律加以进一步说明;最后可举例说明用比值来定义物理量是物理学中(甚至是日常生活中)常用的研究方法。

4. 课堂提问的设计

科学合理的课堂提问,可以激发学习兴趣,启发学生思维,活跃课堂气氛,是课堂教学的一个重要手段。什么时候提问,提什么问题,怎么提问,问什么学生,都要认真思考、精心设计。课堂提问太随意,有时学生会不知如何回答,有时反而会使学生的理解误入歧途。根据"电场强度"这节内容的特点,我以问题串的形式来设计提问。比如,从引入课题到电场强度定义的得出,设计了以下一系列的提问:① 带电体之间是如何发生作用的?(答:通过电场。——与引力场、磁场类似。)②怎样研究电场的性质?(答:在电场中引入一个电荷。——电场的基本特征是对放入其中的电荷有力的作用。)③同一试探电荷放在电场中的不同地方,所受电场力不同,说明了什么?(答:说明电场强弱不同。——这一点学生是易于理解的。)④能否直接用试探电荷所受的电场力来反映电场的强弱?(答:不能,因为在电场中同一点,不同的试探电荷所受的电场力不同。——这是学生最容易搞错的问题,往往回答是错误的,应重点分析,搞不清楚的话可再接着思考下一个问题。)⑤在日常生活中,如有两个西瓜,一个卖10元,另一个卖20元,是不是20元的一定贵?(答:不一定,要看单价。——可类比分析如何描述电场的强弱。)⑥同样,在电场中同一点能否也找到一个与试探电荷无关的反映电场强弱的物理量(类似于西瓜的单价)?(答:试探电荷所受电场力与试探电荷的电荷量的比值$\frac{F}{q}$。——这时再引入电场强度就顺理成章了。)⑦前面还学过哪些用类比方法(比值)来定义的物理量?(答:密度、速度、电阻等。——加深对比值定义物理量的理解。)⑧想一想,密度公式$\rho=\frac{m}{V}$中,密度与物体的质量和体积是什么关系?(答:无关。——初中已学过,学生容易理解。)⑨根据电场强度定义式$E=\frac{F}{q}$,电场强度与试探电荷的电荷量和它所受的静电力有无关系?(答:无关。——由以上分析和类比就不难理解了,也可以用一些具体的练习来巩固。)⑩如果同一试探电荷在电场中两个位置,受到的电场力大小相同,但方向不同,这两个位置的电场强度是不是相同?(答:不同。——说明电场强度是矢量。)……这些问题有的让学生思考后作答;有的问题学生不一定能回答或回答不完整甚至是错误的,这时教者可以解答、补充或纠正,而学生在回答问题时出现的错误,恰好能暴露学生存在的问题,更有利于教学;有的问题是为了启发学生思考的,不一定让学生回答,可自问自答。以上提问,沿着"电场和电场强度"这条思维主线层层递进,步步深入,每一个问题犹如一扇大门,而答案则是开门的钥匙,每当开启一扇大门,对问题的理解就提高一个台阶。通过对这一系列问题的思考和解决,学生对"电场和电场强度"的认识,就会从"雾里看花"到"云开雾散",最后会"豁然开朗"。

总之,一节好的物理课,就要努力达到深奥问题浅显化,抽象问题具体化,枯燥问题趣味化,杂乱问题条理化。要从学生的角度出发,多换位思考,多了解学生的学习状态和心理动态,才能把物理知识真正地变成学生易于接受和掌握的知识,从而提高课堂教学的效率,收到良好的教学效果。

二、教后反思

如果把教学过程比喻为一个输电系统的话,教师可看作一个电源,学生可看作用电器,而教学设计则是电路的设计,要让这个输电系统充满活力、正常、高效、持续地工作,就应该将PCK理论更好地应用到中学物理教学中去。通过"电场强度"这节内容的教学和思考,笔者认为应该着重做好以下几个方面的工作:

1. 加强学习

一个输电系统要能持续工作,要求电源的质量过硬并且能源源不断地输出能量,这就要求教师经常充电——学习。首先,要多看书,学习有关教育教学的理论,特别是与中学物理教学相关的教育学、心理学和教学法等方面的理论书籍要认真研读。其次,要多看一些与中学物理教学有关的报纸杂志,了解当今中学物理教学的理念和信息,学习别人的成功经验和做法。最后,还要学习现代教学技术和教学手段,了解物理学和其他学科的最新进展和前沿动态。这样才能全方位丰富自己的头脑,为输电系统提供充足的能量。

2. 深入研究

一个输电系统要能高效工作,还必须精心设计、优化电路,这就要求教师进行深入的研究。首先,要认真研究课程标准和教学大纲,熟知现行的课程体系和教学目标,做到心中有底。其次,要认真研究教材和有关教学参考书,最好把以前使用过的教材、其他版本的教材也能浏览一下,这样可以取长补短,相互补充,做到心中有数;最后,还要研究有关内容的常用教学方法和学习方法,从而找到最为合适的教学方法,做到心中有谱。还有一个关键就是要研究学生,学生是发展变化的,有个性特点的,只有全面客观地知道学生的真实情况,了解他们的知识基础、认知水平、情感喜好等,才能真正从学生的角度出发,想学生所思,教学生所学,最大限度地提高教学效益。

3. 经常切磋

一个人的思路往往有一定的局限性,只有集思广益、博采众长,才能不断进步,因此同行之间(包括不同学科的同行之间)要进行经常性的交流切磋。互相听课是一种很好的切磋教学的方式。首先要多听别人的课。一种听课,总是带着"挑刺"的眼光,觉得别人的课上得不如自己;还有一种听课,确实是带着"欣赏"的眼光,一节精心准备的课,总有值得学习的地方。后者更利于自身教学业务的提高。其次要让别人听你的课,虚心听取别人的意见和建议,也有利于改进和提高教学业务水平。听课不能流于形式,要重视课后交流和讨论,要结合课堂教学的具体情况和学生的实际情况,从教学理论的高度,进行客观实际的分析、推心置腹的交流和全面具体的总结,从而真正达到相互学习、共同提高的目的。同时也要重视平时的教学研讨,可以不分场合、不分地点、不分形式地进行。同行之间要变"文人相轻"为"文人相亲",碰到问题随时讨论研究,新、老教师各有所长,新教师主动、虚心地向老教师请教,老教师也不要"倚老卖老"、放不下架子,"三人行必有我师"。另外,还要经常与学生交流,有时学生的一些想法和理解也会对你的教学有所帮助和启发,使课堂教学更具针对性,更贴近学生。

4. 注重反思

教学过程是一长期的持续的循环过程,必须经常进行反思和反馈,才能不断改进和矫正教学思路和教学方法,从而更加切合教学实际,打造有效、高效、长效的教学课堂。首先要养成良好的教学反思习惯。教无止境,教学过程是一门遗憾的艺术,任何一节课,总有不足之处,因此,每上完一节课,都要认真地反思,并且及时形成书面材料,最好以电子稿的形式按一定的体系进行分类汇总,以便在以后的教学中得以改进、完善和提高。另外还要注意教学信息的反馈。可以通过课堂提问、课后作业、单元或章节的检测以及与学生的交流等方式全方位、多渠道地反馈教学情况。只有经常、适时、真实地得到教学的反馈信息,才能有效而准确地进行教学矫正,从而不断改进教学方法、调整教学节奏、控制教学难度、提高教学的有效性和针对性。

5. 学会尊重

PCK 理论的核心在于将学科知识转化为学生可接受的形式,因此,在教学过程中必须学会尊重。首先要尊重科学,科学是严谨的,是实事求是的,在教学过程中不能为了所谓的"通俗"而模棱两可、含混不清,不能犯科学性错误。其次要尊重书本,书本(尤其是教科书)是经过许多专家反复研究编写出来的,没有充分的理由不要轻意地更改有关讲法和体系,当然根据时代的发展和学生的具体情况做些微调是可以的,也是必需的。最后更重要的是要尊重学生。尊重是相互的,老师和学生在教学上是师生关系,而在人格上是平等的,只有尊重学生,做学生的良师益友,才能构建和谐、融洽的课堂气氛,充分发挥他们的主体作用,激发他们的学习热情,调动他们的学习主动性。当然尊重学生并不是一味无原则地去迁就学生。

总之,PCK 理论关键是要从教学的主体——学生的角度出发,因材施教、因人施教,努力寻找适合学生的教学方式,认真设计切合实际的教学过程,精心打造节能低耗的高效课堂。这是一个长期的系统工程,需要平时做个有心人,并且进行日积月累。

参考文献

[1] 白益民.学科教学知识初探[J].现代教育论丛,2004(4):27-30.

[2] 杨彩霞.教师学科教学知识:本质、特征与结构[J].教育科学,2006,22(1):60-63.

[3] 郁建石.浅谈课堂教学中反馈与矫正的原则和艺术[J].教育理论与实践,2009(2):46-48.

(江苏省电化教育馆论文比赛二等奖)

试谈 3B 教育理念下的物理复习教学策略

随着大脑的奥秘被相继揭开,教育学家正努力将大脑学习机制的研究成果纳入教育领域中,课堂成为"大脑训练营"是教师和教学研究者的共识。数学特级教师吴增生在此基础上提出了"3B 教育"的理念。所谓 3B 教育,是"基于脑(based brain)""适于脑(adapting brain)""发展脑(developing brain)"的简称。所谓"基于脑",是指教育活动要以学生已有的知识经验为教学起点,以学生可能达到的认知水平设计教学过程,以学生的最近发展区为教学目标;所谓"适于脑",是指教育活动要适合于学生的大脑信息加工方式和活动规律;所谓"发展脑",是指教育活动应最大可能地促进大脑的协调发展。

物理教学的最终目标在于发展思维、培养能力、提高素质。笔者将"3B 教育"理念应用到高中物理复习教学中,进行了大胆而有益的尝试,取得了较好的教学效果。下面以"恒定电流(第一课时)"为例,谈谈 3B 教育理念下的高中物理复习的有关教学策略。

一、教学设计思路

笔者在复习"恒定电流(第一课时)"的教学中采用了"问题探究""知识回扣""深化拓展"三部曲;以两个电阻的串联为问题的主线,紧扣教学内容,层层变化、步步深入;以"恒定电流(第一课时)"的基本概念、基本规律和基本应用为知识的主线。具体过程简述如下:

一、基本概念、基本规律

由问题 1 引入课题:

A.【问题探究】

[问题 1] 两根完全相同的柱形金属导体 A 和 B,现将 B 导体均匀拉长为原来的两倍,然后串联在电路中(如右图所示)。问:(1)两导体的电阻之比 $R_A:R_B=$ _____;(2)通过两导体的电流强度之比 $I_A:I_B=$ _____;(3)两导体上的电压之比 $U_A:U_B=$ _____;(4)两导体中的自由电子定向移动的速率之比 $v_A:v_B=$ _____。

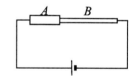

通过对上述几个问题的分析讨论,复习回顾如下知识:

B.【知识回扣】

1. 电阻定律;2. 电阻的串、并联;3. 欧姆定律(部分电路);4. 电流强度(定义式、微观式)。

在此基础上再通过下面的问题加以拓展巩固:

C.【深化拓展】

[拓展 1] 问题 1 中,若电路中 C 点接地,以 A 导体的左端为坐标原点,向右为 x 轴正方向,如右图所示,则下列关于电路上电势沿 x 方向电势变化的图像正确的是( )

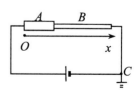

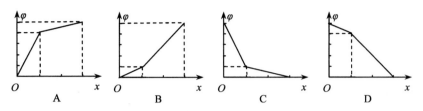

这道题目涉及电阻定律、电阻串联中电压的分配和有关图像的分析,很有代表性。

二、基本应用

(一)电路动态分析

A.【问题探究】

[问题2] 如右图所示的电路中,电源内阻不能忽略,当滑动变阻器的滑片从左向右滑动时:(1)电路中的电流 I 怎样变化?(2)电源的输出电压 U 怎样变化?(3)电阻 R_1 和 R_2 上的电压 U_1 和 U_2 各怎样变化?

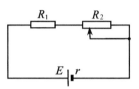

这是一道电路动态分析最基本的题目,学生完全可以独立解决。重要的是要通过对问题2的分析,总结电路动态变化问题所涉及的基本规律、分析思路和常用技巧:

B.【知识回扣】

1. 闭合电路欧姆定律。

2. 电源的路端电压。

3. 动态电路分析技巧:(1) 开始三步曲:① 总电阻变化→② 总电流变化→③ 总电压变化;(2) 分析顺序:先"总"后"分"、先"定"后"变";(3) 巧用规律:部分电路欧姆定律,电阻串、并联规律……

4. 有关图像:(1) 伏安特性曲线;(2) U-I 图像。

再将总结的有关方法思路进行下面的巩固拓展:

C.【深化拓展】

[拓展2] 如右图所示的电路中,电源内阻不能忽略,且 $R_1 > r$,各电表均为理想电表,当滑动变阻器的滑片从左向右滑动时:

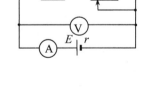

(1) 下列判断正确的是( )

A. $|\Delta U_1| > |\Delta U_2|$ B. $\dfrac{U_2}{I}$ 变大

C. $\dfrac{\Delta U}{\Delta I}$ 不变 D. $\dfrac{\Delta U_2}{\Delta I}$ 变大

(2) 比较各电压表读数变化与电流表读数变化的比值 $\left|\dfrac{\Delta U_1}{\Delta I}\right|$、$\left|\dfrac{\Delta U_2}{\Delta I}\right|$、$\left|\dfrac{\Delta U}{\Delta I}\right|$ 的大小。

这一题并不是把问题2简单地深化,而是有所拓展变化,而且用到了不少新的思路和方法。

(二)关于电源的功率和效率

A.【问题探究】

[问题3] 如右图所示的电路中,电阻 R_1 大于电源内阻 r,当滑动变阻器的滑片从左向

右滑动时,下列判断正确的是(　　)

A. 电源的总功率减大

B. 电源内部消耗的功率减小

C. 电源的输出功率减小

D. 电源的效率减小

这是一道有关电源功率和效率的概念性较强的选择题,通过分析讨论总结如下内容:

B.【知识回扣】

1. 有关电源的功率:总功率、输出功率、内部消耗的功率;2. 电源的输出功率;3. 电源的效率。

这些内容包含的知识和方法十分丰富,要花较多精力分析。

C.【深化拓展】

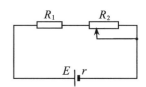

[拓展3] 如右图所示的电路中,R_1 为定值电阻,电源电动势为 E,内阻为 r,R_2 为滑动变阻器,其最大阻值为 R_0,讨论:(1) 当 $R_2 = ?$ 时,电源的输出功率最大?(2) 当 $R_2 = ?$ 时,电阻 R_2 的功率最大?(3) 当 $R_2 = ?$ 时,电阻 R_1 的功率最大?(4) 当 $R_2 = ?$ 时,电源的效率最大?

这一连串问题表面上与问题3大同小异,实际上有很大的区别,它既要用到等效法等处理方法,又要针对不同的最大功率采用不同的分析方法,还要对三个电阻 R_1、R_2 和 r 在不同的大小关系情况下进行讨论。

最后再配以适当的巩固练习:

(巩固练习略)

二、复习教学策略

1. 低开高走策略

根据3B教育理念,首先,要确立复习教学的起点,起点高低的定位要准确而恰到好处。复习课不同于新授课,根据高三学生的具体情况,在复习的起点设置上应立足基础,但也不宜太简单直白。如上面的问题1,就是围绕欧姆定律、电阻定律、电流强度、电阻的串并联等基本知识的应用来编制的,虽然所用到的知识点不一定是单一的,但难度并不大,主要让学生通过这些问题的思考来回忆曾经学过的知识。其次,深化拔高的高度要合理,既不能简单地重复,也不宜拔得太高,要根据高考的要求和学生的思维能力来确定,从而最大可能地促进大脑的协调发展。比如,在上面的"电路动态分析"部分的"深化拓展"中,我在基本问题分析的基础上,让学生进一步讨论 " $|\Delta U|$ " " $\dfrac{U}{I}$ " " $\left|\dfrac{\Delta U}{\Delta I}\right|$ ",难度比较适中。另外,还要思考如何高走,也就是通过什么方法和途径让学生加深和拓展,要适合于学生的大脑信息加工方式和活动规律,经历自然合理的物理思维。比如,在"关于电源的功率和效率"部分,不要让学生死记"当'$R = r$'时,电源输出功率最大"这一结论,而是要让学生真正理解这一结论是怎么得出的,然后自然过渡到其他问题的分析上,否则再分析"拓展3"就很容易上当。

2. 问题引领策略

在新授课中,往往是先研究规律再讨论应用,如果在复习课中还按这样的模式,学生的大脑思维就容易疲劳,复习效果也就会打折扣。因此,在复习教学中可以反其道而行之,让"知识问题化",由问题来调动学生的学习热情。当然在问题的设置上不能信手拈来、马虎了事。还要做到"问题典型化",即所选问题不一定是非常时髦的新题,但必须是围绕复习内容、最能体现有关知识和方法的典型题,如上面我选择的几个问题都是常规题,但都是代表性的问题。只有将那些常规的方法和思路真正掌握了,才可能做到以不变应万变,特别是在一轮复习中,一味地求新、求异,效果往往适得其反。另外,还要力求"典型系列化",将那些典型问题进行整理归类,形成问题串,便于学生在宏观上和整体上对复习内容有一个更加深刻和全面的认识,如上面我设计的问题就是用两个串联的电阻为系列的问题。同时,还要注意"系列递进化",如果这些问题串没有什么变化,复习课也就不会出彩,课堂教学也就不会高效。要力争做到通过问题串的展现而不断拓展、不断变化,这就好像苏州园林,既要做到风格统一、浑然一体,又要做到一步一景、曲径通幽。当然,并不是所有的课题都能做到这一点,要根据具体情况而定。

3. 多元思维策略

研究表明,大脑在接收新知识时本质上是进行有向多元表征的活动。因此,在复习物理概念和规律时,要尽可能从多个方面进行总结归纳。比如,电源的路端电压可以从多个角度得出以下关系:$U = E - Ir$,$U = IR$,$U = \dfrac{R}{R+r}E$ 等,还可以用 U-I 图像来分析。再如,电源的效率也可以有多个不同的关系式:$\eta = \dfrac{P_{有用}}{P_{总}} \times 100\%$,$\eta = \dfrac{U}{E} \times 100\%$,$\eta = \dfrac{R}{R+r} \times 100\%$。对于一些问题,可以从不同角度用多种思路和方法来分析,即"一题多解";也可以将一个问题进行多种变化,进行思维的多角度迁移拓展,即"一题多变";还可以对不同问题的分析思路和解决方法进行归类整理,即"多题归一"。比如上面的"问题3"和"拓展3"就十分典型。通过这样的复习,才能真正做到"发展脑"。研究表明,大脑如果长时间在单一压力下学习,其效果会大打折扣。因此,在复习教学中,也要注意教学方法的多样性,讲授、练习、讨论等相结合;根据教学内容的具体情况,采取 PPT、实物投影、实验等多种教学手段,提供多种不同的感观刺激。

4. 突出主线策略

科学合理、条理分明、设计精巧、自然流畅的课堂教学主线有利于大脑思维的连贯性和有序性,对提高课堂教学质量将起到至关重要的作用。我在"恒定电流"这节课的复习教学设计上,一方面以两个电阻串联为基本电路,进行不断的演变、拓展,沿着这条"问题"主线,将整个教学过程"串联"起来;另一方面围绕"恒定电流"的有关概念、规律和应用,形成一条"知识"主线,以"并联"的方式加以总结归结;同时又将"计算法""图像分析法""临界判断法""等效分析法"等构成一条"方法"主线,"混联"在前两条主线中。整个思路清晰、完整而连贯,从而有利于学生物理思维的发展。

5. 节奏张弛策略

古人云"一张一弛乃文武之道",这也是符合大脑思维特点的,大脑的神经活动具有时间的周期性。一直处于松弛状态,学生也会松懈,教学效果不可能好;一直在高密度、满负荷的紧张状态下复习,教学效果也不可能好。因此,在复习教学中要科学地把握教学的节奏,有引入、有铺垫、有高潮,才能收到良好的教学效果。我在"恒定电流"这节课的复习教学过

程中以"问题探究""知识回扣""深化拓展"三部曲为一个周期,整个过程又以三个周期构成一个整体,循环推进、螺旋上升,使学生在较轻松的状态下有节律地复习。同时,还要注意教学过程的波折性。说话强调抑扬顿挫,音乐注重轻重缓急,小说讲究波澜起伏。在教学设计中要想方设法增加教学的波折性,可以根据具体情况制造"事端"、设计"陷阱",让学生在"挫折"中提高注意力、在"上当"中巩固所学内容。比如,上面的"拓展2"中比值分析由$\frac{U}{I}$到$\left|\frac{\Delta U_1}{\Delta I}\right|$、由$\left|\frac{\Delta U_1}{\Delta I}\right|$到$\left|\frac{\Delta U}{\Delta I}\right|$、由$\left|\frac{\Delta U}{\Delta I}\right|$到$\left|\frac{\Delta U_2}{\Delta I}\right|$,都有一个发展变化,稍不注意就会"上当"出错;再如,"问题3"中的四个选项分别讨论了"电源的总功率""电源内部消耗的功率""电源的输出功率""电源的效率"问题,表面似乎相差不大,实际情况却大相径庭;同样,在"拓展3"中讨论的三个最大功率也各不相同。在这些问题上都可设置"陷阱",把课堂教学设计得变化多彩、迂回曲折。

总之,要提高高中物理复习的教学效率,应从"基于脑""适于脑""发展脑"的教育理念出发,努力探寻行之有效的教学策略。

以上论述只是本人在教学过程中一些不太成熟的思考,还望得到同行们的指教。

参考文献

[1] 吴增生.3B教育理念下的数学高效课堂教学策略初探[J].数学教育学报,2011(1):5-8.

[2] 吴增生.3B教育理念下的数学核心概念教学策略[J].中国数学教育,2011(1):4-8.

[3] 李金钊.基于脑的课堂教学[M].上海:华东师范大学出版社,2013.

[4] 郁建石.新课程背景下高中物理课堂教学的实践与思考[J].物理教学,2011(4):13-16.

(本文发表在《文理导航》2014年第12期)

从学情调查谈高一物理入门教学

高中物理与初中物理相比，无论是深度还是广度上都上了一个比较高的台阶，加上学生刚刚进入一个新的环境，有一个适应的过程，因此进入高中后，不少学生不能正确处理好高中、初中物理的衔接，不能很快适应高中物理的学习，从而过早出现两极分化现象。为了掌握学生物理学习的第一手资料，使高一物理的教学工作更具针对性和实效性，在新生入学两个月后，笔者对我校高一学生的物理学习情况做了以下的调查和研究，也许对其他同仁有所帮助和启发。

一、问卷调查的内容、统计结果及简单评析

我校是一所老牌四星级高中，生源是区内最好的，这届高一共有学生582名，其中正式录取的547名，这次参加问卷调查的共472名。调查统计结果如下（选项后的数据为百分比，可以多选，打"*"为最高百分率）：

1. 你自己认为你的物理学习情况
   A. 优秀(5.1)　　B. 较好(16.8)　　C. 一般(61.9*)　　D. 较差(17.5)
   也许是最近一次单元练习难了一些，不少学生显得不够自信。

2. 你学习物理是因为
   A. 对物理感兴趣(29.9)　　B. 物理比较有用(30.2)
   C. 高考要考(49.1*)　　D. 不知道(5.2)
   绝大多数学生有明确的学习目的，但有近一半的学生是为了高考才学习物理的。

3. 你对高中物理是否感兴趣
   A. 非常感兴趣(10.5)
   B. 比较感兴趣(62.4*)
   C. 不太感兴趣(19.1)
   D. 初中时比较感兴趣，现在不感兴趣(9.1)
   多数学生对高中物理还是感兴趣的。

4. 你认为现在的物理课
   A. 很好(15.0)　　B. 基本适应(66.4*)
   C. 太快(13.5)　　D. 太难(9.2)
   有22.7%的学生已经感到现在的物理课太快或太难了！这部分学生很容易造成两极分化，尽管为数不多，但教者要引起足够重视。

5. 你学习高中物理的主要方法是
   A. 课上认真听讲(70.3*)　　B. 多做题目(28.3)
   C. 多思考(46.2)　　D. 多看参考书(20.8)
   选C和D的比例较低，说明学生的学习还比较被动。

6. 你认为高中物理难吗?
   A. 很难(16.6)　　　　　　　　B. 比较难(63.5*)
   C. 一般化(18.4)　　　　　　　D. 较简单(1.7)

   选 A 和 B 的达到了 80.1%,看来确实需要调整教学的难度!

7. 你觉得高中物理最难的是
   A. 课本内容(2.4)　　　　　　B. 讲课内容(6.6)
   C. 课外题目(71.7*)　　　　　D. 考试(33.6)

   重点是要降低课外练习和考试的难度。

8. 你觉得高中物理学习的主要困难是
   A. 太抽象,课上听不懂(14.5)
   B. 题目太难,不会做(22.7)
   C. 课上听得懂,但自己又不会做(77.6*)
   D. 觉得自己笨,学习无信心(11.7)

   要加强学习方法的指导,同时增强学习的信心。

9. 你在物理学习中遇到困难怎么办?
   A. 与同学讨论(50.9*)　　　　B. 向同学或老师请教(50.5)
   C. 自己思考钻研(41.8)　　　　D. 听之任之(3.3)

   绝大多数学生主观上还是想学好物理的。

10. 你的物理学习有计划吗?
    A. 有,并且基本能实施(7.7)　　　B. 有,但有时不能实施(43.9*)
    C. 有,但常常不能实施(26.9)　　 D. 基本没有,随意性较大(21.3)

    绝大多数学生没有切实可行的学习计划或没有学习计划。

11. 你课前有预习的习惯吗?
    A. 有(11.5)　　B. 多数(19.6)　　C. 偶尔(60.8*)　　D. 没有(8.0)

12. 你课后有复习的习惯吗?
    A. 有(13.6)　　B. 多数(25.7)　　C. 偶尔(54.4*)　　D. 没有(6.1)

    多数学生没有良好的学习习惯,不能正常进行预习和复习。

13. 你上物理课记笔记吗?
    A. 经常记(67.3*)　B. 有时记(16.3)　C. 很少记(11.7)　D. 不记(4.7)

14. 你是如何记物理笔记的?
    A. 记老师的板书(40.9)　　　　B. 记我认为重要的(64.5*)
    C. 记课本上没有的(26.6)　　　D. 比较随意(7.0)

    记笔记是个好习惯,但要记得科学。

15. 你通常如何掌握物理公式?
    A. 死记硬背(11.4)　　　　　　B. 理解后记忆(51.6*)
    C. 通过做题目(49.7)　　　　　D. 掌握其推导过程(22.4)

    死记硬背是学不好物理的。

16. 你通常如何做物理题目?
    A. 先认真审题,分析题目(66.7*)　　B. 根据已知条件代公式(37.9)

C. 先看有关例题再做(7.7)　　　　D. 凭感觉做(12.4)

选C的太少了,要多看例题;仅仅根据已知条件代公式和凭感觉做题目也学不好物理。

17. 你解物理题的主要错误是

A. 计算粗心(37.2)　　　　B. 公式用错(33.6)

C. 看错题目(40.6)　　　　D. 想当然(43.5*)

四个选项平分秋色,看来都要注意。

18. 你觉得自己解物理题的主要障碍是

A. 看不懂题目(22.7)　　　　B. 不会分析题目(58.6*)

C. 不知道怎样用公式(34.3)　　　　D. 找不到关键条件(29.2)

要加强分析问题能力的培养。

19. 你的物理作业有抄袭现象吗?

A. 经常(1.2)　　　　B. 不会做时有(26.7)

C. 作业多时有(12.2)　　　　D. 没有(61.7*)

一旦有了抄袭作业的念头,在学习中就会丧失知难而进的勇气和刻苦钻研的精神。

20. 你平均每天课外在物理上花的时间大约为

A. 15分钟左右(15.2)　　　　B. 30分钟左右(58.7*)

C. 45分钟左右(22.7)　　　　D. 45分钟以上(4.2)

大致合理。30分钟足矣!

二、对有关统计的进一步对比分析

1. 男、女生对比分析

对以上调查,我还按男、女生性别进行了分类统计。从统计数据上看,在物理学习的自信心和对物理的学习兴趣方面,男生比女生比例要高。比如,自认为物理学习情况优秀或较好的男生比女生高27.8%,对高中物理感兴趣的男生比女生高16.8%,认为高中物理很难或较难的女生比男生高27.1%。在物理的学习方法和学习习惯方面,男生比较注重分析理解、思考钻研,而女生则比较注重认真踏实、勤学苦练。比如,对于"物理学习主要方法",认为"课上认真听讲"的女生比男生高9.7%,认为"多思考"的男生比女生高13.6%;对于"物理学习中遇到困难怎么办",回答"自己思考钻研"的男生比女生高9.6%;对于"如何掌握物理公式",回答"死记硬背"的女生比男生高4.9%,而回答"理解后记忆"和"掌握其推导过程"的男生比女生高17.5%;对于"通常如何做物理题目",回答"先认真审题,分析题目"的男生比女生高8.6%,回答"根据已知条件代公式"的女生比男生高13.3%;对于"解物理题的主要障碍",回答"不会分析题目"的女生比男生高18.3%;对于"平均每天课外在物理上花的时间",回答"45分钟左右或以上"的女生比男生高14.3%。

2. 不同基础学生对比分析

为了进一步了解学生的学习情况与物理学习的关系,我还按"学习情况"选择"优秀""良好""一般"和"较差"的学生进行分类统计。从统计数据看,在学习兴趣方面,"优秀"学生选择"非常感兴趣"和"比较感兴趣",占96.5%,而基础"较差"的则有52.4%的学生选择"不太感兴趣";在学习方法和学习习惯方面,学习情况好的学生方法比较科学,学习习惯良好。比如,对于"学习高中物理的主要方法",回答"多思考"这一选项的,四种学生的选择比例分别是66.5%、60.8%、44.1%和33.7%;对于"物理学习中遇到困难怎么办",回答"自己思考钻研"的,四种学生的选择比例分别是72.4%、58.8%、42.0%和35.6%,回答"听之任之"的,四种学生的选择比例分别是3.4%、5.2%、7.6%和21.8%;另外,在"学习计划""预习""复习""记笔记""做题目"等方面都有类似的统计结果。

三、对高一物理入门教学的几点思考

1. 重点做好四项工作——树立信心,激发兴趣,指导方法,养成习惯

良好的开端是成功的一半。在高一物理的入门教学中要重点做好以下工作:首先要树立信心,信心是学好高中物理的前提。从调查结果看,只有21.9%的学生认为自己的物理学习情况优秀或较好,有80.1%的学生认为高中物理难或比较难,说明进入高中后,不少学生确实对物理学习信心不足。因此在高一物理教学中,要充分重视树立学生的学习信心。其次要激发兴趣,兴趣是最好的老师。如果在不感兴趣的情况下来学习,学习就会变得被动和无奈,也就很难学好。从调查结果看,只有29.9%的学生是因为对物理感兴趣而学习物理的,可见在教学中激发学生的物理学习兴趣是多么重要和必要。同时还要加强方法指导,正确的方法是有效学习的保证。从调查结果以及平时与学生的交流中发现,有相当一部分高一学生学习物理的方法是有问题的,他们不知道如何去学好物理,多数学生认为学习就是上课和做作业,做题目就是代公式,不会分析,没有思路,不知道随机应变。因此在高一阶段要特别重视物理学习方法的指导。另外还要培养良好的学习习惯。从调查结果看,学生在物理学习习惯上存在诸多问题,比如,没有切实可行并能付诸实施的学习计划(占92.3%),没有良好的预习和复习的习惯(各占66.8%和60.5%),有抄袭作业的现象(占38.3%),没有科学记笔记的习惯(占32.7%)等。而良好的学习习惯的养成不是一朝一夕的事情,因此在学生刚进入高中阶段时就要从严要求,逐步培养他们良好的学习习惯。

2. 科学把控四个尺度——降低难度,放慢速度,减小梯度,控制密度

由于高中、初中物理存在较大的台阶,如果不科学地做好初中、高中物理的衔接,降低高中物理学习的台阶,就会过早出现两极分化现象。笔者根据多年的教学实践,觉得在高一阶段,物理教学一定要科学把握有关尺度。首先在难度上要降低。学习是一个循序渐进的过程,不要企图一步到位,同一知识点在高一新授课、单元复习和高考总复习等不同阶段有着不同的要求。教者一定要十分清楚在高一阶段应该到什么难度,要牢牢记住只有现在的"低开"才有后面的"高走"。其次要注意放慢速度,欲速则不达,只有"细嚼慢咽"才有助于消化吸收。等到学生逐步适应了高中物理的学习,实现了高中学习的"软着陆"后,再加快速度也为时不晚。另外还要减小教学的梯度。有一位专家讲了这样一句话,十分形象:"上千米的泰山可以攀登上去,但几米高的围墙却不可翻越。"因此在高一物理的教学中,应尽量将一些问题(特别是对高一学生来说有一定难度的问题)分解为若干个便于理解的小问题,这样不仅便于理解掌握,而且还能让学生在学习过程中尝到成功的喜悦,从而增强物理学习的信心。同时也要控制课堂教学的密度。高密度不等于大容量,大容量不等于高效率,要打造高效课堂就必须科学控制教学密度,要留有余地,给学生思考的时间和空间。以上四个尺度既有区别又相互联系,要科学把握。

3. 特别关注四种学生——基础扎实的优等生、基础较差的学困生、活泼开朗的男生、性格内向的女生

在高一物理教学过程中,既要面向全体学生,又要特别关注一些特殊学生。对这类特殊群体要用心区别对待。基础扎实的优等生,往往有扎实的初中物理基础、积极向上的学习态度和良好的学习习惯。对这一类学生重在思路的点拨和方法的指导,充分调动他们的学习潜能和学习主动性,在学有余力的情况下可组成兴趣小组,进行提前辅导和深入研究,力争在今后的物理竞赛中有所作为。基础较差的学困生则由于种种原因,在进入高中后在物理学习上比较吃力。对他们应重点在基础知识和学习信心上做文章,针对不同的情况做耐心的辅导答疑。那些活泼开朗的男生,虽然基础不一定很好,但往往对物理学习比较感兴趣,粗心大意,不求甚解,稍有成绩就洋洋自得。对这类学生应注重在恒心和细心上加以指点,在不挫伤积极性的前提下进行适当的挫折训练。而那些性格内向的女生,往往学习刻苦、听课专心、作业认真,但收效甚微,遇到问题不愿和同学交流,不敢向老师提问,学习退步则闷闷不乐,于是逐步对物理学习丧失信心,导致恶性循环。对这类学生应注重在思想上鼓励和方法上指导,主动关心他们的学习情况,在课堂上提问一些比较简单的问题(并且估计能答对的)来树立他们的学习信心,对他们取得的进步要充分肯定和及时表扬,努力使他们重拾学习物理的信心和知难而上的勇气。

4. 妥善处理四个细节——加强交流,经常反思,讲究提问,精选练习

常言道:细节决定成败。如果在高一物理教学中对一些看似并不重要的细节处理不当,那么将会带来严重的后果。首先要加强交流。一方面要经常与学生沟通交流,及时了解学生的学习情况和心理动态,知道他们在学习上存在的疑惑和困难;另一方面要经常与其他物理老师交流,探讨教学体会,改进教学思路;同时要与班主任及同班级其他学科的老师交流,有可能的话还要与学生家长联系,从而多渠道全方位了解学生的情况。其次要加强自我反思。教学情况出现偏差,教学效果出现反常,不能一味寻找客观因素和责怪学生,而要根据学生的学习情况和从不同侧面得到的反馈信息,认真反思自己的教学,及时矫正教学思路,不断改进教学方法,这样才有可能达到最佳的教学效果。另外还要对课堂教学中的提问进行精心的设计。对每一个问题在课前都要有充分的思考,要考虑"有没有必要问""何时问""问什么"和"怎么问"等问题,并且要预想学生会如何回答,如果出现意想不到的回答你会如何应对等,让课堂提问真正起到激发兴趣、启迪思维的作用。同时要精心选择和编制有关练习。现在各种资料满天飞,但是真正适合学生的练习实在太少,很多资料往往东拼西凑、深浅不一、体系混乱、错误百出。这种资料如果信手拈来,让学生去做,只会误人子弟,不但不会起到巩固提高的作用,反而会打乱教学思路,浪费学生时间,挫伤学生信心。所以学生的各种练习一定要精挑细选,从质和量上严格把控。

(本文发表在《教学研究与评论》2015年第6期)

杨茵，教育硕士，中学高级教师。苏州市学科带头人，区名师工作站成员。从教十余年来，关注学生的个性发展，注重基于学科观念的教学，从尊重学生的认知出发，努力创设"任务驱动的生活化课堂"丰富和完善学生的认知，培养学生的学科素养。注重教科研的实践，多次开设公开课和讲座，参与《普通高中课程标准实验教科书·化学1教学参考书》的修改和教学资料的编写工作。近五年来，发表10多篇论文，其中多篇在《化学教学》《中学化学教学参考》等权威杂志上刊出；主持和参与了3个省级规划课题。

杨 茵

近年来教育科研成果目录：

"任务驱动的生活化课堂"教学模式的建构与实践，《中学化学教学参考》，2014年第5期；

"微课"在化学教学中运用几问，《化学教学》，2014年第12期；

从学生发展角度思考化学教师的价值，《中学化学教学参考》，2014年第12期；

浅谈对比实验在化学教学中的应用，《化学教学》，2015年第2期；

以"盐类水解"为例谈基于"观念建构"的化学教学，《中学化学教学参考》，2015年第4期；

高中电化学教学中值得关注的几个问题，《中学化学教学参考》，2016年第4期；

甲烷与氯气取代反应条件的选择，《中学化学教学参考》，2016年第12期；

由高中学生化学实验操作考试触发的思考，《化学教与学》，2016年第9期。

"任务驱动的生活化课堂"教学模式的建构与实践[*]

一、教学模式的思想

"任务驱动的生活化课堂"是一种建立在建构主义教学理论基础上的教学模式。建构主义认为,知识不是通过教师传授得到的,而是学习者在一定的情境即社会文化背景下,借助其他人(包括教师和学习伙伴)的帮助,利用必要的学习资料,通过意义建构的方式而获得的。化学是人类在长期的社会实践中发展起来的学科,许多化学反应和化学原理在生产、生活中都可以找到其"身影"。教育专家指出:思考性是课堂的生命力所在。基于此,笔者提出创设"任务驱动的生活化课堂"教学模式,以任务驱动学习,用生活经验促成意义建构。

二、教学模式的建构

任务驱动的生活化课堂具有"以任务为主线、教师为主导、学生为主体"的基本特征,通过创设生活情境,设计任务驱动学习,以学生为主体来完成整个教学活动,从而达到激发学生的学习兴趣,激发学生自主探索、交流与协作、积极主动建构新知识的目的。"任务驱动的生活化课堂"的教学模式构建如下图所示。

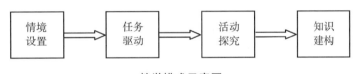

教学模式示意图

它改变了学生的学习状态,学生主动参与探究、实践、思考、运用、解决、建构等活动,进而提高了思维能力,提升了学习效率。

三、教学案例回顾

创设开放的生活情境是实现生活化课堂教学目标的根本途径,运用恰当的任务驱动是课堂教学的"落脚点","任务"设计的完整性、难易程度及是否能引起学生的兴趣等都将直接影响到学生课堂上探究的效果。下面以高中化学教材(苏教版)中的"氯水的成分和性质探究"为例来分析,旨在与同行进行探讨。

1. 设置生活情境,提出任务

【生活情境】中央电视台播报的一则新闻:某化工厂氯气泄漏,消防员用水枪"稀释"氯气,使得空气中氯气含量达标。

【提出任务】水枪为什么能"稀释"氯气?氯气溶于水吗?你怎样设计实验证明氯气溶

---

[*] 本文系江苏省教育科学"十二五"重点课题《"苏派"化学教师专业化发展的 PCK 研究》的阶段性研究成果(项目编号:B – b/2013/02/303)。

于水?

【学生活动】小组讨论,设计方案并实施:用注射器抽取氯气,注入盛有水的试剂瓶中,小心振荡,观察颜色变化,并与另一试剂瓶中的水进行颜色对比。

设计意图:通过具体的、真实的生活事件,让生活走进化学,成为鲜活的教育资源。通过营造出切合学生生活实际的能导致知识迁移的学习环境,使具体的情境与学习活动联系起来。学生对于下面新知的学习就有了积极性,学生对老师提出的问题有兴趣了,学习主动性当然大大增强。

2. 任务驱动,参与实践

【生活现象】前几天老师做实验时,不小心把氯水溅到了黑色衣服上,衣服上出现了白色斑点。

【任务系列】(1)褪色是氯气的作用还是氯水的作用?如何设计实验来证明呢?

(2)氯气与水反应,可能生成什么产物?请利用现有的药品和仪器,证明推测的正确性。具有漂白作用的又是什么物质?

设计意图:思维自疑问和惊奇开始,有疑才有问,才有究。教师将新旧知识进行有效组织,创设一个有层次、有难度的"任务"驱动的环境,引发学生强烈的探究欲望,激活学生的思维。

3. 分析任务,活动探究

【教师引导】从化学变化角度形成猜想。

【学生活动】(1)分析讨论:在干燥的氯气和氯水中分别放入红纸来判断褪色是氯气还是氯水的原因,大胆猜测可能的生成物。猜想一:可能存在 Cl^-;设计实验:氯水中加入硝酸酸化的硝酸银溶液。猜想二:可能存在 H^+;设计实验:① 用湿润的 pH 试纸检验,② 氯水中加入碳酸钠溶液,③ 氯水中加入镁条。

(2)活动探究:实验验证氯水才有漂白作用,氯水中存在 Cl^- 和 H^+。

(3)提出疑问:pH 试纸显示出橙红色后,中间部分为什么立即就变白?

【教师引导】从元素守恒角度分析:氯气与水反应还有什么产物生成?盐酸具有漂白作用吗?

教学体会:在任务驱动下,学生很快进入对新旧知识的迁移学习状态,通过合作探究学习自主地架成学习的桥梁。这样,学生在积极思维、消化知识的过程中,不断丰富自己的认知结构。值得一提的是,在教学过程中,每一组学生都设计了多个方案,实验过程中不停质疑,激烈争论,充分反映出学生思维的敏捷和灵动性。

4. 解决任务,建构知识

【学生活动】(1)阅读课本获取信息,建立次氯酸具有漂白作用这个概念。

(2)讨论归纳氯水的成分、性质。

(3)后续思考:氯水久置后性质有哪些变化?氯水如何保存?

(4)问题解决:是否能用自来水配制 $AgNO_3$ 溶液?为什么?为什么自来水曝晒一段时间或静置几天后才能给金鱼换水?

教学体会:在任务的解决过程中,学生的思维对新纳入的知识处于高效的吸收状态,学生通过自主探究发现了新知识,构建了知识链,并能够运用新知识来看待、分析与解决现实中的实际问题,从而使学生体验到化学的价值,进一步感受到化学与现实生活的紧密联系,提高了学生的实践能力。

四、教学中需要注意的几个问题

1. 精心预设,任务有层次

教学是教育目的规范下,教师的教与学生的学共同组成的有目标、有计划的一种活动。"任务驱动的生活化课堂"离不开教师课前的精心预设,不仅要备学生、备教材,更要备情境的设置和任务的关联性,任务驱动的层次性和挑战性。

具有挑战性的生活情境更容易激发学生学习化学的积极性。所以,在教学时,教师要根据课本内容,捕捉适宜的生活现象引入新的知识,进而提炼出其中的化学问题设计成"任务"。例如,"利用浓硫酸是有腐蚀性的强酸,为什么可以用铁槽车装运?"这一似乎存在矛盾的生活问题创设一系列的学习任务,让学生通过探究、实验、分析化学实际问题,合理迁移所学的化学知识,完成对浓硫酸强氧化性的认识,获取知识融会贯通的喜悦感和"任务"达成的胜利感。

全面了解学生、充分认识新旧知识的关联性、预测学生解决问题的能力是任务预设的重要前提。任务的设置要充分考虑学生思维的特点,尤其应关注学生的最近发展区,采用"低起点、小梯度、分层次"的方法,将学习目标分解成若干层次,设计由易入难的任务,激活学生原有的认知结构,让每一个任务都成为学生思维的阶梯,帮助学生在最近发展区内达成"任务"。"任务"设计除了及时强化所学的知识外,还要让学生容易感受到完成任务的成就感。

2. 角色转换,动态生成

教师角色转换有两重含义:一是指教学形式,教师不再是高高在上的知识的掌控者,而是以平等的学生学习的促进者的姿态出现在课堂上,在课堂教学中平等对话,在对话中分享彼此的思维,碰撞出智慧的火花,从而保证教学的生成。二是指教学方式,教师要从讲授、灌输式转变为组织、引导式。在这个过程中会面临教学情境的复杂性、师生活动的多样性和学生学习的不可预见性,也就产生出许多生成性的问题。当教学不能完全按原先的教学设计展开时,教师要发挥自己的教学机智,通过巧妙引导,采取灵活生成新的教学方案等方式来促进教学的生成。总之,"任务驱动的生活化课堂"要求教师在学生学习遇到困难时,为学生搭起支架;在学生学习不够主动时,给学生提出问题,引导学生探究;在任务完成后及时做好评价工作,激发学生的潜能,让学生真正地会学习、爱学习。

"任务驱动的生活化课堂"是笔者经过教学实践摸索出的并在教学过程中取得良好教学效果的一种教学模式。"教无定法,贵在得法",无论采用什么教学方法,均有利有弊,但是,只要教师愿意改变理念,合理运用,便能充分发挥优势,使教学效果达到最大化。

参考文献

[1] 顾菲菲."阅读—探讨—应用—反思"教学模式的建构与实践[J].化学教与学,2013(11):5-7.

[2] 沈卫星.例谈化学教学中的预设与生成[J].化学教与学,2011(12):21-22.

(本文发表在《中学化学教学参考》2014年第5期)

以"盐类水解"为例谈基于"观念建构"的化学教学

化学是一门在分子、原子层次上认识物质的组成、结构、性质及其变化规律的科学。化学基本观念包括元素观、微粒观、变化观、方法观、分类观、守恒观等,学科观念的养成需要学生主动运用化学思想方法认识身边事物,在不断地学习和思考中逐渐完善和发展处理问题的思维习惯。因此,中学化学教学必须超越对具体知识本身的追求,从传授事实、掌握知识转变为使用事实、发展观念,即要从"知识为本"的教学转向"观念建构"的教学。

化学学科的基本特征是从微观的角度认识和研究物质转化。"盐类的水解"是苏教版化学教材选修模块《化学反应原理》专题3第三单元的内容,它以化学学科的核心主题和基本内容作为主线,突出了学科的知识体系、核心观念和基本思想方法,属于典型的从微观角度认识和研究物质转化的内容。正如布鲁纳所说:不论我们教什么学科,务必使学生理解学科的基本结构。只有学生掌握了化学学科的基本结构和化学学科所特有的研究方法,才有助于知识的记忆和迁移、逻辑思维能力的发展以及化学观念的培养。本文以毕华林教授的"观念建构"模型[1](图1)为理论基础设计教学,希望通过此教学实践与诸位同仁共同探讨。

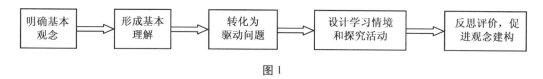

图1

一、明确基本观念

化学基本观念并没有以现成结论的形式出现在教材中,而是内隐于教材知识体系中,并随知识层次的推进而发展深化,它是中学化学学科知识体系的灵魂。化学基本观念也不能从别人那里直接接受,必须由学生主动建构。化学基本观念是事实、概念、原理等具体化学知识经思维加工后在学生头脑中积淀下来的一种学识素养,这种素养一旦形成,就会支配和影响学生在获取知识、解决问题时的思维方式和方法选择。[2]

"盐类的水解"中蕴含多种化学基本观念,如微粒观、变化观、实验观、分类观、化学价值观等。本部分知识内容是运用变化的观点来解释不同酸碱性的盐溶液中微粒的行为,所以最主要的基本观念是微粒观、变化观(图2)。

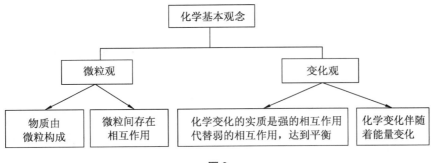

图 2

二、形成基本理解

根据知识内容和学生的认知水平,将基本观念用概括性的语言表达出来,使基本观念直观、具体地呈现出来,这就是对知识的基本理解,它能为三维教学目标的制定提供依据。我们可以把可观察的宏观现象、微粒相互作用的微观本质、化学式和化学方程式的符号表征有意识地整合在一起,让学生在潜移默化中逐步建立起"宏观—微观—符号"(图3)三者的联系。

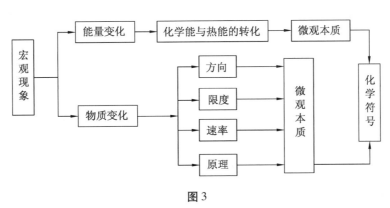

图 3

从"盐类水解"实验现象中可观察到物质和能量两类变化。教学的重点是运用变化的观点来解释盐溶液中微粒的行为。由此产生的变化观形成的基本理解有:

(1)盐类水解反应属于化学反应类型中的离子反应,反应过程中有弱酸或弱碱生成。
(2)大多数水解反应不能进行到底,存在平衡状态。
(3)水解反应是吸热的。

从微观角度分析溶液中微粒的种类、来源和相互作用,体现了化学学科的独特视角。微粒观形成的基本理解有:

(1)电解质在水溶液中发生电离,在水溶液中以离子、分子的微粒形式存在。
(2)电解质溶液中的微粒之间存在相互作用,作用有强、弱之分。
(3)盐类水解的实质是强的相互作用代替了弱的相互作用,最终达到平衡状态。

三、转化为驱动性问题

本部分内容在尊重学生认知水平的基础上设计成"驱动性问题"和"学科观念"一明一

暗两条教学线索。以"驱动性问题"为明线,通过设置实验情境和四个驱动性问题激发学生的思维参与,层层深入地探讨盐类水解的本质。以"学科观念"为暗线,让学生在生成问题的基础上,讨论交流,并动手实验,在解决问题中认识盐类水解的规律和特征,使知识学习、观念建构与问题解决有机地结合起来。其中,问题2"盐溶液为什么显示不同的酸碱性?"是盐类水解学习过程中的核心问题,分析解决问题的过程就是盐类水解概念形成的学习过程。在教学中,为了符合学生的"最近发展区",将难度较大的问题设计成一组有层次、有梯度的问题组,帮助学生从微观层面由浅入深地理解盐类水解的过程。具体教学线索详见图4。

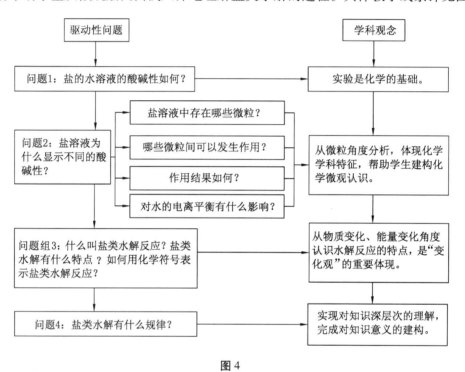

图 4

四、设计学习情境和探究活动

基于观念建构的化学教学设计需要将基本观念外显为可以理解的具体事实,所以教师需要在可观察的实验事实的设计和基本观念的生成过程上动脑筋。将基本观念的生成过程情境化、问题化、活动化,能促进学生观念的建构。

针对问题1"盐的水溶液的酸碱性如何?"设计的引导性的活动探究如下:

(1) 3 只烧杯中均装有纯水,分别标为①②③,分别滴加少量石蕊试剂,在①中加入少量 $NaCl$,在②中加入少量 CH_3COONa,在③中加入少量 NH_4Cl,分别搅拌,观察溶液颜色变化。

(2) 3 只烧杯中均装有乙醇,分别标为①②③,分别滴加少量石蕊试剂,在①中加入少量 $NaCl$,在②中加入少量 CH_3COONa,在③中加入少量 NH_4Cl,分别搅拌,观察溶液颜色变化。

通过(1)中三只烧杯溶液颜色的变化,学生能感受到盐溶液酸碱性的不同,引发认知冲突,产生探究的欲望。(1)和(2)组成的对比实验,很好地说明了水也参与了反应,为下面盐类水解的本质的讨论做好实验事实的铺垫。

问题2"盐溶液为什么显示不同的酸碱性?"是盐类水解学习的重点,通过有层次的问题组"① 盐溶液中存在哪些微粒? ② 哪些微粒间可以发生作用? ③ 作用结果如何? ④ 对水的电离平衡有什么影响?"为学生搭建"脚手架",和学生一起从微粒角度分析NaCl、CH_3COONa、NH_4Cl三个典型范例,引导学生想象水解的微观过程,如"CH_3COO^-夺取了H_2O中的H^+,剩下了孤零零的OH^-,使得溶液中OH^-浓度大于H^+浓度",这样"溶液显碱性"的宏观现象也就好解释了,"盐类水解促进水的电离"在分析讨论过程中就自然生成了。问题2的设置不仅引导学生经历了知识的形成过程,也是"微粒观"在教学中的主要体现。

经过问题2的讨论后,盐类水解的概念就呼之欲出了。问题3里很多概念也容易由学生自我建构。通过展示常温下的NH_4Cl溶液中并没有大量气泡的事实体验水解反应和水解平衡的客观存在,引导学生分析盐类水解反应和酸碱中和反应的关系,判断盐类水解反应的能量变化。这样学生就从反应方向、限度及能量变化角度认识这个化学变化,体验变化观的指导意义,在前面教学中学会分析盐类水解时微观粒子的变化过程后,盐类水解的符号表征——盐类水解方程式的书写对学生来说就不是难事了。

在认识并理解了盐类水解本质的基础上,让学生讨论解决一些具体的、逐层深入的问题。例如:① 判断下列盐溶液(KNO_3、Na_2CO_3、$Al_2(SO_4)_3$、Na_2S)是否存在水解反应? 水解的原因是什么? 如果能水解,溶液的酸碱性如何? 你是如何判断的? ② 通过比较这些盐溶液的pH和它们的组成,你发现了什么规律? 这些问题以具体化学知识为载体,发展学生的深层理解力,不仅帮助学生自己形成对盐类水解规律的认识,而且在对具体知识深入理解的基础上帮助学生形成深层的、可迁移的观念性认识。在前面讨论的基础上让学生动手实验来验证讨论的结果,促进学生对知识深入、持久的理解和掌握。

五、反思评价,促进观念建构

单纯的知识教学只是让学生掌握了一些具体的事实,学生头脑中化学基本观念的缺失,会导致知识与能力间的脱节。化学基本观念应当是学生自己建构的,所以在教学中要让学生充分暴露思维过程,在思维的碰撞和冲突过程中,学生不仅体验到了分析与交流的乐趣,也体会到了新旧知识的关联。这样学生从课本上学到的知识就"活"了起来,学生的思维深入到知识背后,就可以对化学学科中最为本质的东西进行深入理解与掌握。

在与学生的讨论中,应鼓励他们表达和反思各自对相关知识的理解。有学生提出一个问题:盐类水解的离子方程式中,生成物要么是弱酸与OH^-,要么是弱碱与H^+,难道它们不会再反应吗? 看来学生已经掌握了盐类水解的本质和规律,但对于水解是个平衡的过程仍不够理解。所以留给学生课后思考:以CH_3COONa为例讨论盐类水解可能导致的结果。这样既检测了本节课的学习,又为下面盐类水解的学习做好了铺垫。

总之,"盐类水解"是从微观视角认识宏观变化与现象,教学中可通过深入挖掘具体化学知识的丰富内涵来达到促进化学观念建构的教学目的。化学基本观念建构不是一个可望而不可即的目标,无论在理论还是实践上都可以找到实施"观念建构"教学的可行性依据。

参考文献

[1] 勒卫霞. 基于观念建构的"盐类的水解"教学设计与实施[D]. 济南：山东师范大学, 2013.

[2] 王保强, 袁林. 化学观念引领下的专题复习——以"离子反应"专题为例[J]. 化学教学, 2013(11): 40.

（本文发表在《中学化学教学参考》2015年第4期）

浅谈对比实验在高中化学中的应用

化学是"实验的科学",化学实验是化学学科的基础。化学实验作为一种真实、形象、直观的教学手段,适合学生以形象思维为主的认知特点。化学实验既是化学教学的重要内容,也是化学教学的重要手段。我们在平时的教学中离不开实验,我们要充分创造让实验"开口说话"的机会。苏霍姆林斯基说过:"教学最好是从实地实物的观察入手。"化学实验现象是化学实验最突出、最鲜明的部分,也是进行分析推理得出结论的依据。我们在教学中要让化学实验现象更鲜明直观,对比实验是一个很好的方法。

1 什么是对比实验

对比实验法就是将某个要研究的事物同一个已经确定知道其结果的事物做对比,以便确定某种因素的影响或者排除某种因素的影响。实施这种方法时,要将进行研究的对象分成两个相似的组,其中一个为实验组,另一个是对照组。然后通过实验,即在对比中判定实验组具有某种性质或受某种影响。对比实验中只要有一个因素影响你要研究的问题就能比较了。下面我以具体化学实验为例来谈谈化学实验中常见的对比实验的类型及相关应用。

2 对比实验的类型

2.1 自身对比

自身对比实验指实验组与对照组在同一对象上进行,即不另设对照组。这是我们实验中最常用的一种方法。自身对比方法简便,实验处理前的为对照组,实验处理后的则为实验组。比如,向氢氧化钡溶液中加入硫酸溶液这一实验,加硫酸溶液前是对照组,加硫酸溶液后是实验组,通过试管中前后现象的不同我们就能对比得出氢氧化钡和硫酸发生反应这一结论。

化学中大部分实验都是典型的自身对照。例如,著名的"黑面包"实验:在200 mL烧杯中投入5 g左右的白糖,再滴入几滴浓硫酸,用玻璃棒快速搅拌几下,一会儿就见白糖变黑,慢慢蓬松,逐渐上涨开来,溢出烧杯,就像一个黑色的"面包"。白与黑的对比,5 g与满杯的对比,实验现象对学生是一种"震撼",能很好地引起学生的兴趣,激发他们探究的欲望。

利用Na_2SiO_3溶液的阻燃性,可设计成"烧不坏的布条"的小魔术。把布条一半浸透Na_2SiO_3溶液,晒干备用。课上"表演"的时候,分别从布条两侧剪下一小块布,点燃,浸过Na_2SiO_3溶液的布条很难燃烧,另外一块布条则立即燃烧起来。通过同一块布却有两种燃烧程度的对比,不仅激发了学生的兴趣,也生动地说明了工业上用Na_2SiO_3溶液浸泡的产品既耐腐蚀又不易着火。

---

* 本文系江苏省教育科学"十二五"重点规划课题《中学化学实验教学中定量型实验的开发与利用的研究》的阶段性研究成果(项目编号:B – b/2013/02/298)。

2.2 空白对比

空白对比实验是在化学实验教学中运用最多的一种对比实验。空白对比实验指对照组不做实验处理,也就是不给予实验条件,与实验组进行对比。值得注意的是,"空白"是相对的,也就是不给对照组处理因素是相对实验组而言的,实际上对照组还是要做一定的处理,只是不加实验组的处理因素,或者说相对于实验组而言,除实验变量外,别的处理与实验组完全相同。通常未经实验因素处理的为对照组,经实验因素处理的为实验组;或处于正常情况下的为对照组,未处于正常情况下的为实验组。例如,在离子反应的教学中,我们常用在NaOH溶液中先滴加酚酞,再加入盐酸,酚酞褪色这一实验说明NaOH溶液与HCl溶液发生了反应。但学生也会产生这样的疑惑:NaOH溶液中加入盐酸,若不反应,则相当于稀释,NaOH溶液变稀,也可能使酚酞褪色。如果我们在教学中增加一个空白实验:取一支空试管,加入相同体积的NaOH溶液并滴加相同滴数的酚酞,然后再加入相同体积的蒸馏水作为对照组,若酚酞不变色,则说明实验组中酚酞变色是发生了酸碱中和反应。通过空白对比,排除了稀释后碱浓度下降使得酚酞褪色这一可能性,增强了实验结果的说服力。

有些现象不是很明显的实验,如果进行空白对比实验,实验现象会更明显易见。例如,氯乙烷的消去反应实验中,我们把生成气体通入酸性高锰酸钾溶液中证明生成了乙烯,但是由于反应进行的程度比较小,所以高锰酸钾溶液不能完全褪色,学生观察颜色变化时有困扰。如果在实验过程中增加一个装酸性高锰酸钾溶液的"空白"试管,与通入生成气体的酸性高锰酸钾溶液进行对比,通过观察两支试管中酸性高锰酸钾溶液颜色深浅的不同,学生很容易判断出生成的气体具有还原性。

我们平时做的自身对比实验若设计成空白对比实验,往往能达到更好的实验效果。如做趣味实验"用苹果片来验证亚硝酸钠也有氧化性"时,可在苹果的新鲜切面上选取距离较远的三个点,其中两个点分别滴上2~3滴亚硝酸钠溶液和维生素C溶液(1%),另一个点空白,静置2~3min,可观察到在苹果新鲜切面上,滴有亚硝酸钠的点褐变(氧化)得最厉害,颜色最深,滴加维生素C溶液的点基本不变色,而空白点在2~3min内变色较浅。这里的空白点和滴加维生素C溶液的点都是作为对照点。其中,空白点现象说明空气中的氧气也具有氧化作用,但亚硝酸钠溶液的氧化作用更强些。有了两个对照点,实验结论就一目了然了。

由于空白对比实验现象对比明显清晰,在实验教学中已越来越多地被采用。

2.3 条件对比

条件对比实验是指虽给实验对象施以某种实验处理,但这种处理是用于对照的,给定的实验处理正是为了保证实验中实验组与对照组相比只是少了实验变量的影响。通常施以条件因素的为对照组,施以实验因素的为实验组。例如,在"漂白粉漂白效果"的实验中,我们可设计如下实验:在漂白粉溶液中加入品红,分别置于三支试管中。在第一支试管中滴加盐酸,向第二支试管中吹气,将第三支试管静置[1],分别观察三支试管中溶液颜色变化。其中,第三支试管是对照组,第一支和第二支试管是实验组。本组实验条件不同,现象有差异,能很直观地说明酸性越强,漂白效果越好。

当把颗粒大小不一(也就是不同比表面积)但相同质量的大理石与同体积同浓度的稀硫酸在试管中分别反应时,反应现象差别很大,粉状或小颗粒状的大理石反应明显快得多。这组条件对比实验说明了"大理石不能选用与稀硫酸反应来制备二氧化碳气体"的说法是有条件的,更说明了实验条件不一对化学反应的影响很大。

再如,在进行氯离子的检验实验时,可分别把 AgNO₃ 溶液滴加到五支盛有 NaCl 溶液、NaOH 溶液、Na₂CO₃ 溶液、自来水、蒸馏水的试管中,然后逐一滴加稀硝酸。通过此对比实验引导学生排除 Na^+、OH^-、CO_3^{2-}、H_2O 等对 Cl^- 检验的干扰因素[2],效果明显。

2.4 相互对比

相互对比实验是指不单独设对照组,而是几个实验组相互对比,其中每一组既是实验组也是其他组别的对照组,由此得出相应的实验结论。一般在探究某种实验因素对实验结果的影响不明确的情况下使用。通过实验的相互对比,确立实验变量和反应变量的关系。例如,探究铝和铜置换反应影响因素的实验中,常设计如下多组相互对比实验:实验1:未打磨的铝片浸入氯化铜溶液中;实验2:未打磨的铝片浸入硫酸铜溶液中;实验3:砂纸打磨过的铝片浸入氯化铜溶液中;实验4:砂纸打磨过的铝片浸入硫酸铜溶液中。一段时间后,分别观察实验现象。

实验现象的差异不仅说明铝表面有致密的氧化膜,而且说明了氯离子对金属及其氧化的结构有较强的破坏作用。

例如,KSCN 溶液检验 Fe^{3+} 具有灵敏性的特点,但学生在实验过程中往往体会不到。可设计成如下一组对比实验:向一支试管中滴加3滴 $0.1mol·L^{-1}$ FeCl₃ 溶液,然后加入蒸馏水至试管四分之三处,把稀释后的溶液分别倒入另外两支试管中,使三支试管中 FeCl₃ 溶液的体积几乎相等。其中,第一支试管中的溶液颜色近乎为无色;在第二支试管中滴加 NaOH 溶液,没有明显现象;在第三支试管中滴加几滴 KSCN 溶液,溶液立即出现血红色。前两支试管实验现象的对比,很好地展示了 KSCN 溶液的灵敏魅力。

总之,对比实验让化学实验现象更清晰可见,提高了实验现象的可观性,具有比较好的推广价值。不同类型的对比实验可按需配合运用,效果更佳。我们在今后的化学教学中也需要多关注实验,多动脑筋,设计出好的实验,使实验成为培养和保持学生化学兴趣的有效途径,成为学生学习化学知识的生长点,真正发挥实验应有的教学功能。

参考文献

[1] 郑胤飞. 文化有根 课堂有魂[M]. 上海:上海教育出版社,2013:68.
[2] 邓继红. 由化学教师实验能力大赛得到的启示[J]. 化学教学,2013(12):27.

(本文发表在《化学教学》2015年第2期)

张　瑾

张瑾，1994年毕业于苏州大学化学系，2009年获得华东师范大学教育硕士学位。化学高级教师，吴中区化学学科带头人、苏州市优秀教育工作者、江苏省化学奥赛高级教练员。辅导学生多次获江苏省化学竞赛一、二、三等奖。曾获苏州市高中化学教师把握学科能力竞赛一等奖、吴中区高中化学教师把握学科能力竞赛一等奖、吴中区化学教师基本功竞赛一等奖、苏州市高中实验教学技能比赛二等奖。参与江苏教育出版社高中化学教材修订工作，参与编写《化学课堂教学技能训练》（华东师范大学出版社出版），多篇论文在各级各类评比中获奖，在各级各类杂志上发表。担任多年班主任工作，体贴关心学生，工作耐心细致，师生关系融洽。

近年来教育科研成果目录：
化学教学，为思维而教——读《为思维而教》有感，《化学教与学》，2014年第1期；
远离告诉，走近过程，活化思维，《化学教与学》，2016年第11期；
比较教学法在化学教学中的应用，《化学教与学》，2017年第1期。

比较教学法在化学教学中的应用

1 问题的提出

1.1 什么是比较教学法

比较,在《辞海》中的解释为:确定事物之间相同点和相异点的方法。因而,比较教学是将两个或两个以上的事物放在一起,通过比较确定相同点和相异点,使学生掌握相关知识的一种教学方法。通过比较教学,将事物的各个方面进行比较,可以更清晰地认识事物的本质,把握事物之间的联系。通过比较教学,能将分散的知识点串联起来,由此及彼、由薄变厚,能让学生深刻理解所学内容,将所接触到的看似孤立的知识点联系起来,触类旁通、举一反三,构建系统化、逻辑化的知识体系,发现事物的变化规律。通过比较教学,可以训练学生掌握科学的分析问题的方法,发展学生的比较思维能力,提高学生的学习力,培养学生的创新能力。

1.2 比较教学的意义

明朝唐顺之的《答江五坡提学书》中有"比较同异,叄(cān)量古今"。俄国教育家乌申斯基说:"比较是一切理解和思维的基础,我们正是通过比较来了解世界上的一切。"在化学教学中使用比较教学,可以使学生在比较中拓宽知识面,更牢固地掌握化学知识,还能培养学生的思维能力和学习力。比较教学的意义大致有以下几个方面:

1.2.1 运用比较教学,突出教学重点

作为一种教学方法,比较教学是实现教学目标,突出教学重点,突破教学难点的有效手段之一。利用比较教学法,引导学生动口、动手、动脑,对所学新知识与原有知识进行比较、分解、细化、归纳总结,有利于突出教学重点,明确学习关键。

1.2.2 运用比较教学,学会知识迁移

把内容相同、相近、相关、相反、相异等具有可比性的知识放在一起进行比较教学,分析其特点,可以加深学生对化学知识的理解,揭示物质变化的普遍规律及其特殊表现,实现知识的正迁移和意义建构,是有效学习的方法之一。

1.2.3 运用比较教学,培养学习力

学习力是学习的动力、毅力和能力的综合体现。个人的学习力,包含知识总量、知识质量、学习流量、知识增量。作为一种学习方法,"连类比物",可以将零散的知识有序联系、有机结合,扩充知识总量;举一反三,提高知识质量;触类旁通,扩大知识流量;循序渐进,增加知识增量。

2 比较教学在化学教学中的应用

2.1 关于比较的内容——可以是概念、理论,也可以是物质、实验

教材中也有采用比较的形式呈现教学内容的情况。如苏教版《化学1》《化学2》中,有概念比较——1mol 不同固体物质的质量,1mol 不同物质的体积;有实验比较——用激光笔

照射硫酸铜溶液、氢氧化铁胶体、浓硝酸、稀硝酸与铜反应;有物质比较——碳酸钠与碳酸氢钠,钠、镁、铝单质的金属性,硅、磷、硫、氯元素的气态氢化物,11~17号元素最高价氧化物的水化物,氟、氯、溴、碘气态氢化物的形成与稳定性;有理论比较——常见晶体物理性质,原电池与电解池;等等。

化学概念反映了化学的本质和化学变化的规律性,具有抽象性和概括性,是教学中的一个难点。在进行化学概念教学时,可以把与新概念相似或相反的概念放在一起进行比较,分析其相同点、不同点及相互关系,有利于学生准确掌握化学基本概念,提高概念辨析能力,加深理解,防止负迁移。

例如,比较同位素、同素异形体、同分异构体与同系物,可以让学生更好地认识这几个概念的内涵与外延,更好地区分这些概念并能合理应用。概念之间的比较,可以帮助学生辨析貌似不同、实有联系的概念,可以促使学生准确地掌握概念的本质,达到事半功倍的学习效果。

化学是以实验为基础的学科,通过实验可以研究物质的结构、性质及其规律。比较由于实验条件或实验操作过程的改变而造成的现象、结论的不同,更有利于掌握化学基础知识,得出科学结论。

例如,比较相同体积、相同浓度的不同溶液的导电性,对比小灯泡的亮度,可以得出结论:不同电解质在水溶液中电离程度不同,有强电解质、弱电解质之分。

取两小块钠,一块放置于空气中,另一块放在石棉网上加热,比较实验现象、实验产物的不同,得出结论:金属钠与氧气的反应,条件不同,产物不同。

对比铜与浓硫酸、浓硝酸、稀硝酸的反应,可以根据反应的快慢比较浓硫酸、浓硝酸、稀硝酸氧化性的不同。

2.2 关于比较的形式——可以类比,也可以对比

比较从形式上有类比和对比两种。类比,是通过两个对象在某些方面的相同或相似的性质,推断它们在其他方面也有可能相同或相似的一种推理形式。类比是一种由此及彼地做出推论的方法。对比,是把两个对象或同一事物的两个方面加以比较。运用对比,可以认识两个事物的同一性和差异性。

2.2.1 合理类比,触类旁通

在自然科学发展史上,无论古代、近代还是现代,类比在科学发现中是一种被普遍应用的方法。牛顿曾说过:"没有大胆的猜想就做不出伟大的发现。"布鲁纳曾经说过:"类比是一种最富有创造性的逻辑推理方法和探索工具。"通过类比可以对未知事物做出猜想,不仅可以培养学生的猜想能力,更可增强学生的信心和兴趣,帮助他们创造性地解决问题。

类比符合当代教育学、心理学规律和人们认识事物的规律。应用类比方法,不仅可把抽象的新知识纳入已有知识系统中,变抽象为形象、变难懂为易学、变烦琐为简单,同时又可激发学生联想,具有启发思路、举一反三、触类旁通的作用。类比是一种促进学生知识"迁移",提高学生科学素养的有效方法。所以在平时教学过程中,应正确引导学生仔细分析、比较,透过现象抓住与所研究的问题相对应的本质,选择恰当的类比对象,提高其结论的可靠程度。

类比既可以横向类比,也可以纵向类比。横向类比是一种在同一层次上,运用不同分析方法的迁移推理,有利于知识的横向联系,扩充原有的认知结构。纵向类比是一种知识发展

变化的不同层次的迁移推理,有利于把新知识纳入已有的认知结构之中。

例如,学习 SO_2 的有关性质时,根据 CO_2 和 SO_2 组成的相似及化合价,通过类比,得出结论:SO_2 属于酸性氧化物,其对应的酸是 H_2SO_3。SO_2 气体通入澄清石灰水中,将先生成白色沉淀,然后逐渐增多,又逐渐减少至消失。反应方程式可以表示为 $Ca(OH)_2 + SO_2 = CaSO_3\downarrow + H_2O$,$CaSO_3 + SO_2 + H_2O = Ca(HSO_3)_2$。

例如,在元素周期表的学习中,根据同周期、同主族元素性质的递变性,有金属活动性 $Mg > Al$,$Mg > Be$,推测金属铍和金属铝的性质类似。根据金属铝的性质,类比得出铍既可以与酸反应,也可以与碱反应。反应方程式可以表示为 $Be + 2HCl = BeCl_2 + H_2\uparrow$,$Be + 2NaOH = Na_2BeO_2 + H_2\uparrow$。

类比是一种主观的、不充分的推理,因此,要确认其正确性,还须经过严格的逻辑论证。在使用类比的时候也要注意:同族元素在性质上具有相似性、递变性,同时物质还具有其特殊性。在进行类比的时候,既要类比物质的共性,又要注意物质的个性和特殊性,不能只是简单地"依葫芦画瓢",要恰当运用类比,符合实际情况进行类比。

2.2.2 恰当对比,举一反三

对比是把事物或事物的几个方面放在一起做比较,在比较中辨别两者的异同。通过对比,可以认识事物的本质特征,加深对概念的认识和理解,使知识融会贯通,举一反三。

当代著名教育心理学家布鲁纳指出:"知识是一个过程,不是结果。"所以,化学教学在完成"授业"的同时还要提高学生的观察能力、思维能力、想象能力、创新能力。运用比较教学,可使教学内容丰富,教学重点突出,教学思路宽广,从而开拓学生的思维空间,培养学生的想象能力和思维能力。

例如,对比乙醇和苯酚,对比两者结构、性质的异同,可以让学生感知物质结构对物质性质的影响,有机物基团之间的相互影响、相互制约。通过对比,举一反三,让学生能区分醇与酚,认识醇与酚的不同结构和性质;让学生明白,同样含有羟基的物质,因为羟基位置的不同构成不同的物质,具有不同的性质。

2.3 关于比较的时机——可以在新授时,也可以在复习时

在新授课的时候使用比较教学,可以帮助学生掌握重点、突破难点。在复习的时候进行比较教学,可以让学生在更高的层次上把握事物的相关性质。在不同的学习阶段使用比较教学,比较的内容、深度、广度都应有所不同,比较教学也要与时俱进。

例如,在"钠的化合物"单元教学中应用比较教学,比较主要围绕 Na_2CO_3、$NaHCO_3$ 的性质展开:颜色状态,俗名,水中的溶解性,相同物质的量浓度时溶液的碱性,与盐酸反应的快慢,与石灰水的反应,与氯化钙的反应,热稳定性等。

而在高三复习阶段的教学中应用比较教学,可以比较碳酸钠与碳酸氢钠的用途的不同,从而比较两者性质的区别。

比较 1:Na_2CO_3、$NaHCO_3$ 都能与胃酸反应,为什么治疗胃酸过多的药物选用 $NaHCO_3$ 而不是 Na_2CO_3?

比较 2:泡沫灭火器的原理复杂,但可以理解成是与酸性物质反应放出 CO_2 而灭火,为什么人们利用 $NaHCO_3$ 制泡沫灭火器而非 Na_2CO_3?

比较 3:为什么用热的 Na_2CO_3 溶液去油污而不用 $NaHCO_3$ 溶液?

比较 4:为什么焙制糕点时用 $NaHCO_3$ 而不用 Na_2CO_3?

比较5：为什么做面条的时候会在面粉中加入Na_2CO_3而不是$NaHCO_3$？

例如，新授课时比较CO_2和SO_2，重点比较两者性质的异同，主要有：颜色、状态、气味等物理性质，酸性氧化物，氧化性，还原性，漂白性等。高三复习时，可增加比较两者的结构，依次设计如下问题：

比较1：碳原子、硫原子核外最外层电子数（碳原子4，硫原子6）。

比较2：CO_2、SO_2中心原子价电子对数（$n=2$，$n=3$）。

比较3：CO_2、SO_2价电子对空间构型（直线型，正三角形）。

比较4：CO_2、SO_2中心原子杂化方式（sp，sp^2）。

比较5：CO_2、SO_2中心原子有无孤电子对（无，有）。

比较6：CO_2、SO_2分子空间构型（直线型，V字型）。

比较7：CO_2、SO_2分子中共价键的类型（极性键，极性键）。

比较8：CO_2、SO_2分子极性（非极性分子，极性分子）。

比较9：CO_2、SO_2在水中溶解性大小（SO_2的溶解性大）。

通过比较两者的结构、性质，让学生体会"物质结构决定物质性质"。

例如，氧化反应与还原反应的比较，在化学学习的各个阶段应有不同的侧重点：在初中比较氧化剂、还原剂的得氧、失氧情况，在必修1专题1中比较氧化剂、还原剂中元素化合价的变化情况，在必修1专题2中比较氧化剂、还原剂的电子转移情况。

在教学的不同时机，在学习的不同时段，可根据教材内容、教学目标和学生的认知水平与特点，灵活运用比较教学，引导学生不断地对所学知识进行横向比较、纵向比较，循序渐进，不断增加比较的内容，不断增加比较的深度和广度，使学生能够更好地认识事物的现象和本质，巩固所学知识，加强各知识点之间的联系，培养学生思维的严密性和逻辑性，提高学生的学习力。

3 比较教学的应用反思

进行比较教学时应该注意以下几个方面：

（1）比较的事物要具有可比性。可比性是指两个事物之间要有某种联系或关系，这是进行比较的前提和基础。比较不能生搬硬套，牵强附会。比较要抓本质，"同中求异，异中求同"，不能停留在表面，为比较而比较。

（2）比较的目的要明确，比较的对象及内容不宜太多，否则学生容易对所比较的对象和内容产生混淆，造成识记障碍。

（3）比较的内容要源于教材，结合学生的学习情况，以教学目标为依据。若是脱离教材进行比较，就脱离了学生的学习实际情况。只有基于学生学习基础的比较，才能"以最好的教学效果达到最理想的发展水平"。

（4）建立比较学习的一般思路：确立比较的事物—比较物质结构—比较物质性质—归纳比较认识。比较之后，应及时进行必要、有效的总结，从而发展学生的概括能力、抽象能力和思维能力，培养学生分析问题、解决问题的能力。

（5）运用比较教学法要讲究科学性，不应追求形式。在运用比较教学时，应认真且合理地进行教学设计，这样才能真正有助于学生认知、识记及思维能力的培养。

参考文献

[1] 谭宗鸣.中学化学中的类比教学[J].中学化学教学参考,1998(3):12.

[2] 周革军.在类比中探究 在探究中深入[J].中学物理,2008(5):14-16.

[3] 陈雪娟.比较法在化学教学中的实践探究[J].教学与管理,2004(8):85-86.

[4] 严明.初中化学比较法教学初探[J].文理导航,2012(2):64-65.

[5] 张礼聪,李婷婷,孔琴飞,等.在对比中学习——"乙烯"的教学实录[J].化学教学,2016(5):55-58.

(本文发表在《化学教与学》2017年第1期)

化学教学，为思维而教

——读《为思维而教》有感

一、问题的提出

《普通高中化学课程标准（实验）》中提出："要使学生具有较强的问题意识，能够发现和提出有探究价值的化学问题，敢于质疑，勤于思索，逐步形成独立思考的能力。""突出化学学科特征，更好地发挥实验的教育功能。要利用实验帮助学生理解和掌握化学知识和技能，启迪学生的科学思维，训练学生的科学方法。"但目前的化学课堂教学，为了应付考试，为了能使学生在考试中获得高分，有的化学老师"穿着新鞋，走着老路"，课堂教学仍然延续着以知识传授为取向的传统教学方式，注重知识的识记，忽视知识的应用。学生不会独立分析问题、思考问题，更不会发现问题、提出问题。

二、为什么要为思维而教

《美国教育的中心目的》中写道，教育的基本思路是要培养思维能力；亚里士多德说，知识需要依靠思维来寻求；洛克说，人类生活和学习的质量取决于思维的质量；叶圣陶说，训练思想（维）应该是学校各科教学的共同任务。华东师范大学的郅庭瑾教授说："教会学生思维应当成为教育的一个重要的、普遍的目标，它要面向全体受教育者，各级各类教育都应当以此为使命，让每一个学生学会思维，成为一个有思想的人，成为一个真正受过教育的人。"为"思维而教"，一个全新的视角，一个新颖的观点，让我对自己的教学工作有了新的思考———化学教学，为什么而教？教什么？怎样教？

为什么而教？不是为高考，是为了让下一代能够高质量地、有尊严地、幸福地生活。教什么？不是脱离生活实际、枯燥乏味的化学知识，是学生学习新事物和解决新问题的能力。怎么教？首先要优化教学设计，渗透"为思维而教"的理念，运用多种形式的教学策略和教学方式，可以通过"问题解决""对话教学""概念图"等，为思维而教。

三、怎样为思维而教

1. 问题解决———为思维而教

传统的教学模式习惯于先学习新知识，然后在习题的练习中巩固所学知识，把解决一些书面问题作为巩固掌握新知识的练习活动。"问题解决"教学模式，能把所学知识隐含到所要讨论的问题中，以问题开启学习，并使得教学活动和学习活动从问题开始，到问题结束，随着问题解决的不断深入，所学知识不断深化，学生运用知识的能力得到升华。

例如，在复习"Fe^{2+}、Fe^{3+}的性质与转化"时，设计问题：硫酸亚铁在医药上可作补血剂，如何定量测定补铁药片"维铁缓释片"中铁元素的含量？

通过学生讨论，逐级、逐层分解问题：

【问题1】将铁元素转化为哪种形式的物质方便定量测定？

【问题2】如何将补铁药片中的铁元素转化为 Fe(OH)$_3$ 沉淀?
【问题3】药片如何预处理?
【问题4】如果用稀硫酸溶解药片,对实验有影响吗?
【问题5】加过量 H$_2$O$_2$ 的目的是什么?能用其他试剂代替吗?
【问题6】如何证明 NaOH 已经足量,Fe^{3+} 已经沉淀完全?
【问题7】为什么要洗涤沉淀?如何洗涤沉淀?如何证明沉淀已经洗净?
【问题8】需要测定的数据有哪些?
【问题9】如何测定 Fe(OH)$_3$ 的质量?
【问题10】能精确测定 Fe(OH)$_3$ 的质量吗?
【问题11】如何确定 Fe(OH)$_3$ 已经完全分解?

根据分解的问题,学生完成"问题解决",得出定量测定补铁药片中铁元素的含量的方法:将药片研细后,称取一定量的药片 ag,加适量稀硫酸溶解,过滤除去不溶性杂质,向滤液中加入足量 H$_2$O$_2$ 溶液,将补铁药片中的 Fe^{2+} 氧化为 Fe^{3+},再加足量的 NaOH 溶液将 Fe^{3+} 转化为 Fe(OH)$_3$ 沉淀,过滤、洗涤、灼烧、冷却后称量 Fe$_2$O$_3$ 的质量为 bg。计算得出补铁药片中铁元素的含量为 $\frac{112b}{160a} \times 100\%$。

"问题解决"以培养学生的问题意识、思维能力为主要目标。为思维而教,"问题解决"不失为一种高效的教学模式。在"问题解决"教学模式中,问题是学习活动的中心,是学习的内在驱动力,是思维的起点,是创造的先导。学生在问题的引导下,收集素材、资料,思考质疑,提出假设,引发争论,进行积极的思维和实验探索,在解决问题的过程中不断产生新的问题,使思维不断发展、升华。

2. 对话教学——为思维而教

化学实验对启迪学生的科学思维、训练学生的科学方法有着极为重要的作用。当化学实验中并没有出现学生所预期的现象,甚至出现异常现象时,可以采用"对话教学"。通过对话,通过师生之间的问答激发学生积极、主动地思考。教师引导学生思考,在一个问题有了解答之后,继续追问,在对话过程中引导学生不断发现问题、分析问题、解决问题。利用教师和学生一次次的对话,启发、引导学生的思维不断处于活跃状态,让学生在积极的思考中锻炼思维的能力,提升思维的广阔性、深刻性和批判性。

例如,在新授课学习"Fe^{2+}、Fe^{3+} 的性质与转化"单元时,在学生通过阅读了解了有关 Fe^{3+} 的检验方法后,提出问题:如何检验 Fe^{2+}?

学生通过讨论,并用实验验证检验 Fe^{2+} 的方法。

【情景】人体缺铁会造成贫血,因此要口服含铁药片或含铁口服液。
【问题1】口服液中铁元素以哪种价态存在?
【问题2】怎样通过化学方法检验补铁口服液中的 Fe^{2+}?

学生认为补铁口服液中含有的是 Fe^{2+},可以利用 KSCN 溶液、氯水加以检验。然后要求学生通过实验验证。但实验现象却没有依着学生的猜想出现:取少量口服液,滴加 KSCN 溶液,无明显变化,再加入少量氯水,仍然无明显变化。

就以上实验现象展开"对话教学":
【师】以上实验现象,是否可以得出口服液中没有 Fe^{2+} 的结论?

【生】（有点疑惑）不可以，没有 Fe^{2+} 的话，就不是补铁制剂了。肯定有 Fe^{2+}。

【师】既然肯定有 Fe^{2+}，那为什么上述实验没有现象？

【生】（不太确定）可能还有其他物质干扰了亚铁离子的检验。

【师】那是什么物质呢？

【生】看看产品说明书。

学生阅读产品说明书，搜集资料。

【生】可能是维生素 C 的存在影响了 Fe^{2+} 的检验。

【师】为什么维生素 C 会影响 Fe^{2+} 的检验？

【生】维生素 C 具有还原性，所以可能加入的少量氯水都和维生素 C 反应了，因此没有氯水氧化 Fe^{2+} 了。

【师】那怎么检验口服液中的 Fe^{2+} 呢？

【生】排除维生素 C 的干扰后检验 Fe^{2+}。往补铁剂中加过量的氯水，把维生素 C 全氧化掉，再加氯水就能氧化 Fe^{2+} 了。

【实验验证】继续在刚才的实验试管中滴加过量的氯水，直至溶液变红。

【师】口服液中为什么要加维生素 C？

【生】（猜测）补铁的同时补充维生素。

【师】有没有其他原因呢？

【生】利用维生素 C 的还原性，保存 Fe^{2+}，使其不被空气中的氧气氧化。Fe^{2+} 被氧气氧化成 Fe^{3+}，维生素 C 的还原性可以将 Fe^{3+} 还原为 Fe^{2+}。

【师】口服液应该怎么保存？补铁药片外面的糖衣起什么作用？

【生】口服液要注意密封保存，喝了之后要盖紧盖子，要尽快喝完。糖衣可以使药片中的硫酸亚铁与空气隔绝，防止被氧气氧化。

通过师生对话，引导学生在面临某一化学情景时，自发地产生"是什么""为什么"的思维，使学生自觉地发现问题、分析问题、解决问题。教师的"对话"主要是启发和引导，在教学中要注意对话的预设性、生成性，要注意对话的有效性、指向性。对话不能是漫无目的、自由生成的，应该是有目的、有价值的引导。对话要能唤起学生的认知冲突，要能充分调动和拓展学生的思维，完成知识的有意义建构。

3. 概念图——为思维而教

扎实的基础知识是思维的源泉。没有深厚基础知识的积淀，是无法迸发出思维的火花的。只有以丰富的知识为基础，才能提高思维的广阔性；只有以全面的知识为基础，才能提高思维的深刻性；只有具备了充足的基础知识，才能避免思维的片面性。

概念图作为一种学习的策略，能促进学生的意义学习，使学生学会学习，它能有效地改变学生的认知方式。概念图作为一种元认知策略，它能提高学生的自学能力、思维能力和自我反思能力。

在教学中可以利用板书、学案等形式潜移默化地帮助学生学习、掌握概念图的绘制，让学生能自主地绘制概念图，使他们厘清自己头脑中新旧知识之间的关系，并将这些关系外化，从而拓展知识之间的联系，了解知识建构的过程。

在掌握了绘制概念图的方法之后，可以让学生在课后总结、反思时进行"创作"，绘制属于自己的概念图。不必拘泥于教师课堂上所绘制的形式，要有自己的特色和创意，将自己对知识的理解和建构用概念图的形式表达出来,从而学会总结和归纳,并在反思中不断提升学习能力。

例如,有学生以"氯化钠"为核心概念,绘制的概念图如下:

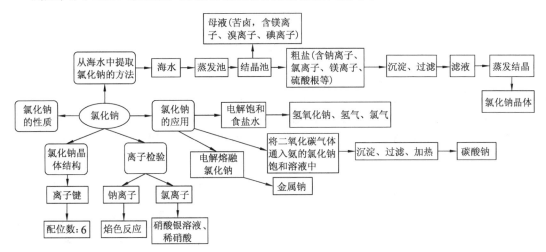

概念图作为教师"教"的策略,能有效地改变学生的认知方式,切实提高教学效果;作为学生"学"的策略,可以促进学生对知识的理解和记忆,促进学生对知识的组织和概括,可以深刻挖掘知识的横向与纵向联系。教师应鼓励学生对学过的知识通过绘制概念图进行精炼和组织,整合新旧知识,以全面充足的基础知识,促进学生意义学习,学会学习,提高思维能力和自我反思能力。

思维产生于问题,通过"问题解决",使学生的思维具有明确的目的。通过"问题解决",使学生在已知和未知、旧知和新知之间构建"概念图"。通过"问题解决",不断发现新问题,在教师的引导与教师的"对话"中,学生通过自己的观察与探索,实验与思考,发现问题、分析问题,找到解决问题的方法。在这样的学习过程中,学生不仅掌握了知识,更提高了思维能力和创新能力。

化学教学,不应仅仅为知识而教,更应为学生的思维而教。

参考文献

[1] 中华人民共和国教育部. 普通高中化学课程标准(实验)[S]. 北京:人民教育出版社,2003.

[2] 郅庭瑾. 为思维而教[M]. 北京:教育科学出版社,2007.

[3] 张印全,毕云芬. 教师应该为思维而教[J]. 新课程学习(下),2011(1):67.

[4] 郭红霞,唐晓鸣. 为思维而教:兼谈思维教学的价值和方式[J]. 教育探索,2009(3):26-28.

[5] 徐峙晖. 问题解决研究对化学教学的启示[J]. 化学教学,2007(1):17-20.

[6] 张丙香. 基于问题解决的化学学习模式研究[D]. 济南:山东师范大学,2003.

(本文发表在《化学教与学》2014年第1期)

远离告诉,走进过程,活化思维

1 问题的提出

尽管新课程已经实施了很长一段时间,但是日常教学中,很多学校、很多老师还是将高考作为课堂教学的指挥棒,"考什么教什么","考"决定了"教",决定了教的内容和教的方式。老师采用"灌输"的方式,"告诉"学生大量"有用的""会考到的"知识。"告诉"学生是什么、怎么做的"应试教学"远比引导学生弄清为什么、怎么样的"过程"教学要来得现实:通过简单的"告诉"教学,告诉学生怎么做,学生明白怎么做,就可以有更多的时间来训练、强化,就可以在考试中取得不错的分数。

美国华盛顿图书馆有句名言:"我听见了,但可能忘掉;我看见了,就可能记住;我做过了,便真正理解了。"古语有云:"纸上得来终觉浅,绝知此事要躬行。""体验"作为认知的主线,它应该贯穿学生的整个学习过程。学生要想牢固地掌握知识、获得能力,必须用心去体验、去领悟。化学学科知识、化学学科素养、化学思想方法、解决化学问题的策略和能力,不是靠听、靠看就能轻易掌握的,必须在做中、在行动中、在体验中总结出来、领悟得到。"没有体验就没有思考。"学习中的体验和感悟是最好的教育,只有学生真心感悟、亲身体验到的东西,才能最终沉淀到他们的内心深处,成为一种素质,一种能力,伴其一生,受用一生。

因此,在化学教学中我们应远离"告诉",让学生走进学习的"过程",重视并引导学生经历探究、发现知识的过程,让学生在自己的思考和体验中锻炼思维能力,培养良好的思维品质。

2 远离告诉,走进过程,活化思维

无论"告诉"教学,还是"过程"教学,都能让学生学到知识,在一张试卷上反映出来的分数可能没什么区别,但对学生的学习能力、思维品质、终身发展却会有不同的影响。"告诉"教学能让学生知道"是什么",学到了知识却失去了思考的能力。"过程"教学让学生在获得知识的同时,还能知道"为什么""怎么样",发展了思维,感受了学习的魅力,体验了学习的乐趣。

教学,不应只是告诉;学习,更应是一个过程,一种经历,一种体验,一种感悟。

2.1 远离告诉,走进实验过程

化学是以实验为基础的学科,实验是化学的灵魂,化学吸引学生的也正是千变万化、奥妙无穷的实验。但是由于课时紧张、应试目的、有的老师嫌实验麻烦,在实际教学中越来越多的老师减少实验演示,减少学生实验,以实验录像代替。缺少了实验的化学课堂变得没有趣味,缺少了丰富实验现象的化学课变得寡淡无味。屏幕上演示的实验只是纸上谈兵,对学生毫无吸引力,不仅不能激发学生的观察积极性,甚至还压制了学生学习探究的热情。因此,在教学过程中,应尽可能让学生多动手,亲自体验,亲自观察,利用化学实验的可观察性和可感受性让化学课堂变得趣味盎然,激发学生的学习热情,引导学生在实验过程中仔细观察,积极思考和探索,让学生体会化学实验在化学研究中的重要地位。

【案例1】请利用 $AlCl_3$ 溶液制备 $Al(OH)_3$ 沉淀。

【学生提出方案】把 $AlCl_3$ 溶液和 NaOH 溶液混合,$AlCl_3 + 3NaOH = Al(OH)_3\downarrow + 3NaCl$。

【学生实验验证】有的学生先向试管中加入少量 $AlCl_3$ 溶液,再向其中加入 NaOH 溶液。(有的学生很小心,用滴管滴加 NaOH 溶液,吸了一滴管溶液一下子全部加进试管中。有的学生比较胆大,直接倾倒试剂。有的学生说看到了有白色沉淀生成,有的学生说没看到有白色沉淀生成。)有的学生先向试管中加入少量 NaOH 溶液,再向其中加入 $AlCl_3$ 溶液。(有的用滴管滴加 $AlCl_3$ 溶液,有的倾倒溶液。有的说看到白色沉淀了,但是试管一晃白色沉淀就没了。)

【追问1】白色沉淀是 $Al(OH)_3$ 吗?两种试剂混合,为什么实验现象不同?为什么有的同学制得了 $Al(OH)_3$ 沉淀,有的同学没有?

【学生分析】$Al(OH)_3$ 能溶于 NaOH 溶液中。要制备 $Al(OH)_3$ 沉淀,就要控制 NaOH 的量,应该向 $AlCl_3$ 溶液中逐滴加入 NaOH 溶液,NaOH 不能过量。

【学生实验验证】取少量 $AlCl_3$ 溶液于试管中,向其中逐滴加入 NaOH 溶液。(有白色沉淀生成,随着 NaOH 溶液的滴入,沉淀逐渐增加,随后又逐渐减少,最后消失。)

$$AlCl_3 + 3NaOH = Al(OH)_3\downarrow + 3NaCl \qquad Al(OH)_3 + NaOH = NaAlO_2 + 2H_2O$$

【追问2】如果试管中先加入 NaOH 溶液,再向其中逐滴加入 $AlCl_3$ 溶液,会有怎样的现象?

【学生实验】取少量 NaOH 溶液于试管中,向其中逐滴加入 $AlCl_3$ 溶液。(局部有白色沉淀生成,振荡试管,沉淀立即消失。继续滴加 $AlCl_3$ 溶液,重复以上现象。直至滴加很多 $AlCl_3$ 溶液才有白色沉淀生成,并且不再消失。)

【追问3】为什么在滴加 $AlCl_3$ 溶液的时候,局部会有白色沉淀,试管晃动后即消失?

【学生讨论】$AlCl_3$ 溶液加入 NaOH 溶液中,两者反应生成 $Al(OH)_3$ 沉淀,由于试管中 NaOH 过量,生成的 $Al(OH)_3$ 沉淀马上与 NaOH 反应生成 $NaAlO_2$,反应可以表示为 $AlCl_3 + 4NaOH = NaAlO_2 + 3NaCl + 2H_2O$。当试管中所有的 NaOH 全部反应转化为 $NaAlO_2$,再加入 $AlCl_3$ 溶液,$NaAlO_2$ 与 $AlCl_3$ 反应生成 $Al(OH)_3$ 沉淀,$3NaAlO_2 + AlCl_3 + 6H_2O = 4Al(OH)_3\downarrow + 3NaCl$,沉淀不再消失。

试管实验的可观察面比较小,如果教师演示实验,教室前排的学生能观察到的现象,在教室后面的学生就不一定能同样感受到。因此,为了能让学生体验到试剂的滴加顺序不同会有不同的反应、不同的实验现象,在教学中应尽可能开展学生实验。尽管学生会很随意地取用试剂,但恰好是这个随意,有了课堂上灵动的"生成",有了可供学生思考、探索的各种问题。如果只是按照书本上的实验操作,告诉学生怎么做,学生按照老师规定的实验步骤,向 $AlCl_3$ 溶液中逐滴加入 NaOH 溶液制得了 $Al(OH)_3$ 沉淀,对 $Al(OH)_3$ 的两性的认识就仅停留在表面,是老师和书本"告诉"他的,不是他自己体验得到的。这样通过实验中看似"随意"实为"有意"的设置,让学生通过自身经验,既掌握了有关 $Al(OH)_3$ 两性的知识,明确了使用 NaOH 制备 $Al(OH)_3$ 时要控制 NaOH 的用量,又感受到化学实验的魅力,认识到科学研究的严谨,养成良好的实验习惯。

2.2 远离告诉，走进探究过程

化学课程标准提出，要让学生"经历对化学物质及其变化进行探究的过程，进一步理解科学探究的意义，学习科学探究的基本方法，提高科学探究能力"。

传统的实验一般是为了验证和巩固所学知识，学生在做实验的时候，往往会根据已学的知识，"胸有成竹""想当然"地对可能出现的实验现象进行判断，这样实验就会变得可有可无。要让学生体验探究的过程，就要改变简单的验证实验，加强实验的探究性，鼓励学生通过化学实验进行探究学习，让学生走进化学探究的过程，引导学生通过实验发现问题、探究解决问题的方法，在探究过程中培养学生的科学素质，实现学生的学习方式转变。

【案例2】Na_2O_2与水的反应。

【实验活动】取少量Na_2O_2粉末于试管中，向其中加入少量水，看到有大量气泡生成。

【问题1】可能是什么气体？用什么方法检验？

【猜想】可能是氧气，可以用带火星的木条检验。

【实验验证】将带火星的木条伸入试管中，木条复燃，说明产生的是氧气。

【问题2】试管中的溶液中有什么物质？怎么检验？

【猜想】试管中是氢氧化钠溶液，可以滴加酚酞溶液。

【实验验证】向试管中滴加酚酞溶液，变红，稍微振荡，红色褪去。

（看到这一现象，学生表示出了很大的疑惑。）

【问题3】红色褪去是什么原因？

【猜想】① 反应放热，溶液温度高了，所以红色褪去。② 氢氧化钠溶液浓度太大了。③ 溶液中可能有某种物质和酚酞发生了反应，酚酞没了，所以溶液不显红色。

【问题4】怎样通过实验验证你的猜想？

【实验方案】对于猜想1，等溶液冷却到室温，再看溶液是否恢复红色。对于猜想2，向试管中加水，使溶液变稀，看溶液是否恢复红色。对于猜想3，继续往试管中加酚酞，看溶液是否恢复红色。

【实验验证】实验1：冷却试管，溶液依然无色。说明猜想1不合理。

实验2：取少量反应后的溶液于另一支试管中，加水稀释，溶液仍然无色。说明猜想2不合理。

实验3：向试管中继续滴加几滴酚酞溶液，局部溶液变红，振荡后消失，再滴加几滴酚酞溶液，又出现红色，振荡后消失。说明猜想3合理。

【问题5】实验证明是过氧化钠与水反应后的溶液中存在某种新的物质，它能与酚酞反应生成一种新的物质，使得溶液中加入酚酞后没有持续的红色。那么这种物质是什么呢？

【猜想】可能是过氧化氢。

【追问1】为什么？

【猜想】因为过氧化氢和过氧化钠的化学式很像，名称也像，而且水分子可以提供氢原子。

【追问2】能否把你的猜想用化学用语表示出来，看看猜测是否合理？

【学生活动】$Na_2O_2 + 2H_2O = H_2O_2 + 2NaOH$

【追问3】怎样证明溶液中有过氧化氢？

【实验方案】向溶液中加入二氧化锰作催化剂，看有没有气泡产生，再用带火星的木条检验,如果木条复燃,证明加入二氧化锰后产生了氧气,原溶液中有过氧化氢存在。

【实验验证】向溶液中加入二氧化锰,有气泡产生,用带火星的木条检验,木条复燃,证明产生了氧气,原溶液中有过氧化氢。

【结论】过氧化钠与水反应,有过氧化氢生成,将加入的酚酞氧化,因此,在过氧化钠与水反应后的溶液中加入酚酞会先变红,振荡后红色消失。

要营造良好的探究氛围,鼓励学生敢于猜想,敢于突破常规思维的束缚思考问题,走进探究的过程:发现问题→提出猜想假设→设计实验进行验证→收集数据信息→分析讨论,得出结论→反思评价。通过一系列的活动,不仅帮助学生掌握了科学探究的方法,更通过经历探究的过程提高了学生的思维品质。

2.3 远离告诉,走进思考过程

化学课程标准提出,要使学生"具有较强的问题意识,能够发现和提出有探究价值的化学问题,敢于质疑,勤于思索,逐步形成独立思考的能力"。学生思维能力培养与思维品质的形成不同于显性知识的形成,思维能力是在思考过程中发展和提高的,而思考过程必须由学生亲自经历,任何人都是无法替代的。

教师要激发学生勇于质疑,激活学生的思维。通过质疑,使学生集中注意力,提高学习化学的兴趣,启发学生的思维,引导学生的思考方向,扩大思维的广度,提高思维的层次,让学生在思考的过程中学会思考、学会学习。

【案例3】某温度下,恒压容器中发生的反应 $N_2(g) + 3H_2(g) \rightleftharpoons 2NH_3(g)$ 达到化学平衡状态,此时容器的体积为1L,N_2、H_2、NH_3 的物质的量依次为1mol、2mol、2mol。若此时向容器中再充入5mol N_2,平衡将向哪个方向移动?若此时向容器中再充入55mol N_2,平衡将向哪个方向移动?

【学生分析】再充入5mol N_2、55mol N_2,都使得 N_2 浓度明显增大,增大反应物浓度,化学平衡向正反应方向移动。

【追问1】这位同学利用了勒夏特列原理判断化学平衡的移动方向。但是请注意,N_2 浓度变大,H_2、NH_3 的浓度发生了怎样的变化?除了利用勒夏特列原理判断平衡的移动方向外,还有别的方法吗?

【学生讨论】还可以计算条件改变瞬间的浓度商 Q_c,并比较 Q_c 与平衡常数 K 的大小,来确定平衡移动的方向。

【学生交流】计算平衡常数 $K = \dfrac{c^2(NH_3)}{c(N_2) \times c^3(H_2)} = \dfrac{2^2}{1 \times 2^3} = \dfrac{1}{2}$。当加入5mol N_2 时,由于容器维持恒压,容器体积有所增大,变为 $\dfrac{5+5}{5} \times 1L = 2L$,浓度商 $Q_c = \dfrac{c^2(NH_3)}{c(N_2) \times c^3(H_2)} = \dfrac{\left(\dfrac{2}{2}\right)^2}{\left(\dfrac{1+5}{2}\right) \times \left(\dfrac{2}{2}\right)^3} = \dfrac{1}{3}$,$Q_c < K$,平衡向正反应方向移动。当加入55mol N_2 时,由于容器维持恒压,容器体积将明显增大,变为 $\dfrac{55+5}{5} \times 1L = 12L$,浓度商 $Q_c = \dfrac{c^2(NH_3)}{c(N_2) \times c^3(H_2)} =$

$$\frac{\left(\frac{2}{12}\right)^2}{\left(\frac{1+55}{12}\right)\times\left(\frac{2}{12}\right)^3}=\frac{9}{7}, Q_c>K,平衡向逆反应方向移动。$$

【追问2】要使平衡向正反应方向移动,最多可以加入多少摩尔氮气?有没有可能加入一定量的氮气,平衡不发生变化?

【学生交流】当 $Q_c<K$ 时,平衡向正反应方向移动;当 $Q_c=K$ 时,平衡不发生移动;当 $Q_c>K$ 时,平衡向逆反应方向移动。设加入 x mol 氮气,容器体积变为 $\frac{x+5}{5}$ L, $c(N_2)=\frac{(1+x)mol}{\left(\frac{x+5}{5}\right)L}=\frac{5+5x}{x+5}$ mol·L^{-1}, $c(H_2)=\frac{2mol}{\left(\frac{x+5}{5}\right)L}=\frac{10}{x+5}$ mol·L^{-1}, $c(NH_3)=\frac{2mol}{\left(\frac{x+5}{5}\right)L}=\frac{10}{x+5}$ mol·L^{-1}, $Q_c=\frac{c^2(NH_3)}{c(N_2)\times c^3(H_2)}=\frac{\left(\frac{10}{x+5}\right)^2}{\left(\frac{5+5x}{x+5}\right)\times\left(\frac{10}{x+5}\right)^3}=\frac{(x+5)^2}{50+50x}$。若要 $\frac{(x+5)^2}{50+50x}<\frac{1}{2}$,则 $x<15$; $\frac{(x+5)^2}{50+50x}=\frac{1}{2}$,则 $x=15$; $\frac{(x+5)^2}{50+50x}>\frac{1}{2}$,则 $x>15$。所以,当向容器中充入 15mol 氮气时,化学平衡不发生移动;当充入氮气小于 15mol 时,平衡向正反应方向移动;多充入氮气大于 15mol 时,平衡向逆反应方向移动。

在教学过程中教师不要急着把所有问题都讲出来,要引导让学生发现认知冲突,发现问题。要把教学过程看成是启迪智慧、开拓思维、培养学习能力的过程。只有既注重化学知识的传授,又注重学生思维能力的训练,才能将学生培养成一个具有独立思考能力和自我学习能力的人。

3 反思

化学教学,不应只是告诉。学习不应只是知道"是什么",更应知道"为什么"和"怎么样",要创造机会,让学生走进过程——体验科学发现的过程,走进探究的过程,走进思考的过程,走进学习的过程。化学教学注重的不应是老师反复强调、告诉学生结果,而应注重通过老师的教学手段和教学智慧,让学生亲身经历探究和思维的过程。远离告诉,让学生走进学习的过程,不仅有直观的感受,更有思维的乐趣;不仅获得了知识,更提高了学习的能力。只有注重过程的教学才是有效的教学,重视过程的学习才是有效的学习。

参考文献

[1] 中华人民共和国教育部.普通高中化学课程标准(实验)[S].北京:人民教育出版社,2003.

[2] 董海涛.将"过程"还给学生,让"告诉"远离课堂[J].数学通讯,2015(10):12-14.

[3] 曾莹.化学新课改中思维能力的培养[J].化学教学,2007(6):2-5.

(本文发表在《化学教与学》2016 年第 11 期)

牛波，华东师范大学教育学博士、中学高级教师、课程开发和评估专家。现为江苏省木渎高级中学生物教师、省级生物多样性课程基地项目负责人。主持江苏省规划办"十二五"重点资助基础教育课题"高中生物核心概念的概念转化"和"基于移动物联网的中小学生综合实践活动设计研究"子课题"基于移动物联网的STEAM视域下的温室生物多样性学习共同体研究"研究。在核心期刊发表文章10余篇。

牛　波

近年来教育科研成果目录：

遗传病概率推断的四步曲,《生物学通报》,2012年第9期;(牛波,陆建身合著)

分析静息电位及动作电位图象解神经纤维上兴奋传导难题,《教学月刊》,2010年第12期;

联合国教科文组织与国际生物学联合会合作开发的青少年科技活动,《生物学教学》,2010年第5期;

美国纽约州和中国台湾地区高中生物学学业水平测试评述,《生物学教学》,2010年第11期;

中学生物实验材料短缺应急处理方法两则,《中学生物学》,2010年第5期;

高中生物多样性课程基地建设理论实践与思考,江苏省教育学会年会论文一等奖,2012年12月;

中美高中生物学教科书科学本质表征的比较研究,博士学位论文,2015年6月中国知网收录。

遗传病概率推断的四步曲

遗传病的概率推算在高中生物教学中是个难点,学生在学习中也因没有形成解决问题的稳定、成熟策略,而感到无从下手。如能在解决问题的程式和方法上形成稳定的图式,将有助于解决此类问题。下面根据加德纳的多元智能理论,为学生提供不同的认知策略,为拥有不同智能优势的学生提供易于理解的学习机会。本文主要涉及加德纳的语言、空间、数学、逻辑等多元智能。下面介绍解决此类问题的步骤和方法。

1 遗传病概率推断的四步曲

遗传病概率推断一般分析分为四步,按先后顺序分别为:一判显隐性,二定"常"和"性",三推基因型,四算发病率。本文称之为"四步曲",其流程如下图1所示,下面分别介绍。

图1 遗传病问题分析步骤

1.1 一判显隐性

通常情况下根据"无中生有是隐性"和"有中生无是显性"(图2)来判断。通过图形来理解,对发展学生空间智能、将抽象变形象和具体很有帮助。

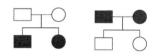

图2 判断显隐性

但也有某些试题,没有这样较为典型的图式,要通过文字或遗传系谱图进行分析。

1.2 二定"常"和"性"

二定"常"和"性"的含义是确定致病基因位于常染色体上还是性染色体上。有以下两种分析方法:

一是根据口诀,先确定致病基因是否在X染色体上,若不在X染色体上,一般情况下就应在常染色体上。可根据如下口诀确定在X性染色体上:① X染色体隐性,"母病子必病,女病父必病";② X染色体显性,"父病女必病,子病母必病"。这种方法对具有语言智能优势的学生有利。

二是根据典型系谱图确定,以下是判断隐性和显性遗传病致病基因所处染色体的典型系谱图。图3甲图中的致病基因(隐性)只能在常染色体上,不可能在性染色体上,因为若在性染色体上,则女性患者的父亲必然生病;乙图致病基因(显性)在常染色体或性染色体上;丙图致病基因(显性)在常染色体上,因为若在性染色体上,则丙图中后代不会有正常的女性;丁图致病基因(显性)可能在常染色体或性染色体上。此法对发展学生的空间智能比较有利。

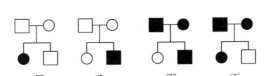

图3　判断致病基因所在染色体

1.3　三推基因型

在确定了遗传病的显隐性及致病基因所处的染色体位置后,就可以推测基因型。可以先将简单或已经知道的基因先写出来,再自上而下或自下而上写出全部的基因型。根据系谱图和题目中隐含的条件(如夫妻均不带有对方家族的致病基因)及遗传规律推导相关个体的基因型。此步骤主要涉及学生的逻辑推理能力,用到学生的逻辑智能。

1.4　四算发病率

算发病率可采用列表法。当两种遗传病之间具有自由组合关系时,计算患病情况的概率可列下面的表1帮助分析。此法对有数学智能优势的学生比较有利。

表1　分析两种遗传病发病情况计算公式

序号	患病情况	概率规定与计算
1	患甲病	m
2	患乙病	n
3	同时患两种病	mn
4	只患甲病	$m - mn$
5	只患乙病	$n - mn$
6	只患一种病	$m + n - 2mn$ 或 $m(1-n) + n(1-m)$
7	患病(可能是甲病,也可能是乙病,还可能是同时患有两种病)	$m + n - mn$ 或 $1 -$ 不患病概率
8	不患病	$(1-m)(1-n)$ 或 $1 -$ 患病概率

另外,在特定情况下,算发病率还会用到哈迪温伯格定律。当存在条件,如"在一个远离大陆且交通不便的海岛上,居民中患有甲种遗传病的占1/10000(总是一个可以好开方的数字)"时,一定要考虑用哈迪温伯格定律,否则易出错。

2　实例分析

下面通过两个常见例题,演示采用上述"四步曲"如何进行分析,期待有抛砖引玉的作用。

例1.某医师通过对一对正常夫妻(Ⅲ)(妻子已经怀孕)的检查和询问,得知丈夫家族中有人患有甲种遗传病(显性基因为A,隐性基因为a),他的祖父和祖母是近亲结婚,妻子家族中患有乙种遗传病(显性基因为B,隐性基因为b),夫妻均不带有对方家族的致病基因。医师将两个家族的系谱图绘制出来,如图4,请回答下列相关问题:

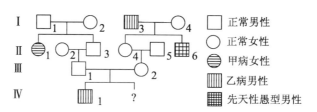

图4 两个家族的系谱图

（1）甲病的致病基因位于_____染色体上，是_____性遗传。
（2）乙病的致病基因位于_____染色体上，是_____性遗传。
（3）丈夫的基因型是_____，妻子的基因型是_____。
（4）该夫妇再生一个男孩患病的概率是_____，女孩患病的概率是_____。

解析：按照问题的顺序解析如下：

（1）一判显隐性，根据口诀"无中生有是隐性"，因 I_1、I_2 号个体无病，其后 II_1 号个体有病，可知甲病是隐性遗传病；二定"常"和"性"，I_1、I_2 号个体的后代，II_1 号个体是女性，若为伴性遗传，则其父亲应为其提供一个致病基因，其父必然生病，现在其父不患甲病，因此，甲病是常染色体隐性遗传病（反证法，涉及学生的逻辑智能）。

（2）一判显隐性，根据口诀"无中生有是隐性"，因Ⅲ代1、2号个体无病，其后代1号个体有病，所以乙遗传病是隐性遗传病；二定"常"和"性"，根据"夫妻均不带有对方家族的致病基因"，可知Ⅲ₁号个体没有乙病的致病基因，仅有 III_2 号个体提供乙病致病基因，所以乙病是伴 X 染色体隐性遗传。

（3）三推基因型，因为夫妻均不带有对方家族的致病基因，且 I_1 和 I_2 的后代 II_1 号个体患甲病，Ⅱ代2和3号个体与甲病有关的基因分别是 AA 或 Aa，又因甲病是常染色体隐性遗传病，乙病是 X 染色体隐性遗传病，所以丈夫的基因型是 AAX^BY 或 AaX^BY，妻子的基因型是 AAX^BX^b。

（4）四算发病率，因为丈夫的基因型是 AAX^BY 或 AaX^BY，妻子的基因是 AAX^BX^b，据此算概率。采用列表法，分析见下面的表2。

表2 列表分析遗传病的发病率

患病情况	概率
后代患甲病	0，因为 AA×AA，Aa×AA，不可能有 aa，所以不会患甲病。
后代患乙病	$\frac{1}{4}$，因为 $X^BY×X^BX^b$ 后代只有 X^bY 是患病，故为 $\frac{1}{4}$。
后代男孩患病	$\frac{1}{2}$，因后代男孩不患甲病，在男性后代中考虑乙病，患乙病概率为 $\frac{1}{2}$，故患病概率为 $\frac{1}{2}$。
后代女孩患病	0，因后代女孩不患甲病，在女性后代中考虑乙病，患乙病概率为 0，故患病率为 0。

答案：（1）常 隐 （2）X 隐 （3）AAX^BY 或 AaX^BY AAX^BX^b （4）$\frac{1}{2}$ 0

例2. 在一个远离大陆且交通不便的海岛上，居民中患有甲种遗传病的占 1/1600（基因为 A、a）。岛上某家族系谱中，除患甲病外，还患有乙病（基因为 B、b），两种病中有一种为红绿色盲，请根据图5回答问题：

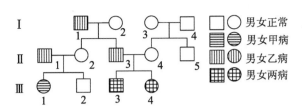

图5 岛上某家族系谱图

(1) _____病为红绿色盲病,另一种遗传病的致病基因在_____染色体上,为_____性遗传病。

(2) Ⅲ₂的基因型为_____。

(3) 若Ⅲ₂与该岛一个表现型正常的女子结婚,则其孩子中患甲病的概率为_____。

(4) 若Ⅲ₂与该表现型正常的女子已生育一个患甲病的孩子,则再生一个孩子患甲病的概率是_____。

(5) Ⅱ₁和Ⅱ₂生育一个完全健康孩子的概率是_____。

解析:本题按照遗传病推断的四步曲顺序解析。

(1) 判断遗传病的显隐性。根据系谱图中Ⅱ₁号、Ⅱ₂号、Ⅲ₁号个体可判断甲病为隐性,乙病的显性、隐性待推导。

(2) 判断致病基因在"常"或"性"染色体上。同样根据Ⅱ₁、Ⅱ₂、Ⅲ₁号个体和口诀:"女病父必病(X染色体隐性)",反证了甲病致病基因只可能位于常染色体上,乙病可根据"两种病中有一种是红绿色盲"推知乙病即是红绿色盲,故乙病为隐性,致病基因在X染色体上。

(3) 推测基因型。在知道甲、乙两种遗传病的类型后,结合系谱图(Ⅱ₁×Ⅱ₂=Ⅲ₁推测Ⅱ₁和Ⅱ₂号与甲病有关的基因,Ⅰ₁×Ⅰ₂=Ⅱ₂推测Ⅱ₂号与乙病有关的基因,进而推出Ⅲ₂号的基因型)推测出Ⅱ₁号、Ⅱ₂号、Ⅲ₂号个体的基因型:Ⅱ₁号是AaX^bY,Ⅱ₂号是AaX^BX^b,Ⅲ₂号是AAX^BY或AaX^BY。

(4) 算出发病概率。根据系谱图(Ⅱ₁×Ⅱ₂=Ⅲ₁)可知Ⅲ₂号与甲病有关的基因型是$\frac{1}{3}$AA和$\frac{2}{3}$Aa。根据题目条件"甲病的发病率为1/1600"及哈迪温伯格定律($p^2+2pq+q^2=1, p+q=1$)可知当地正常女子的基因型是Aa的可能性是$\frac{39}{800}$。只有当Ⅲ₂号基因型是Aa时,其与基因型为Aa的当地女子结合,后代才会生病。考虑基因型及前面系数,推知后代患甲病(不考虑乙病)的概率为$\frac{2}{3}×\frac{39}{800}×\frac{1}{4}=\frac{13}{1600}$。"若Ⅲ₂与该表现型正常的女子已生育一患甲病的孩子"条件出现时,注意"范围"发生了改变,双亲基因型只有Aa一种情况,所以后代再生患甲病后代的概率为$\frac{1}{4}$。推算Ⅱ₁和Ⅱ₂生育一个完全健康孩子的概率,利用上面已知的遗传类型和基因型可用列表法列表,如表3。

表3 列表分析遗传病的发病率

患病情况及计算公式	概　率
患甲病概率(m)	$\frac{1}{4}$
不患甲病概率($1-m$)	$1-\frac{1}{4}=\frac{3}{4}$
患乙病概率(n)	$\frac{1}{2}$
不患乙病概率($1-n$)	$1-\frac{1}{2}=\frac{1}{2}$
两病兼患概率 $m\times n$	$\frac{1}{4}\times\frac{1}{2}=\frac{1}{8}$
不患病概率($1-m$)($1-n$)	$\frac{3}{4}\times\frac{1}{2}=\frac{3}{8}$
患病概率($m+n-m\times n$)或$1-$不患病概率	$\frac{1}{4}+\frac{1}{2}-\frac{1}{4}\times\frac{1}{2}=\frac{5}{8}$ 或 $1-\frac{3}{8}=\frac{5}{8}$

答案：(1) 乙　常　隐　(2) AAX^{B}Y 或 AaX^{B}Y　(3) $\frac{13}{1600}$（或 0.81%）　(4) 1/4　(5) 3/8

3　讨论

概率推断的四步曲，不是所有的题目都要求做这四步，有的只需完成前三步即可。第四步，以前面的三步为基础，前三步出错，最后一步必然会错。在做第四步时，要注意分析"范围"。一是亲代"范围"，上述例题2中(3)和(4)中的夫妻"范围"已经不同，(4)中的夫妻基因型"范围"缩小。二是后代"范围"，是"全部子女"，还是"男孩中"患某种病的概率或是"生病男孩"的概率，含义不同，结果迥然不同。根据哈迪温伯格定律使用条件，能用哈迪温伯格定律时一定要使用。最后，使用上述步骤千万不能教条，要因"题"而异。

(本文发表在《生物学通报》2012年第9期)

美国纽约州和中国台湾地区高中生物学学业水平测试评述

根据2010年5月颁布的《国家中长期教育改革和发展规划纲要(2010—2020)》,与国家考试制度改革适应的学科水平测试近年已应运而生,江苏、上海等地先后开展了学业水平测试。为了更好地开展此项工作,有必要研究世界上发达国家或地区高中生物学学业水平评价的方法,探索可借鉴之处。下面以生物学科为例,介绍美国纽约州和中国台湾地区高中生物学学业水平测试的宗旨、目的、测试时间、内容、试卷结构、题型等内容,并与上海市和江苏省的高中学业水平测试进行简单比较。

1 学业水平测试的宗旨和目标

1.1 纽约州生物学学业水平测试的宗旨

高中学业水平测试在美国纽约州称为纽约州摄政考试。通过摄政考试,确认学生的资质和真实能力,以获得高中文凭,并为高校选拔人才提供参考。摄政考试包括五科,即综合英语、综合代数、美国历史和政府、世界历史和地理以及科学。科学可从理、化、生、地四门中任选一门,每门课的最低要求达到65分。生物学科考试要求考生最少学习一年生物学课程,此课程是一门生物学导论性质的课程,包括细胞的结构、遗传、进化、生态和分类。实验操作不考,但要求学生有20h的实验学习时间,才能参加生物学摄政考试。

1.2 台湾地区学科能力测验的宗旨和目标

台湾地区学科能力测验自1994年开始开办,用于评价考生是否具有接受大学教育的基本学科能力,是高校初步筛选学生的门槛。学科能力测验共测试五门,分别是国文、英文、数学、社会、自然。自然包含物理、化学、生物学、地理。其中,生物学科测试的目标是:测验考生基本的科学知识和概念;测验考生应用科学资料和图表的能力;测验考生的推理能力;测验考生对科学应用的理解。

2 学业水平测试的时间

2.1 纽约州摄政考试时间
纽约州摄政考试通常在每年的1月、6月、8月举行,考试的时间是3h。

2.2 台湾地区学科能力测验时间
台湾地区学科能力测验通常在每年的1月举行,考试时间为100min。

3 学业水平测试内容

3.1 纽约州摄政考试内容
以美国纽约州科学课程标准的标准1和标准4为依据,具体内容见表1。

表1　美国纽约州科学课程标准(生物学部分)

标准	标准1 探究设计			标准4							实验			
	核心概念1	核心概念2	核心概念3	核心概念1	核心概念2	核心概念3	核心概念4	核心概念5	核心概念6	核心概念7	实验1	实验2	实验3	实验5	实验附录A
标准	提出解释	测试解释	验证解释	生命的特征	生物的遗传	生物的变异	生物的生殖发育	生物的稳态	生物与环境	人类活动与环境	联系与生物多样性	建立联系	雀科小鸟的喙	通过细胞膜的扩散

3.2 台湾地区学科能力测验内容

学科能力测验原则上以2006年课纲为依据，各科测验范围包括高一、高二必修课程。物理、化学、生物学以理科综合的形式出题。2009年起，学科能力测验中生物学科的测验范围见表2。

表2　台湾地区学科能力测验范围(生物学部分)

年级	主题
高一基础生物	一、生命的特性
	二、生物的多样性
	三、生物与环境
	四、人类与环境
	讨论：水的重要性、抗生素的利弊、外来物种对台湾地区生态的影响、环境污染的后果
	探讨活动：观察生物细胞(动植物细胞)及染色体(洋葱根尖细胞的染色体)、真菌和藻类、校园生物
高二必修生物	一、细胞和生物体
	二、植物的营养
	三、植物的生殖生长和营养
	四、动物的代谢和恒定性
	五、动物的协调作用
	六、动物的生殖和遗传
	七、生命科学和人生

通过以上介绍可以看出，美国纽约州的摄政考试和中国台湾地区学科能力测试验考试范围比中国已经试行的江苏省及上海市学业水平测试的范围广。生物多样性及生物分类知识、动物行为、人体生理、实验等内容是具有特色的部分。而江苏省及上海市学业水平测试较为重视细胞的代谢、遗传与变异、生态系统等方面的考查。

4 题型、题量和试卷分值

下面介绍美国纽约州摄政考试和中国台湾地区学科能力测验的题型、题量和试卷分值。

4.1 纽约州摄政考试的题型、题量和试卷分值

摄政考试生物学科单独命题,第一部分为多项选择部分,包括 30～50 个问题;第二部分为简答部分,两种类型试题合计 80 个小题。卷面满分 85 分,折算成百分制计分。

4.2 台湾地区学科能力测验的题型、题量和试卷分值

台湾学科能力测验是理科综合命题,含理、化、生、地四科,以计算机可读的题型为主,如选择题(单选题、多选题)、选填题。试题答错均不倒扣。试题分为两部分;第一部分以高一必修课程为主要范围,共 48 题,满分 96 分,生物学 12 题,考生必须,全部作答;第二部分则以高二课程为主要范围,共 20 题,14 题单选,6 题多选,每题 2 分,合计 32 分,考生只要答对 16 题,这部分即为满分,这种计分方法类似于中国大陆的选做题。全卷总分 128 分。学科能力测验成绩计算采取级分制,最高为 15 级分。全卷生物学科共 16 题,32 分,占 25%。

5 试题特点

下面分别选取 2010 年 1 月中国台湾地区学科能力测试和 2010 年 1 月美国纽约州摄政考试部分试题,作为例题,用于分析两地命题的特点。

5.1 考查范围广,考查生物分类知识

举例如下:

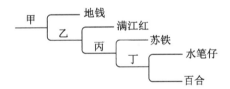

例 1. (2010 年中国台湾地区学科能力测验第 9 题)可可在野外发现了下列 5 种植物,她依据分类原则,将这些植物做成了检索表,如右图。下列有关此检索表的各分类依据,哪些是正确的?

甲:是否有维管束

乙:是否有种子

丙:是否有形成层

丁:是否会开花

(A) 甲、乙　(B) 甲、丙　(C) 甲、丁　(D) 乙、丙　(E) 丙、丁

答案:A

分析:本题内容属基础生物学部分,考查了生物的多样性中植物分类的有关内容。地钱是苔藓类植物,无维管束,满江红、苏铁、水笔仔、百合是有维管束的植物,故甲正确。满江红是蕨类植物,没有种子,苏铁是裸子植物,水笔仔和百合是被子植物,都有种子,故乙正确。丙中苏铁无珠被,而水笔、百合为被子植物,有珠被。因此,丙为是否有珠被。丁中应当区分是否有两片子叶。本题考查常见植物种类的特点,以五种常见植物为例,考查了苔藓植物、蕨类植物、种子植物的特点。题目设计用简单的一张图,类似检索表,考查了植物类群的知

识。本题简洁明了、涵盖广泛、重点突出、组合选择、符合潮流。

例2. (2010年美国纽约州摄政考试第55题)二分检索表如下图,利用此检索表检索出该图所示动物的学名。

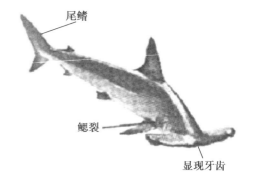

1. a. 尾鳍是水平的 ………………………… 2
   b. 尾鳍是垂直的 ………………………… 3
2. a. 有长牙齿或短牙齿 …………………… 4
   b. 无牙齿 …………………… 北极露脊鲸
3. a. 口腔后面有鳃裂 ……………………… 5
   b. 口腔后面无鳃裂 …………… 美洲肺鱼
4. a. 牙齿黑色有白条纹 ………………………………………… 虎鲸
   b. 长牙,灰色伴有白色斑点 ………………………………… 一角鲸
5. a. 头部槌头状 ……………………………………………… 无沟双髻鲨
   b. 尾鳍长度达到体长的一半 ……………………………… 弧形长尾鲨

答案:通过检索可知该鱼是无沟双髻鲨。

分析:本题考查海洋鱼的分类,检测学生是否会使用二分检索表检索某种鱼所属的分类地位。国内在高校中才考查此类基本技能。动植物分类知识在国内初中和高中逐渐被忽视,较为强调现代生物学知识,淡化经典生物学知识。这样对培养国内学生学习生物学的兴趣是不利的,也不利于培养学生保护生物多样性的意识。

5.2 实验考查重视基础,兼顾能力

纽约州和台湾地区的考题中,实验题考查比例均较大,既重视书上基础实验的考查,又重视书本以外的探究实验考查;既重视基础知识检测,又重视能力考查。

例3. (2010年中国台湾地区学科能力测验第34题)某学生进行动、植物细胞的观察,部分观察的过程及结果记录如下,其中哪些是正确的?(应选3项)

A. 洋葱鳞叶表皮细胞用亚甲基蓝溶液染色,显微镜下可以观察到蓝色的淀粉颗粒
B. 新鲜的水蕴草叶片可以观察到会移动的叶绿体颗粒
C. 口腔黏膜细胞与青蛙表皮细胞各种形状都有,包含圆形、扁平状、多边形、柱状等
D. 洋葱鳞叶上下表皮没有保卫细胞,也都没有叶绿体
E. 利用高张溶液观察原生质萎缩,水蕴草叶细胞比动物细胞容易观察

答案:B、D、E

分析:本题全面考查书本上的学生实验。A中亚甲基蓝不能用于淀粉染色;B中的水生植物水蕴草(又名蜈蚣草),可观察到胞质流动;C中的口腔黏膜上皮细胞形态为多边形;D中洋葱鳞叶表皮没有气孔,也没有保卫细胞,鳞叶生长在地下,因此没有叶绿体;E中水蕴草是植物,其细胞有细胞壁,质壁分离时,原生质萎缩,较动物细胞明显,故选择B、D、E。该题类型属组合判断选择题,考察知识范围广。考察内容实验操作中可观察和体会到的知识,做过此类实验,问题不难,没做过靠背诵结果,此题易出错。可见中国台湾地区高中书本生物学实验考查重视基础,广泛考察,引导动手做实验。

例4. (2010年美国纽约州摄政考试第59~61题)根据下述信息和你掌握的生物学知识完成59~61题。研究人员测试新抗生素对某种链球菌的杀菌效果,这种链球菌能引起人的

咽喉感染。将此链球菌分别接种在三个培养皿中,在 2 号培养皿中放入一片浸过新型抗生素的圆片,在 3 号培养皿中放入没有浸抗生素的圆片作为对照。三只培养皿如下图,回答 59～61 题:

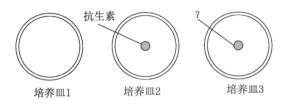

59. 对本实验结果做出合理的假设:_____。
60. 三只培养皿都放在 37℃的温度条件下培养 24h,其中 1 号培养皿的变化结果如下图。在图上完成 2 号培养皿的结果,用以支持你的假设,并解释该图如何支持假设的结果的。

61. 描述如何处理培养皿 3 中的小圆片用于控制实验:_____。

答案:59(1)这种新抗生素对细菌生长无影响;(2)这种抗生素对细菌的生长有抑制作用;(3)这种抗生素可以杀死细菌。60(1)细菌持续生长,抗生素对链球菌生长没影响,抗生素没有杀死细菌;(2)部分细菌死了,说明抗生素有一定的效果;抗生素杀死部分细菌;(3)细菌全部死了,说明抗生素效果良好;抗生素杀死了全部的细菌。三种可能性结果分别如下图所示。61. 将圆片浸在无菌水中,不添加任何抗生素。

分析:59 题考查探究实验如何预测实验结果,不同于验证性实验,结果是确定的,要预测全部的可能性结果;60 题考查学生用文字和图片展示实验结果,属基本能力考查,参照给出的信息,现学现用。国内在高考中实验考查有此类题型,但多数要求预测结果,没有要求用图示的方式表达出来,这样设计题目较能考查学生的能力,是好题型。61 题考查学生如何在实验设计中控制无关变量,是实验考查中的常考内容。另外本题的实验对照设计较为科学严谨,1、3 为对照组,2 为实验组,3 的作用排除了小圆片可能对实验产生的影响。

5.3 测验考生应用科学资料和图表的能力

纽约州和台湾地区能力测试目标中列出了测验考生应用科学资料和图表的能力,在试卷中此目标得到了充分体现。纽约州 2010 年摄政考试中 80 道题目,有超过 30 幅图,台湾地区学科能力测试卷中生物学部分 16 题,有 8 幅图,两地平均 40%的试题附有图或表。

例 5. (2010 年美国纽约州摄政考试第 52～53 题)右图表示能量金字塔中每个营养级所

含有的相对能量,用学到的生物学知识并根据图中信息回答 52~53 题。

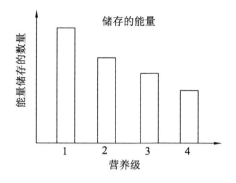

52. 哪个营养级可以代表自养生物？并说出理由。

53. 说出为什么在第三营养级中含有的能量比第四营养级多。

答案：52. 第一营养级,因为第一营养级储存最多的能量。53. 因为能量流经每个营养级都要散失。

分析：本题以生态系统中能量流动特点为基础,以能量金字塔为模型,考查学生的图表转换能力。柱状图的高矮反映营养级中能量多少,最高的含有能量最多,一定是生产者,生产者一定是自养生物；能量流动过程中,由于呼吸消耗、没有被下一营养级捕食、传递给分解者等原因都会导致流入下一营养级的能量减少。

纵观以上例题及全部试卷可以发现两地的试题特点是：整体考题难度属中偏易,重视基本分类概念；注重对生物学的基本认识、理解与推理能力的考查；考题简单,体现学业水平测试的基本精神；题目结合图表,虽涉及科技新知,也可以根据生物学知识,推理解出答案；出现综合题,题目生活化,重视跨领域的整合与思考。

6 反思与启发

6.1 学业水平测试是高校招生多元化的需要

课程改革是综合性的,课程标准、教科书等改了,评价机制必须与之配套,也要进行改革。学业水平测试在国内外是一种趋势,是改革高等学校录取方式的积极尝试,是高校多元化评价学生的一种手段,有利于减轻学生的课业负担。因此,学业水平测试应与高校选拔人才挂钩,否则这项考试就会流于形式。美国纽约州和中国台湾地区在这方面做得比较好,值得借鉴。目前上海已经明确了水平测试在高校选拔人才中的作用。

6.2 考试模式要保持较好的连续性

美国纽约州和中国台湾地区的学业水平测试均已持续 10 年以上没有改变,中国大陆很多地区的考试方式变化较快,让教师、学生及家长难以适应。

6.3 以人为本,给考生提供多次机会

美国每年摄政考试有三次机会,中国大陆只有一次,可否借鉴,每年此类考试举行两次。

6.4 考试范围广,难度低

对比纽约州和台湾地区的学业水平测试,可以看出考查的知识广度远远大于中国大陆的上海和江苏,但分析所考查的试题发现难度远低于中国大陆的学业水平测试的试题难度。中国大陆在此方面值得借鉴国外经验,应重视基本知识和能力考查,切实减轻学生负担,留给学生更多时间去做科学,而不是做题目。

6.5 重视能力,淡化细节记忆

纽约州和台湾地区的测试基本不考查学生对一些科学事实和细节的记忆,给予充分的图表信息或文字信息,依靠掌握的基本知识进行分析,强调生活化和情境性,真正做到了重视能力,淡化细节记忆,值得借鉴。

（本文发表在《生物学教学》2010 年第 11 期）

联合国教科文组织与国际生物学联合会合作开发的青少年科技活动

联合国教科文组织(UNESCO)科学和技术教育项目组与国际生物学联合会(IUBS)下属的国际生物科学教育委员会,共同合作完成了以社区为基地的青少年生物学科技活动的设计。该活动设计将生物学与社区联系起来,因而叫作"以社区为基地的生物学"。该活动与我国初高中生物学课程标准倡导的课程理念"注重与现实生活的联系""倡导探究性学习"不谋而合,现举例如下。

1 活动特点和内容

1.1 活动特点

以社区为基地的生物学科技活动呈现出与生物学有关的、可以在社区里动手做的特点;生活在城市的人也可以开展以社区为基地的生物学活动,且大多数的活动可以在世界各地开展,因而又有国际性的特点;活动内容贴近生活,由学生与教师或父母合作完成,又具有生活性的特点;要求家长、教师多鼓励学生,让学生多参与、多动手,允许成功或失败,重视活动过程,呈现出强调过程性的特点;活动涉及多种生命形式,取材容易,不需要特殊仪器,只需参考当地图书馆的工具书,所以还具有简易性的特点。

1.2 活动内容

活动内容包括观察杂草、观察鸟类及鸟类的多样性、观察和记录动物的行为、观察蘑菇的孢子印和孢子的传播、观察真菌在牲畜粪便上的演替、观察人生长的过程、制作树影图、制作生态瓶、测量植物的生长并收集植物、研究树木的种群、研究蜗牛的种群生物学、探究水下岩石表面的群居生物等14项。每个活动包括活动目的、活动条件、活动过程和活动拓展等部分。

2 活动案例

2.1 观察杂草

具体内容如下:

2.1.1 活动目的

园林工人和农民比较讨厌杂草,但杂草在荒芜的土壤上却是高度成功的植物。多数杂草是从其他国家引进的,在与本土植物的竞争中取得成功,对自然生态系统产生了消极的影响。观察杂草活动可帮助学生了解你所在的社区有哪些杂草,什么因素促其成功生长。通过探究杂草的生活史,了解杂草是怎样产生和生长,怎样与其他植物竞争的。可以在自己的院子里或任意一块空地上长时间地进行杂草观察和记录活动。

2.1.2 活动条件

笔记本、铅笔、尺子、线绳、当作木桩的木片或塑料片、植物图谱、园艺用的筛子。

2.1.3 活动过程

在春天,选择一块地作杂草观察园。准备大约 $1m^2$ 的一块地,清除植物的根、鳞茎、死叶子等所有可见的植物部分,将土地挖深15cm,用园艺筛将挖出的土用筛子筛一遍,再将筛土回填,最后轻轻地将土摊平。用绳子、木棒将方块地分成更小的方块即样方(图1),然后在记录本上画出划分成小方块的样方图。

植物类型	植物数量
1	
2	
3	
4	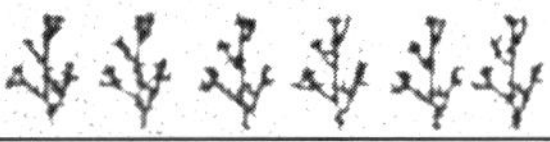

图1 杂草样方

等杂草长出来以后,在笔记本上记录它们的生长位置,如果杂草品种很多,要记下每种杂草出现的数量。每隔两周画一下长出杂草的草图,记录随时间发生的变化,并用数量条线图显示各种杂草的数量(图2)。绘杂草图时,要记录杂草的高度,用恰当的方式画一个随时间变化的条线图,以便比较哪种杂草长得最快。

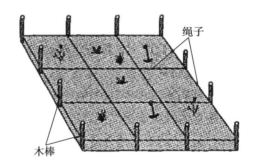

图2 杂草数量条线图

2.1.4 活动拓展

在杂草成熟和新特征出现时识别杂草。花了多少时间认识所有的杂草?识别杂草时,有什么特征特别有帮助?参考植物图谱,确定哪些杂草是本国原产,哪些杂草是由他国引进的。

2.2 观察鸟类

具体内容如下:

2.2.1 活动目的

鸟类是最易接触到的野生动物,通过观察鸟类,学生以科学的方式积极投入研究和记录动物的活动,有机会熟悉鸟类的行为、分类、适应和生态等知识,可成为学生的终身体验。观察鸟类还能够培养学生的创造能力。

2.2.2　活动条件

修建鸟类饲养台,配备日常观察用品、日记本、鸟类图谱、双筒望远镜等。

2.2.3　活动过程

观察鸟类最好从鸟类食物短缺的深秋开始。用牛奶盒等其他简易材料帮助学生在院里或阳台上做一个鸟类饲养台,这要比买一个饲养台更具有意义,因为学生亲自参与设计和制作,就会比较有兴趣从事这项活动,所以最好让学生自己动手,当遇到困难的时候才去帮助他们。将鸟类饲养台挂在猫、鼠等鸟类的天敌不易到达且从室内容易看到的地方。从商店购买常见的鸟食喂鸟,也可用吃剩的食物如面包屑等喂鸟。假如有规律地喂养它们,它们整个冬天和夏天都会围绕你的家飞来飞去,成为点缀你的居室和环境的一道生动的风景线。用日记本记录每次观察的时间、观察的结果,并保存好记录。从简单的问题"有多少种鸟类光顾了我的饲养台?""每种鸟类有多少只?"开始观察鸟类在饲养台上的活动,并每天记下这些数据。参考鸟类图谱识别鸟类,画出飞来的鸟的图片。对所画图片并不要求过于完美,这是科学家记录数据的一种常见方法。需要在每一天不同时刻去观察鸟类,并根据不同日期和每一天不同时刻的鸟类种类、数量等不同情况,分析变化的可能原因。注意每次观察时的天气情况,看看能否发现来访鸟类的类型与天气变化之间的规律。如生活在不同地区的学生可参与该项活动,从而比较不同地区鸟的种类差别。还可以观察鸟类的特殊行为,如鸣叫行为,了解鸣叫的含义是什么,幼鸟和成鸟有哪些不同的行为等。

2.2.4　活动拓展

可通过将不同的食物放在饲养台上观察鸟类的食性;将饲养台挂在不同的高度,确定哪种高度对多数鸟类是合适的;画图记录鸟从哪里飞到饲养台,确定饲养台安放的合适位置;提供不同结构的饲养台,确定哪种饲养台最好。帮助学生拍摄来访鸟类的照片,与鸟类图谱进行对照,看出异同;记录鸟听录音机播放鸟鸣时的反应。抓住早晨和傍晚观鸟的好时机,在海边、湖边边散步边观察鸟类。在鸟类筑巢季节前,用防水材料做鸟巢,挂在鸟的天敌不易到达的高度,并留有适合不同鸟类进入的入口,记录哪种鸟光顾了你做的鸟巢,什么鸟在里面筑了巢,鸟类进行这些活动的时间。如果小鸟孵化了,你要数一下有多少只小鸟并做一个鸟类戏水池。最后还要经常访问与鸟类活动有关的网站。

2.3　动物行为

具体内容如下:

2.3.1　活动目的

通过了解动物的行为可知动物在自然界和人造栖息地的各种生存需求。每个人都看过动物的行为,现在要求学生科学地记录动物行为,了解每种动物行为需要多少时间。活动要求认真观察动物行为,并从动物活动目录中选择动物活动的项目,记录动物的活动并进行分析。

2.3.2　活动条件

铅笔、笔记本、计时器。

2.3.3　活动过程

首先在学生所在社区选择比较喜欢的动物,如松鼠、鸟和昆虫都是有趣的研究对象,也可从研究家养宠物开始。初步看看所挑选的动物都有什么样的活动,然后制订一个动物白天行为研究方案。花些时间近距离观察动物的行为。观察时应与其保持一定的距离,以免打扰动物的自然行为,同时记录每种动物行为花费的时间。以下为指导分析动物行为的活动目录：

（1）松鼠的活动：休息、觅食、修饰、领地（追逐、威胁、打斗）、交配、交流（鸣叫、摆尾等）。

（2）鸟类的活动：休息、觅食、修饰、筑巢、领地（追逐、威胁、打斗）、交配、食性、交流（鸣叫、展示、摆姿势）。

（3）猫狗的活动：修饰、觅食、休息、入侵、领地（吠叫、追逐）、交配、玩耍、交流（吠叫、摆尾、嗅探）。

（4）蜜蜂的活动：觅食、旅行、休息、交流、在 A 种植物花上的停留时间、在 B 种植物花上的停留时间、在第一朵花上的停留时间、在第二朵花上的停留时间等、在 A 种植物一上的停留时间、在植物二上的停留时间、在某植物或物体中心的 1.5m 半径的停留时间、蜜蜂行程的基本方向、第一只蜜蜂是怎样影响第二只蜜蜂的。

（5）鱼的活动：觅食、休息、交流、入侵、单纯游泳。观察鱼总共有多少次经过固定在水槽一侧的带型标记物？鱼在水槽的底部、中间、上部分别呆了多少时间（用胶带将水槽划分为不同区域）？鱼的行为受每天的时刻影响吗？例如,今天的某个时刻与别的时刻,动物的行为有何不同？行为受气候影响吗？假如气候条件变了,这个时刻的行为会有什么不同？在不同程度的光照和黑暗条件下,动物的行为有何变化？鱼能预知喂食时间吗？（能通过你的记录证明吗？）能用球或其他信号训练鱼的喂食反射吗？

2.3.4 活动拓展

可在动物园或水族馆等不同的地方有趣地开展动物行为研究。另外,也可在海边、公园或购物中心等观察人的行为。

2.4 蜗牛种群生物学

具体内容如下：

2.4.1 活动目的

蜗牛是世界上大多数地方极其常见的一种动物,存在遗传的多样性,是生物多样性的表现形式之一。该活动要求学生观察蜗牛的结构和习性,并在种群生物学和普通生物方面做些简单的分析。

2.4.2 活动条件

几个带盖子的用于收集蜗牛的塑料桶（如 1L 的可乐瓶）、胶带、记号笔、调色盘、指甲油或防水颜料、笔记本和笔。

2.4.3 活动过程

在自己家或邻居家的院子里寻找蜗牛,确定蜗牛的分布。蜗牛昼伏夜出,白天它们躲在长草下或在高的灌木枝条上休息,通常只在暴雨后出现。因此,晚上才是寻找蜗牛的绝好时机。系统地收集蜗牛,画出收集地点的方位图,记录每个地方发现的数量、类型,把这些蜗牛叫作"样本一"。

估计种群的大小,先标记抓到的所有蜗牛,用布或纸巾擦干蜗牛的壳,在壳上点一到多点颜料,在壳重新打开时,点完颜料。为体现不同,可以在壳上写上数字。颜料干后,随机释放,并记下释放的地点。一个星期后,收集相同数量的蜗牛,把这些蜗牛叫作"样本二"。如果又发现了被标记的蜗牛,记录发现蜗牛的地点并与一星期前发现的地点对比,目的是弄清蜗牛是否回到原地。在样本二中累计被标记的蜗牛数量。根据已标记蜗牛占第一次收集蜗牛数量的比例,估计种群数量。如果在第一次收集到的蜗牛中发现有1/3的被标记蜗牛,则种群大小是收集样本数(如100)×3＝300(这叫标记重捕法,被广泛使用于种群生物学中)。最后,写一份简短的总结,内容包括蜗牛种群的大小、习性、移动能力。询问周围学生是否看到标记的蜗牛,可推测蜗牛移动了多远。

2.4.4 活动拓展

将5只蜗牛装入用塑料瓶做的蜗牛饲养瓶(图3),放在院内阴暗的角落或放在车库、棚下(不要放在室内),记录蜗牛昼夜的活动。在瓶子里放些素菜(胡萝卜、莴苣、土豆等),观察和描述蜗牛是怎样吃食物的,记录蜗牛吃的哪种素菜,估计蜗牛的食性。蜗牛的壳型和颜色有何不同？要在芦苇地、草地、灌木丛等不同的自然环境统计不

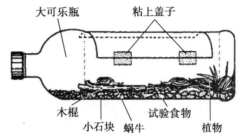

图3　蜗牛饲养瓶

同类型的蜗牛数量,观察蜗牛的形态和结构,及其对生活环境是如何适应的。通过观察蜗牛的活动,弄清蜗牛是如何移动的。通过先标记蜗牛开始移动的地方,测量蜗牛移动的距离,计算出蜗牛的移动速度,以 mm/s 表示。通过调查蜗牛移动速度与温度的相关情况,弄清不同温度的天气,蜗牛的移动速度是否有差异。通过蜗牛赛跑,发现哪只蜗牛跑得最快(蜗牛喜欢直着爬行,先将蜗牛放在瓶底或木头底端,然后将瓶子或木头垂直放倒)。通过观察蜗牛壳朝下时需多少时间可以翻过来,得知翻身最快的是否跑得也最快。蜗牛可以爬过尖锐的物体吗？试着将蛋壳打破,磨尖边缘取1块木料,把锋利的蛋壳制成的刀刃固定在木板的边缘,形成一个包围圈,将蜗牛放在中间,观察蜗牛是否能爬过锋利的边缘。蜗牛的力气有多大？用瓶盖设计成雪橇样的结构,并用胶带将它粘在蜗牛的壳上,而后不断往雪橇上加小石子,观察蜗牛可拖动的最大重量。精确称量石子的重量,从而发现力气最大的蜗牛。蜗牛白天躲在阴暗的角落,夜晚出来觅食。将一个花盆倒扣在地上,边缘用小石子稍微垫起,以便蜗牛爬入,检查蜗牛是否使用了你做的藏身地,用数字标记盆下蜗牛,并将其放回盆下。第二天早晨再检查花盆,看有无相同和不同的蜗牛,并解释结果。

2.5 真菌在动物粪便上的演替

具体内容如下：

2.5.1 活动目的

真菌是自然界的分解者,分解动植物尸体和动物排泄物,并将营养物质返回生态系统。该活动探究的生物是生活在马粪上的真菌,揭示真菌是如何分解马粪的。真菌孢子分布在草上,被马吃下,通过马的身体,依然能够活下来,然后在马粪上萌发并生长。不同类型的真菌以不同的顺序在马粪上出现,顺序的形成有两个方面的原因：不同的真菌以不同的速度生长；一种真菌为另一种真菌的生长做准备。

2.5.2 活动条件

1个超大的透明塑料瓶,(如 1～2L 的可乐瓶、纯净水瓶或大的腌菜罐)、马粪收集袋(可用超市购物袋)、来自养马场的马粪、透明胶带、记录本和笔。

2.5.3 活动过程

收集能足够装满透明瓶子1/3量的新鲜马粪,并将瓶子的上部剪去,将马粪装进去,不

再添加任何物质,然后用胶带将剪去的上部再粘上,将瓶子的上部开几个孔,放在阴暗的地方让真菌生长。夏季放在室外,冬季放在室内北面的窗台上,确保没有宠物等动物撞倒瓶子,且能得到自然光照。而后观察马粪上发生了什么变化。几天后真菌将出现在马粪上,记录和描述真菌的生长,各种真菌开始生长和结束生长的时间等,画出真菌图,概述真菌从生长到消亡的全部过程。

2.5.4 活动拓展

真菌演替在第一个实验中仅是偶然事件吗,还是生物学上的必然顺序？通过用同一匹马的不同马粪样本或不同马的马粪样本,或用同一地方马粪样本或不同地方的马粪样本重复实验,探究这些问题。用兔、羊和鹿粪便做实验比较真菌的生长,比较全部实验结果。如果发现全部实验中真菌生长有相同的顺序,做出记录。也可以改变一下瓶子的条件继续做实验。例如,加水,把马粪部分浸在水中；在水中加1汤匙醋或1汤匙苏打；把马粪放在黑暗中；将马粪的温度升高或降低。最后,从图书馆借取有关介绍真菌的书,查看在马粪上看到的真菌的科学名称。

3 思考与讨论

上述青少年生物学科技活动蕴含了"与现实生活联系""倡导研究性学习"的先进教育理念,注重学生的能力培养,如观察能力的培养、实验设计能力的培养、相关性研究方法的培养、实验数据处理能力的培养等。该类活动普及化、贴近生活、贴近自然。活动的条件简单,一般的家庭与学校都可以开展,有很强的推广价值。参与活动对象广泛,从所上述的活动中可看出小学生、初中生、高中生都可开展这些活动。小学自然、初中生物学、高中生物学都有动物行为、生态等相关内容,不同的年级段开展这些活动,拓展的内容可做适当的调整。这类活动给学校素质教育、家庭教育、增强科学学习的兴趣、提高生物科学素养和科学探究能力提供了很好的素材和借鉴。

(本文发表在《生物学教学》2010年第5期)

史菊芳,女,中共党员,1996 年毕业于南京师范大学政教系,同年任教于江苏省木渎高级中学至今,中学政治高级教师,2009 年被评为苏州市中青年教改带头人。自参加工作以来,不断从教育教学实践和理论方面充实自己,努力探索教育教学规律,善于取人之长补己之短,富有创新精神,形成了自己独特的教育教学方法。工作 20 年来担任班主任 13 年,带毕业班九届,在高考、会考中取得了突出的成绩。作为班主任,对学生既严格要求,又关心爱护,教育和引导学生"学习知识"和"学会做人"并重,注重学生自主意识的培养,所带班多次获市级和校级荣誉称号。教育教学与科研并重,参与或主持多个课题研究,20 多篇文章在省市区获奖或发表,参编教学资料 20 余种。获苏州市高中政治优质课评比中获一等奖、苏州市把握学科能力竞赛二等奖、苏州市命题竞赛一等奖,被评为吴县市优秀教育工作者、吴中区优秀德育工作者。热心公益事业,参与家庭教育指导师和心理咨询师培训,并取得资格证书,积极参与区林老师团队工作。

史菊芳

近年来教育科研成果目录:

高中思想政治自能教育初探,2012 年江苏省教科院优秀论文二等奖;

中学政治课堂评价标准重构中情感标准及其运用策略,2012 年苏州市教科院优秀论文一等奖;

精神生命发展视阈下小组合作方式在高中政治课教学中的运用,2013 年苏州市教育学会优秀论文一等奖;

组织文化三层次在新课程下政治课堂管理中的诠释与启示,2013 年江苏省教研室优秀论文二等奖;

耐心等待教育的契机,2011 年江苏省教育学会优秀论文二等奖;

一堂生本课课堂实录,《长三角教育》,2012 年第 9 期;

心理咨询技巧在班主任工作中的运用,《苏州德育》,2012 年第 2 期;

追求趣味盎然的思想政治教学,2012 年苏州市教育学会政治教育专业委员会优秀论文一等奖;

班主任工作中生命教育策略,《苏州德育》,2013 年第 1 期;

思想政治课堂提高学生注意力的研究,2016 年江苏省蓝天杯二等奖。

精神生命发展视阈下小组合作方式在高中政治课教学中的运用

小组合作学习是目前世界上许多国家普遍采用的一种富有创意的教学理论与方略。由于其实效显著,被人们誉为近十几年最重要和最成功的教学改革。小组合作学习就是以合作学习小组为基本形式,系统利用教学中动态因素之间的互动,促进学生的学习,以团体的成绩为评价标准,共同达成教学目标的教学活动。笔者亲历了许多小组合作课堂,发现在小组合作学习过程中存在着一些问题,比如课堂讨论只是一个摆设,最后还是老师说了算;课堂发言总是那些人,一些人掌握着话语霸权,而一些人被边缘化;有些人游离在小组合作之外,在做其他的事情;有些人看似在讨论,其实走近细听他们在闲聊;有些问题学生讨论不起来,课堂上学生大眼瞪小眼。叶澜教授指出"要从生命的高度、用动态生成的观点看课堂教学。课堂教学应该被看作是师生人生中一段重要的生命历程,是他们生命的、有意义的构成部分,要把个体精神生命发展的主动权还给学生"。生命是美丽的,充满着活力与张力。相信关注小组合作下学生精神生命的发展,必将丰富学生的生命,促进学生生命的发展,使学生能够更快乐、更有激情、更达观,更好地发挥小组合作的作用。笔者就精神生命发展视阈下小组合作方式在高中政治课教学中的运用做了一些尝试。

一、小组建制策略

1. 小组建立的原则

小组合作学习中建立合适的小组是基础。一般采用"组内异质,组间同质"原则进行分组,所谓"组内异质,组间同质"即根据性别比例、兴趣倾向、学习水准、交往技能、守纪情况等合理搭配,分成学习小组,由于每个小组内都是异质的,这样就使得全班各小组之间产生了同质性,老师在实践中尽量能够优中差组合(1A∶2B∶1C),或(1A∶3B∶2C),以便学习时发挥各自的特长和优势,使各个小组总体水平基本一致,确保全班各小组展开公平的竞争。这只是一般意义上的分组,在分组过程中要根据学生意愿,教师宏观调控。教师要向学生说明,合作学习小组不是纯粹的交友小组或娱乐小组,而是一个协同共事的团队。要学会与不同的人相处,尤其是要关心那些交往能力弱、学业成绩不理想的同学,愿意接近他们,争取共同进步。要告诫组内每一个同学都做到全身心投入和全程参与。尊重学生的意愿会达到意想不到的效果,比如有一次班上几个爱讲话的成绩不理想的学生,把他们分散在各组中,结果负面影响很大。我就换种方式尊重他们的意愿把他们分在同组,起了一个名字"潜力组",结果他们一起奋斗,进步很大。

2. 确保小组的人数科学性

小组合作一般以4至6人为宜。人数过少会使得小组的个数增加,给学习过程的组织和小组竞赛的成绩统计带来麻烦,教师也难以调控。人数过多,一方面会使个体的作用难以发挥,另一方面座位的编排也成为问题。由于学生人数较多,教室留给我们重新编排的空间已经很少,试图采用圆桌形和马蹄形都不现实,所以将学生的座位按异质小组适当调动后,然后按座位就近组合,这种方法操作起来比较简便,且相对固定。

3. 确保小组成员分工合理性

合作学习小组建立后要进行合理的分工，小组人员分工及分工标准：根据每个人的特长不同进行不同的分工。善于组织活动的学生为组长，善于记录的学生为记录员，善于表达的学生为中心发言人。合理的任务分工可以确保小组成员人人参与，人人提高。为了让每一名学生都得到锻炼，定期轮换主发言人，每人都有发言的机会，在主发言人表达之后，如有遗漏，中心发言人可以补充。

4. 建设小组文化实现人文性

文化对人的影响是潜移默化持久深远的非强制的。教师可以引导小组进行小组文化建设，让每个人在小组中找到自己的位置，拥有强烈的归属感。老师可以引导小组确立组名、组规、个性化要求等小组标识。比如，上面提到的给后进生小组起个名字"潜力组"，小组的潜力真的在逐渐发挥出来，小组的组名可以与组长的名字挂钩、可以有积极的暗示，体现对学生的关心和鼓舞。

二、问题设置策略

小组合作学习时以问题作为载体，我们应该如何设置问题呢？

1. 问题内容的选择坚持恰当性原则

小组合作学习是新课改倡导的教学方式和学习方式，但并不是所有的高中思想政治课学习内容都适合小组合作学习，也不一定每节课都要用小组合作学习来完成教学任务。在教学过程中，教师应当根据教学的实际需要和小组合作学习的特点，确定哪些内容适合采取小组合作学习方式。难度过大的学习内容，例如，一些理论性较强的、学生理解起来困难的原理，即便组织学生进行合作学习，也往往得不出什么有效的结论，不仅打击了学生合作学习的积极性，而且还白白浪费学习时间，这样的教学内容更需要教师的精讲。难度太小或者是教材上有现成答案的学习内容，没有必要组织合作学习，只需要学生个人独立学习即可。

2. 问题的提出坚持情境性、质疑性、思维性原则

如果老师提出的问题，只是干巴巴的来自教材上的直问直答的问题，学生讨论的积极性和兴趣就会大打折扣。讨论问题的提出要放在一定的情境中，或者提出的问题使学生的思想模糊、有疑问，这样才有讨论的兴趣和合作的意愿。

多媒体的运用可以创设情境，激发兴趣，在思想政治课教学中，可以创设鲜活的教学情境，学生身临其境，能够设身处地地思考和处理教学内容。如，在教学"坚持具体问题具体分析"时，用多媒体设计了四种物体性质不同的着火状态，演示了相应不同的灭火方法，并强调指出如果用水去扑灭化学药品着火，不但不能扑灭火灾，还会"火上加油"，酿成大祸。学生看了，形象、深刻，极大地激发了他们的学习热情，电教媒体技术集文字、图形、音频、视频等于一体，作用于人的大脑、视觉、听觉等，全面刺激人体器官。在此基础上老师适时抛出问题："请你谈谈对具体问题具体分析的理解。"一石激起千层浪，学生怀着浓厚的兴趣开始讨论。因此，教师要精心设计讨论的问题，把具有开放性、探究性、创新性的问题或是趣味性、生活性的问题作为小组合作学习的载体。这些问题可以是一定的时政性材料，也可以是现实生活的背景，但必须要有一定的解决问题的目标指向。

结合社会热点创设情境，激发学生的讨论和学习兴趣，引导学生用所学的知识进行分析，既可创设问题情境，又能使课堂充满活力。例如，在讲到《政治生活》第四单元第二框

"国际关系的决定性因素:国家利益"时,学生引入了中美关系、黄岩岛问题三段情境材料来引出合作探讨的问题合作探究问题:① 从材料可见中美关系怎样?为什么?② 中国和菲律宾在黄岩岛问题上剑拔弩张反映了中菲之间是什么关系?③ 这种关系是由什么因素决定的?为什么?④ 我国安全利益包括哪些内容?中方坚决反对菲律宾说明了什么?⑤ 你认为该如何来维护我国的国家利益?

背景是反映当时国际政治的热点问题,具有很强的时效性,能够吸引学生的注意力,激发学生的学习兴趣和讨论热情,极大地提高了学生合作学习的参与度。并且通过对时政问题的合作讨论,使学生对"国家利益是国际关系的决定因素"这一知识有了更深刻的理解。

三、课堂交往引导策略

小组合作学习的基本理念是让学生通过合作学习学会如何与他人合作,在生生、师生互动中提高交往与合作的技能。约翰逊兄弟认为,教师"不能只是把学生放到一起,然后告诉他们要合作",应当"在适当的人际交往及小组合作技巧方面指导学生",本尼特和笃安内认为"合作技巧需要直接授予"。政治教师应根据学生的身心发展规律,对学生进行必要的合作技巧指导,帮助学生形成良好的合作行为,具体应从以下几个方面加强对学生合作意识与合作技能的培养。

1. 培养合作意识与团队精神

教师可以通过游戏、辩论赛等丰富多彩的活动,让学生体会到每个人都有自己的优点,同时也了解到其他同学的长处,更强烈感受到每个人的优点都能在集体中发挥重要的作用,增强学生的自信心以及提高与他人合作的觉悟,培养学生的合作意识与团队精神。

2. 学会倾听

教师要指导学生在小组讨论过程中,当别人发言时要专心倾听,尊重别人,不能随意打断别人的发言,有不同意见要等别人讲完后再提出来;要能听出别人发言的重点,做好记录;对别人的发言做出判断,要有自己的补充或独到的见解。长久下去,学生不但养成了专心倾听的习惯,而且养成了学生相互尊重的品质。

3. 学会表达

在小组合作学习中学生能够正确完整地表达自己的观点很重要。因此,政治教师要在课堂上锻炼学生的表达能力,要让学生克服在众人面前讲话的胆怯心理,让学生学会在发言前要认真思考,能够围绕问题中心进行有条理、有根据的表述,并学会借助解释的方式说明自己的意思,例如,借助肢体语言、面部表情、多媒体工具等辅助性的手段来丰富并强化语言表达的效果。

4. 学会讨论

在小组合作学习中,小组成员在独立思考的基础上,经过相互间的沟通、讨论和启发,最后协商达成共同的见解,得出本组的观点和结论,从而完成学习任务,达到合作的目的。因此,政治教师要指导学生在进行讨论时要遵守秩序,并且要注重培养学生的独立思考能力和批判意识,要帮助学生克服"从众心理",鼓励学生大胆提出不同见解,正确看待与自己不同或相反的同学的观点,并能够勇于承认自己的错误。如果遇到小组讨论时难以解决的问题要及时记录下来,虚心向其他小组的同学请教,或向老师寻求帮助。

5. 学会交流与共享

在小组合作学习过程中,政治教师要指导学生摒弃狭隘、自私的观念,促进小组成员之间的信息交流共享。要让学生认识到每一个小组都是一个学习共同体,有着共同的目的和利益,小组成员之间目标、奖励、结果都是相互依赖的,因此彼此之间要相互信任、互帮互助,在学习过程中,乐意将自己所拥有的观点、信息、资源贡献出来,与小组其他成员分享,以促进集体能力的提升,更好地完成小组合作学习的任务,从而达到小组成员的共赢。

6. 学会评价

小组合作学习的评价不仅有教师,还应包括学生自评、学生互评、小组自评和小组互评。教师应注重培养学生的评价能力,这样做不单纯是为了评价,而是使学生培养客观公正的意识,积极主动地参与评价,学会赞美与支持,锻炼分析判断能力,学会辩证地看问题,从而促进自身的发展与学习的提高。教师在培养学生评价能力时,要让学生掌握正确的评价标准,学会用发展的观点进行评价,要多给予赞美之词与鼓励性话语,要让学生学会并且做到公平、公正、诚实地对己对人。调查表明,来自合作伙伴的赞美与鼓励会让学生在合作中享受成功的喜悦,激励学生的自信心,使其学得轻松,学得主动。

7. 加强组际之间的交流与合作

在合作学习时,每个小组不能孤立于整个班级学习之外,组际之间如果能够适当进行交流与合作,应该对整个课堂浓郁合作氛围的营造起到推波助澜的作用。正如每个学生都有各自的优点一样,每个学习小组也都有各自的优势,各小组在开展竞争的同时也应看到对方的优势以及双方的利益共同点,如果能够化敌为友、实现双方共赢才是真正地学会了如何与他人合作。因此,教师应指导学生多进行小组之间的合作交流,使学生学会如何通过谈判协商使各自利益最大化,实现双方共赢,从而让学生明白,合作是一种社会准则,学会与不同的人交往与合作是学会合作的应有之义。

四、合作学习的评价策略

思想政治课自身的特点要求我们在进行小组合作学习的评价过程中要注重与时俱进,体现"以人为本"的教学理念。

1. 评价原则多重化

(1)整体性原则。既注重学习结果的评价,又注重学习过程的评价。要从整体出发,全面观察,针对合作学习的不同阶段采取不同的评价方式,将评价贯穿于整个合作学习的过程中,使各种评价方式都能发挥应有的作用。从而也有利于教师从整体上把握小组合作学习。

(2)发展性原则。新课程改革中要求教师要尊重学生的个体,关注学生的心理需求,保护学生的自尊心和自信心,因而在小组合作学习中,强调评价的目的是为了学生的发展。通过评价活动,使每个学生都能感觉到自己正在取得进步,进而激发学生的求知欲和学习热情。

(3)开放性原则。小组合作学习是在一个开放性的空间中进行的,小组成员之间互助合作,组际之间相互交流,师生互动和生生互动使得课堂教学更为复杂。因而小组合作学习的评价活动应该更加具有开放性,使评价主体能够根据实际情景进行灵活的变动,从而为学生提供更广阔的发展空间。

除此之外,在进行小组合作学习的评价活动时还应注意尊重学生的个性发展,关心学生的身心健康,重视学生之间的交往与合作,公平、平等地对待每一位学生。

2. 评价主体多元化

新课改所倡导的评价观中要求评价主体应具有多元化,强调评价过程要注重民主性,应重视学生在评价过程中的主体地位和作用。每一个学生都既是评价主体也是被评价对象，在小组活动过程最清楚自己的心理感受与变化过程，能够对自己进行全面深入的了解。学生只有认识到别人对自己评价的合理性，愿意接受评价意见并努力改正，才能使小组合作学习的评价真正发挥其正面的促进作用。小组合作学习的评价活动要求每一个学生都参与到评价中来，通过自我评价和他人评价来全面客观地重新认识自我，使学生由原来纯粹的被评价者转变为评价主体，体现出教育者以尊重每一位学生为基本前提。在评价活动中，学生能够不断地进行自我认识、自我激励、自我反思，提高自己各方面的能力。

教师在小组合作学习的评价中扮演着十分重要的角色。教师评价更侧重于以学生自我评价和学生之间的互评为参考依据。有效的教师评价不仅能够帮助学生总结出失败的原因，针对具体的问题进行具体的指导，还能够增进师生间的情感交流，提高学生的参与热情，成为学生合作学习的动力。

评价活动除了有个人评价外，还可以有集体参与评价，如小组评价、组间互评等，使评价主体更加多元化。参与评价的主体越多，评价结果才越客观公正。因此，评价主体的多元化能更好地体现评价活动的全面性和民主性。

3. 评价内容多样化

（1）知识目标评价。小组合作学习也非常重视对知识目标的评价，这是衡量合作学习效果的一个重要方面。评价主体可以从学生对知识掌握的熟练性、对知识理解的全面性及对知识构成的完整性等方面来进行评价。

（2）能力目标评价。小组合作学习不仅要培养和提高学生的独立思考能力、创造性思维能力、理论与实践相结合能力，而且更注重培养和锻炼学生的表达、交流、合作等方面的社交能力。因此，在合作学习评价过程中，评价主体对能力目标的评价是多方面的。

（3）情感、态度、价值观目标评价。小组合作学习中情感、态度、价值观目标的评价应包括学生的学习兴趣、学习态度、性格发展、价值追求等方面的内容。学生对合作学习的兴趣和态度会影响和制约其他小组合作学习中的表现。因而，教师应积极主动地了解学生的学习兴趣、学习态度、性格特征、价值取向等，及时诊断学生在学习过程中的困难，以创造有利的合作学习环境。

4. 评价体系完善化

小组合作学习中的评价一般包括对小组整体的评价和小组成员个人的评价两部分，评价可以由学生自评、组内互评、小组自评、组间评价和教师评价多重评价体系组成。对小组整体评价的信息主要来自对小组活动过程的观察和小组的学习报告，评价可以由小组自评、组间评价、教师评价体系组成。对小组成员的个人评价主要是观察其在小组活动中的表现，由学生自评价、组内互评价和教师评价体系组成。

5. 对小组进行有效激励

越溪中学的杨丽华老师说每个月她都会组织一次颁奖仪式，几粒糖发挥着非同一般的作用，她会在颁奖时有一个颁奖词，学生对这一刻特别期待，让学生谈谈他们的获奖感言时，学生说这不是普通的糖，这颗糖倾注着我的努力，意味着对我的肯定，激发了我的自信!

笔者尝试精神生命发展视阈下小组合作方式在高中政治课教学中的运用，丰富学生的精神世界，促进学生精神生命的发展，同时更好地发挥小组合作的作用。

（本文2013年获苏州市教育学会优秀论文一等奖）

高中思想政治课自能教育初探

自能教育作为生本教育、素质教育的本质诉求,已经成为共识。所谓自能教育,就是在教育教学活动中激发学生的主体性,发挥学生的自主性和能动性,让学生在情境中去感悟和体验、反思和矫正,通过自探、自悟、自得,提高自主学习、自我教育、自我管理、自我认识、自我选择、自我设计、自我构建、自我评价的水准,自主地、主动地、能动地、创造地实现潜能的自我开发和身心连续不断的积极变化,促进学生自能发展,使学生成为一个终身自能学习者。它既是未来教育的内在要求和发展方向,更是新课程改革的根本理念。[1]笔者在高中思想政治教学过程中对自能教育进行了一些尝试和探索。

一、为自能教育创造良好的外部环境

自能教育就是要促进学生的自能发展。马克思主义哲学认为,事物的发展是内外因共同起作用的结果,外因是事物发展的条件,内因是事物发展的关键,外因通过内因起作用。人的自能发展只可能将外部因素转化为内部因素,但绝不可能离开外部因素。因此,高中思想政治课自能教育必须创造良好的适宜的环境。

1. 构建"人文课堂",培育良好的师生关系

在思想政治教学过程中,采用以人格因素和情感因素为重点,与制度因素相结合的方式,以精神激励为主、物质激励相渗透为手段,以主体参与为主渠道,以获得体验、理解为目的,最大限度地调动人的积极性,激发人的创造性,开发人的潜能,促进人的自能发展。教师与学生之间建立朋友、伙伴和合作关系,只有师生人格的平等、主体地位的对等,才有可能实现自能发展。

在思想政治课教学过程中,我重视自主探究活动、倡导合作学习,使学生最大限度地参与课堂教学。这当然需要教师精心设计,对教师的驾驭能力和教育教学素养是一个巨大的考验。教师必须设计恰当的问题情景,激活学生的思维。比如,在进行《市场配置资源》这一框题时,我抛出了这样一个问题:市场是否总是有效的?(或为何需要政府调控?)所谓"一石激起千层浪",同学们根据自己的生活经验,感觉对这一话题有话可说,课堂讨论气氛相当热烈,最后形成两个阵营,双方持不同意见。我适时亮出三张图片:一张是不同厂家恶性竞争,低价倾销照片;一张是假奶粉照片;还有一张是感动中国十幅照片(弱势群体的艰辛生活)。同学们围绕这三张照片进行了进一步的探究与合作讨论辩论,然后小组代表发言,最后水到渠成地得出了三个结论:第一,调控可以避免市场紊乱;第二,调控可以强化市场规范;第三,调控可以重新分配资源。我对每组的发言及时给予了点评,适时给予他们鼓励。以激励的目光,或拍拍他们的肩膀,或用激励的话语如"眼光很犀利""见解独到""声音洪亮,慷慨激昂"等词语来赞美学生,学生感受到学习的快乐,并在参与过程中获得体验,对这一问题有了真正理解,同时还感受到了老师的亲切和魅力,自身得到了进一步发展。

2. 构建"书香课堂",促进学生精神成长

苏霍姆林斯基说:读书是学校最根本的任务,读书是教育最本质的活动,读书是发展学

生智慧最基本的途径。应将读书视为学生精神成长的重要源泉,形成良好的读书风气,让读书成为学生首要生活方式,让书籍成为学生成长、进步的阶梯。学生的自能发展依赖于学生文化底蕴的厚积和学科素养的提升。我在带学生学习一部分内容的时候,总是事先给学生推荐一些相关的书目,让学生事先去读。在课堂上让同学们开展读书交流、知识竞赛、作品赏析活动,实现与名家对话。同学们浸润在书香气息中,思想更成熟、更深刻,他们的自主学习、自我教育、自我管理、自我认识、自我选择、自我设计、自我构建、自我评价的水准明显高于同龄人。

3. 转变"教育理念",培育自能教育土壤

在教学过程中,要改重视知识的结论为重视结论形成的过程,引导学生自主参与、直接体验,自我发现知识;改重视严格划一的标准化学习为重视个性化、多样化的学习,培养学生的学习个性和创新意识;改重视认知能力的培养为重视实践能力、自能发展能力的培养,引导学生动脑、动手、动口、合作、交往,培养自主、自会发现问题,分析问题和解决问题的能力。我们的行为是在观念的指导下进行的,观念的转变是先导性的,只有教育理念的变革,才能带来教育行为的变革,培育自能教育肥沃的土壤。

二、为自能教育激发强烈的内部动力

毕竟内因是关键,外部环境再好,外因必须通过内因起作用,否则是无效的。因此,我们作为教师如何来激发学生自能发展的内部动力,显得格外重要。笔者在高中思想政治教学过程中做了一些探索。

1. 催生自我实现的需要

学生自能发展的运行,其内在动力因素起决定作用。内在动力因素包括需要、动机、情感、行为和追求目标等。需要是动力之源。美国人本主义心理学家马斯洛在1943年发表的《人类动机的理论》一书中提出了需要层次理论。五个层次需要包括:(1)生理需要,即物质需求,这是直接与生存有关的需要。它具有自我保存和种族延续的意义,在人类各种基本需要中占有最强的优势,也是人类社会发展的动力,正是人们对物质的需求,人们才会不断地寻求更舒适的物质享受,物质社会的发展才会日新月异。只有生理需求得到了满足,人们才会有更高层次的追求。(2)安全需要,如果生理需要相对满足了,就会出现安全需要。安全需求是人们对于周围环境的依赖和信赖。(3)归属和爱的需要(社交需要),生理需要和安全需要基本满足之后,归属和爱的需要就会产生。归属需要就是参加和依附于一定组织的需要,爱的需要包括给予爱和接受爱,归属和爱的需要如果得不到满足,个人就会感到孤独和空虚。(4)尊重需要,尊重的需要包括两个方面:自尊和他人对自己的尊重。这种需要的满足会使人建立自信,使人觉得自己在这个世界上是有价值的、有能力的、有力量的。如果得不到满足,就会导致自卑感、无助感和失落感。(5)自我实现的需要,上述几种需要得到合理满足后,自我实现的需要才会出现。这种需要是一种创造、发挥个人潜能,实现自我理想,实现个人价值的需要。而且这五种需要中,只要下一层次的需要满足后,就会自动获取上一层次的需要。

目前的高中生基本是独生子女,我们学校地处苏南地区,家庭条件相对比较优越,物质需求基本都能得到满足。因此我在思想政治课教学中,尽量营造安全的教学环境,微笑、宽容、民主,努力营造积极和谐的情感氛围;同时让同学们互助合作,使同学们获得归属感,体

会到爱与被爱；并且尊重学生，尊重学生对问题的独立见解，不指手画脚，强求统一。这大大激发了学生自我实现的需要，他们敢想敢说，敢于质疑提问，勇于与同伴争论，与老师争论。为自能教育加装了动力源。

2. 强化内动力因素的运作机制

需要是动力之源，由需要引起的动机是动力之因，由动机引起的情感是动力的强化因子。行为是动力的运作形态，表现为动手动脑的实践活动。目标是需要所追求的结果，它对人的动机、情感和行为起指向作用。概括说来，组成内在活动的各因子是一个密切关联、连锁反应的运作机制，即由"需要→动机→情感→行为→目标"的行动过程。[2]

动机是能引起、维持一个人的活动，并将活动导向某一目标，以满足个体某种需要的念头、愿望、理想。动机具有激发、选择和指向、维持和调节功能。即动机激发个体产生某种活动，使个体的活动针对一定的目标或对象，维持活动指向一定的目标，并调节活动的强度和持续时间。当在政治课堂中学生产生了自我实现的需要后，我就使他们对自己的念头、愿望、理想更加明确，并予以强化。情感对行为活动具有支配的作用，并指引和维持活动的方向。某些行为若能引起愉快的情感体验，就会使人发生积极的模仿或反复进行的趋势，反之，则会使人改变行为的趋向。所以我在高中思想政治课教学中，充分发挥情感的这一作用。如当学生在探究或合作中积极思考、反应敏锐、及时准确捕捉到有效信息，并切中要害时，我总是给他及时的鼓励和表扬，动之以情，使学生产生积极的情感体验，从而使他反复进行这种行为。目标是需要所追求的结果，它对人的动机、情感和行为起指向作用。所以，引导学生树立正确的切实可行的目标，是极为重要的。我在教学过程中让学生根据自己的目前状况，制定相应的学习目标，既包括学年远期目标，也包括章节、课时等近期学习目标。一般来说，具体目标的设置要以稍高于自己原有水平为宜。

3. 引领动力朝着正确的方向

学生"自能发展"运行的内在方向因素至关重要。而这一方向很大程度上取决于他所思考的"怎样做人"和"做怎样的人"，这又取决于他所持的价值观，学生只有从时代的高度审视自己才能从本质上把握发展的意义和价值，找准自己的需要和动机，找到自己的发展点。我在思想政治课教学中，一直以来十分注重情感态度价值观目标的实现，在教育教学中，结合所学习的内容和学生自身的实际，让学生来对自己的未来进行规划和设想，同学们之间互相交流和比照，寻找到属于自己的"怎样做人"和"做怎样的人"的思想观念。

三、寻找自能教育的途径

马克思主义实践观认为，实践是认识的基础，实践是认识的来源，实践是认识发展的动力，实践是认识的目的和归宿，实践是检验认识真理性的唯一标准。笔者认为实现学生的自能发展的途径是实践。

主体自我实践，是学生获得自能发展的途径。这种教育以培养学生自我教育能力为旨归，要求主体亲身经历、动手动脑、动心动情，经过自己的思维内化、情感体验和行为经验获得教育，提高发展的机能，形成发展的机制，培养发展的智慧。实践教育的课型主要包括体验型实践课、研究型实践课、合作型实践课、发展型实践课、反思型实践课、挫折型教育课。我在思想政治课教学过程中，尽可能多地利用上述实践教育课型和诱导方法，使学生亲身经历，亲身体验，亲身感悟，实现自能发展。在高中思想政治课教学过程中，我尽量多地使用这些课型,通过目标诱导、情境诱导、条件诱导、过程诱导、方法诱导、激情诱导等,并建立评估体系,推动实践教育的深入开展。[3]

四、走出自能教育的误区

1. 不应弱化教师的主导作用

自能教育强调发挥学生的自主性和能动性,但这并不意味可以弱化教师在教学中的主导作用,自能教育对老师主导作用的要求不是低了,而是更高了。自能教育过程中情境的设置、问题的提出、如何探究、如何合作等都要事先做出很好的预设,教师所下的功夫、所投入的时间不是减少了,而是大大增加了,对老师提出了更高的要求。教师主导的缺位,将会导致整个课堂的无序,不是"自能"而是"自残"了。

2. 不应弱化基础知识的教学

自能教育强调自我教育、自我管理、自我认识、自我选择、自我设计、自我构建、自我评价,但我们对此的理解应该全面而辩证,也就是在强调这一点的同时不能忽视基础知识的教学。课程改革是扬弃,以前的问题要改,以前的成绩要发扬。我国基础教育中基础知识和基本技能的教学是扎实的,这一成绩在国际上得到公认。

强调基础知识的教学,是思想政治课与日常思想教育的不同之处,是课程性质决定的,也是有教育学根据的。知识是能力的基础,知识的迁移和综合运用就能获得能力。觉悟也离不开知识的支撑,对社会科学知识的内化和认同,有助于形成正确的世界观、人生观和价值观,这就是觉悟。如果我们在改革中弱化基础知识的教育,将陷入新的误区。

3. 加强实践环节要有度

在活动和实践中学习,有利于学生参与,积极思考,获得体验,并运用自己已有的经验,在活动中发现和解决问题,提升自己的智慧。但采用活动教学,特别是安排学生社会实践,要从实际出发,要精心设计和组织,要追求效益,要适度,更要注意安全。我们要防止从一端走到另一端,防止为了活动而活动,防止对学生时间的浪费,更要防止对学生造成伤害。

在新课程改革背景下探索自能教育发展之路,是新世纪培育新型公民的希望之路,也无疑是一条遍布艰难险阻之路,探索人类自身的发展道路,我们必须选择无畏,选择攀登![4]

参考文献

[1] 瞿国华."同构共生":师生自能发展的理想境界[J].现代中小学教育,2008(11).

[2][3] 湖南省澧县第二中学课题组.普通高中自能发展的研究[J].当代教育论坛,2005(7).

[4] 张俭福.新课程改革与学生自能发展[J].天津师范大学学报(基础教育版),2004(6).

(本文2012年获江苏省教科院优秀论文二等奖)

中学政治课堂评价标准重构中情感标准及其运用策略

中学政治课堂评价标准重构必须把情感作为一个重要的指标。普通高中思想政治课程标准中思想政治课程目标的分类目标第三个方面,是情感、态度与价值观目标。所谓情感,是指与人的需要相联系的社会心理机制,是人对客观事物是否符合其需要而产生的态度体验。所谓态度,是指人们在自身道德观和价值观基础上对事物的评价和行为倾向。所谓价值观,是指一个人对周围的客观事物(包括人、事、物)的意义、重要性的总评价和总看法。可见三者是密切联系不可分割的有机统一的整体。

一、思想政治课堂评价标准重构必须把情感作为一个重要的指标

1. 有效教学下情感被搁置的状况要求

当前在素质教育与应试教育两派胶着的状态下,似乎应试教育还是大为盛行,素质教育虽然得到普遍的关注,如《国家中长期教育改革和发展规划纲要》中指出:"全面实施素质教育,推动教育事业在新的历史起点上科学发展,加快从教育大国向教育强国、从人力资源大国向人力资源强国迈进,为中华民族伟大复兴和人类文明进步做出更大贡献。"但似乎素质教育只是停留在口号上。《人民教育》2010年23期刊登文章《教学改革绝不能止于"有效教学"——"有效教学"的批判性思考》,文中指出:"高效课堂、高效教学已然成为一些学校的旗帜,带来的结果却是教学模式的高度统一、教学个性和风格的消解;学校收获了高分数,失去的却是学生的兴趣、激情、创造力。一句话,'有效教学'异化的背后是价值的搁置,是技术化、工具化。"这篇文章就是反映了当前课堂教学中注重课堂教学中高分的获得而情感被搁置的状况。

2. 人的终身健康成长的要求

《国家中长期教育改革和发展规划纲要》中指出,把促进学生健康成长作为学校一切工作的出发点和落脚点。而学生的健康成长包括身心的和谐统一,特别是作为一个健康成长的人,应该是一个积极的生活者,有着良好的积极的心态,有着自我的美好追求。然而当前存在着一些同学(人),没有任何追求,生活状态消极,"做一天和尚撞一天钟";一些学生被过重的课业负担"压弯了腰",精神层面是贫乏的;一些学生学习成绩虽然不错,但是内心深处是厌倦学习的或者心态存在问题,像曾经的马加爵是一个优秀的学生,但为一点小事而走极端,现在太多的学生存在着这样那样的精神层面的问题,这对他们的终身健康成长带来极大的消极负面影响。作为政治学科的教学,应该更加注重情感教育,促使学生的情感由消极变成积极,由不健康变为健康,从而促进学生个体的全面发展,关注作为人的生命机制的情绪机制,如何与生理机制、思维机制统一协调地发挥作用,以达到最佳的功能状态。

3. 重视情感教育是思想政治课教育的内在要求

高中思想政治课进行马克思列宁主义、毛泽东思想、邓小平理论和"三个代表"重要思想的基本观点教育,以社会主义物质文明、政治文明、精神文明建设常识为基本内容,引导学生紧密结合与自己息息相关的经济、政治、文化生活,经历探究学习和社会实践的过程,领悟

辩证唯物主义和历史唯物主义的基本观点和方法,切实提高参与现代社会生活的能力,逐步树立建设中国特色社会主义的共同理想,初步形成正确的世界观、人生观、价值观,为终身发展奠定思想政治素质基础。从高中思想政治课程的性质来看,课程的落脚点"初步形成正确的世界观、人生观、价值观,为终身发展奠定思想政治素质基础",这是属于情感态度价值观的范畴。杨叔子说:"人文素质的关键是人的情感,情感的背后就是责任感。"社会责任感的背后又是什么呢?杨叔子说:"社会责任感的背后是价值观。"价值观就是价值取向,也就是人怎么样才算有价值、有意义。

二、中学政治课堂评价标准重构中情感标准的表征

有效构建道德课堂,包括教师行为、对课程文本的解读、对学生的评价、学生的行为表象等多方面。

1. 落实教学内容要求的情感、态度、价值观目标

普通高中思想政治课程标准目标,分类目标的第三个方面,情感、态度与价值观目标:热爱中国共产党,坚定走中国特色社会主义道路的信念。热爱祖国,热爱人民,关心祖国命运,增强民族自尊心、自信心和自豪感,弘扬中华民族精神,树立为实现中华民族伟大复兴而奋斗的志向。关注社会发展,积极参加社会发展,诚实守信,增强社会责任感和民主法治观念,培养公民意识。热爱集体,奉献社会,关心他人,乐于助人,倡导团结友善的精神。乐于学习,尊重科学,追求真理,具有科学态度和创新精神。热爱生活,积极参加健康有益的文化活动,保持昂扬向上的精神状态,追求更高的思想道德目标。热爱和平,尊重世界各民族的优秀文化,关注全人类的共同利益,培养世界眼光。

可见,该目标包括的内容相当广泛,它要求学生具备正确的政治方向,与社会和他人和谐相处。学生作为一个社会人,生活在社会中,就要正确处理个人与自己、与他人、与社会的关系,在处理这三者的关系中成长和发展,达到个人的完善。在教学过程中教师要自觉挖掘教材资源的情感、态度与价值观。比如,第一课神奇的货币,情感、态度与价值观目标:商品是天生的平等派,增强平等意识;在了解货币作用的基础上,增强努力发展生产、增加财富的情感;培养作为商品生产者为用户着想的利他意识,增强爱护人民币的情感和辨别假钞的意识,憎恶制造假币、扰乱金融秩序等违法行为,增强法治意识;确立与市场经济相适应的商品货币观念,认识货币在经济生活中的作用,树立正确的金钱观。

2. 始终关注学生的课堂感受,注意激发学生的学习情感

教师在知识教授的过程中始终关注学生的课堂感受,学生在听课过程中是不是精神愉悦,是不是能够积极参与到课堂的每一环节。学生与老师是否有积极的互动,双方的回应是否积极有效的,学生的配合是否妥帖恰当。教师在教学过程中是否注意激发学生的学习情感,是否热爱学习喜欢学习,对学习充满着兴趣,是否热爱生活、是个积极的生活者,是否有探求新知的强烈欲望。

3. 对学生的评价恰当,课堂氛围民主、和谐

教师对学生的评价恰当,考虑学生的感受,体现激励性,有利于学生的健康成长。不得有侮辱诋毁学生的评价性语言,教师对学生的评价应该是过程性评价,不可有结论性或者定性的评价,比如说"你真笨""你真聪明"之类的结论性评价。而多用描述性评价,比如"你表达得很准确""你写得很生动""你真是一语中的"这类的语言。让学生清醒地知道自己哪些

地方做得好、哪些地方还需要改正。另外,教师应该营造良好的课堂氛围,课堂应该是民主的、和谐的。创设一个安全的课堂氛围,师生关系和谐,教师作为引导者、合作者、参与者、交往着,与学生一起探讨问题,生成新知,学生享受课堂的平等和民主。

三、中学政治课堂评价标准重构中情感标准的运用策略

(一) 作为教师

1. 教学设计上注重情感因素的设计

作为评价标准它具有导向性,教师面对情感评价标准,在教学设计上应该重视情感、态度、价值观目标的设计,教学设计防止以前所出现的重视知识能力目标而忽视情感、态度、价值观目标的设计,防止教学目标设计的片面性。教师在教学设计中注意挖掘课程资源的情感、态度、价值观目标,在教学手段、教学方法、教学情境和教学环节设置上也要考虑学生情感的激发。

2. 教学过程中渗透情感教育

(1) 以趣激情。

18世纪启蒙思想家卢梭曾经说过:"教育的艺术是使学生喜欢你所教的东西。"兴趣是打开成功之门的钥匙,有了兴趣可以变苦学为乐学,变厌学为愿学。心理学原理告诉我们,让受教育者在接受教育的同时,获得积极情感和高尚情操的陶冶。所以在讲课时,要根据所讲的内容,采取不同的教学方法,调动学生积极性,激发起相应情感,使学生乐学。

(2) 以情动情。

情感具有感染性,教师要以情动情,以教师的情感去诱发学生的情感,让师生的情感产生共鸣。教师以高尚的道德情操,以自己的真情实感去感染学生、打动学生,循循善诱地启发学生,使学生觉得老师可亲、可敬、可信,师生的感情才能融洽,学生才喜欢接受来自教师的信息,也就容易为教师的情所动。教师必须选择恰当的时机、恰当的内容进行情感渗透教育。

(3) 从信任入手。

信任感是情感的基础。情感教育更多地渗透在教学过程和师生交往之中。师生信任是在师生交往、对话中产生并成为师生情感进一步发展的基础。人本主义心理学家罗杰斯曾对教师提出了四个条件,其中第一个就是教师要有信任感,充分相信学生的潜在能力,使学生在教学情境中感到自信和安全。这是因为信任是一种具有教育人、激励人的积极情感,这种积极情感能强化人的学习活动,促进知识的掌握和智力的发展。美国心理学家罗森塔尔的"期待效应"实验表明:学生感到教师的厚爱与信任,就会产生自尊、自爱、自信、自强等积极情感,从而在激发其克服缺点的勇气和努力学习的热情时,学习效率和成绩就大大提高。

3. 教学结果上更加关注学生情感的变化

教师应关注学生的思想和行为上有没有发生变化,是不是思想层面有所成长,情感上更加热爱自己、热爱周围的人、热爱自然;是否善于处理所面临的问题,能够辩证地看待自己、他人和社会的关系,相信教师所讲授的内容,坚持社会主义核心价值观。

(二) 作为评价者(教研员、学校教学主管部门等)

1. 把情感因素作为衡量一堂好课的重要标准

一堂好课有许多的评价标准,情感因素应该成为衡量一堂好课的重要标准。要关注学

生的情感、态度、价值观目标是否落实,学生的情感体验是否充分,学生是否在深刻的情感体验中对知识有所领悟,坚信并践行我们政治课堂所学习的知识,提升自己的情感境界丰富自己的情感世界,坚定对真、善、美的追求,对生活的热爱。

2. 把课堂情感的激发作为一个过程来评价

课堂情感的激发是一个循序渐进的过程,它应该有感情的基础和积淀。教师前期应该有所"投资",与学生建立良好的情感基础,学生信服教师及其所教授的知识。要关注在课堂教学过程中情感的激发是否充分、恰当;是否选择了合适的教学手段,教学内容和教学情境的选择是否准确,情感激发的时机是否把握得到位,学生与教师是否达到情感的共鸣,学生是否在情感氛围中得到了情感的生长。

3. 把班级学生的情感作为跟踪评价因素

其实情感作为隐性的指标,它发生作用是长期的、经久的,对学生的生命成长有长远的影响。可以跟踪研究,比如,学生在毕业以后的工作、生活中,对社会、对他人的影响,可以找两个参照对象进行个案跟踪研究,进一步观察和分析情感激发充分的和没有情感激发的作为重要指标的对象之间的差异,以及对今后的生活、人际关系、幸福感的影响。

【参考文献】

[1] 成尚荣. 教学改革绝不能止于"有效教学"——"有效教学"的批判性思考[J]. 人民教育,2010(23).

[2] 国家中长期教育改革和发展规划纲要. 教育部门户网站,2010年7月29日.

(本文2012年获苏州市教科院优秀论文一等奖)

俞晓萍自参加工作以来先后被评为江苏省学科优秀青年教师、吴中区优秀教育工作者、吴中区学科教学类历史中青年学科带头人、吴中区教育系统优秀工会积极分子、吴中区师德先进个人、吴中区优秀班主任、吴中区绩效考核优秀教师等,在各级各类比赛中多次获奖,积极撰写教育教学论文,参与江苏省教育学会"十二五"教育科研课题——"历史学科学生自主学习能力培养策略的研究"并圆满结题。此外还热心于社会公益事业,参加"苏州市湿地自然学校"的志愿活动,身体力行进行生态宣传;指导学生社团"爱心社",参加学校青年教师志愿者活动,把爱奉献给更多的人。

俞晓萍

近年来教育科研成果目录:

优化课堂教学,推进自能学习,《新课程》,2012年第8期;

高中历史课堂效率的提高,《才智》,2012年第7期;

"让学"使历史教学更有效,《长三角 教育》,2012年第8期;

优化课堂教学策略,培养学生创新精神,苏州市教育学会历史分会年度评比三等奖,2014年10月;

高中历史教学在"体验"中提升——从必修一第四单元《第13课 辛亥革命》说起,苏州市教育学会历史分会年度评比三等奖,2016年10月。

优化课堂教学，推进自能学习

随着素质教育改革的进一步深入，苏州教育局提出了培养学生"三会"的口号，即"会学习、会休息、会健体"，这对教师提出了更高的要求，要求教师引导学生学会科学合理地休息、学会安全有效地健体，更重要的是通过我们平时耳濡目染的教育教学使学生真正掌握各种学习的能力与技巧，实现自能学习，以更好地衔接大学学习，乃至于服务终身学习的最终发展目标。"三会"中的"会学习"就是实现自能学习。

"会"与"自能"是一个既简单又复杂的命题，简单到每位小学生都会自豪地说我会学习，更不用说是高中的学生了。因为衡量它们的尺度一般就是"知道""了解"，而这只是最低等级的要求。在今天我们的课堂教学提出实现"三维目标"，即"知识与能力""过程与方法""情感态度价值观"的形势下，我觉得对"会学习"与"自能学习"的理解应该在原先的基础上更进一步：这是一种分析探索创新的技能，是一种经历挫折与分享成功的体验，是合作中激烈的辩论，也是柳暗花明又一村的感悟。鉴于这样的认识，我认为学生自能学习能力的培养与提高关键是要优化课堂教学，结合实践课堂教学的优化，主要须从以下几个方面入手：

首先，要转变传统教学观念，不断强化历史学习的实用性、预知性、借鉴性。

传统的教学观念基本是以教师为主体主导开展课堂教学，就历史学科而言是一般性告知学生已经发生的事情，缺乏更多对学生分析理解能力的培养，更不用说在注重学习的过程中学习方法的指导和学习时的情感态度价值观的升华了。长此以往，学生往往就会习惯性地认为学历史除了应付考试外没实际作用，导致学生在学习中的学习动力明显缺乏，历史教学也会遇上尴尬。四五十位朝气蓬勃的学生却只是被动接受着45分钟填鸭式的教学，只听到教师滔滔不绝，海阔天空，学生或是故事听得津津有味、哈哈大笑，或是云里雾里抓不住重点，更理解不了难点。结果学生只会解决现象类的问题，而严重缺乏对本质问题的认识。其原因在于，缺乏了教师的恰当引导，学生对于史实编入教材到底要告诉高中的学生什么，想要发挥历史学习的借鉴功能中的哪方面，对今天的学习与生活、建设，对个人与集体、国家又有什么意义等，是无法进行一定的感悟的！因此我们在课堂教学中寻找历史与现实的结合点，不断强化历史学习的实用性、预知性、借鉴性。

例如，在讲述中国近代史"太平天国"这段历史的转折点——天京变乱时，我们就不能将时间更多地花在讲天京变乱的过程上，在现代教育技术不断进步的今天或许我们只需借助多媒体手段播放相关的短片，引导学生用最简洁的词来概括这一历史事件，即"内讧"。然后追问产生这样的变乱的原因，学生一般会说那是洪秀全的专横、猜忌；或是杨秀清的贪婪，或是韦昌辉的狭隘，或是石达开的莽撞等。学生所说的这些都只是具体原因、表面的原因，我们要做的是引导学生做深层次的探究，尝试进行角色的设想，将自己假想成他们其中的一个，或是做类比。如动画片《灌篮高手》平时训练有素的队员为何在比赛的竞技场上连连出现失误一样。从而得出：任何一个团队除了要有纪律来规范成员外，更要有一种精神和情感来维系，并且大家都要为之努力。这或许是我们今天将天京变乱放入教材让我们新时代的高中生再来学习的真正意义。这段历史强化了我们在实践中增强团队协作意识去改进、完善团队协作;可以提醒我们在一些现象中预见并防范问题的产生,真正发挥历史的借鉴功能。在学习中的这些引导会给予学生一个比较明确的认识,学习历史是有现实意义的,当然要认真学,要主动学,就能逐步实现从"要我学"到"我要学"的转变,课堂效率就会大大提升了。

其次,要精心设计每一节课,不断激发学生的学习兴趣。

兴趣是最好的老师。学生有了学习的兴趣,就掌握了打开知识宝库的钥匙。一般来看在任何一学期的开学初,大多数学生对历史是兴趣十足的,他们往往恨不得马上将历史书看完,看看是否有闻所未闻的故事,是否有新的图片,甚至于渴望看到揭秘的史实。而所有这些想法几乎是将历史课本当成小说书来读,只停留在对历史的感性认识上。事实情况却大不相同,光看课本内容,新增的内容并不是像学生想象的那么多,甚至有更多的知识可以说是学生从小就了解的中外大事。在此基础上如何激发学生对历史的兴趣? 精心设计好每一节课是要点。

第一步是要设计好进入高中阶段的第一节课。学生心里都有一把尺,他们往往就用这第一课的感觉来评价一位教师,因此第一印象至关重要。我听过这样一节导言课:一开始就让学生围绕"历史是什么"开展讨论,然后挑选出几位学生代表来表述并让学生举例说明。记得讨论后有一位学生说"历史是一个任人打扮的小姑娘",引起了周边其他学生的骚动。那位教师借此加以及时引导,先肯定了这位同学的观点,进而说明其实我们今天了解的历史都已经融入了史学家个人的主观色彩,我们要学会将这层纱掀起,最后将学生对历史的认识引入一个新的高度,即站在不同的立场上对历史事件的看法是不一样的。引导学生建立科学的史学观点。如要运用历史唯物主义、辩证唯物主义的观点,客观全面评价历史;用生产力标准、用全球史观、文明史观看世界风云等。最后,这位教师还引入了高考题,让学生感悟高考中考查什么。该题如下:

由于立场和观点的差异,人们对历史事件的解释往往会有不同。关于哥伦布航行到达美洲这一事件,过去欧洲人总以欧洲为中心来理解;美洲土著则立足自身看问题;在当今全球史观的引导下,人们又有了新的认识。能正确反映上述说法的一项是( ) A. 欧洲—发现;美洲—文明相遇;全球史观—侵犯 B. 欧洲—文明相遇;美洲—发现;全球史观—侵犯 C. 欧洲—侵犯;美洲—发现;全球史观—文明相遇 D. 欧洲—发现;美洲—侵犯;全球史观—文明相遇

学生们体验后感触很大:原来高中学习历史是来解决这样的问题的。牛!

第二步是要设计好每一节课的导入。将学生从上一节课乃至是课间休息中吸引过来以最快的速度进入历史的课堂教学中来,导入是关键。我们必须改变机械式的导入,如"上节课我们学习的内容中重点是什么? 我请个同学来讲讲……"要敢于让学生动起来,如可以利用时事,在讲述"世界经济的全球化趋势"时我们把"美国轮胎特保案"作为一个案例引入;可以利用漫画与笑话,讲述"1929年资本主义世界经济危机"时,美国小孩与母亲的对话可以让学生对这次经济危机有更深刻的认识;也可以尝试利用歌曲,讲述"祖国统一大业"时,歌曲《七子之歌》便是很好的素材……通过激烈的辩论、鲜明的对比,深情地吟唱,我们在时空中穿梭,感知着历史中的沉沦,感悟着历史留给我们的美丽人生。

最后,要善于发现学生的闪光点,不断挖掘学生学习的潜能。

无论从我自身的学习工作经历,还是从与几届学生们的交流中,我都深切地体会到了被老师认同、赞赏、期望,那是一件多么美妙的事。这种认同、赞赏、期望给了我和学生无穷的力量,让我们克服了一个个此前无法想象的困难,到达了理想的彼岸。无数的案例震撼着我,鼓舞着我从多角度寻找学生身上的闪光点,因为我深知这对一位学生来讲意味着什么,有多深的影响。还记得2007年的甲同学,由于学习习惯弱了一些,多次考试都是班级的最后一名,他对自己的要求一降再降。面对这种情况,我悄悄地开始观察这位学生,发现他为每一门学科准备的笔记本都具有学科特色,是精心准备的。借此我找这位学生谈了一次,高度表扬了他对学科的重视,并暗示如果这本笔记到高三结束他能送给我,将是一份最珍贵的礼物。没过几天我发现该同学在向班级里历史笔记记得好的同学借笔记参考,在以后查看笔记本时我都会写上几句激励的话。最后高考结束,我收获了写得满满的一本笔记。

当然平时课堂上对学生的表现进行及时的、毫不吝啬的肯定与表扬,这和一味地批评、指责相比,课堂的效率明显提高。在家长会当着家长面进行必要的肯定与表扬,再加上之后有效的督促,同样能将学生的学习潜能进一步发挥。

总之,转变传统观念,实施以学生为主体的课堂教学,通过精心设计每一节课,创设情境,倡导质疑,充分调动学生的积极性与主动性,挖掘学生的潜能领悟学习方法技能,从而推进自能学习,为培养创新型人才奠定基础。

参考文献

[1]朱红明.谈课堂教学中"自能学习"能力的培养[J].教苑荟萃,2009(33).

[2]曲在霞.试论如何提高学生创新学习的能力[J].西部科教论坛,2009(33).

[3]谢定来.培养学生自能学习能力浅析[J].西部科教论坛,2009(1).

[4]王刚.浅谈中学思品课自主学习模式[J].教苑荟萃,2009(33).

(本文发表在《新课程》2012年第8期)

高中历史课堂效率的提高

时代呼唤创新人才的培养,高中新课程的理念关键是教学要充分落实学生在学习中的主体地位,引导学生的自主和自能学习。作为教师,我们要改善历史教学方法,培养学生学习历史的兴趣,最大限度地调动学生学习的主动性、创造性,让学生在课堂这个舞台上展现和发展自己的学识才华,让每个学生都有成功的机会和喜悦,从而提高历史课堂的效率。

结合历史的教学实际,作为一线的高中历史教师,要提高历史课堂教学效率就必须做好以下几个方面。

一、充分做好备课准备是提高课堂效率的前提

课堂教学既是科学,又是艺术。高超的课堂教育艺术来源于教师的知识水平、自身修养和教学机智,它要求教师有驾驭和感染整个课堂教学的时间和空间的意识以及技巧……这一些都不能仅仅靠教师在课堂上任意地即兴发挥,而需要每一位从事教学的老师都能有充分的课前准备,精心备课,做到既备内容,又备学生。

当然首先是要详备教学内容,这就需要教师熟知课程标准、考试说明和教材,特别是要加强教学研究,针对新高考的形势,抓住小切口,做足大文章。教师还应在备内容的过程中,注意与各学科的联系,特别是要让学生感受到学习历史绝不是在简单的重复,历史也绝不是可学可不学的学科。比如,在讲必修一绪言时,我就介绍了几篇语文课的文言文,介绍2002年语文高考的高分作文之一《赤兔之死》的作者是如何把历史故事与作文联系在一起的。讲第四单元第10节鸦片战争时,关于清朝晚期的正当中英贸易,主要是与有关的政治经济学原理联系;关于如何销毁鸦片,我与化学中的生石灰与水反应的化学方程式联系并要学生说明反应的现象,从而激发学生的兴趣……历史课堂教学还要及时与联系社会做好各项宣传,"鸦片战争"这一内容就要及时做好"远离毒品"的社会宣传。

同时也要备学生。德国教育学家第斯多惠说:"教学必须符合人的天性及其发展的规律。这是任何教学的首要的、最高的规律。""学生的发展水平是教学的出发点。所以必须在开始教学以前就确定这个出发点。"由此可见我们实施教学必须了解学生的实际情况,有针对性地根据不同生理、心理阶段学生的特点,一步一步地调整深入教学,并及时向学生说明高中学习与初中学习的差异,帮助学生更快地转变学习的角色、方法,更快地适应高中教学。

二、激发学生的兴趣是提高课堂效率的核心

孔子说:"知之者不如好知者,好知者不如乐之者。"兴趣是最好的老师,能否激发学生的兴趣直接决定着学生学习主动性的发挥,也直接影响着45分钟的课堂效率。那么如何激发学生的学习兴趣,充分发挥学生学习的主动性呢?

我觉得首先可以从导入入手。一堂历史课,如果有了一个好的开端,将能抓住学生的求知心理,激发学生学习的兴趣,一上课就把学生紧紧地吸引住,使他们怀着新的期待投入学

习新的课题和新的内容中去。导入的方法很多,如联旧引新、制造悬念、故事激趣、渲染气氛、设疑问难、引用材料……在学习"必修二第六单元世界资本主义经济政策的调整第17课空前严重的经济危机"一课时我就直接以时政新闻导入并联系生活实际:2008年次贷危机引发的金融危机席卷整个世界,各国经济都面临严峻的考验,你、我、我们的生活也受到了很大的影响,请大家说说,金融危机对我们的生活有什么影响?如果你是政府决策团队中的一员,你会提出怎样的解决危机的做法?你的这些思考来源于什么?在这件事上你觉得学习历史的意义何在?……这样,通过小组讨论以及总结对学生的历史学习进行了积极正面的引导。

其次,可以在教学过程中多多地让学生参与课堂教学。在课堂教学中每个学生都希望得到老师的注意、尊重和赏识,如果教师能把握每个学生的个性,形成恰如其分的期望,对学生保持积极的态度,就能使学生产生良好的自我评价,帮助学生形成正确的人生观、价值观和世界观;也为社会培养个性丰富、人格完整的高素质人才做出贡献。要实现这些目标需要教师改变填鸭式的教学方法,采用灵活的教学方法如谈话法、辩证法、图示法,乃至多媒体教学法……例如,在学习必修二第三单元近代中国经济结构的变动与资本主义的曲折发展时,我在课堂上就让出时间给学生绘制"近代中国经济发展状况"图,各自画完后再分成前后左右四人小组进行讨论修改,再由各组选出代表作品展示,最后再与学生讲评的过程中修正错误,并展示我自己画的与学生分享。

此外,还可以抓住有关的情节,组织学生进行模拟表演,使整个课堂教学穿越时间隧道,使师生都沉浸在有关的历史情境中,感悟历史。例如,在学习"雅典民主政治"时,我就组织学生情境扮演"公民大会审判苏格拉底",使学生在活动中真切地感受雅典民主的广泛性、狭隘性以及其间的辩证统一。虽然在平时这样的活动因时间限制开展的不多,但在活动中学生尝试历史学科的试验,体验了历史学科中做学的乐趣,这既加深了学生对基础知识的理解,也提升了他们的团队合作能力。

还可通过有关的典型题目培养学生的独立思考能力和一定的语言表达能力,使学生在学习中能逐步学会运用马克思主义辩证唯物主义与历史唯物主义来解决实际问题。也就是说,教师应从历史教学的规律出发,正确地、有创见地指导学生掌握历史知识的最佳途径和方法。例如,在教学中我们经常会用到"经济决定政治、文化;政治、文化也会反作用于经济""生产力决定生产关系;生产关系反作用于生产力"等。

古人云:"授之以鱼,不如授之以渔。"在历史教学过程中,教师就是要在传授知识的同时,加强对学生学习方法的指导,着重培养学生的学习能力。"传授知识,授之以法。"既要管教,更要管学,只有这样,才能为学生更好地学习历史奠定坚实的基础。

三、培养学生自主学习是提高课堂效率的保障

自主学习能力是学生搞好学习的必要因素。学生一旦具备了自主学习能力,就增强了学习的独立性,就能独立地获取新知识。因此历史课堂教学要注意指导学生自学,培养学生的自学能力。当然自学不仅仅指课前的浏览课文,了解有关的内容大概,还在于对课堂教学信息的自我分析与理解。

"好记性,不如烂笔头",在历史教学中,教师应该认真指导学生做好课堂笔记,这不仅有利于学生将所学的零散知识系统化,而且有利于学生从整体上把握历史发展的脉络。记

笔记是学生自主学习能力的一个重要组成部分。学生的笔记应该有自己学习情况的体现，应该有自己的特色。

结合我自己的实践，例如，在讲到必修三第一单元中国传统文化主流思想的演变第1课"百家争鸣"和儒家思想的形成时，介绍战国时期的"百家争鸣"我是这样指导学生做笔记的：

学派	代表	主张	著作
墨家	墨子（翟）	兼爱、非攻、尚贤、节葬	《墨子》
儒家	孟子（轲）	民为贵、君为轻、仁政	《孟子》
	荀子（况）	人定胜天	《荀子》
道家	庄子（周）	鄙视富贵利禄	《庄子》
法家	韩非子	中央集权、法治	《韩非子》

其中属于知识补充的就在表格中直接告知学生，属于重点难点知识的，则在教学的过程中与学生边讲解边填写，此外还给学生印发了微型讲义，摘录一些文言文的语句，让学生在课堂上组织讨论理解判断是哪家哪派的观点，并要求将答案记录在笔记上，最后用讲义把答案覆盖，以备在今后复习时能多次使用，并要求在使用时对有问题的做标记，努力争取更好的教学效果。

温故而知新，学生自主学习能力的培养还可以在实践中尝试让学生结合自己所学内容模仿已经练习过的习题，自己做出题者，出完题后学生之间交换着做题，在交换后两位同学要负责把知识点再落实，并准备接受教师提问。经过这样的实践，学生学习的主动性被调动起来了，经过一段时间，结合考试综合反馈我们还组织好题评比、问答最佳组合等。整个班级日渐形成了互问互答、较为浓郁的历史学习氛围。

总之，提高高中历史课堂效率的方法很多，只要我们教师有心在实践中摸索，总会有新的收获。

参考文献

[1] 王桂琴.把当今历史课堂教学真正"还给"21世纪学习的主人[J].教苑荟萃，2009(9).

[2] 李琳.运用政治基本原理促进高中历史复习[J].基础教育研究，2012(4).

（本文发表在《才智》2012年第7期）

"让学"使历史教学更有效

有效教学是一个永恒的话题,也是新课程背景下广大教师最关注的问题之一。著名的捷克教育家夸美纽斯曾这样描述"有效教学"的重要性:"寻求并找出一种教学的方法,使教员因此可以少教,但是学生可以多学……多具闲暇、快乐和坚实的进步。"简言之,"有效教学"主要是指通过教师在一种先进教学理念指导下经过一段时间的教学之后,使学生获得具体的进步或发展。

就高中历史教学而言,教学的有效性就是落实"三维教学目标",即经过教师的"教"与学生的"学",使学生能了解一定的历史知识,在合作探究学习的过程中能掌握分析历史的方法,从而提升历史学习的能力,并最终形成正确的历史观、人生观、价值观。而要实现这样有效的教学目标,我们应该怎么做呢?德国教育家、哲学家海格德尔曾这样说:教学的本质就是"让学",即"他得学会让孩子们学"。"让学"本质上就是真正发挥学生的主体作用。笔者也认为:"让学"能激发学生对历史学科的持续兴趣,可以使高中历史教学更有效。

"兴趣是最好的老师。"只有学生对历史学科有兴趣了,才能使历史教学更有效。一旦学生们历史学习的兴趣被激发出来,他们学习的欲望就会被迅速点燃,就能形成历史学习的内在动力,从而增强整个学习过程的主动性、自觉性、积极性、有效性。其实现实中特别是当历史不是以考试学科的形式,而是以故事、小说、电影、电视等的形式呈现在学生面前时,他们对历史的兴趣是十分浓厚的。在新学期开始时我们往往会看到这样的情形:新书刚一下发,绝大多数的学生出于对未知历史知识的好奇,都会立即拿起历史书当小说、故事等来读,恨不得一口气读完。读完"故事",不少学生就会觉得自己就可以学好历史了,认为不就是考前"死记硬背"嘛,"考前临时抱佛脚"应该就可以轻松过关。的确,光从表面上看历史教科书是谁都读得懂的,从头到尾既没有生僻的字词,也没有生涩的语句。但这样学习历史学科显然只是将历史停留在感性认识的基础上,只解决了"是什么"的问题,而高中阶段的历史教与学的重点更应该放在"为什么""怎么样"等上面。面对这样的现状,如果我们的历史课堂依旧只是传统的知识传授型的教学,那么我们的学生就会在前面这种错误认识的影响下,真的认为历史只要自己读读背背就行了,慢慢就会在教学实践中对历史学科失去兴趣,对历史学习表现冷淡。

怎样才能改变这种认识?怎么样才能持续激发学生对历史学科的兴趣?结合教学实践,答案只有一个——改变我们的传统课堂教学,让学生在学习中学会怎样学。

首先,"让学"使学生面临更多的挑战。

根据高中阶段学生的心理特点,只要具有挑战性的事物,就是学生感兴趣的,就会促使学生积极主动地追逐、探索。历史教学传统的做法是教师根据《考试大纲》《课程标准》备课然后带知识体系、历史结论走向学生。整个教学过程基本上是教师预设的各个环节,但这并不一定是学生真正需要的,也不一定能解决学生困惑的问题。这样的课堂缺乏了活力,少了学生自身的拓展空间,这是不符合新课程的理念的。当前新课程要求教师带着学生一起走向教材。在与学生一起走向教材的过程中教师除了要有一定的预设,也会在学生的激励下及时在教学中设计更多的挑战,这样不仅激发了学生的兴趣、斗志,更拓展了学习过程的广度、深度。

事实上,历史教材中的不少知识,学生小学、初中阶段都已经有所了解,我们完全可以在更多的情境中让学生积极主动地参与到教学中来。例如,我们可以尝试让学生在上课前一天对新课进行简单的预习,要求在书上体现重点内容并在作业本上提出1~2个对本课感到困惑和质疑的地方,教师上课时便针对性地对提问进行评选,评选实际上是对提问进行正确的引导。这是学生在挑战自我的原认知,这是学生对知识源于本能的渴求表现。

课堂提问是课堂教学中最常见的教学方法。被提问是每一位学生在课堂学习中面临的最基本的挑战。为了使全部学生都关注问题、思考问题,我让科代表组织同学制作姓名签,上课时随机抽取同学来回答。这种随机性的点名对学生而言是巨大的挑战,也扩大了课堂教学实施范围的广度。

其次,"让学"使学生行使自主学习的权利。

美国心理学家罗杰斯认为:学习是个人的事,学生的学习目标、学习内容、学习方法都是自己制定和选择的,只有当学生正确地了解所学内容的用处时,学习才成为最好的、最有效的学习。只有自觉的、主动的,才是有兴趣的。新课程要求教师成为课堂教学的主导,学生成为课堂教学的主体,在教学过程中使学生有主人翁的体验。这是新课程赋予学生的自主学习的权利。如果教师包办的过多,一本书一张嘴一支粉笔,滔滔不绝一讲到底,学生一味被动、机械地"听、写、背",这就违背了新课程的要求,就剥夺了学生自主学习的权利,课堂就少了生机,少了活力。"让学"就是要使学生真正成为学习的主体。在课堂教学中重视对学生学习方法的指导,注重对学习规律的总结。

基础性的知识让学生来组织学习,并引导学生用新的视角来看这些知识。理解性的知识组织学生讨论、辩论来解决问题。例如,鸦片战争一课,基础知识学生很熟悉,学生的主体作用可以通过课堂讨论来体现。围绕"没有林则徐的虎门销烟,就不会爆发鸦片战争"组织学生分组讨论,并发表对这一观点的看法。结合史实概括鸦片战争前后中国社会发生的变化。通过这两个题目的讨论,引导学生突破这一课的重点及难点:鸦片战争爆发的必然性与偶然性以及鸦片战争的影响。当以后学到"八国联军侵华"时,可以复制这一方法,再次提问"没有义和团运动,就不会有八国联军的侵华战争"让学生来评价这种观点,以实现牵移学习方法,从而实现巩固知识,提升能力的目的。

最后,"让学"使学生得到多元的评价。

多元评价重视学生的个性差异和学习潜能。"让学"的课堂使学生"动"的空间更大了,机会也更多了。教师在课堂教学中能从多方面发现学生的个性差异和学习潜能。因为课堂教学的过程本身就是在评价中进行的,教师的评价伴随课堂教学的全过程。"让学"能使学生在整个学习的过程中有更多的体验,有更多的收获。学生不需要等待作业或是考试等这些比较单一的方式来评价自己的学习。实践表明,在课堂教学中,教师较高的评价能给学生以心理上的满足和精神上的鼓舞,能激发学生向更高目标努力的积极性;即使评价中有否定与纠正,也能引导学生反思,激发学生改进学习方法,调整思考问题的角度。例如,在学习"必修一从汉至元政治制度的演变"一课时,给学生训练了这样的一道题:

材料:古代战争水平不高,崇山峻岭、长河大川都是天然的防守工事。因此如岭南山地,如四川盆地,如山西高原,都是地理条件极佳的割据区域……元代的省……无视历来与划界密切相关的几条最重要的山川边界——秦岭、淮河、南岭、太行山——的存在……陕西行省越过秦岭而有汉中盆地;湖广行省以湖南、湖北为主体而又越过南岭有广西;江西行省也同样跨过南岭而有广东……至于江浙行省,乃从江南平原逶迤直到福建山地。

——周振鹤《犬牙相入还是山川形便?——历史上行政区域划界的两大原则》

问题: 根据材料,判断元代行省划界的原则是什么。根据材料并结合所学知识,概括元代采用这种划界原则的主要原因。

在实物投影发现学生解答时,往往写"省与省互相交织;巩固统治"。感觉有那么一点意思,但事实上稍加注意还可以更确切。学生们的解答实际上暴露了做材料题的基本方法有问题,对材料解读不全面,忽略了材料的出处与题目的问法。前半问写成"犬牙相入"就更精准了,后半问一半从材料中来,即"使地方割据缺乏好的地理条件",一半来自于课本的基础知识,这本身是考查"行省制度",原因为"加强中央集权以巩固统治"则更好。在这一例的讲解中,学生获取的多元评价有助于学生形成对一类题的整体认识。

总之,"让学"的课堂教学激发了学生持续的学习兴趣,使学生真正成为课堂学习的主人,"让学"使历史课堂焕发出生命活力。

参考文献

[1] 朱红明.谈课堂教学中"自能学习"能力的培养[J].教苑荟萃,2009(33).
[2] 赵国忠.教师最需要什么[M].南京:江苏人民出版社,2008.
[3] 周凌.历史课堂无效现象的观察和思考[J].中学历史教学,2009(11).
[4] 赵亚夫.历史课堂的有效教学[M].北京:北京师范大学出版社,2007.

(本文发表在《长三角 教育》2012年第8期)

师奇铭,中学高级教师。现任江苏省木渎高级中学德育处副主任、年级部主任。先后被评为苏州市优秀教育工作者、吴中区优秀教育工作者、苏州市地理学科带头人、吴中区知名教师、吴中区学科带头人。长期致力于高中地理课堂教学的实践和探索,已形成自己独特的教育教学风格,教育教学成效显著,多次荣获吴中区教育局教学绩效考核优秀奖。他积极主动地进行教育教学研究,先后发表学术论文10余篇,2011年开始主持市级规划课题"基于支架理论的高中地理教学应用研究",并于2016年顺利结题。多次在区内、区外开公开课和讲座,受到一致好评。

师奇铭

近年来教育科研成果目录:

支架理论在高中地理复习课中的实例应用,《青海教育》,2012年第10期;

新课程人教版"问题研究"教学示例,《文化博览基础教育版》,2013年第10期;

搭建支架培养学生的地理空间思维能力——以人教版必修1"气压带和风带"为例,《青海教育》,2014年第1期;

基于支架理论的高中地理教学应用研究,市级规划课题,2016年4月结题。

支架理论在高中地理复习课中的实例应用

一、支架理论概述

支架理论的基础是维果斯基的"最近发展区理论"。该理论认为：学生的学习状态有两种水平，一种是目前已达到的水平，一种是潜在可能达到的水平。这两种水平之间的距离就是最近发展区。教学中，教师要介入学生的发展，就必须找到最适宜的介入点，最近发展区为教师的介入提供了一个理想的空间。

根据最近发展区理论，在教学中应提供教学支架。从支架的表现形式来看，常见的学习支架可以分为范例、问题、建议、工具、图表等。支架式教学一般由以下几个环节组成：进入情境、搭脚手架、独立探索、协作学习、效果评价。在教学实践中该怎样运用支架理论呢？下面结合高三地理"区位"专题复习课加以阐释。

二、地理支架式课堂教学的探索和实践——以"区位专题"复习课为例

（一）进入情境

将学生引入一定的问题情境，让学生体验需要解决的困难和面临的难题，激发他们自主探究的热情，从而促进教学过程的展开。

在区位专题复习课中，我首先从区位的概念导入，引导学生思考："关于区位这一内容，我们在以前的学习中都学了哪些内容？"学生在一轮复习的基础上，能说出农业、工业、交通、城市、商业网点等关于区位的知识，但学生的回答不够全面而且欠缺条理。然后老师再提出问题："这些知识之间有什么联系呢？应该如何组织这些内容才能使它们更有秩序地存在于我们的头脑中，使我们更好地理解这些内容和在考试中能顺利提取相应的知识呢？"学生初次思考这些问题，而且觉得弄清楚这些问题很有意义，所以表现出极大的兴趣，但同时也感到困难不少，因为一轮复习中侧重的是单个知识点理解，没有从整体上对关于区位的内容进行整理和知识框架的构建。因此，这些提问对激发学生自主探究，促进本节课的学习将十分有益。

（二）搭建支架

教师在分析学生的学习任务和学习能力后，根据当前的学习主题，按"最近发展区"的要求建立概念框架，提供学习支架让学生独立探索。

在区位这一专题复习中，迅速列出区位所有的知识和梳理大气各知识点之间的联系有较大的困难——这就是学生的"最近发展区"，也是教师提供支架的介入点。根据这一分析，我给出了相关"支架"：

这种支架不仅使本节课的课堂教学条理更清晰，探索目标更明确，使学生能迅速对区位的各知识点进行全面的归类，形成清晰的知识框架，也为其他人文地理事项的专题复习提供了一个范例。

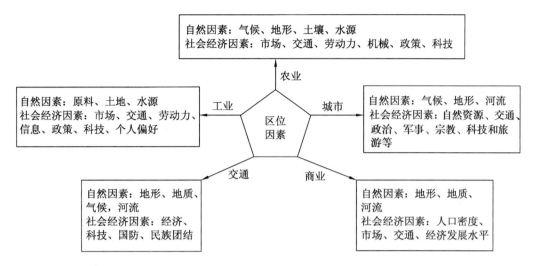

（三）协作学习

小组协商和讨论的目的是使原来多种意见相互矛盾、态度纷呈的复杂局面逐渐变得明朗和一致起来；在共享集体思维成果的基础上，对当前所学知识有比较全面、正确的理解，最终完成对所学知识的有意义建构。

在本节课的协作学习中，我把学生分成 6 人小组。一个小组内，每个学生完成一个具体区域区位问题的分析，并思考自己所分析影响区位因素与其他地理事物之间的联系，最后还要在练习册或以前做过的试题中找出至少一道属于考查该知识点的试题。最后通过小组内的讨论，得出自己小组的知识框架图和试题库。

在本环节中，为了使学生更好地理解如何分析知识点和找出知识点间的联系，我提供了范例支架。范例即举例子，它是符合学习目标要求的学习成果（或阶段性成果），往往含纳了特定主题的学习中最重要的探究步骤或最典型的成果形式。如教师在要求学生通过制作某种电子文档来完成学习任务时，可以展示前届学生的作品范例。也可以从学生的视角出发制作范例来展示。好的范例在技术和主题上会对学习起到引导作用，同时避免拖沓冗长或含糊不清的解释，帮助学生较为便捷地达到学习目标。在此我提供的范例是：

工业区位分析

1. 分析思路

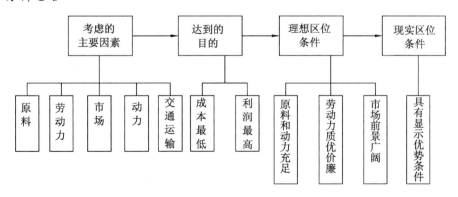

2. 宏微观分析

工业区位选择在宏观上侧重于社会效益,微观上兼顾环境生态效益。

3. 主导因素分析

主导因素的确定,首先要看工业部门的性质,然后结合具体的区域,从各方面进行分析。工业区位是在发展变化的,因此,工业区位因素的评价更要侧重于对其发展变化的评价分析。

4. 区位选择原则

工业区位因素的判定除按一般原则外,还需要具体情况具体分析:

电子装配、服装加工属劳动力指向型;

石化工业属市场指向型;

有色冶金工业属动力(能源)指向型;

普通家具需要接近市场;

乳品生产需接近市场;

纺织工业一般属劳动力指向型;

钢铁工业一般布局在原料地。

5. 环境因素的影响

环境因素对工业区位选择的影响如下:

污染类型	布局	部门举例
大气污染	工厂设置在居民区盛行风向的下风向或最小风频的上风向或与常年盛行风向垂直的郊外	水泥厂、酿造厂、发电厂、钢铁厂
水污染	污水排放口远离水源地及河流上游	印染厂、造纸厂、电镀厂、皮革厂
固体废弃物污染	远离居民区和农田	发电厂、钢铁厂

参照或自主合作完成工业或者农业、交通运输、城市等区位因素分析。

(四)效果评价

对学习效果的评价包括学生个人的自我评价和学习小组成员间的相互评价,做到总结性评价和过程性评价相结合,评价内容包括:① 自主学习能力。② 对小组协作学习所做出的贡献。③ 是否完成对所学知识的意义建构。

在区位专题复习课中,学生自我评价重点是:是否加深了对区位相关知识点的理解,是否弄清楚知识点间的联系,是否积极参加组内的讨论。小组评价重点是:大家参与交流和讨论的热情是否高涨,是否顺利完成了学习任务。因此,我要求学生对本组讨论的结果进行阐述和展示,其他小组成员须对反馈小组的内容进行客观评价,之后各组同学通过题目抢答联系巩固本节课的知识,最后教师做总结性评价。

其实,支架式的地理课堂教学并不是一种新的教学方法,它是教师通过挖掘知识内涵,为学生提供合适的教学支架,充分利用学生之间的活动与讨论,合理运用师生之间的互动与帮助,依靠学生的学习经验,让学生成为课堂的主人,让学生不断地缩短原有水平与学习目标之间的距离,最终完成对所学知识的意义建构。因此,应用支架理论模式进行地理教学具有十分积极的指导意义,以上只是笔者在教学过程中的一些探索和思考,希望能起到抛砖引玉的作用。

(本文发表在《青海教育》2012 年第 10 期)

搭建支架培养学生的地理空间思维能力

——以人教版必修1"气压带和风带"为例

地理学不仅研究地理事物的空间分布和空间结构,而且阐明地理事物的空间差异和空间联系,并致力于揭示地理事物的空间运动、空间演变的规律。地理学的这一特性就要求学生要具备一定的空间思维能力,而地理空间思维是指人们对地理事物的空间分布和空间结构进行观察、分析与抽象的能力。

支架理论对学生地理思维能力的培养,尤其是地理空间思维的培养具有很好的构建作用。

支架理论的基础是维果斯基的"最近发展区理论"。该理论认为:学生的学习状态有两种水平,一种是目前已达到的水平,一种是潜在可能达到的水平。这两种水平之间的距离就是最近发展区。教学中,教师要介入学生的发展,就必须找到最适宜的介入点,最近发展区为教师的介入提供了一个理想的空间。

地理空间思维的要素主要包括思维什么和怎样思维,地理空间思维的特征是思维性,它要求学生能够准确运用图像反映和掌握地理事物的空间提醒和关系。因此,从地理空间思维能力的内涵、要素和特征来看,学生的空间思维能力主要包括观察、图文转换、对比分析、思维创造四种能力,这四种能力之间是一种递进的关系,前一种能力是后一种能力的基础,或者说,前一种能力是后一种能力的有效支架,只有前一个支架搭好、搭牢了,才能更好地进行下一项知识的学习和表达。

下面以人教版教材必修1中的"气压带和风带"的教学为例,探讨利用支架理论培养学生的地理空间思维能力。"气压带和风带"一节包含了许多地理概念、原理、分布规律,是高中地理中教学难度较大的部分,而且是后面知识理解的基础,学习这部分内容,需要应用大量的图表、动画、数据,需要发挥学生多方面感知,应用支架理论可以更有效地完成这一教学内容,而且有利于培养学生的思维能力,尤其有利于培养地理空间思维能力。

一、搭建支架 培养学生的观察能力

观察是在事物的自然条件下为完成一定任务进行的知觉过程,是科学研究最基本的方法,是研究自然规律的首要步骤。学生只有以感性认识为基础,才能在教师的指导下进行积极的思维,从而形成空间概念、掌握空间规律。因此,在教学中,笔者根据以下步骤培养学生的观察能力:呈现直观—明确对象—提出问题—揭示问题。

教师先给学生搭建支架,教师有意识地通过地图和多媒体动画,向学生展示学习"气压带和风带"所需要的大气运动的静态和动态图,为学生更好地学习"气压带和风带"知识提供丰富的感性认识,搭建支架。

在学生获得一定的大气运动的感性认识后,学生初步形成最近发展区。然后,教师问学生:在"大气运动"的静态和动态图中,我们需要观察的对象是什么?学生思考后答:我们需要观察的对象是大气运动,特别是在不同假定条件下的大气运动。

教师向学生展示多媒体动画,要求学生观察以下三种不同假定条件下大气的运动状况:

第一种假定条件是"地表均一,地球不自转、不公转"时,大气是怎样运动的;

第二种假定条件是"地表均一,地球自转,但不公转"时,大气是怎样运动的;

第三种假定条件是"地表均一,地球自转同时也公转"时,大气是怎样运动的。

在第一种假定条件下,大气在赤道地区上升,在极地地区下沉,高空的空气由赤道向两极流动,近地面的空气由极地向赤道流动。这样,在南北半球的赤道和极地之间各自形成了一个闭合的环流,即"单圈环流"。

在第二种假定条件下,大气的单圈环流发生了变化,赤道高空的气流在南北纬30°偏转成西风,空气在此集聚后被迫下沉,形成副热带高压带,下沉气流向高低纬分流,其中向低纬度运动的一支回到赤道,形成低纬环流。南北两极空气收缩下沉,下沉形成极地高气压带,气流向低纬度运动,与副热带地区流出的气流在南北纬60°的地面相遇,暖而轻的气流爬升到冷而重的气流之上,形成副极地低气压带,气流在高空再向高低纬度运动,形成中纬和高纬环流。这样,就形成了"三圈环流"。

在第三种假定条件下,气压带和风带随着太阳直射点的南北移动做周期性变化,北半球夏季北移,北半球冬季南移。

让学生观察多媒体提供的信息材料,即为学生搭建支架,使他们增加了感知,懂得了地理事物的演变过程,提高了学习兴趣,增强了学习的主动性,在一定程度上养成了长期观察的习惯。

二、搭建支架　培养学生的图文转换能力

学生在对图像进行观察并获得比较形象、直观的印象后,教师就要引导学生用文字对地理问题进行判断与推理,用文字来分析与说明地理特征、地理规律和地理原理,完全理解之后,引导学生将文字再落实在图像中(这类图由教师事先设计好),使学生对地理事物形成正确的空间观念。因此,在教学中,教师可以根据以下步骤培养学生图文转换的能力:理解原理—变换文字—绘制图表—构建脑图。

结合"理想状况下赤道与极地间的热力环流"图,笔者提出"赤道与极地间的单圈环流原理是什么"的问题,学生依据"热力环流"图转换成文字并表达出来。学生认为"单圈环流"的形成原因是"赤道地区气温高,空气因受热而上升,致使高空形成高气压,近地面形成低气压。而极地地区空气因冷却而下沉,致使极地高空形成低气压,近地面形成高气压,所以,高空的空气由赤道向极地流动,近地面的空气由极地向赤道流动"。

在理解"单圈环流"的基础上,学生结合前面所学的"冷热不均引起大气运动"知识,继续将图或原理转换成文字。有学生认为,赤道附近地区,地面接收太阳辐射最多,空气受热上升,形成了赤道低气压带;南北极及其附近地区,地面接收太阳辐射最少,空气冷却下沉,形成了极地高气压带;在南北纬30°附近,来自赤道上空的气流在这里不断堆积下沉,使近地面气压升高,形成副热带高气压带;在南北纬60°附近地区,暖而轻的气流爬升到冷而重的气流上,形成了副极地上升气流,副极地上升气流到高空即向南北方向流动,致使南北纬60°近地面气压降低,形成副极地低气压带。由于气压梯度力的作用和地转偏向力的作用,在7个气压带之间,形成了东北信风、东南信风、盛行西风、极地东风等6个风带。但是,由于地球绕太阳公转运动,黄赤交角的存在,引起太阳直射点在南北回归线之间南北往返移

动,以致地表热能分布有季节性变化,从而使气压带和风带在时空上也产生有规律的移动。

学生通过读图和对图表的分析,基本掌握了全球气压带和风带的名称、分布、成因和时空移动规律,将气压带和风带图深深地印在脑海中,并能将图转换成表述地理特征、规律、原理和成因的文字,在一定程度上积累了丰富的地理表象,为空间思维提供了载体。

在学生基本掌握了"气压带和风带的形成、名称、分布和时空移动规律"后,笔者要求学生再将上述分布和规律转换成图像,从而达到"以图释文"和"以文释图"的教学目的。

教师要求学生绘制气压带和风带图,并提出以下绘图要求:第一,明确赤道和极地的冷热,确定赤道低气压带和极地高气压带的位置,归纳出高低压相间分布的规律,画出七个气压带;第二,根据水平气压梯度力从高压指向低压,地转偏向力"南左北右"的原则画出6个风带。学生通过图文转换,不仅明白了气压带和风带的形成原理,也在脑海中建构了它们在地球上的空间位置。

三、搭建支架　培养学生对比分析能力

对比分析法也称比较分析法,即把客观事物加以比较,从而认识事物的本质和规律并做出正确的评价。通过对比分析,可调动学生动手动脑的积极性和主动性,促进学生提高分析问题和解决问题的能力,增加知识的广度与深度,进一步发展学生的地理空间思维能力。

学生在进行图文转换后,教师可以引导通过对比分析的方法,使学生能够运用所学的知识与技能对地理事物的空间规律和联系进行举一反三、融会贯通的分析与推理。笔者根据以下步骤培养学生对比分析的能力:提出问题—分析图表—叙述结论。

学生在对气压带、风带形成认识的基础上(即学生已有了该知识的基本支架),教师要求学生思考以下问题:

(1)在地表不均匀的状况下,大气环流会发生什么变化?

(2)原本呈现带状分布的气压中心会发生什么变化?

(3)这一变化对气压带和风带会产生什么影响?

学生要回答老师的问题,就需要将其变化落实到图表中,在图表中进一步发挥空间思维能力。

学生认为陆地和海洋是地表不均的典型状况,因为在物理中学到,陆地的增温和冷却的速度快于海洋,而这一特性在"海陆一月、七月等温线图"中得到了证实:同纬度的地区,一月海洋的气温要比陆地高,七月则相反。

学生根据海陆热力性质差异的物理特性和热力环流原理,找出"海陆分布图"和"一月、七月海陆热力差异图"来对比分析海洋和陆地在不同季节的热力差异状况。经过图表分析,学生将海洋和陆地在不同季节的热力差异与气压中心变化的关系概括为:7月份,大陆增温快,形成低气压,同纬度的海洋增温慢,水温低于陆温,相对形成高气压;1月份,大陆降温快,形成高气压,同纬度海洋降温慢,水温高于陆温,相对形成低气压。

学生通过这一教学过程,建立了因海陆分布而引起的全球气压带和风带分布的时空变化,为空间思维提供了抽象思维支撑(或者支架),为更好地理解气压带和风带对气候的影响和空间创造能力的培养奠定了扎实的空间感知。

四、搭建支架　培养学生创造能力

学生在依托图表完成对比分析后,根据需要在头脑中对原有的空间模型进行加工,创造出新的空间模型。但空间创造能力是对学生空间思维能力的较高要求,教师可以根据学生的实际情况来开展这一环节空间思维能力的培养。在教学中,笔者根据以下步骤培养学生创造的能力：提出问题—依图思维—判断问题—创造新思维。

首先教师依据学生已经形成的气压带风带的空间建构,指导学生思考：

（1）沿东经110°由北向南低层大气环流形势是怎样的？

（2）当太阳直射点随着季节的变化而发生变化,全球气压带和风带又是怎样变化的？

学生在"全球气压带和风带"图上,运用对比分析的方法,判断出东经110°经线所经过的各大洋和大洲的气压带和风带的位置、名称、风向和成因,在脑海中建立了新的"全球气压带与风带"的空间建构。

在此空间建构的基础上,教师要求学生：由北至南画出东经110°经线的一月和七月的气温与降水变化曲线（教师提供气候数据）。学生根据此图,建立了新的"沿东经110°经线一月和七月气温、气压带风带、降水量的关系"的空间模型,以此判断沿该经线自北向南各种气候类型,并能根据"沿东经110°经线一月、七月气温、气压带风带、降水量的关系"的空间模型分析各种气候类型的分布、特征和成因。学生通过此教学过程,在脑海中建立了创造出新的空间模型,不仅拓宽了知识视野,对知识点的理解也进一步加深了。

通过以上支架式教学过程,学生对气压带风带应该有了较为全面的认识,而且学生在观察、图文转换、对比分析、创造能力上有所训练。其实,基于支架理论的地理教学并不是一种新的教学方法,它是教师通过挖掘知识内涵,为学生提供合适的教学支架,合理运用师生之间的互动与帮助,依靠学生的学习经验,让学生成为课堂的主人,让学生不断地缩短原有水平与学习目标之间的距离,最终完成对所学知识的意义建构。因此,应用支架理论模式进行地理教学具有十分积极的指导意义,以上只是笔者在教学过程中的一些探索和思考,希望能起到抛砖引玉的作用。

（本文发表在《青海教育》2014年第1期）

新课程人教版"问题研究"教学示例

"问题研究"是《普通高中课程标准实验教科书地理》人教版中新设置的教学栏目,必修三册书中共有16个研究课题,有些课题没有明确的答案,要求学生自己思考,自己找答案。其主要目的是通过分析和解决生活和生产中的实际地理问题,让学生体会研究和解决地理问题的全过程,培养学生搜集、整理或分析地理信息的能力,以及应用所学习的地理知识解决实际地理问题的能力。因此,"问题研究"是实现地理新课程理念"倡导自主学习、合作学习和探究学习"的最好场所。

本文就"月球基地是怎样的"为例组织教学。选择这个主题的理由有三个:首先,近年来,探索外层空间是世界航天事业的一个热门话题,各个发达国家都在拟定建设太空基地的计划,科幻作品中也有很多这方面的内容,学生比较感兴趣;其次,太空基地应该具备人类生存的基本条件,对于如何建设太空基地的探索,恰好有利于迁移和应用"地球是太阳系中唯一有生命存在的行星"部分知识,培养学生分析、解决相关地理问题的能力;最后,该问题具有极大的想象空间,带有一定的科学幻想性质,可以充分发挥学生的想象能力和创新能力。

设计思路

本主题共分为三部分,第一部分提出问题,第二部分是相关资料分析,第三部分解决问题。为了方便学生的研究学习,三部分内容中分别给出了简单分析思路、相关背景材料和应该考虑的基本因素。

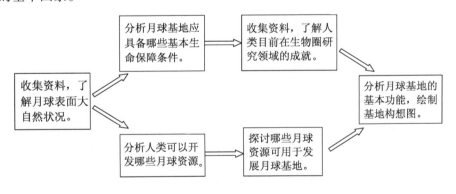

活动过程

一、教师引入,渲染气氛

(1)为了激发学生的学习兴趣,播放相关的多媒体片段导入研究主题,比如,播放美国的"阿波罗"计划片段,展示一些科幻作品中的月球基地的图片等。

(2)教材中所给出的仅仅是研究思路的建议,教师可以组织全班进行讨论,围绕建立月球基地要解决哪些问题、如何解决这些问题等确定适合学生的研究思路。

(3) 对资料1"月球概况"的分析主要是明确月球有哪些适宜人类生存的条件，还有哪些需要人类通过建立基地加以解决。其中，月球适合人类生存的基本条件有：有一定的引力、南北两极可能有冰、有矿产资源等；月球上不具备、需要人类自己解决的条件有：适合人类呼吸的大气、适于人类生存的温度条件、人类可以饮用的液态水、人类可以补充能量的食物、对宇宙辐射的防护措施等。对于月球上不具备的条件的研究，让学生去搜集更多的资料来补充。

(4) 资料2"生物圈2号"介绍的是生物圈2号的一些情况，目的是为学生提供一个月球基地的参考范例，让学生从生物圈2号中得到一些建立月球基地的启示。虽然，与月球的环境相比，生物圈2号比较优越，有海洋、生物、空气等月球环境所不具备的条件，但是，二者也有相同之处，例如，在物质流通上是与外界隔离的，只有信息流动是畅通的——可以利用通信手段与外界联系等。生物圈2号试验说明人类建立起一个独立的人造生态系统是有可能的，因为科学家毕竟在里面生活了一年多，但是，试验的最终失败也说明人类目前的科学技术与建立这种人造生态系统还有一定的距离。对于本部分内容，教师引导学生从两者的异同点的比较中来认识建立月球基地应该考虑的基本因素。

(5) 资料3"月球资源"展望了人类开发月球的远景，目的是说明建立月球基地的价值。月球上的矿藏、太阳能以及低引力和近乎真空的独特环境都是月球上可以利用的资源。此外，月球还可能成为人类进行外太空探索的中转站，当然月球还具有很强的战略意义。对于本部分内容，教师让学生收集更多的资料进行归纳总结。

最后的设计工作采用分组合作的形式，让不同的小组设计月球基地的不同部分。具体每部分的功能可以由学生来想象，应鼓励学生将其设想并画出来，然后向全班介绍。

二、学生合作学习探究

（一）前期准备动员阶段

1. 分组

合理的分组是有效合作学习的重要前提，可以把有同一兴趣爱好的同学分在一组。为使小组内部获得更多的信息、更深的见解，可以采取异质分组，就是把班内的学生按照性别、学习成绩、能力、生活背景等方面的不同分成不同的小组，这样分组有其合理的地方，在每个小组内体现了合理差异，让不同水平的学生都能够从合作学习中受益，为互相合作奠定了基础，又在各组间形成了大致的平衡，为各小组间展开公平竞争创造了条件；也可以采取随机分组。至于如何分组更合理、更有效，需要教师分析当地当时的教学条件、教学任务、教学时间而定。我在这次问题研究中采用异质分组，把全班同学分成5个小组，每组6—8人组成，学生自己推选组长，围绕同一个研究课题，通过分工合作搜集资料、开展探究活动。

2. 教师

在学生真正进入合作学习之前，要精心设计问题和创设合作学习的条件；在探究学习实施过程中，教师要及时了解学生开展研究活动的情况，有针对性地进行指导、点拨与督促；要组织灵活多样的交流、研讨活动，促进学生自我教育，帮助他们保持和进一步提高学习积极性；对有特殊困难的小组要进行个别辅导，或创设必要条件，或帮助调整研究计划。教师要在研究性学习的实施过程中，实现从知识传授者到学生学习的组织者、指导者、参与者的角度转换。

（二）搜集、准备资料阶段

（1）阅读教材相关内容和参考资料，去图书馆查找相关图书、期刊。

（2）网上搜索，收集资料。

（3）学习小组相互交流，制作多媒体课件、设计图、地理小报、资料卡片、编写讲稿等。

（三）演示作品、讲解、辩论阶段

小组演示讲解：逐一演示每个小组的作品，并推举一名同学讲解，其他小组可以提出有关的合理而清晰的问题，讲解学生回答所提问题，也可以同组成员补充回答。

班级讨论：小组演示讲解后，在班级各抒己见，集中解决关键问题。

教师在集中探究过程中对于学生难以解决的问题要给予适当的引导，使学生在教师的提示下逐渐明确解决问题的思路。

（四）师生评价阶段

合作评价，能有效地促进学生与他人合作，互相交流，积极沟通，促进自身发展。在教学中，可开展一些小组合作评价活动，使学生将个人表现与小组成就相联系。

项目	学习态度	团结互助	活动参与	作品质量	讲解	资料	综合评价
好							
一般							
有待改进							

三、活动总结

问题研究"月球基地应该是什么样子"，拓展了学生的知识面，开发了学生渴求运用知识的能力和愿望，使其认识到学习的最终目的，即了解自然规律，尊重自然，科学地改造自然，提高人们的生活质量，扩大人类的生存空间。活动中学生通过对地理信息的搜集、整理、分析以及辩论活动的参与，既提高了地理学习对学生的吸引力，也培养了学生的实践能力，更能在实践过程中发现问题，进而在解决问题的过程中激发学生的潜能和创造力；提高了学生的地理语言表达能力，增强了竞争意识；还培养了学生的动手能力（画出自己的"第二生物圈"），有利于学生素质的全面提高。"贵在参与、注重过程、强调方法"是高中地理新课程目标的关键。

（本文发表在《文化博览基础教育版》2013 年第 10 期）

马莉莉,本科,高级教师,苏州市地理学科带头人,中国地理学会、江苏省教育学会、江苏省信息技术协会会员,苏州地理学会理事。曾获大市级地理优课评比、地理教师基本功竞赛、中学生小论文和小报评比指导教师、主题班会一等奖。2014年度"一师一优课"活动中获部优,主持苏州市"十二五"规划重点课题"高中地理课堂参与度的影响因素及实践研究"、"十三五"规划重点课题"指向培养学生批判性思维的高中对分课堂教学模式研究"和全国教育信息技术研究课题"基于项目学习的中学地理翻转课堂的实践研究"。在《中学地理教学参考》《地理教学》《教学月刊》《中国信息技术教育》等十几种杂志上发表论文30多篇,其中有5篇被人大书报资料中心转载。2015年来多次在华师大慕课中心、苏州、武汉等地开设与执教"翻转课堂"讲座、示范课;2016年上海教师培训中心邀请录制"对分课堂"培训录像讲座。

马莉莉

近年来教育科研成果目录:

探触高中地理翻转课堂中"任务单"的设计——以"交通运输方式和布局"为例,《中学地理教学参考》,2014年第12期;

"主题式复习"在高三地理教学中的实践研究,《地理教学》,2014年第22期;

实验·问题·参与·建构,《中国信息技术教育》,2015年第20期;

探触高中地理翻转课堂中"活动单"的设计与操作,《地理教学》,2015年第24期;

"两单"式翻转课堂的设计与操作,《教学月刊》,2016年第4期;

"微课程教学法"地理翻转课堂的设计、过程与反思——以"城市化"为例,《中国信息技术教育》,2016年第12期;

微课程教学法"倒逼"我再次成长,《中国信息技术教育》,2016年第20期;

PBL在高中地理翻转课堂中的实施策略,《中学地理教学参考》,2017年第3期。
(马莉莉,嵇瑾合著)

PBL 在高中地理翻转课堂中的实施策略

PBL 是英文 Project-Based Learning 的缩写,起始于美国,引入国内后,在不同的文献中,学者们对这一概念的翻译不尽一致,有"基于项目的学习""项目式学习""项目学习"等。尽管表述不同,但实质内容都是一样的,即它是一种以学生为中心的学习方式,教师提供一些关键素材构建一个真实环境,学生组建团队,通过在该环境里完成一个开放式项目的经历来学习。它对全体学生都严格要求,要求学生团队协作、与同伴沟通、解决问题、自主学习,要求学生有批判性的思维并要善于分析,强化了更高水平的思维技能[1],强调学生在试图完成任务的过程中发展出智慧和能力,所以 PBL 既富有挑战性,又催人奋进。PBL 有一定的实施流程,即设计主题→选定项目→制订计划→实施方案→创作作品→交流成果→活动评价,需要投入一定的时间。基于学科的 PBL 是教学方式的变革,是以学科教学为依托,在教材中提炼出学习主题和项目,在课堂上精选实施部分流程。[2]

笔者经过两年半的实践研究,发现翻转课堂有效开展的关键是课前自主学习的成效,核心是课堂探究活动的创新,PBL 则是促成学生自主学习和探究活动的重要手段。下面,笔者结合自身的实践,谈谈高中地理翻转课堂中如何操作 PBL,促进学生对地理概念、原理、规律、现象的深度理解和内化,提升学生的学习技能、人际技能和思维技能。

一、设计主题,选定项目,提升学生学习技能

PBL 起始于一个与学生相关的并让学生感兴趣的真实问题,即项目主题。项目主题的设计是 PBL 成败的前提,也是 PBL 能否取得实效的基础。项目主题应具有四个特征:第一,特定性,即指与学习结果相关、与教学目标关联,达成一个特定的学习目标;第二,开放性,即指承载的学习任务不是唯一的,具有多样化;第三,挑战性,即指通过一个问题激发学生兴趣,让学生打开头脑风暴模式;第四,联系性,即把学生的地理学习与真实世界的经验联系起来,促使学生运用地理知识解决真实世界有意义的问题。[2]因此,项目主题必须要依据课标要求,依托学习内容,结合学生先前认知和经验来确定。

1. 教师设计主题,提升学生自主学习能力

翻转课堂有效开展的关键是课前自主学习的成效,微课程教学法倡导课前以"任务单"为载体,以达成目标为自评方式,通过问题引导,让学生按照自己的步骤进行自主学习。

教师在"任务单"中引入 PBL,通过微视频创设一个真实情境,点燃学生学习新知识的欲望。通过项目主题激活学生先前认知和经验,引领学生自主阅读教材,主动参阅教师提供的"资源包",积极查阅地图和查询网络等信息源。

例如,在《交通运输方式和布局》一课的"任务单"中,笔者提供的微视频是"一个好地方",抛出的项目主题是"五一假期,老师选用什么交通方式去那里游玩呢"。一个剪辑的 MTV 旅游宣传片,使学生心情舒畅、大脑兴奋、思维活跃,自然唤醒记忆里初中学过的关于"主要交通运输方式"的知识,自觉阅读教材中关于"五种交通运输方式优缺点"的比较表,主动查阅地图找到百色的位置,认真参阅教师提供的"百色交通条件"资源包,通过时间、价

格、路程等的计算、比较与分析,就能发现铁路是苏州到百色最便捷的出行方式,从而懂得一般规律与特殊情况的差异,明白交通运输方式的选择既要依据一般的规则,也要遵循具体情况具体分析的原则。

2. 学生设计项目,提升学生深度学习能力

翻转课堂有效开展的核心是课堂探究活动的创新,微课程教学法倡导学生是主体、教师是主导,所以教师的"导"体现在诊断学生先前认知的最近发展区,通过视频、图表等视觉信息源降低学生的认知负荷,激发学生"热情且有目的的行动"[1],激活学生的元认知意识。

例如,在《水循环》一课的"探究活动"中,笔者通过播放课前制作的《昊镜湖》微视频(内容是:通过 Google Earth 搜索到校园昊镜湖位置,然后通过历史轴工具显示出该区域在 2005 年前后地表状况的差异;再定格到 2015 年,展示一年内昊镜湖面的景观照片),营造一个真实校园的情境,让学生在10分钟时间内,通过小组协作讨论的方式,根据教师给出的达成目标(认识水体的类型;理解水体间的相互关系;运用示意图,说出水循环的过程和主要环节;说明水循环的地理意义)设计项目。10分钟后,通过展示—评价方式,淘汰伪项目(如昊镜湖是怎么形成的)、浅项目(如昊镜湖水为什么自西向东流)、与达成目标切合度低的项目(如美丽的昊镜湖),筛选出有意义的项目,引领学生深度学习。(见表1)

表1 学生探讨得出的有意义的项目主体及相关学习能力

项 目	深度学习	
	掌握学科知识能力	学会学习能力
昊镜湖是淡水湖吗	从水循环的角度,定性分析	采取水样化验的方法,通过数据证明定性分析
昊镜湖水何去何从	① 从水体的相互关系,分析昊镜湖的补给类型;② 根据昊镜湖的地理位置,判断水循环的类型,分析水循环的环节;③ 从水循环的地理意义,分析昊镜湖水对地理环境的影响	① 采用定点观察的方法,通过照片资料进行定性描述;② 采用测量的方法,说明昊镜湖水更新的周期
变幻莫测的昊镜湖	① 从水文要素的角度,说明昊镜湖水"变幻"的内容;② 从水体的相互关系,分析昊镜湖的补给类型;③ 从水循环的角度,分析湖心桥淹没的原因;④ 从水循环的地理意义,分析昊镜湖含沙量变化的原因	① 采用水量测量的方法,记录每天的水量,绘制流量变化曲线;② 采取水样测定的方法,记录含沙量数值,说明水色变化的原因

二、实施方案,创作产品,提升学生人际技能

PBL 是基于任务的合作性学习,学生组建团队制订合作方案,分工协作实施方案并创作产品。团队的形式为学生提供交流思想和分享智慧的机会,独立的任务增强学生搜集信息和应用知识的能力,合作的环境提升学生团结协作和有效沟通的技能。

翻转课堂有效开展的保障是协作探究的场域,微课程教学法倡导组建学习共同体,学生是学习者,是学习的责任人,要观察榜样,并要学习榜样;要对自己负责,也要对其他人负责。教师是助学者,要给学生提供探究的空间,要给学生"搭建脚手架",让学生深入地参与探究的过程,提出具有驱动力的问题。学生团队以 4~6 人为宜,成员要明确分工,主要有主持人、策划人、记录员、(产品)制作人、成果展示发言人等。"搭建脚手架"主要有示范、指导、

激发、排序、互动、使用视觉元素、逐步增加复杂度、突出关键特征等方式。

1. 实施方案,提升学生团队协作能力

例如,"热力环流"一课的"协作探究",教师提供的探究空间是求证实验,即"点蜡烛后,切洋葱,不流泪"是真的吗?"搭建的脚手架"是:提供实验材料——洋葱2个、蜡烛2支、小刀2把、打火机1个、计时器1个,呈现实验目的——①"切洋葱"真的会流泪吗?②"点蜡烛后,切洋葱"真的不流泪吗?提出项目模板——①描述两种情况下切洋葱是否流眼泪的现象,②绘示意图说明"点蜡烛后,切洋葱,不流泪"真假。学生按小组开展探究活动,过程如表2所示。

表2 "点蜡烛后,切洋葱,不流泪"探究活动过程

步 骤	活动内容
第一步	分工:1位主持人兼计时员,分2小组,每小组有切洋葱操作员1位、观察员兼记录员1位
第二步	准备:放好洋葱,点燃蜡烛,确定蜡烛与洋葱的位置和距离
第三步	操作:2位学生在主持人指挥下同时开始切洋葱,其他成员各尽其职观察、记录和拍摄
第四步	讨论:主持人召集组员汇总分组实验现象并分析原因
第五步	绘制:制作人根据组内的意见制作产品,一是阐述实验现象,二是绘制实验结果成因示意图

2. 创作产品,提升学生有效沟通能力

再如,"热力环流"一课的"协作探究",重点制作的产品是一幅解释实验结果的示意图。这就要组员在讨论时,从各自的角度说说实验时的感受、看到的现象、拍摄到的场景。表3是第三组的交流,其中生1是主持人,生2—生3是第一小组,生4—生5是第二小组。

表3 两小组成员交流过程展示

组 员	分 工	感受/现象/分析
生2	操作员	我切洋葱没点蜡烛,一会儿眼泪就流下来了
生3	观察员	当你流泪时,我问了一下时间,是1′19″
生3	观察员	我们小组同学泪流满面时,再看看另一位同学,他一点反应都没有
生4	操作员	是的,我是点蜡烛的,她在说流眼泪时,我还没感觉呢
生5	观察员	我是拿蜡烛的,当他洋葱切了一半时,我看他眼睛还没什么异常,就问他了,他说开始有点涩,我问了时间,是2′04″
生1	主持人/计时员	当你说他流泪了,我看了计时器,是2′56″
生1	主持人/计时员	这是我拍他切洋葱时的情况,看看他与洋葱、蜡烛的位置(见上图第三组)
生2	操作员	我上网查了一下,切洋葱流眼泪是因为洋葱里含有一种蒜氨酸酶的物质,洋葱被切开后,它就转化为一种气体释放到空气中,刺激泪腺
生4	操作员	你拿着2支蜡烛对着我,我感觉到热烘烘的

续表

组员	分工	感受/现象/分析
生5	观察员	蜡烛燃烧时肯定会产生热量啊
生3	观察员	我知道了,你们看(在纸上绘图):蜡烛的地方热,那洋葱的地方就是低温,按照热力环流的原理,热的上升、冷的下沉,洋葱的气味就往下,刺激不到眼睛,所以眼睛就不流泪啦

三、展示成果,评价活动,提升学生思维技能

PBL的独到之处就是成果展示和活动评价。在成果的展示中,学生对自己的思维进行了反思,将自己的内心对话外置,让别人看到他的思维,从而为形成性评价提供依据并成为可能。

翻转课堂有效开展的动力是评价机制的重构,微课程教学法倡导评价主体的多元化、评价方式的多种化和评价内容的多样化,主张"展示—质疑—阐释"一体化的学习形式,发展学生核心素养,即知识的掌握、方法的习得、兴趣的激发、习惯的养成、能力的形成、思维的提升和个性的张扬,特别是高阶认知范畴的批判性思维和创新性思维。

1. 展示成果,提升学生批判性思维能力

例如,"工业地域的形成"一课的项目成果是:论述"大众汽车工业是集聚还是分散"。成果展示是各小组通过辩论的形式和"展示—回应"的方式,陈述本方观点,驳斥对方观点。这显然是一个开放性项目,没有对与错,只是随着时间的推移、空间的变化和科技的发展,思考的角度不同导致观点不同。在辩论过程中,学生批判性意识的养成和批判性能力的提升,使他们的观点超出了笔者的预期,生成了"既集聚又分散"和"先集聚后分散"的结论。(见表4)

表4 学生关于大众汽车工业集聚还是分散的观点

观点	理由
集聚	① 靠在一起联系比较方便,还可以减少运输费用;② 靠在一起可以共用道路、供电、供水、银行、学校、医院等,省钱;③ 汽车整车厂是汽配厂的市场,这样很快就知道市场的需求量,从而不用担心产品的销路,也不会造成产品的积压;④ 靠在一起可以形成一个集团公司,对外的影响力和声誉可以提高;⑤ 交通是很便捷,运输时间虽然不需要太多,但是现在能源是很紧张的,分散后长距离运输会消耗更多的能源
分散	① 这些汽配厂不是只为这一家汽车厂提供产品,没必要跟它集聚;② 各个汽配厂的区位类型不同,如玻璃厂属市场导向型,发动机厂属技术导向型,而轮胎厂为了保证质量对原料的要求比较高,可能靠近原料产地;③ 现在已经是网络时代,信息非常发达,没必要集聚在一起;④ 集聚在这一个汽车厂周围还会影响汽配厂的产品类型多样化呢,对汽配厂进一步的发展和提高是不利的;⑤ 集聚在一起太多,会出现交通拥堵,水电供应紧张,况且现在交通非常便捷,距离不是问题,而且现在有物流公司,可以用集装箱运输,什么物品都可以运输
既集聚又分散	因为各汽配厂跟整车厂之间有生产工序上的联系,集聚在一起,不仅方便配件的购买,还可以共同分担基础设施的建设和维护费用;但对各汽配厂来说没必要集聚在一起,因为各汽配厂之间没有生产工序上的联系,只有空间利用上的联系
先集聚后分散	因为各汽配厂早期规模小,效益低,整车厂是保存其生存的主要支柱,甚至是唯一支撑,所以需要近距离地依靠整车厂。随着该厂规模的扩大、市场的拓展,就不需要只依附于一个整车厂了,这时就可以分散了

2. 评价活动,提升学生创新性思维能力

再如,在"工业地域的形成"一课的评价活动时,笔者突然想到工业布局的区位因素除了经济因素外,还有职工性别构成、企业者个人情感、政策等社会因素和"三废"问题的环境因素。这就有了下面表格中的创新成果。

表5 "工业地域的形成"创新成果展示

集聚	正因为这些厂会产生大气污染、水污染和固体废弃物污染,靠在一起才便于废气、废水、废弃物的集中回收和处理,减少废弃物处理厂的投资费用
分散	这些厂都会产生一些大大小小的环境问题,靠在一起环境污染就更严重,不利于自净,加大治理的难度和费用
既集聚又分散	同种污染物的要集中,不同污染物的要分散。因为有些废弃物回收后可以综合利用,如二氧化硫回收后可以建硫酸厂,粉煤灰回收后可建建筑材料厂

总之,PBL在翻转课堂中的应用是教师的智慧激发学生的智慧,提升学生的学习技能、人际技能和思维技能;是学生的智慧激活教师的智慧,增进教师的教学技能、教学机智和教学才情。

参考文献

[1]罗伯特·M.卡普拉罗,玛丽·玛格丽特·卡普拉罗.基于项目的STEM学习[M].上海:上海科技教育出版社,2016.

[2]徐锦生.项目学习:探索综合化教学模式[M].浙江:浙江大学出版社,2012.

(本文发表在《中学地理教学参考》2017年第3期)

微课程教学法"倒逼"我再次成长

两年前,偶识"微课程教学法"创始人金陵先生,他倡导的翻转课堂本土创新的理论与方法,吸引着我这个有着 28 年教龄的教师,开启了"翻转"课堂模式,踏上了"翻转"之路。

这一路,虽然弯弯曲曲,虽然跌宕起伏,虽然步履蹒跚,但一路有风景,一路有惊喜,一路有欢笑,还有一路的收获。我似枯木逢春,又青春焕发;我似老树发芽,又活力四射。翻转课堂"倒逼"我再次成长了!

● "倒逼"更新教学理念,发展教学素养

"微课程教学法"主张教学的中心轴是学生,课前以"任务单"为载体,通过问题引导,学生按照自己的步骤进行自主学习;课堂以"活动单"为平台,通过"微项目学习"引领,学生按照自己的想法进行协作探究。

在"交通运输方式和布局"教学中,针对"了解五种交通运输方式的特点并掌握选择的方法"这一教学目标,设置如下达成目标:"通过阅读教材、观看《告诉你一个好地方》MTV和完成任务(一),说出五种交通运输方式的优缺点,学会运输方式选择的方法"。

与之对应的是五个层层递进的问题链:① 观看 MTV,你知道这个好地方是哪里吗?请在"中国政区图"上标出。② 这个地方太美了,老师很想去游玩,你能告诉我怎么去吗?借助学习资源中的文件,你能给出几种建议呢?请写出出行方式,并用图例在空白中国政区图中画出线路。③ 老师想利用五一假期去游玩,你能告诉老师从苏州到那里最便捷的交通方式是哪种吗?为什么呢?④ 通过你的建议,老师知道五种运输方式在运量、运速、运费、连续性和灵活性方面各有优缺点,也知道了交通运输方式选择的方法,你能帮忙写出来吗?

一个 MTV 的旅游宣传片,使学生心情舒畅、大脑兴奋、思维活跃,自然唤醒记忆里初中学过的关于"主要交通运输方式"的知识,自觉阅读教材中关于"五种交通运输方式优缺点"的比较表,主动参阅我提供的关于"百色交通条件"的资源包,很快发现铁路是苏州到百色最便捷的出行方式,而非航空,这使学生清楚一般规律与特殊情况的差异,知道交通运输方式的选择既要掌握一般方法,也要考虑具体情况具体分析。

通过两年的修炼,我已领会并贯彻人性化学习理论、课程论和构建主义学习理论,成功转型为后台主导型教师,从课堂中心位置"退居"为"幕后的策划者",成为学生前台主体学习的促进者,还给学生学习的主动权,让地理课堂由讲堂变为学堂,使学生由被动学习转变为主动学习,成为地理课堂上真正的主人!正如听课老师所言:课堂上,学生"忙"得热火朝天,你却"没干"什么,好轻松哦!

● "倒逼"改变教学方式,增强教学技能

"微课程教学法"主张学习的责任人是学生,课前通过制定具体精准的达成目标,制作需求导向的"微课",设计问题化的导学任务,学生自我管理,自主达成学习目标。

例如,"热力环流",它属于自然地理,其运动规律的抽象性超出了学生感知的范围,学

习难度较大,有必要开发微视频给予支持。怎样的微视频才能触及学生的最近发展区和点化学生的智慧呢？中央卫视《是真的吗》栏目给了我灵感,实验可以让无法观察的宏观的热力环流现象具体化和可视化,使学生在生动而直观的感性认识中,激发学习地理的兴趣,唤醒主动参与的意识。于是,我把教材上的现场操作演示实验改为实验视频,录制了一个时长为1分32秒的视频。这样做,一来可以避免操作时可能出现的不成功,二来便于学生清楚观看、重复观看。

具体方法和过程是：先是点燃一束香插入一个空的长方形玻璃缸内,观察烟雾飘动方向；然后又点燃一束香,插入一个底部两侧分别放有冰块与热水的长方形玻璃缸内,观察烟雾飘动方向。这样,使"热力环流"成为可视的现象,帮助学生感受"热力环流"的抽象概念。在此基础上,完成任务(一),悟出"热力环流"概念的意义。相关任务如图1所示。

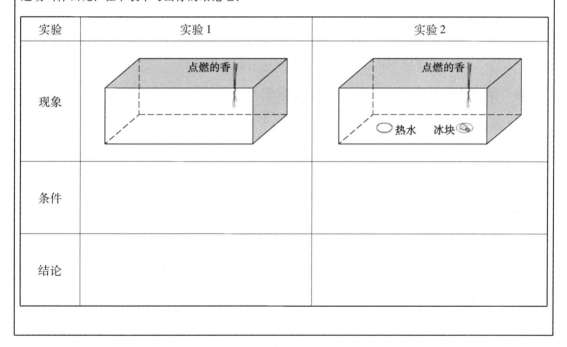

(一) 观看"实验视频",思考下列任务,完成表格：
1. 观察实验1与实验2中的烟雾是如何飘动的,并在下图中用箭头绘制出烟雾的飘动方向。
2. 比较两次实验在条件上有什么不同？
3. 比较两次实验在条件与现象上的差异,你知道烟雾的运动与什么因素有关吗？这种因素引起的大气运动叫什么呢？在下表中写出你的结论吧！

图1

学生在这个"实验视频"的引导下完成相应的任务后,都能说出并理解冷热不均是热力环流形成的根本原因。

课上进阶探究又设置了一个"切洋葱"生活小窍门验证实验(如图2),让学生在亲手切洋葱、观察和体验不同条件下切洋葱感受的过程中,再次感受"热力环流"现象,领悟"热力环流"原理。

> (二) 实验探究:"点蜡烛,切洋葱,不流泪"是真的吗?
> 材料:洋葱若干,蜡烛2支、刀一把、打火机一个。
> 要求:组内选派两位同学隔开一段距离同时切洋葱,其中一位同学在点好2支蜡烛后再切洋葱,另一位同学直接切洋葱。观察这两位是否流眼泪。若流泪,时间上、程度上是否有差异?
> 目的:①"切洋葱"无休止地流泪吗?②"点蜡烛,切洋葱"真的不流泪吗?
> 成果:① 描述实验现象;② 绘示意图并说明探究实验结论。

图 2

学生通过小组实验后,都能说出并理解热力环流的一般规律、热力环流对等压线的影响,都能画出热力环流的模式图(如图3),图中曲线为近地面的等压线,图中箭头线为气流运动状况。

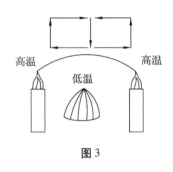

图 3

通过两年的实践,我已掌握并娴熟运用教学目标分类法、支架式教学法、结构化思考法、意象化感悟法,把课程标准转变为可量化的达成目标,把重点难点转化为可视化的微型视频,把原理方法转化为可操作的深度学习,成功转型为静观倾听型教师,成为学生智慧的点化者!

正如学生所言:"任务单"就像一根魔杖,吸引着我去阅读教材;"微视频"就像点金石,想不会都不可能;当"课前检测"全部做对时,那高兴劲儿就甭提了!

● "倒逼"开发活动素材,拓展专业学识

"微课程教学法"主张"微项目学习"探究的主题要来自真实情境。课堂上,通过具有一定挑战性的真实主题探究,激发学生的学习热情,活化学生的思维触角,引领学生深度学习,内化地理原理和规律,拓展迁移同化、举一反三、触类旁通等技能。

在两年的实践中,我博览群书,积累专业知识;我海纳百川,博采他山之石;我专研乡土,汲取地理活水;精心打造每一个微项目主题,精心策划每一个微项目活动,生成一节又一节高潮迭起的精彩课堂。

例如,在教学"城市化"一课时,我从乡土地理入手,以"苏州的城市化"为探究主题,先通过"绘制苏州城镇人口占总人口比重变化图",使"城市化"具体化和可视化,感受"城市化"现象,内化"城市化"进程;再以"苏州城市化,让生活更美好还是更糟糕"为辩题,展开一场10分钟的辩论活动,使"城市化对地理环境的影响"形象化和立体化,辩证认识"城市化",展望"城市化",投身"城市化"(如图4)。

1. 根据下表资料,绘制苏州城镇人口占总人口比重变化图,分析苏州近10近来城市化进程的特点。

时间(年)	2005	2006	2007	2008	2009	2010	2011	2012	2013	2014	2015
城镇人口占总人口比重(%)	64.7	65.1	65.6	66.0	66.2	70.5	71.3	72.3	73.3	73.9	74.9

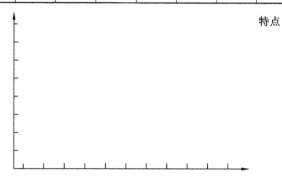

2. 依据苏州城市化进程的特点,需要搜集哪些方面的事实材料来证明呢?

3. 辩论:苏州城市化,让生活更_____(美好 or 糟糕)!

正方	反方
苏州城市化,让生活更美好!	苏州城市化,让生活更糟糕!

4. 为苏州新型城镇化建设献计献策。

图 4

正如专家所言:课未始,兴已浓;课正行,兴愈浓;课已毕,兴犹浓!

● "倒逼"调整评价方式,增长教学智慧

"微课程教学法"主张发展学生应对未来挑战必备的核心素养,如合作与交流能力、信息与通信技术的掌握、创造性与批判性思维等。

在两年的实践中,我已谙熟多元智能理论,实行多元的评价主体、评价内容、评价标准和评价形式,注重差异性,强调和谐性,突出创新性,对每一位学生报以积极而热切的期望,寻找并挖掘每一位学生的闪光点,发现并发展每一位学生的潜能。

1. 自我评价

我在"任务单"和"活动单"中增设"评价反思"一栏,让学生依据达成目标对自己的学习成效进行评价,这是自我评价,是自我的形成性、终结性评价。

2. 他人评价

在"课前检测"和"进阶探究"中开展"组内交流、全班展示—质疑—回应"环节,让同学之间在学习过程中开展协作评价,这是他人评价,是同学之间的过程性、发展性评价。

在这样的学习模式下,都能自觉地自我反思,不仅知道自己已经学会什么知识、提高了什么能力、养成了什么思维习惯;而且还养成了批判性思维,学会了提问题。例如,在"洋流"一节学习中,学生提出了7个有价值的问题和建议:① 暖流是从水温高处流向水温低处,那赤道逆流与西风漂流的流向是一致的,为什么一个是暖流一个是寒流呢? ② 亚欧大陆东岸是季风气候,那太平洋的西岸为什么没有形成季风洋流呢? ③ 西风漂流与北太平洋暖流、北大西洋暖流都是盛行西风影响,为什么西风漂流是寒流? ④ 太平洋中的秘鲁寒流可以形成渔场,那大西洋中的本格拉寒流能否形成渔场呢? ⑤ 大西洋中的南赤道暖流怎么越过赤道向北流呢? ⑥ 海上油田泄漏了,我们要不要清理呢? ⑦ 洋流是大规模的海水运动,那我们能不能用来发电呢?

总之,翻转课堂促进教学相长,帮助我提高化解困窘的教学机智,增进驾驭课堂的教学才情,增长我升华情感的教学智慧,让我享受课堂!享受学生发展带给我的快乐!

参考文献

[1] 马莉莉.探触高中地理翻转课堂中"任务单"的设计[J].中学地理教学参考(上半月),2014(12).

[2] 马莉莉.实验·问题·参与·建构[J].中国信息技术教育,2015(20).

[3] 马莉莉."微课程教学法"地理翻转课堂的设计、过程与反思[J].中国信息技术教育,2016(12).

(本文发表在《中国信息技术教育》2016年第20期)

探触高中地理翻转课堂中"任务单"的设计

——以"交通运输方式和布局"为例

"翻转课堂"就是把传统的课内学习新知、课后消化巩固,"翻转"为课前自主学习、课中交流内化。课前自主学习是以完成"任务单"的形式进行的,"任务单"的质量至关重要,因为它影响着学生课前自主学习的深度、广度与效度,影响着微课等配套学习资源采用的类型,从而还会影响课中交流内化的策略及其有效性。所以说"任务单"在"翻转课堂"中具有统驭灵魂的作用。

"任务单"全称是自主学习任务单,是教师在"化教为学、化生为师、化静为动、化被动接受为自觉生成"理念下,设计的以表单形式呈现的指导学生自主学习的方案,是提供给学生进行自主学习以达成学习目的的一种支架,它的三要素是学生做什么、为什么学和怎么学。"任务单"的使用主体是课前在家按照自己步骤进行自主学习的学生,教师是隐藏在后台的自主学习的指导者,这样就确立起"学生为中心"的生本学习模式。

下面,笔者以人教版高中地理必修2"交通运输方式和布局"一课为例,谈谈翻转课堂中课前自主学习"任务单"的设计。

一、"任务单"的框架结构

1. 课题名称

课题名称指单位课时教学活动的学习主题,以"版本+年级+班级+学科+册+内容名"表示。一般以"年级+班级+内容名"标明即可。

如本课的课题名称为"高一(9)班'交通运输方式和布局'课前自主学习任务单"。

2. 达成目标

达成目标是教学目标的转化形式。反映要求学生通过自主学习达到掌握学习材料的维度和程度。一般用"通过观看教学视频(或阅读教材,或分析相关学习资源等)+完成'任务(序号)'给出的任务+能力要求+知识要求"表述,这样学生就能够一目了然地知道,通过什么样的方式或渠道就能获得怎样的能力和掌握哪些知识。因此,达成目标不是一个变量要求,而是一个常量要求。要求学生在家进行自定进度的学习,即按照自己的步骤学习,直到掌握学习材料,达到达成目标规定的要求。设计思路是先通过分析教材和课标提炼出教学目标,再把教学目标转化为学生自主学习应当达成的目标。这一转化对于促进学生高效自主学习是非常关键的。

例如,"交通运输方式和布局"一节的课程标准是"结合实例,说明生产活动中地域联系的重要性和主要方式",笔者根据人教版必修2第五章第一节的教材内容,确定了三个教学目标;再根据学生情况和教学资源,设定成"任务单"中的3个达成目标。(见表1)

表 1　3 个达成目标

序号	教学目标	达成目标
1	了解五种交通运输方式的特点,并掌握选择的方法	通过阅读教材,查看学习资源,完成"任务一"规定的任务,从而了解五种交通运输方式的优缺点和学会运输方式的选择
2	了解交通运输发展的趋势	通过阅读教材或教学视频,完成"任务二"规定的任务,从而了解交通运输的发展趋势
3	理解交通运输的布局及其意义	通过阅读教材案例,观看教学视频《南昆铁路的建设》,完成"任务三"规定的任务,从而学会从自然、社会、经济和技术四方面分析交通运输线(点)布局的区位条件;学会从经济和社会两方面分析建设交通运输线(点)的意义

注:具体任务内容见表 2

学生看了这个"达成目标"就清晰地知道本课的能力目标是"了解、学会分析",知识目标是"交通运输方式的特点和选择、发展趋势、交通运输线(点)布局的区位条件和意义",方法过程是"阅读教材、案例和查看资源、观看视频"。这样也明确告诉学生只要花费符合自己学习进度的时间,这些目标是任何学生都能达成的,从而增强学生自主学习的信心。

3. 学习任务

学习任务是任务单的主体部分。学生自主学习能否达成目标,主要依靠"学习任务"来保证。教师关于学习目标的理解、学习方法的渗透、学习能力的培养、学习内容内在联系的驾驭,以及学生情感、态度、价值观的树立,都会在任务设计中呈现出来。

要把达成目标落到实处,就要精心设计学习任务,使学习任务达到"只要学生完成任务就达成目标"的程度。

例如,笔者针对本课题的三个达成目标和学生的知识基础、生活体验、思维能力,设计了三大学习任务,如表 2 所示。

表 2　三大学习任务

序号	要求	具体任务
一	阅读教材 P78 表格,查看相关的学习资源,完成:	① 观看 MTV《告诉你一个好地方》,你知道这个好地方是哪里吗?请在中国政区图上标出。 ② 这个地方太美了,老师很想去游玩,你能告诉我怎么去吗?借助学习资源,你能给出几种建议呢?请写出出行方式,并用图例在空白中国政区图中画出线路。 ③ 老师想利用五一假期去游玩,你能告诉老师从苏州到那里最便捷的交通方式是哪种吗?为什么呢? ④ 通过你的建议,老师知道五种运输方式在运量、运速、运费、连续性和灵活性方面各有优缺点,也知道了交通运输方式选择的方法,你能帮忙写出来吗?
二	阅读教材 P78—P80,完成:	① 阅读教材 P78—P80 图文材料后,你能知道交通运输发展的趋势有哪些吗?若有困难可观看视频文件《现代交通运输的发展》。 ② 作为苏州人,你知道苏州市交通运输发展的趋势吗?若有困难可查看资源包中苏州市交通图或上网检索。

续表

序号	要求	具体任务
三	阅读教材 P80—P81 案例"南昆铁路的建设"图文资料,完成:	① 南昆铁路在哪里?你能在图中绘出来吗? ② 我国为什么要修建南昆铁路呢? ③ 为什么到1997年才修建南昆铁路呢? ④ 通过两个"为什么"的思考,你知道南昆铁路的布局要受到哪些因素的影响和制约吗? ⑤ 观看视频文件《南昆铁路建设前后沿线地区发展状况》,你知道南昆铁路建设后给沿线地区的人们和经济带来什么好处吗?

总之,恰当的任务,学生通过自主学习后,就能达成设定目标;不适合的任务,不仅达不到教师设定的目标,有的甚至因学生无法操作而使自主学习流于形式。

4. 困惑与建议

困惑与建议是学生在自主学习过程中产生的反馈,可以是学生自身知识上的障碍、能力上的缺陷,也可以是学习目标规定要求外的学生还希望知道的东西,还可以是对教材内容的质疑、对任务单的修改意见、对教师提供的学习资源的建议等。笔者在实践中发现,学生通过完成任务达成学习目标,变得愿意提问题了,而且提出了不乏深度的问题,表明学生发现问题的能力得到发展,当然,问题的提出还促进了教学相长。

例如,在本"任务单"中,高一(9)班学生提出了7个有价值的问题和建议:①中国现今相类似南昆铁路的轨道还建了哪些?其目的也同南昆铁路一样吗?②南昆修建后沿线有何巨大变化(具体数据及图片)?③交通运输的发展是否会对环境产生破坏?④建成南昆铁路后地区实际发展如何?⑤我国目前铁路技术如何?⑥有些国家铁路的轨距不同,是否说明国家之间没有铁路交通网?⑦未来运输趋势?

笔者在录制"南昆铁路的修建"教学视频中就采纳了第二个建议,增加了南昆铁路沿线地区的生产生活景观图片、经济效益数据比较表和相关的新闻报道。这样修改后,学生反映对"修建南昆铁路的意义"的感受不再是空洞、简单的文字,而是有了真切的体会,真正领悟到南昆铁路所带来的社会意义和经济意义。

二、"任务单"的设计原则

学习任务是"任务单"的重中之重,要设计出高质量的任务单,关键就是学习任务的设置。这就要求教师在设置学习任务时遵循以下3个原则。

1. 问题化,梯度性

"学起于思,思源于疑。"问题可以激活学生的思维,引导学生深入理解教材,促进学生主动探究。所以,问题是自主学习的向导,把教学重点、教学难点和其他知识点转化为问题是任务设计最基本和最有效的方法。

设计学习任务的目的是让全体学生通过自主学习后有所收获,面对任务,每一位学生都要有事可做,有探索的兴趣与欲望。所以,教师在研究学生和知识内容的基础上,从学生认知特点出发,任务设置要有梯度,要考虑设计帮助的支架,并留有攀登的空间,让差一点的学生"吃饱",强一点的学生"吃好",优秀的学生"跳一跳"。

例如,对于表2中的学习任务(二),笔者考虑到"交通运输的发展趋势",教材有一段文字、两幅图和一则阅读的介绍,学生只要看看教材都能找到答案(高速化、大型化、专业化和网络化)。再根据以往学生的反馈信息——大都死记硬背、囫囵吞枣,尤其是"专业化",遇到实际问题总是出错。所以,围绕"了解交通运输的发展趋势"这一知识点设置了两个有梯度的问题,为让不同层次的学生都能达成目标,两个问题都设置了帮助支架和预留了攀登空间。第一个问题是总体概况,为了帮助差一点的学生"吃饱",搜集了一些图片和数据,制作了一个《现代交通运输的发展》的微视频。第二个问题是具体区域,是为了让强一点的学生"吃好",优秀的学生"跳一跳",提高知识的迁移能力,同时让学生明白"交通运输的发展趋势"是有地区差异的,要有具体情况具体分析的意识。

2. 生活化,趣味性

教育心理学的研究表明:学生在没有精神压力、没有心理负担、心情舒畅、情绪饱满的情境下,大脑皮层容易形成兴奋中心,思维最活跃。所以将生活中的情境引入"任务单",学生会觉得亲切、自然,易于接受与理解,还能产生兴趣,激励他们主动求索,并在求索中继续产生愉快的情绪和体验,从而获得最佳的学习效果,也为身心健康和学业事业的发展打下良好的基础。

例如,对于表2中的学习任务(一),笔者考虑到学生在初中地理中学习过"主要交通运输方式",教材中也只用一张表格介绍了五种交通运输方式的优缺点。为了唤起学生的记忆,防止学生死读书,笔者播放一个MTV创设轻松有趣的氛围,激发学生的兴奋点,吸引学生的眼球,再以旅游的形式营造生活化的情境,把较为抽象的地理知识与学生的生活经验联系,用生活常识解读地理,既让学生感到亲切真实,产生了探究的兴趣,又降低了抽象知识的难度,起到了化难为易的效果。

3. 目标化,启发性

每个学习任务要与学习目标相匹配,并有相应的解读。教师用学习任务从不同角度为学习目标的实现创造可能,学生带着明确的学习任务进入学习过程,通过分散在不同任务里的目标的逐一实现来完成建构知识与经验积累。

学习任务的设计应富有启发性,能充分调动学生的思维,让学生通过自主学习,领悟知识的奥妙,培养思维的敏捷性、顿悟性和创造性。

例如,对于表2中的学习任务(三),笔者考虑到教材是选择"南昆铁路的建设"为案例介绍"交通运输布局与意义",但案例比较简洁,只有一张"南昆铁路穿越的地区"图和三框文字。南昆铁路及其沿线地区,对于苏州学生来说是一个陌生的概念和地方,为了能让学生吃透案例,熟悉南昆铁路,笔者搜集了一些图片和数据,制作了一个《南昆铁路建设前后沿线地区发展状况》的微视频,设计了五个问题。第一个问题是要学生能图文结合,学会从地图中解读相关的有用的地理信息;第二个和第三个问题是启发学生从不同的角度思考"修建南昆铁路的区位条件和意义",掌握分析问题的思路和方法;第四个和第五个问题是要学生能全面认识和掌握"修建南昆铁路的区位因素和意义",落实学习目标。

实践表明,过多容易的任务,会使学生长时间处于低水平思维状态,尤其是学习能力强的学生,会逐渐丧失学习的兴趣;过多难度偏高的任务,则对学生的思维带来压力,尤其易增加学困生的挫折感。所以,设计"任务单"时,教师一定要转变观念,充分考虑学情,把设计的出发点和归宿真正转移到"为学生的学"上,并把是否有利于学生的学作为检验教师的设计是否有效的重要标准。

(本文发表在《中学地理教学参考》2014年第12期)

"微课程教学法"地理翻转课堂的设计、过程与反思

——以"城市化"为例

"城市化"是笔者作为"微课程教学法"实践者,于2016年3月26日至30日在苏州工业园区职业技术学院召开的"翻转课堂本土创新暨微课程教学法教学观摩会"中,在苏州实验中学开设的一节高一地理示范课,教学时间为40分钟。

本节课不仅是借校借班,而且该班学生从未接受过"翻转课堂"学习,但笔者仍然按照"微课程教学法"的理论与方法,进行教学设计,展开教学活动。

● **教材分析**

本课内容为高中《地理》(人教版·必修2)第二章"城市与城市化"第三节"城市化",是从时间维度说明城市发展历程和发展趋势,为此本节的主要内容是城市化的概念、世界城市化的进程和城市化对地理环境的影响。本节内容是该章的重点内容,与前两节联系密切。城市化是一个城市内部空间结构的形成和不断发展变化的过程,也是一个城市等级不断提升的过程和一个区域内城市等级体系的形成过程。同时,本节内容与前一章"人口的变化"中"人口的空间变化"密切相关,大量人口从乡村迁入城市是城市化的重要表现;反之,则为逆城市化。

● **达成目标发掘**

"微课程教学法"认为翻转课堂是一种目标管理式的学习,学生是目标管理的第一执行人,达成目标就是学生自主学习应当达到的认知程度、认知水平或认知标准。"微课程教学法"分为课前和课中两部分,课前侧重知识的获取和能力的养成,课中侧重综合能力的提高和地理素养的提升。因此,根据课程目标"运用有关资料,概括城市化的过程和特点,并解释城市化对地理环境的影响",把教材内容按课前和课中进行分割,把课程标准转变为可量化的课前和课中各有侧重的达成目标。

● **课前准备**

1. 设计课前学习任务

"微课程教学法"要求学习任务必须与达成目标配套,使学生完成任务就能达成教学目标。笔者根据课标要求和教材内容,先把学习内容进行细化;再本着"问题导向"的原则,把学习内容转化为便于学生自主学习的一系列问题。笔者设计的学习任务与达成目标具有一一对应的关系,用意就是让学生知道:只要按要求完成学习任务,就一定能达成学习目标,而且还能很好完成"课堂学习形式预告"中的第一个环节——"检测自主学习"。

笔者阅读教材,发现教材在"城市化对地理环境的影响"这一部分中,用大量的文字和图片阐述了"城市化对大气圈、生物圈、水圈和岩石圈四大自然地理环境的不利影响"和"过快的城市化产生的环境污染问题",而对"城市化对地理环境的有利影响"只用了两行字一

带而过。再细心研读教材,就能发现教材在"什么是城市化"这一部分中,用了三行字说明了城市化的意义。结合当前的社会现状,不难发现许多新闻媒体的负面报道过多,这样导致一些学生会过度放大城市化的个别问题,走极端,而忽略城市化对个人和地区的积极意义。因此,笔者设计了学习任务(三),以表格的形式和分类比较的方式,培养学生的辩证思维,强化学生辩证地看待"城市化的影响",让学生认识到:城市化是一个地区社会经济发展的必然结果,城市化是社会进步的表现,带来了生产方式、生活方式、价值观念等的巨大变化;只有过快的城市化或不合理的城市化才会出现严重的"城市病"。

2. 录制微视频

"微课程教学法"认为"所有的学生都会自主学习""所有的学生都是在懂了的前提下开始课堂学习",同时也主张"课前让学生按照自己的步骤学习"。因此,需要教师根据自身的理解与经验来确定学习任务中的困难部分,并录制成"配套的教学视频"作为支架,帮助学生完成学习任务。

学习任务一中"城市化的概念、标志、水平衡量指标和动力"等知识在教材上都有讲述,但都分散在图、文中,没有做系统而清晰的归纳。为了让学生理解各知识点、理清它们之间的关系,以及学会用规范的语言表达,笔者录制了一个以"城市化概况"为主题的微视频1。

学习任务二中"城市化进程及其特点",教材通过2张图呈现,比较难于理解,而且读图能力是学习地理的基本技能。所以,笔者以"城市化进程示意图"的解读为案例,录制了一个以"城市化进程阶段"为主题的微视频2-1。一是协助学生完成学习任务二的第一个任务;二是教会学生阅读流程图的方法和思路;三是让学生掌握了读图方法后,完成学习任务二的第三个任务。

学习任务二中"城市化进程的现象及原因",教材通过"英国的城市化进程"案例呈现,静态的文字和图难于表达动态的城市化、郊区城市化、逆城市化和再城市化等现象。所以,笔者以教材案例为脚本,录制了一个以"英国城市化进程"为主题的微视频2-2。一是帮助学生进一步理解"学习任务一"中的所有知识;二是帮助学生理解城市化进程中的各种现象及其形成原因;三是让学生掌握了比较说明的方法后,完成学习任务二的第三个任务。

3. 设计课堂活动任务

"微课程教学法"对于翻转课堂的本土化创新,不仅仅是问题导向、环环相扣的"课前自主学习任务单"和自主学习需求导向的"配套教学视频",最有特色的当属课堂教学方式的创新,即问题引导的课堂"四步法",尤其是依据学生最近发展区的"微项目学习"。"微课程教学法"主张微项目的探究主题要来自真实情境,且具有一定挑战性。为此,笔者从苏州乡土地理入手,搜集整理近10年苏州城镇人口占总人口比重数据,创设"苏州城市化"的探究主题,先让学生绘制苏州城镇人口占总人口比重变化图,使"苏州城市化"具体化和可视化,感受"苏州城市化"现象,内化"城市化"进程;再让学生以"苏州城市化,让生活更美好还是更糟糕"为辩题,展开一场10分钟的辩论活动,使"城市化对地理环境的影响"立体化,辩证认识"城市化",展望"城市化";最后以"苏州是我家,建设靠大家"的形式,让学生为苏州新型城镇化建设献计献策,立志投身"苏州城市化"。

为了纠正学生对城市化影响的片面认识,为了让学生感受到苏州城市化让生活更美好,为了增强学生探究活动的成就感和自信心,笔者搜集整理了"智慧苏州"新闻和"苏州风貌"宣传片等视频素材,以及有关苏州政府和部门在建设新型城镇化方面的政策、举措等图文材料,震撼学生的灵魂,使学生的体会和认识可视化。

4. 设置评价反思平台

"微课程教学法"贯彻多元智能理论,倡导多元的评价主体、评价内容、评价标准和评价形式,注重差异性,强调和谐性,突出创新性,对每一位学生报以积极而热切的期望,寻找并挖掘每一位学生的闪光点,发现并发展每一位学生的潜能。因此,笔者在"课前自主学习任务单"中设置"评价收获"一栏,意在通过构建思维导图方式,让学生把学习任务中碎片化的知识系统化;同时,让学生在构建中检验自己自主学习的达标程度。设置"反思困惑"一栏,意在给学生一个反馈自主学习成效的平台,以便教师掌握课堂上需要一对一指导帮助的学生。在"课堂内化拓展活动单"中设置的"评价反思"一栏,意在让学生依据达成目标对自己的学习成效进行评价,这是自我评价,是自我的形成性、终结性评价;在"课前检测"和"进阶探究"中开展"组内交流、全班展示—质疑—回应"环节,让同学之间在学习过程中开展协作评价,这是他人评价,是同学之间的过程性、发展性评价。

● **课堂过程与反思**

1. 检测

内容:7道单选题。预设时间5分钟,要求学生先独立完成,然后组长负责进行小组内交流,最后由一组展示答案,其他组评价。

生成:3分钟内所有学生全部独立完成;2分钟组内交流、互讲。

经组长统计结果显示:第1组、第2组、第3组、第5组和第6组所有成员100%正确;第4组有1人的第2小题在组内交流时得到纠正;第7组有1人的第3小题与组内不一致,但没有接受组内同学的说法,最后主动提交到全班展示。

反思:① 用时超过预设,说明学生对于组内交流互讲过程不熟悉。② 第7组组内有分歧且没有协作好,一是说明小组成员的组合搭配欠妥,没有领头羊,这也是借班上课对学生不熟悉的普遍症结;二是说明学生不会表达自己的解题思路和过程;三是学生间缺少信任感。③ 该同学能大胆主动展示自己的答案,而且是明知与同学不一致的结论。首先表扬该生的主动性和积极性,以保护他的自信心;同时,也提醒教师在小组交流时要细心观察,及时介入,一对一指导需要帮助的学生。

2. 进阶

内容:"苏州城市化"的特点和表现。预设时间10分钟,要求学生先独立完成绘图和析图,然后组长负责进行小组内交流并汇总一份组内进阶成果;最后全班开展"展示—质疑—回应"。

生成:3分钟内,所有学生都绘制好曲线图;随后约用2分钟时间,各组组长都能及时组织本组成员进行协作评价,并绘制一张代表本组共识的曲线图;随后约用5分钟时间,各组组长召集本组成员分析所绘"近10年苏州城镇人口占总人口比重变化图",展开"苏州城市化进程特点和表现"协作讨论,并把讨论结果记录在展示单上。

意外:教师发现第4组有两位同学的图位置偏上且超出了规定区域,在全班交流结束后投影呈现,让同学查找原因,从而让学生明白制作地图中比例尺的重要性。用时2分钟。

反思:① 本环节的协作交流过程顺畅,说明学生学会了组长负责制的协作评价与展示交流。由此可以看出学生的可塑性是极大的,只要给他们一定的空间和时间。② 及时捕捉到学生活动中的意外,并开发成学习资源,一是帮助出意外的学生及时诊断,二是让全班学生有了意外的收获。尽管比预设时间多用了 2 分钟,但学生的收获是极大的,印象也是极深刻的。由此可以看出教师课堂教学机智的重要性。

3. 探究

(1) 辩论:苏州城市化让生活更美好 or 更糟糕?(15 分钟)

学生结合课前自主学习任务单中的任务三,静思 2 分钟,选择正/反方,梳理理由;然后,全班同学分成正反方,站立于讲台两侧,开始自由辩论,要求正反方交叉进行陈述或辩驳。

反思:① 本环节气氛活跃,学生参与的积极性和主动性得到充分的发挥,由于时间的限制,发言学生数受限制,需要改进。② 辩论的主题来自真实的生活,让学生有感而发,有话可说。"城市化对地理环境的影响"知识在辩论中使认识越来越清晰,在辩论中得到渗透和内化。

学生观看新闻《智慧苏州》视频和《苏州风貌》宣传片,感慨城市化对苏州的积极的影响。

反思:动态的视频、及时的新闻,让学生的体会和认识立体化和可视化,从而产生强烈的震撼。但这要求教师要有广博的学识、精湛的素养、深厚的功底。

(2) 为苏州新型城镇化建设献计献策。(8 分钟)

内容:先让学生小组内畅所欲言,再归纳 3 条以上的可行性措施,时间为 4 分钟。然后全班交流,最后教师呈现苏州政府和有关部门的一些举措。

教师归纳学生的计策:① 制定相应的政策,加强苏州环境的治理和保护,让苏州的天更蓝、水更清、山更绿;② 调整产业结构,发展高技术工业和第三产业;③ 加强打工人员的管理,并对其进行培训,提高其素质;④ 对苏州市进行合理的规划,加强绿化,增加绿地覆盖率;⑤ 加强苏州的交通运输建设,合理规划道路,增加公共交通;⑥ 加大科技的投入和开发,打造智慧苏州。

学生观看视频"苏州政府及有关部门的举措",当看到与自己的计策不谋而合时,兴奋不已。

反思:该环节符合学生的最近发展区,充分体现学生的主人翁意识;通过事实素材的呈现,增强学生的成就感和自信心。只是需要教师关注生活,关注社会,才会有课前充分的准备和精心的预设。

4. 评价

内容:构建本节课的思维导图。预设时间 2 分钟,要求学生思考本节的中心词是什么,围绕它涉及了哪些内容。梳理一下它们之间的关系。

学生自觉拿出"课前自主学习任务单",自觉修正和完善课前认识上的不足与缺陷,构建"城市化"思维导图。

反思:本环节与"课前自主学习任务单"的"评价收获"一致,把"学习是学生自己的事"真正落到实处。同时,充分体现构建主义理论,"同化"和"顺应",自主构建。

参考文献

金陵.翻转课堂与微课程教学法[M].北京:北京师范大学出版社,2015.

(本文发表在《中国信息技术教育》2016 年第 12 期)

钱家荣,男,硕士,祖籍苏州相城,民进会员,教授级中学高级教师,江苏省特级教师,苏州市"姑苏教育领军人才",苏州市名教师,苏州市学科带头人,苏州市教科研学术带头人;吴中教育名家,吴中区知名教师。

主要从事教师教育、中学心理健康教育工作。工作以来参与国家级课题研究4项,省级课题研究4个,苏州市级课题研究3个。主编出版了《家庭教育教程》《家园同步教育指南》《中学生心理教育》等书。在《电化教育研究》《外国中小学教育》《教学与管理》《中小学心理健康教育》等省级以上刊物发表论文100多篇。

教坛执鞭近三十载,现任江苏省木渎高级中学教科室主任,兼任江苏省教育学会中小学心理教育专业委员会理事,江苏省心理学会会员,苏州市教育学会中小学幼儿园心理健康教育专业委员会副会长。

钱家荣

近年来教育科研成果目录:

心理教育的整体视野与建构,《苏州德育》,2014年第2期;

江南水乡的历史地位及其保护——以苏州城乡一体化进程为分析视角,《苏州教育学院学报》,2014年第2期;

中学生生命意识状况调查及教育对策(上)(下),《苏州德育》,2014年第6期、2015年第1期;

论当前大陆家庭教育中的传统继承问题,《中国家庭教育》,2014年第3期;

基于课程视角深化学校管理标准的落实,《新课程研究》,2015年第2期;

基于KPI的教师绩效管理,《学校管理》,2015年第2期;

超半数中学生认为生命教育见效甚微——针对1069名中学生的生命意识状况调查,《中国教育报》,2015年6月24日;

22.83%的中学生有过轻生念头,《妇女生活(现代家长)》,2015年第9期;

四位一体的生命教育建构及其实施,《生活教育》,2016年第3期;

学校心理健康教育的课程意识及课程实践,《中小学心理健康教育》,2016年第7期;

后现代视野中的教育变革与技术建构,《中国教育技术装备》,2016年第15期;

普通高中课桌椅使用的现状调查及改进建议,《中国现代教育装备》,2016年第11期;

推动心理健康教育的科学发展,《江苏教育》,2017年3月第24期;

班主任眼里要容得下"沙子",《江苏教育》,2017年第31期;

像叶圣陶那样做老师,《江苏教育》,2017年第30期。

超半数中学生认为生命教育见效甚微
——针对1069名中学生的生命意识状况调查

近年来,随着城市化进程的加快推进、社会养老制度的不断健全,中国成年人自杀率大幅下降,但与此相反的是中小学生自杀、自残、伤人、伤害动物、被伤害、失联现象屡有发生,且有上升和低龄化趋势,这不得不引起我们的思考和重视。究其原因,除了家庭因素、学校因素和社会环境因素以外,这些危及生命的极端行为的发生,最直接的原因是中小学生自我功能的不足,生命意识不强。心理的脆弱、应对挫折能力的欠缺、对生命理解的不足以及知识经验的局限,尚不能形成明晰的生命意识,导致其对生命缺乏尊重与珍惜。

生命意识是自我意识的重要组成部分。所谓生命意识,就是让个体意识到自己生命的存在,意识到他人生命的存在,意识到世界上一切生命的存在,以及生命间错综复杂的联系和关系及其价值。生命意识是生命认识、生命情感和生命行为的统一。当人们具有生命意识时,他们才会理解生命的价值,从而珍惜生命、保护生命。因此,培养、发展、提升生命意识乃是生命教育的目的。本研究旨在调查中学生的生命意识状况及生命教育的真实需求,为生命教育提供最直接的实践依据和具有针对性的建议。

一、调查研究设计

1. 研究方法

本研究旨在借助实证方式,通过定量与定性的结合,探索中学生的生命意识状况。研究过程中,通过问卷调查、文献分析等定量方法来收集资料,实现客观描述与宏观预测;同时,考虑到研究事实的丰富灵活性、个体差异性,辅之访谈补充资料,以实现对研究变量的深入细致的理解。

2. 样本的抽取与资料的收集处理

本研究使用的数据来源于2013年5—10月进行的"苏州市中学生生命意识状况调查"。该调查的问卷发放、回收及访谈在苏州市8所中学进行。调查的抽样方式是先选取8所比较有代表性的中学,包括四星级高中2所、三星级高中2所、城市初中2所、农村初中2所。然后再在这8所中学内各年级随机抽取班级1—2个(个别学校班级稍多,抽取调查的班级也增多),对整班学生进行问卷调查。问卷采用无记名方式,由被调查人员自行填写,然后再由工作人员收回。

本次调查在8所中学共发放问卷1150份,共回收有效问卷1069份,有效回收率为92.96%。全部问卷资料经过核实编码后,输入Excel,并加以统计分析。

3. 样本的基本情况

调查样本中,男女性别按自然状态选取,其中男生491份(初中191人、高中300人),占45.93%,女生578份(初中226人、高中352人),占54.07%,显示当下普通中学女生学业占优势的现实;独生子女845人,占79.05%,非独生子女224人,占20.95%;城市487人,占45.56%,乡村582人,占54.44%;在双亲陪伴下长大的994人,占92.98%,在单亲陪伴下长大的 52 人,占 4.86%,失去双亲的 23 人,占 2.15%;基本反映了当前普通中学生人口学构成。另各年级样本涵盖初一到高三 6 个年级段学生。样本组成见下表。

年级	人数	百分比
初一	141	13.19%
初二	109	10.20%
初三	168	15.72%
高一	376	35.17%
高二	161	15.06%
高三	114	10.66%
总计	1069	100%

二、调查结果

(一)对生命现象的理解

生命意识是指每一个现存的生命个体对自己生命的自觉认识,其中包括生存意识、安全意识和死亡意识等。人总是要认识到某种对象,并具有一定的知识时才有意识,生命意识的核心是生命认识。人对某一生命对象的意识,总是将其纳入客观事物中去感知、观察,从而认识到这一生命对象的意义。但凡生命都有始有终,对生命现象的基本认知就是对生与死的认知。

中学生对死亡的认知是不完全准确的,甚至是回避的。调查显示,19.27% 的中学生"从来不考虑死的问题",8.7% 的中学生"每次想到死就十分害怕",58.65% 的中学生"把死亡看成生命过程的一部分",7.2% 的中学生"一点也不怕,觉得是一种解脱",6.17% 的中学生选择了其他。

中学生对青少年自杀、自残的看法总体是积极的,但部分是有偏差的,甚至是错误的。调查显示,认为"自杀是不珍惜生命的表现"的中学生占 29.65%,认为"自杀是不负责任的表现"的中学生占 32.93%,认为"自杀是对生命尊严的践踏"的中学生占 7.86%,认为"自杀是对亲人、朋友的背叛"的中学生占 7.2%,但是认为"自杀是一种摆脱痛苦的方式"的中学生占 5.8%,认为"自杀是勇敢者的行为、是个人的私事"的中学生占 1.96%,认为"当生命已无欢乐可言时,自杀是可以理解的"的中学生占 8.89%,选择其他的中学生占 5.71%。

中学生处于生死抉择时的态度绝大多数是谨慎的、认可生命的重要性的,但错误的认识也有。调查显示,认为"生命最重要"的中学生占 44.25%,认为"死要死得有价值"的中学生占 32.18%,认为"好死不如烂活着"的中学生占 15.72%,但也有 7.86% 的中学生认为"生不如死"。由此决定了一部分中学生不能做到对生命的热爱、珍惜。调查显示,78.48% 的中学生能做到热爱生命、珍惜生命,16.74% 的中学生不知道,4.77% 的中学生做不到热爱生命、珍惜生命。导致行动上有小部分中学生采取过死亡行动。调查显示,70.72% 的中学生从未有过自杀的念头,但有 22.83% 的中学生有过自杀的念头,还有 6.45% 的中学生有过自杀的计划和行动,也就是 1069 人中有 69 人有过自杀的计划和行动。

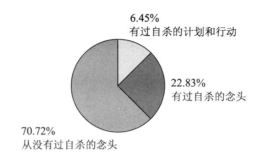

对有过自杀的念头和自杀的行动的学生进一步分析结果如下：

有过自杀念头的中学生244人，其中男生97人（占39.75%），女生147人（占60.25%）；有过自杀计划和行动的中学生69人，其中男生40人（占57.97%），女生29人（占42.03%）；两种学生合计313人，其中男生为137人（占43.77%），女生为176人（占56.23%）。有自杀念头的女生多于男生，但实施自杀行动的男生多于女生，男女生存在明显差异。

（1）有自杀念头和行动的中学生年级分布情况：

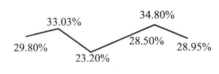

由此可见初二、高二可能是学生产生自杀念头和实施自杀的高发年级，比一般年级高出5~6个百分点。

（2）有自杀念头和行动的中学生地域分布情况：

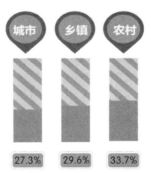

有自杀念头和行动的中学生按来源分布情况

由此可见，有自杀念头和实施自杀的中学生，从地域来源看，农村的学生高于乡镇，乡镇的学生高于城市。

（3）有自杀念头和行动的中学生是否独生情况：

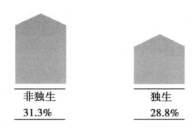

由此可见,有自杀念头和实施自杀的中学生,非独生子女稍高于独生子女。

(4)有自杀念头和行动的中学生的家庭情况:

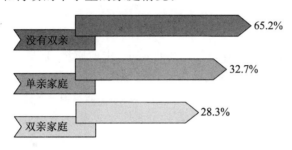

由此可见,失去双亲的中学生是自杀和自杀倾向的高危人群(达到65.2%),其次是单亲家庭的学生,最后是双亲家庭的学生。

对于中学生轻视生命的原因及看法,调查显示,77.08%的中学生认为是"学习升学的压力大",56.59%的中学生认为是"感情上受到打击,无法恢复,一时想不开",34.14%的中学生认为可能是"生活压力大,比如经济问题",38.26%的中学生认为可能是"人际关系差",76.71%的中学生认为可能是"心理承受力差,不能承受挫折",62.68%的中学生认为是"缺乏正确的人生观"。因此,中学生轻视生命的原因,既有来自外部的压力如学习和交往问题等,也有来自学生内部的因素,如缺乏正确的人生观和承受能力不足等。

生命健康权是公民的生命权和健康权两种权利的统称,生命健康权是公民最根本的人身权,但中学生对自己的生命健康权的认识是非常有限的。调查显示,11.51%的中学生非常了解,54.72%的中学生一般理解,33.77%的中学生不了解。

(二)对生命价值的感知

生命价值,简言之,就是活得有意义,活得有尊严,活得有价值。霍普金斯大学的社会科学工作者曾经对48所学院的7948名学生做过一次调查,当问及他们目前最重要的是什么时,78%的学生回答他们的首要目标是寻找人生的目的和意义。[1]本研究对"生命价值"的操作定义首先是了解自己、肯定自己、悦纳自己,其次是肯定自己从事的活动的价值,再次是肯定自己之于他人的价值。调查问卷涉及生命价值的项目有:是否了解自己、是否对自己满意(有自信)、对生命价值的思考等。

对自己的了解,是生命意识的基础,只有了解自我,才能谋划有价值的人生。调查显示,52.01%的中学生选择对自己很了解,42.56%的中学生对自己了解一般,还有5.43%的中学生称"对自己不了解"。可见还有一半的中学生不是很了解自己。

对自己满意是自信的表现。调查显示,28.06%的中学生对自己很满意、很喜欢,64.17%的中学生对自己一般认可,7.76%的中学生对自己很不满意、很不喜欢。可见中学生还没有学会自我悦纳,自我认同有限。

中学生已经开始思考生命及生命价值。调查显示,36.2%的中学生经常思考,56.59%的中学生偶尔思考,还有7.2%的中学生从不思考。

中学生追求的生命意义到底是什么呢?39.48%的中学生认为是自我实现,18.9%的中学生认为是为社会做贡献,18.24%的中学生为了生活舒适,6.17%的中学生为了获得金钱和地位,7.3%的中学生没有思考过,9.92%的中学生选择了其他。

中学生对生命价值的感知受多种因素影响,那么哪些因素对中学生生命看法的形成影响最大呢?调查显示,47.99%来自中学生自己的思考,19.74%是受父母及家庭的影响,13.28%受社会观点的影响,9.07%受朋友和同学的影响,5.61%是受学校的教育和帮助,4.3%受恋人的影响。

(三)对生活质量的体验

生活质量(Quality of Life,QOL)又称生存质量、生命质量,它是在WHO提倡的健康新概念的基础上构建的,现代生命质量观已由生物医学模式向生物—心理—社会医学模式转变。中学生的生活质量是指中学生现时生活经历的客观状态及其主观感受。为全面了解中学生的生活质量状况,本次调查作为衡量中学生生活质量的指标有基本心境、对生活的满意度、压力大小等。

快乐在很大程度上决定生活质量。美国心理学家威斯曼用"个人感受"量表测量得出:快乐被感受为生活最充实的体验。快乐能激励人前进,积极向上;快乐能使人精神振奋,对未来生活充满信心;快乐能激励人努力完成任务;快乐能使人承受生活的压力和负担,提高经受挫折、承受痛苦的能力和耐力。快乐的人善于适应困境,能在黑暗中寻求光明、等待光明。在我们的调查中,35.64%的中学生总是充满了快乐,49.77%的中学生感到生活平平淡淡,8.7%的中学生感到生活单调无聊,5.89%的中学生感到郁闷窒息。调查还显示,39.48%的中学生对现在的生活满意,50.23%的中学生对现在的生活一般满意,10.29%的中学生对现在的生活不满意。这表明尽管物质生活水平有了普遍的改善和提高,但对精神世界的忽视,会在很大程度上影响中学生的生活质量的提高和满意程度。

哪些因素会让中学生特别难受?调查显示,"被同学朋友或老师误会"而难受的中学生占69.04%,因"考试成绩不理想"而难受的中学生占68.1%,"听到别人对自己的评价很差"而难受的中学生占55.85%,因"人际关系不好"而难受的中学生占54.82%,"被父母责骂"而难受的中学生占52.76%,"受到老师批评"而难受的中学生占47.90%,因"感情受挫"而难受的中学生占46.02%,因"东西丢了"而难受的中学生占36.01%,因其他原因而难受的中学生占30.50%。

压力大小是衡量中学生生活质量的重要指标。调查显示,在平时的生活、学习中感到压力很大的中学生占37.23%,感到压力有一些的中学生占58.09%,没有压力的中学生仅占4.68%。

压力是客观存在的,压力并不可怕,重要的是我们有没有能力应对压力。如何应对压力,调查显示,自我感觉压力承受能力很好的中学生占37.61%,自我感觉压力承受能力一般的中学生占45.84%,自我感觉压力承受能力勉强过得去的中学生占12.07%,自我感觉压力承受能力很差的中学生占4.49%。

那么中学生的压力主要来自哪里呢?调查显示,觉得"学习升学压力很大"的中学生占77.74%,"与父母关系紧张"的中学生占23.11%,"同学关系紧张"的中学生占22.54%,

"与教师难以沟通"的中学生占22.92%,有"感情压力"的中学生占24.88%,有"身体问题"的中学生占23.01%,有"经济问题"的中学生占19.83%,"对未来感到迷茫"的中学生占54.91%,其他原因占23.01%。

中学生是如何应对压力的呢？调查显示,57.16%的中学生靠"自然调整",56.69%的中学生通过"娱乐休闲"调整压力,53.04%的中学生通过"睡觉"调整压力,50.23%的中学生"尽量放松",43.12%的中学生通过"吃东西"减压,39.85%的中学生"向同学朋友倾诉",35.73%的中学生会"控制自己的感情",32.74%的中学生会"哭一场",31.99%的中学生会"发泄",31.52%的中学生会"转移目标",27.22%的中学生"先清楚压力是什么,然后寻找对策",27.03%的中学生通过"体育运动"减压,22.83%的中学生会"跟父母说说",21.42%的中学生会"弥补自己的不足",19.08%的中学生通过"购物"减压,18.52%的中学生采取"压抑"方式,17.68%的中学生会"回避、不去关它",16%的中学生会做"提前准备",14.22%的中学生通过"多学习"减压,9.07%的中学生"避免对抗压力",6.74%的中学生"寻求老师支持",5.61%的中学生"请假回家",4.68%的中学生通过"抽烟喝酒"减压。从压力调整方式看,中学生还没有完全学会采用科学有效的方式,不少是消极的,甚至会影响到身心的健康。

中学生面对挫折的态度如何？调查显示,"我一定能把所有问题解决掉,处理好自己的问题"的中学生占34.14%,"在面对一些问题时,可能会因为经验不足等原因没有把握能把问题处理妥当"的中学生占50.7%,其他的中学生占15.16%(其中"毫无信心,不知道怎么办"的中学生占6.74%,"求助父母或朋友"的中学生占8.42%)。

当中学生遇到挫折时具体会怎么处理？调查显示,8.33%的中学生"找老师倾诉",34.24%的中学生"找同学倾诉",58.37%的中学生"找朋友倾诉",27.03%的中学生"与父母沟通",43.22%的中学生"一个人闷在心里",12.07%的中学生"不知所措"。可见同辈相助已经是中学生处理问题、压力的主要渠道,成人的帮助已经大大下降。

（四）关于生命教育的现状及中学生对生命教育期待的调查

生命意识是衡量一个民族文明程度的重要标尺,尊重生命是社会的首要价值准则。重构生命意识,让生命的唯一与神圣融入我们文化而铸成信仰,体现了人类生存智慧在终极意义上的"回归",是教育的本义,也是我国实现社会公正和现代化的必然要求。那么当前的中学生命教育开展情况如何,中学生对生命教育又有哪些期待呢？

1. 生命教育的现状不容乐观

首先,在我们的家庭教育或学校教育中很少重视死亡观引导。调查显示,只有5.80%的中学生认为"经常会讨论到"死亡,26.75%的中学生认为"有时会讨论到",46.49%的中学生认为"很少提及",20.95%的中学生认为"从来不会提及"。甚至很多中学生没有听说过生命教育。调查显示,"有听说过"生命教育的中学生占29.28%,"听说过一些"的中学生占39.29%,"没有听说过"的中学生占31.43%。

其次,生命教育还没有成为一门显性课程而纳入我们的基础教育课程体系。譬如中学生大多在不正规场合听说或闲聊生命教育话题。调查显示,学校里不正规谈论听说到的占41.63%,家里占7.02%,媒体占23.85%,社区占2.15%,其他占25.35%。中学生对学校哪些课程会涉及生命教育的认识是:认为思想品德课的占28.44%,认为心理课的占38.63%,认为体育课的占4.3%,认为其他课的占9.64%,认为"没有哪个课程涉及生命教育"的占18.99%。

最后,现行学校生命教育体系未能影响或改善学生的心理状况。调查显示,21.23%的中学生认为生命教育"根本没有"影响和改善,57.34%的中学生认为"见效甚微",21.42%的中学生认为"能够改善学生的心理状况"。

2. 中学生对生命教育有较强的需求

中学生需要生命教育,中学生更需要针对性的生命教育。那么中学生最想接受哪些方面的生命教育呢？详细调查结果见下表(已按统计结果排列)。

选项	选择人数	比例
心理教育	806	75.40%
挫折教育	717	67.07%
生死观教育	683	63.89%
责任教育	594	55.57%
生理卫生教育	549	51.36%
忧患意识教育	508	47.52%
逃生教育	506	47.33%
突发性伤害教育	489	45.74%
交通安全教育	461	43.12%
消防安全教育	414	38.73%
用电安全教育	383	35.83%
游泳安全教育	339	31.71%
其他	278	26.01%
总人数	1069	

3. 中学生喜欢多样化的生命教育

生命教育采用什么方式最有效？调查显示,认为课堂教学有效的占11.97%,自主探究占18.52%,共同学习占15.9%,专题讲座占14.03%,校园文化熏陶占16.74%,国旗下讲话占1.5%,团队活动占21.33%。因此,中学生认为上课并不是生命教育的最有效方式。

那么中学生喜欢什么形式的生命教育呢？调查显示,中学生喜欢主题教育活动的占35.64%,希望开设专门的生命教育课程的占17.77%,通过学科教学进行渗透教育的占13.38%,开展专题讲座的占11.32%,其他途径的占21.89%。

三、研究结论与对策

(一)研究结论

(1)中学生对生命现象已形成基本认识,但对于死亡现象存在一定程度的认知回避和认知偏差。有一定比例的学生有不正确的生命认识与自杀行为。其中有自杀念头的女生多于男生,但实施自杀行动的男生多于女生,男女生存在明显差异。初二、高二是学生产生自杀念头和实施自杀的高发年级,比一般年级高出5~6个百分点。有自杀念头和实施自杀的中学生来自农村的多于乡镇的,乡镇的多于城市的。有自杀念头和实施自杀的中学生中,非独生子女高于独生子女。失去双亲的中学生是自杀和自杀倾向的高危人群(达到65.2%),其次是单亲家庭的学生,最后是双亲家庭的学生。中学生轻视生命的原因,既有来自外部的压力,如学习和交往问题等,也有来自学生内部的因素,如缺乏正确的人生观和承受能力不足等。

(2)中学生的自我认知明显不足,一半的中学生不是很了解自己,也没有学会自我悦纳,自我认同有限。对生命价值有所体验与感知,但层次较浅,以自我为中心,视野较窄,缺乏他人意识和社会责任感,缺乏自觉性和主动意识。

(3)中学生最大的生活压力是学习,中学生基本具备了承受生活压力、经受挫折的能力和耐力,但中学生应对压力的方式不是都科学有效的,不少是消极的,甚至会影响其身心的健康。同辈相助已经是中学生处理问题、应对压力的主要渠道,成人的帮助已经大大下降。中学生拥有积极向上的心态,但生活内容不丰富,生活质量有待提高。研究还表明,物质生活水平的改善和提高,并不一定提高学生的生活质量和满意度。

(4)中学生生命教育不容乐观,生命教育亟待摆上议事日程。中学生对生命教育有较强的需求和较高的期待,他们喜欢多样化的生命教育。

(二)对策

现代教育应该很好地承担起生命教育这一重任,重视生命情意的培养,教育学生尊重生命,热爱生命,体悟生命的可贵可爱,从而由珍惜生命转向追求生命意义,提升生命质量,创造生命价值。

1. 引导中学生正确认识生命及其价值意蕴,回归以生命为本的基础教育

"'生命'本身就意味着人的感觉、体验、享受、激情以及甜酸苦辣、悲喜爱恨、束缚舒展、自在自由。生命的受动中有能动、衰败中有新生、释放中有实现,一切都在矛盾中、在张力中展开。这就是生命之'生',同时也是生命之'命'。"[2]我们要让学生通过认识生命的起源、发展和终结,从而认识生命、理解生命、欣赏生命、尊重生命、珍惜生命,建立起乐观、积极的人生观和价值观,促进生理、心理和社会适应能力的全面均衡发展。

著名哲学家蒂里希指出:"作为精神而完成的生命,既包容着真理,又包容着激情;既包容着屈服,又包容着里比多;既包容着正义,又包容着强力意志。假如这些两方之中的一方被其相关者吸收,那么剩下的要么是抽象的法则,要么便是混沌的运动了。"[3]实际上,人的生命的意义就在于追求更加广阔的生命理想和人生境界,以达到真善美的和谐统一,从而为人类的全部思想和行为提供最高的支撑点,即人类的安身立命之本。生命是生活世界的生命。以学校为空间范围的教育世界,也与生活世界有着天然的、不可分割的联系。基础教育就要使中学生正确认识生活世界、热爱生活世界,成为生活世界中的主人。帮助受教育者由自然生物生命转化为社会意义生命,由低层次的意义生命转化为高层次的意义生命,逐步促使个体社会化、形成健康的生命个性是当代基础教育的重要使命。

2. 以心理健康教育为主渠道,构建生命化的课堂,开发课堂潜能,激发中学生的生命价值

当前西方教育早已把生命教育放在重要的位置,1968年,美国学者杰·唐纳·华特士首次明确提出"生命教育"的思想并加以倡导和实践,受到广泛关注和高度重视。[4]几十年来,生命教育的实践在世界各地广泛开展,渐成潮流。日本于1989年将"尊重人的精神"和

"对生命的敬畏"作为道德教育的目标写进新的《教学大纲》。[5]在瑞典,老师会让孩子们摸着孕妇的肚子给他们讲人的出生,教育孩子什么是生命,为什么生命来之不易,从而使学生认识到生命之可贵。此外,小学生还被允许到医院太平间与遗体接触,同时被告知,一个人的死亡对自己、对亲人意味着什么,轻践生命将会带来什么后果。

我国的香港和台湾地区在20世纪90年代后期先后开展了生命教育理论与实践的研究,目前正呈现蓬勃发展的态势。据了解,港台的生命教育已覆盖大中小学青少年所有年龄阶段,有较完备的课程设置和实施策略,而方式方法上则有多种富于特色的尝试,比如,在综合体验实践活动中融入生命教育内容[6],又比如,选择利用"童书(儿童读物)"作为生命教育载体[7],不一而足。

生命教育方兴未艾。尽管它的出现最初有回应青少年生命事件亡羊补牢、防患未然的现实考量,实践证明,开展生命教育,若以生命发展的眼光和视角出发,有着更为深远的意义。我们应借鉴这些开展生命教育的经验,把生命教育课程纳入中学教育计划之中。在我国大陆的德育课堂中,现行的思想政治理论课教材都没有把生命教育专列一章内容,详细地加以阐述,思想政治理论课教师也很少关注这方面的内容。应该增加有关生命教育的章节,更多地关注学生个体的生存与发展,培养学生的生命意识。应加强以心理健康教育为基础的生命教育课程建设,以中学生个体生命价值为出发点,以培养健全的生命意识和提高压力应对能力为核心,以养成良好的珍惜生命、创造生命价值的行为为目标。让学生珍惜自己的生命价值,懂得如何最大限度地发掘这种价值,进而珍爱他人的生命,以爱待人,追求智慧与道德,积极地献身于自己的劳动和创造,回报世界,奉献他人,达到超越生命的最高境界。

3. 开展丰富多彩的校园文化活动、社团活动及社会实践活动,让中学生在活动中体验生活,培养生命情感,丰润生命

生命教育的目的是让个体在受教育的过程中,不仅学到生命所需的知识技能,更重要的是让个体有丰富的生命涵养,能够与他人、社会和自然建立良好的互动关系。通过形式多样的校园课外活动,在实践中掌握生命知识,形成正确的生命态度、生命意识。所以,学校可以通过营造良好的校园环境,引导学生树立积极健康的科学生命观,为学生的不良情绪提供健康合理的情绪宣泄渠道,以免破坏性的爆发;给中学生的社会行为创造成功的机会,避免长期遭受挫折和内心冲突;培养中学生有效的心理防御机制,帮助他们学会如何保护自己和他人;引导中学生认识生命负面状态所蕴含的积极意义,譬如引导中学生学会苦中寻乐,善于把人生痛苦置于更强烈的痛苦背景中来对待,帮助其在痛苦中努力寻求独特的生命意义与价值,使其重新发现和体会生命的美好,坚强地生活下去。

4. 积极发挥班主任和心理辅导员的作用,建立积极有效的预警干预机制

班主任和心理辅导员与学生"三同"(同吃、同住、同学),朝夕相处,是最了解学生个体实际情况的群体。可以充分发挥心理辅导员的这一优势,建立积极有效的预警干预机制。心理辅导员要经常和学生谈心交流,及时有效地解决学生在学业、人际关系、经济和升学等各方面出现的心理问题和矛盾,缓解他们的心理压力,将自杀等念头消灭于萌芽状态。通过为中学生建立心理健康档案,形成一个集普查、咨询、跟踪、干预调节为一体的心理健康预警干预机制,时刻掌握学生心理上的变化,以便采取积极应对措施。尤其要加强特殊人群(如失去亲人的家庭学生、非独生子女、离异家庭学生、农村学生)的跟踪、预防和干预工作。此外,中学生是生命教育的主体,要充分发挥中学生朋辈相助的作用。

5. 实现学校、家庭和社会三方面教育的有机整合,为中学生创造良好的生命教育环境

生命是整体的、完整的,生命教育的实施不能只限于学校内。整个社会环境才是学生学习的大环境,也是最好的生命教育教材;而家庭中的日常生活处处蕴含着生命教育的因素。为了给中学生创造良好的生命教育情境,学校、家庭、社会三者应该整合教育职能。生命教育是一项复杂的系统工程,取得满意的效果需要有良好的学校教育、融洽的家庭关系、和睦的邻里交往和积极向上的社会风气等,只有多方面支持、配合,才能达到理想的效果。

当今时代,以人为本、给生命以理性的终极关怀,已是世界教育发展的潮流。中学肩负着为我国构建和谐社会培养身心健康、素质全面人才的基础性重任,我们必须从根本上反思中学生生命教育价值凸显和生命教育缺失的矛盾,努力探寻生命教育开展的有效途径,促进中学生命教育的科学发展。

参考文献

[1] 刘翔平.寻找生命的意义——弗兰克尔的意义治疗学说[M].武汉:湖北教育出版社,1999:43.

[2] 张曙光.生存哲学——走向本真的存在[M].昆明:云南人民出版社,2001:190.

[3] (美)蒂里希.蒂里希选集[M].上海:上海三联书店,1999.

[4] [5] 张云飞.呼唤生命教育[J].社会,2003(3).

[6] 何秀珠.生命教育"体验活动"实施之省思[J],台湾:研习资讯双月刊,1991(5),80-87.

[7] 林思维.生命教育的理论与实务[M].台北:寰宇出版社,2000:273-298.

(本文发表在《中国教育报》2015年6月24日)

四位一体的中小学生命教育的建构及其实施

学校培养的人不应是仅仅熟练考试却从不关心真理、道德、价值的食客。学校应该培养到达生命存在更高层次的心智健全的人。然而"书包最重的人是我,作业最多的人是我,起得最早、睡得最晚的人是我,是我,是我,还是我"这首歌谣展现的当下中小学生的生活写照,令人心酸。"教育的出发点是人,教育的归宿点也是人。"教育首先应关怀人的生命,关注人的价值,关注人性的完善。如果教育展示的都是这样一幅幅令人难以理解、不可思议的生命摧残画面,那么我们所不愿意看到的因考试挫败或交往等问题而自杀的事件,抑或普遍的厌学、无心向学等负生命现象,就不会断绝。我们的教育理想,实现中国梦的实践之路,在现实面前就不得不低头,而且价值会大打折扣。当前实施生命教育已成为现代教育的无奈、困境和紧迫事件。

实施生命教育需要理性的呼唤和观念的更新,更需要在课程层面和其他实践层面具体落实顶层设计应有的维度。在当前基础教育课程改革的大背景下,探讨如何在课程实践中落实生命教育,意义尤为深远,因为这不仅会深化人们对生命教育理论的认识,促使人们更加关注生命及其教育问题,而且将真正奏响基于实践的生命教育之歌,还一个个生命体以活力、发展力和创造力。

一、理念:教育是唯一基于生命、为了生命、张扬生命、追寻生命意义的社会实践

为什么我们对教育有这样的要求?据有关统计显示:在我国,每天大约有40个孩子死于交通事故;每年有近两万名少年儿童非正常死亡;还有40~50万左右的孩子受到中毒、触电、他杀等意外伤害。据笔者的调查,有22.83%的中学生有过自杀念头,还有6.45%的中学生有过自杀的计划和行动。这些数据看似不完全为学校和教育之责,但是我们不要忽视这样一个事实:这些数据均位居世界第一,这与我国在对未成年人的安全宣传教育不重视、生命教育缺位有很大关系。我们的青少年欠缺安全防卫知识、正确的生命观,安全意识、安全习惯、自我保护能力都很差。过去的教育,我们太过强调其工具性的一面了。

工具理性的教育,难免强调社会价值本位。1986年由第六届全国人民代表大会第四次会议通过的《中华人民共和国义务教育法》对其规定:"义务教育必须贯彻国家的教育方针,努力提高教育质量,使儿童、少年在品德、智力、体质等方面全面发展,为提高全民族的素质,培养有理想、有道德、有文化、有纪律的社会主义建设人才奠定基础。"这一教育目的与我国现阶段的社会经济发展是相适应的,它体现了新中国成立以来的一以贯之的中小学教育是培养社会主义的建设者和接班人的这一最基本的要求。不过这一教育目的主要体现的是社会本位的价值取向,从某种意义上说,它忽视了被教育者内在的对实现自我价值的生命诉求。虽然它也注重使儿童、少年在品德、智力、体质等方面全面发展,但是这还是手段,而不是目的,其最终还是为社会主义建设服务的。

工具理性的教育,难免轻视生命。为了追求所谓的考试成功,"不能输在起跑线上""今

天读书不努力,明天努力找工作"。它不是教导学生以生命发展为根本目的,追求生命的美好,而是教导学生为了考试成绩,可以不顾生命的极限,可以牺牲生命的其他美好可能。就拿教学内容来讲,我们看不到生命教育应有的地位和分量。一定的教学内容以一定的课程为基础。现阶段,中小学的课程内容,有关自然科学知识占了30%以上,有关社会的科学知识占50%以上,而有关对生命的讴歌和礼赞占了不到20%。课程内容的偏差决定了对生命教育的不应有的忽视。而在实际教学中,一切的教学活动都是为了应试而准备,教师为了考而教,学生则为了考而学,即使一份份充满活力的学习文本在打着为学生培养能力的幌子下也被肢解得体无完肤。这样,本来体现生命教育的内容更显得微乎其微了。

因此,当下的学校教育对生命教育是严重忽视的,这跟教育的根本宗旨在于促进人的生命成长、彰显人的生命价值相距甚远。教育的目的是培养人,教育应关注人的发展、人的解放,应引导人追求生活的美好和生命的完善,进而追寻生命存在的意义。这迫切需要教育行政部门、教育机构和广大教育工作者在觉醒后迅速行动起来,担当起应有的责任,因为教育是唯一基于生命、为了生命、张扬生命、追寻生命意义的社会实践。

二、课程:必须是为了生命、依靠生命、彰显生命的实践平台

课程是实现教育目的的支撑。当然课程必须是为了生命、依靠生命、彰显生命的实践载体和平台。因此新课程在教育理念上主张以人为本,以人的发展为本,关注每一个学生的全面发展,并尊重人的差异,开发人的潜能,实施素质教育,让每一个人都能得到充分发展,为人的终身发展奠定良好基础。

然而当下的中小学课程体系还不是这样的理想和实践统一体,我们找不到完美的答案,甚至令人失望。据笔者的调查,生命教育还没有成为一门显性课程而纳入我们的基础教育课程体系。譬如,中学生大多在不正规场合听说或闲聊生命教育话题。据笔者调查显示,学校里不正规谈论听说到的占41.63%,家里占7.02%,媒体占23.85%,社区占2.15%,其他占25.35%。中学生对学校哪些课程会涉及生命教育的认识是:认为思想品德课的占28.44%,认为心理课的占38.63%,认为体育课的占4.3%,认为其他课的9.64%,认为"没有哪个课程涉及生命教育"的占18.99%。就效果而言,现行学校生命教育体系未能影响或改善学生的心理状况。调查显示,21.23%的中学生认为生命教育"根本没有"影响和改善,57.34%的中学生认为"见效甚微",21.42%的中学生认为"能够改善学生的心理状况"。

或许课程本身不应该有完整的答案。但课程不是不能提供好的答案,就看我们如何去揭示答案,因为这意味着勇气、艰辛、毅力和智慧的付出。

为了生命、依靠生命、彰显生命的课程,首先要设计好其必要的维度。通过课程整合,把生命教育、死亡教育、生存教育、健康教育、品格教育、安全教育等内容,在遵循心理学与教育学、伦理学、社会学等诸多学科规律下融合在当下的中小学课程体系之中。

其次要完善课程资源。既要为生命教育预留课程和课时的空间,也要设法解决当前实施生命教育条件严重缺乏的问题,尤其是教材、师资、课程、资源、组织等方面的不足。

三、教学:必须是体验生命、提升生命能量和价值的有意义建构

生命教育必须注重实践性。学校生命教育必须把书本的学习和人生的体验完美地融为一体。应该倡导并实践一种为学生快乐而成功地生活做准备、并以提升学生的精神生命为

目的的渗透式教育活动。

生命教育内容广泛,可以通过与生命教育有关的各科目讲授生命教育知识,引导学生参与、关注生命,并充分利用学校的生命教育资源,开展生命教育。各学科教师可在教学过程中掌握机会,特别是语文、历史、政治等人文科目的教师,要对学生进行适时的生命教育,采用讨论有关生命事件的方法,注重正面引导、教育,使学生思考、探讨生命的价值和意义。

"道非文不着,文非道不生。""文道统一"是中华民族传统文化的精义之一。我们的语文新课程所选录的许多文本都在不同程度上隐蕴着对生命意识的体验与思考。如,《生命生命》《紫藤萝瀑布》《伟大的悲剧》《荒岛余生》《真正的英雄》《杜甫诗三首》《故乡》《孤独之旅》《陈涉世家》《斑羚飞渡》《华南虎》《女娲补天》《愚公移山》《夸父逐日》《精卫填海》等,均从不同角度折射出生命的光辉、对生命意识的情感体悟和对生命价值的思考认识,可以说在语文知识的信息中无处不包含"生命情感的信息",是实施生命教育的重要基础。思想品德教材中有关心理健康教育方面的内容,如"成长中的我"实施的就是"珍爱生命、直面挫折、坚强意志、自尊自信、自立自强、调控情绪、乐观向上、悦纳自我、正确对待学习压力、克服考试焦虑等"的教育。这些内容从心理健康的角度培养学生适应社会生活的心理承受能力,处处体现了珍爱生命、尊重生命的教育,不仅要学生尊重自我,更要尊重社会与他人,引导学生正确面对挫折,正确面对压力和正确对待成功,以更好地融入社会和适应现代社会生活。

综合实践活动实施生命教育。把生命教育作为综合课程的一个单元进行教授,如在综合课程里可设置"生存教育""生命教育"等课程。综合课的开设使学生能够获得系统的生命知识教育、生命安全体验、成长体验等,又能与一些跨学科教育(如德育、美育、心理健康教育、环境教育等)联系起来实施,使学生易于体会、理解。

四、生活:必须是丰润生命、砥砺生命的有意安排

生命的娇艳并不能自然达成生命的灿烂,获得生命的存在感、成就感和意义感。那么命运的开关究竟在何处?关键靠什么?真正的答案或许正是在每个生命体的生活之中,操控在生命主体的创造性活动之手上。因为生命认知还是一个比较容易实现的项目,价值感的提升也容易做到,也许一次生命教育讲座就能达到目的,但生命的态度和珍惜生命的行动需要全方位的投入以及细心的呵护,涉及的因素太多太复杂,根本不是单纯学校的教育所能实现的。

生活即教育。"生活教育与生俱来,与生同去。出世便是破蒙;进棺材才算毕业。""过什么生活便是受什么教育;过好的生活,便是受好的教育,过坏的生活,便是受坏的教育。""生活教育是生活所原有、生活所需自营、生活所必需的教育。"青少年如何善用"生命",怎样更好地"生活"和获得身、心、灵的全面发展,是全社会都必须关注和解决的重要问题。生命的价值高于一切,教会学生珍惜生命、敬畏生命、热爱生命、掌握防灾避险知识与相应生存技能,是教育本源的回归,更是生活教育亟待探索研究并予科学实施的重要内容。

在生活中渗透生命教育,可通过形式多样的活动安排,使学生在实践中掌握生命知识,从而形成正确的生命态度、生命意识。生活中进行生命教育,真正体现了生命教育是系统工程的正确理念,把学校、社会与家庭有机结合起来,充分体现生命教育的实践性和终身性。

要注意的是,生活中对学生进行生命教育时,也应采取灵活有效的教学方法。可以采取

阅读指导法、欣赏讨论法、活动体验法、研究性学习等。即提供生动、活泼、有趣的专门材料或视听资料,如选定一些图书教材、故事或短诗等,指导学生阅读,然后公开讨论,分享心得,通过这个过程认识生命的可贵,了解生命的内涵;或者是通过对各种主题的影片、幻灯、音乐、文学作品、报章杂志的欣赏与讨论,促使学生对生命进行思考。其次,采用亲身体验法,即以学生为主体,通过分享各种经验和情绪,引导学生探索生命的价值。成人可安排学生参加旅游休闲活动,接触和认识大自然;也可安排学生种植花木、饲养小动物等,使其从中体会生命的奥妙和可爱;还可组织学生参观产房、婴儿室、手术室、安宁病房等,使之了解生命的诞生,体验生命的喜悦和理解生命的尊严。同时通过各种生活历练,不断提升其生命的能量和创造性。

参考文献

[1] 钱家荣. 超半数中学生认为生命教育见效甚微[N]. 中国教育报,2015-06-24.

[2] 钱家荣. 22.83%的中学生有过轻生念头[J]. 妇女生活(现代家长),2015(9).

[3] 方明. 陶行知教育名篇[M]. 北京:教育科学出版社,2005.

(本文发表在《生活教育》2016年第3期)

普通高中课桌椅使用的现状调查及改进建议

中小学生的身体健康水平逐年下降,这一方面跟他们沉重的课业负担有关,另一方面跟他们的课桌椅不匹配、长期坐姿不当有关。

我国中小学基本男女同校,虽然男女生在体型、身高、体重等方面相差很大,但男女基本用同一大小规格的课桌椅。不合适的座椅会引起一部分学生过早疲劳,长期使用可导致颈、肩、腰、背、臀、腿等部位的累积损伤。本调查就是想了解当下中小学课桌椅的使用情况(尤其是高中学校,因为高中生的差异更大、学业负担更重)以及学生对课桌椅调整的心理要求,为科学配置课桌椅提供可靠依据。

一、材料与方法

1. 对象

本次调查问卷以江苏省木渎高级中学高一、高二、高三学生为对象,共发出调查问卷210份,回收有效问卷203份,学生身高、视力实际测查197人。调查时间是2016年5月。

2. 方法

学生身高使用身高坐高计测量(量程0—2000mm),桌面和椅面高使用教室卫生学测量多用尺(量程0—800mm)。学生课桌椅满意度调查用自编的《中小学课桌椅使用情况调查问卷》。

3. 测量标准

根据GB/T3976—2002《学校课桌椅功能尺寸》和GB/T18205—2000《学校卫生监督综合评价》的要求,抽查高中主要教室内课桌、椅的高度以及学生身高等。

4. 计算指标

被测学生其身高适合相邻两个型号的课桌(或课椅)即为分配符合,分配符合人数占被调查人数的百分比为分配符合率,课椅与课桌为同一型号即为配套符合,配套符合人数占被调查人数的百分比为配套符合率。

二、调查结果

1. 课桌椅标准尺寸和实测尺寸

实地考察该校课桌椅均为1号课桌椅,金属结构。实测尺寸见表1。

表1 课桌椅标准尺寸和实测尺寸(单位:mm)

尺寸名称	国家标准尺寸	测量尺寸
桌面高(h_1)	730 ± 10	765
桌面深(t_1)	350	410
每个席位桌面宽(b_1)	600	627

续表

尺寸名称	国家标准尺寸	测量尺寸
座面高(h4)	410±10	420
靠背上缘距座面高(h6)	≥340	355
靠背点距座面高(ω)	210	340
靠背下缘距座面高(h5)	170	185
座面有效深(t4)	360	340
座面宽(b3)	≥360	370

2. 课桌、椅分配符合情况

实测身高学生数为197人，最矮高中生为1.53米，最高学生为1.90米。1.60米以下（不含1.60米）学生13人，占6.6%；1.60—1.69米（含1.60米）学生76人，占38.6%；1.70—1.79米学生79人，占44.1%；1.80米及以上学生29人，占16.2%。男生平均身高1.7543米，女生平均身高1.6431米。高一男生平均身高为1.761米，高一女生平均身高为1.6452米；高二男生平均身高为1.741米，高二女生平均身高为1.631米；高三男生平均身高为1.754米，高三女生平均身高为1.583米。高一、高二、高三男生平均身高无差异，但女生身高逐年上升，即高一的比高二高，高二的比高三高。按照被测学生其身高适合相邻两个型号的课桌（或课椅）即为分配符合，分配符合人数占被调查人数的百分比为分配符合率。1号课桌椅适宜身高1.73米以上学生，因此课桌椅分配符合率为40.1%，见表2。

表2 课桌椅分配符合情况表

年级	总人数	符合人数	符合率
高一	81	33	40.7%
高二	43	12	27.9%
高三	73	34	46.6%
合计	197	79	40.1%

3. 课桌椅使用情况满意度调查

（1）课桌椅高度和宽度满意情况。

调查结果表明大部分学生对于现有的课桌椅意见很大，主要是现有课桌椅的尺寸规格、布局、材质不满足需要，且功能过于单一。下面是学生对课桌椅高度和宽度的满意情况。

根据调查问卷发现高中生对座椅的高度满意度较高，达到81.8%，觉得太矮的学生为13.8%，觉得太高的学生为4.4%；对课桌高度有76.35%高中生觉得合适，23.15%高中生觉得太矮，0.5%高中生觉得太高。而课桌椅的宽度大部分学生不是很满意，特别是桌子宽，很满意和基本满意的学生为43.4%，不满意和一般的学生为56.6%。这是因为不合适的桌子难以让人保持自然的端坐位，长此以往，容易引起脊椎的不适，所以学生对桌子的高度比较敏感。但有趣的现象是实际的桌高比国标超出35 mm，而感觉桌子太矮的人数达到了23.15%。因为虽然桌子提高了，但是椅子的高度相应也调高了10 mm，再加上学生逐年增加的身高,所以学生感觉还是矮了。而增加的椅子高度恰与学生普遍修长的下肢吻合,因此学生对椅子高度的满意度要高。

(2)桌下腿部活动空间调查。

调查问卷发现高中生对桌下活动空间的满意率很低,只有6.9%的学生认为空间充足,33.5%的学生认为一般,59.6%的学生认为桌下活动空间狭窄。这可能跟足下放了书、书包等物品有关。

(3)课桌椅材质喜爱度调查。

对课桌椅材质的喜爱度调查表明,大多数学生喜欢木质课桌椅,占66%;喜欢金属材质的学生占5.9%;喜欢人造板的学生占14.3%;喜欢塑料材质的学生占13.8%。但无论是金属材质,还是木质椅子,大多感觉太硬,久坐会不舒服,当然太过舒适对于学习也有不利之处。

(4)课桌放书空间调查。

对课桌放书空间的调查表明,60.6%的学生认为空间不够,28.1%的学生认为一般,只有11.3%的学生认为已经够了。这是因为目前中学生普遍学业负担重,教材、教辅资料、课外书、练习本一大堆,多到往往无处堆放。

(5)课桌椅颜色需求调查。

对课桌椅颜色的需求调查表明,大多数学生还是喜欢原木色,占67.5%;喜欢白色的学生其次,占15.8%;喜欢蓝色的学生再其次,占9.9%;喜欢其他颜色(包括彩色、黑色、绿色、浅黄等)的学生不多,仅占6.9%。

(6)课桌椅升降调节需求调查。

对课桌椅是否需要增加调节功能,56.7%的学生认为很有必要,37.4%的学生无所谓,只有5.9%的学生认为没有必要,因此大多数学生希望增加调节功能。

4. 不良课桌椅使用带来的负面影响调查

研究表明,不适合的课桌椅对学生健康的影响是客观存在的。笔者的调查也充分证明了这一点。在197名高中生中,近视人数高达167人,近视率为84.8%。其中男生近视率为83.2%,女生近视率为86.7%。女生近视率高于男生,见表3。当然学生的近视不能完全归因于课桌椅的不匹配,学生近视原因是多种多样的。但课桌椅不匹配也是一个重要原因。而且教室里课桌椅的放置也不是很科学,国家标准规定,第一排课桌椅距黑板不能少于2米,最后一排课桌距离黑板的距离不能比8米远,中学不能超过8.5米,超过这个距离,时间长了以后对学生的视力有害。但据笔者的观察和实际测量,第一排课桌椅往往比较靠近黑板,大多数教室里第一排课桌椅距黑板为1.46米,最近的距离只有1.02米。

表3 高中生近视率分布表

年级	总人数	近视人数	近视率
高一男生	39	33	84.6%
高一女生	42	35	83.3%
高二男生	18	14	77.8%
高二女生	25	23	92%

续表

年级	总人数	近视人数	近视率
高三男生	50	42	84%
高三女生	23	20	87%
合计	197	167	84.8%

不匹配的课桌椅还容易造成学生身体疲劳。笔者在调查中发现,上完课后学生很多身体部位有不舒服感觉,其中感觉臀部不舒服的占 44.3%。颈部不舒服的占 43.3%,腰部不舒服的占 42.4%,背部不舒服的占 41.9%,腿部不舒服的占 35.5%,肩部不舒服的占 20.2%。没有感觉不舒服的学生只占 9.9%。

三、讨论

1. 高中课桌椅使用中存在的问题

(1) 近半数学生的课桌椅尺寸与其人体尺寸不相符。学校没有根据学生的身高和发展趋势来调整课桌椅的高度。学生需要新型课桌椅(可调节升降的课桌椅),但学校普遍没有。

(2) 课桌椅制造设计缺少人性化考量,课桌椅使用舒适性差(大小、材料、颜色、抽屉高度、硬度等的满意度不高),往往忽略使用者的审美和情感需求。

(3) 课桌椅的空间布局不科学,特别是第一排太靠近黑板。

(4) 课桌椅不匹配使用已经给学生带来严重的负面影响。

2. 课桌椅使用的改进建议

对学校教育工作者而言,一是要提高认识,引起足够的重视。应组织学校领导、教师、校医等进行培训,改变他们对课桌椅匹配性的认识。二是要时刻了解学生,掌握学生身高等发展动态,在行动上要选购适合学生身高的课桌椅。三是学校要每学期对课桌椅调整 1~2 次,提倡使用可升降桌椅,以满足不同身高、不同体格同学的各种需求。同时在座椅上增加收纳空间,加上棉垫增加舒适度,在课桌上引入水杯架等,最大限度满足学生的需求。

对学生而言,一是要加强对他们的卫生宣传和教育,提高他们自我保健的意识;二是要加强课间的活动组织,确保他们的身心调整。

对政府部门而言,一是要加强对课桌椅设计、制造的监管力度;二是要加大对教育的投入,尤其是教育主观部门要将课桌椅合格情况纳入学校目标管理,严格考核检查;三是要密切教育部门、卫生部门的联系,建立联合监管机制。

四、结束语

改变学生课桌椅使用卫生情况并不是难度很大的事情,关键在于要重视这项工作。

参考文献

[1] 中华人民共和国国家质量监督检验检疫总局.学校课桌椅功能尺寸[S].北京:中国标准出版社,2002.

[2] 季成叶,刘宝沙.儿童少年卫生(第6版)[M].北京:人民卫生出版社,2007.

［3］唐锡麟,王忆军,刘金芝.学校课桌椅大小型号的选用[J].中国学校卫生,2002,23(2):97.

［4］李美琴,何涛,吕约芳.高校课桌椅的结构、配置和布局研究[J].中国教育技术装备,2015(2):1—4.

(本文发表在《中国现代教育装备》2016年第11期)